SOCIAL VENTURE

소셜벤처 창업하기

비상하라 소셜벤처의 꿈

도서출판 청람

INSTRODUCTION 소셜벤처를 배우기에 앞서

영화 '아름다운 세상을 위하여' 중 한 장면

영화 '아름다운 세상을 위하여'를 본 적이 있는가? 이 영화는 캐서린 라이언 하이디의 「열두 살 소년의 아름다운 제안, 트레버(원제: Pay it Forward)」라는 베스트셀러 소설을 원작으로 한 영화이다. 영화는 미국 캘리포니아 소도시에서 미혼모인 어머니와 살고 있는 따듯한 마음을 가진 열두 살의 소년, 트레버가 세상을 바꾸는 이야기로 시작된다. 고작 열두 살의 나이밖에 되지 않았던 이 소년에게 무슨 일이 있었던 것일까?

초등학교의 한 수업에서 선생님이 학생들에게 "세상을 바꿀 아이디어와 그것을 행동으로 옮길 방법을 생각해봐(Think of an idea to change our world – and put it into ACTION!)"라는 질문을 던진다. 이 때 트레버는 세상을 바꿀 그림 하나를 그린다. 한 사람이 세 사람을 도와주면 그 세 사람이 다시 다른 세 사람을 도와주고, 그 선행이 끊임없이 반복되고 퍼져나가면서 세상은 기하급수적으로 살기 좋은 곳으로 바뀔 수 있다는 피라미드 형태의 그림이다. 트레비는 이 아이디어를 실천으로 옮기기 위해 한 사람, 즉 자기 자신이 앞장서서 젤, 루벤, 그리고 그린버그 부인이라는 세 사람을 돕기 시작한다.

트레비가 제안한 아이디어는 우리가 흔히 알고 있는 피라미드형 판매방식과 비슷해 보인다. 그렇다면 과연 이 아이디어가 단순히 상업적인 물건을 판매하는 활동뿐만 아니라, 영화 속 트레비가 생각해 낸 것처럼 실제로 우리가 사는 세상을 더 가치 있고 좋은 곳으로 바꾸는 데에도 적용이 가능한 것일까?

전 세계적으로 유명한 사회적 혁신가인 재클린 노보그라츠(Jacqueline Novogratz)가 설립한 아큐먼 펀드(Acuman Fund)는 '임팩트 인베스팅(impact investing)'의 선두주자라 할 수 있는 기관이다. 임팩트 인베스팅은 사회적 목적을 이루면서도 자선행사나 기부 등의 원조 공여가 아니라, 지속가능한 투자를 통해 경제적인 소득을 거두는 새로운 투자 방식을 말한다. 재클린은

아큐먼 펀드 소개 영상

동영상 보기

사회적 문제를 해결하는 기업에 투자함으로써 좋은 세상을 만드는 기업들의 영향력을 나비효과처럼 넓혀 나가는 아이디어를 생각해 냈다. 그리고 아큐먼 펀드를 설립하여 자신이 믿는 가치와 아이디어를 행동으로 옮겼다. 즉, 영화에 나온 트레비의 아이디어를 실천하고 있는 기업들이 곳곳에 존재하고, 아큐먼 펀드는 이러한 기업들이 더 큰 영향력을 발휘할 수 있도록 투자하고 있다고 할 수 있다.

이처럼 세상을 긍정적으로 변화시킬 수 있는 아이디어를 생각해 내고 그 아이디어를 현실에서 실행하고 있는 기업이 바로 우리가 배울 '소셜벤처(social venture)' 이다. 그리고 이 소셜벤처를 설립하고 이끌어나가는 주체가 ' 소셜벤처 창업가(social venture entrepreneur)' 인 것이다.

최근 들어 우리는 국내뿐만 아니라 전 세계적으로도 쉽게 해결하기 어려운 다양한 사회적 문제들로 인해 많은 사람들이 어려움을 겪는 모습을 많이 접하고 있다. 실업과 고용의 문제부터 글로벌 금융위기, 자연재해, 전쟁, 분열, 빈곤, 기아, 건강, 안전, 인권, 교육, 그리고 환경까지 우리가 듣고, 보고, 또한 겪고 있는 문제들은 사회 곳곳의 다양한 영역에서 일어난다. 하지만 이러한 사회적 문제들을 국가나 정부가 모두 해결해 나가기에는 한계가 있다. 즉, 국가나 정부의 손이 닿지 않는 곳에서 발생하는 문제들에 대한 새로운 해결책이 필요함은 너무나도 명백한 사실이다.

이와 같은 상황에서 소셜벤처는 사회적 문제를 혁신적으로 풀어나가는 해결사이면서도 동시에 국가와 지역의 성장을 이끄는 경제활동의 주체로서 핵심적인 역할을 수행하고 있다. 사회적 문제 해결에 높은 관심과 가치를 두고 있는 소셜벤처 창업가가 기업을 설립하고, 이 소셜벤처가 지속성장하여 수익을 창출하고 문제들을 성공적으로 해결해 나간다면? 그러한 소셜벤처의 활동들은 트레비가 예상한 것처럼 선순환 고리를 만들어 기하급수적으로 세상을 변화시킬 수 있다. 소셜벤처가 더 큰 이익을 창출할수록 소셜벤처 창업가가 사업을 확대하고자 하는 의지는 더욱 커질 것이고, 사업이 확대되면 문제 해결에 참여하는 사람들은 더 많아지게 되니, 결과적으로 소셜벤처가 해결해 나가는 사회적 문제의 범위는 더욱 커질 것이기 때문이다.

하지만 좋은 일을 수행하는 소셜벤처라 하더라도, 누구나 기본적으로 알고 있듯 창업이라는 것은 항상 어느 정도의 위험을 수반한다. 특히 소셜벤처는 기존에 누군가가 해결해오지 못했던 어떤 사회적 문제를 새로운 아이디어를 가지고 풀어나가고자 하기 때문에, 불확실한 시장, 가격과 비용, 인프라, 기술, 예측할 수 없는 경쟁자들까지 어느 정도의 위험을 안고 출발하게 된다. 이로 인해 사회적 목적과 경제적 이익, 이 '두 마리 토끼' 를 모두 잡아야 하는 소셜벤처가 성공

영화 '아름다운 세상을 위하여' 관련 동영상 "Pay it Forward – Are you ready to do the world a favour?"

동영상 보기

하여 세상을 바꿀 수 있는 선순환 구조를 구축하기란 생각만큼 그리 쉬운 일이 아닐 수도 있다. 결국 우리는 소셜벤처 창업을 계획할 때 생각했던 아이디어와 기회를 성공으로 이끌어 나갈 수 있는 만만의 준비를 갖추지 않으면 안 될 것이다.

따라서 본 교재를 첫 걸음으로 삼아 소셜벤처에 대한 기본적인 개념부터 소셜벤처 창업 준비와 실행, 그리고 소셜벤처를 성장시켜나가기까지의 전 과정을 이해하고, 각 과정마다 필요한 지식과 스킬을 체계적으로 쌓아 보도록 하자. 소셜벤처에 대한 용어가 익숙하지 않은 사람도 있을 것이다. 하지만 우리나라를 포함한 많은 국가들의 정부, 각 기관과 기업들, 그리고 개인 모두가 소셜벤처에 대한 많은 관심과 적극적인 지원을 아끼지 않고 있음은 주지해야 할 사실이다.

이제부터 우리는 세상을 아름답게 변화시킬 예비 소셜벤처 창업가로서 필요한 지식을 습득하고 역량을 충분히 갖추기만 하면 된다. 다음 장부터 본격적으로 소셜벤처 창업의 세계로 여정을 떠나보자.

소셜벤처 학습내용 개요

소셜벤처 창업하기

Part 01. 소셜벤처창업 **이해하기**

- 01 사회적 경제와 소셜벤처의 이해
- 02 소셜벤처 트렌드
- 03 소셜벤처 핵심요소

Part 02. 소셜벤처창업 **준비하기**

- 04 소셜벤처 창업 프로세스와 기회탐색
- 05 창의적 디자인 사고와 창의적 의사 결정
- 06 소셜벤처 비즈니스 모델과 사업타당성 분석
- 07 소셜벤처 사업계획서
- 08 소셜벤처 성과와 사회적 가치 측정

Part 03. 소셜벤처창업 **실행하기**

- 09 소셜벤처 팀 빌딩
- 10 소셜벤처 창업자금 및 재무관리
- 11 소셜벤처 마케팅

Part 04. 소셜벤처창업 **성장하기**

- 12 소셜벤처 창업의 지속가능성장

Contents of SOCIAL VENTURE

소셜벤처 이해하기 PART 01

소셜벤처 준비하기 PART 02

소셜벤처 실행하기 PART 03

소셜벤처 성장하기 PART 04

SOCIAL
VENTURE

SOCIAL VENTURE

PART 01

소셜벤처 이해하기

제1장 | 사회적 경제와 소셜벤처의 이해

제2장 | 소셜벤처 트렌드

제3장 | 소셜벤처 핵심요소

"기부는 '좋은(good)' 이라는 단어가 가지는 본래의 두 가지 의미에서 '좋은 비즈니스(good business)' 이다. 첫째, 사람을 돕는다는 것은 좋은 일이다. 둘째, 수익을 창출하는 것 역시 좋은 일이다. 기부는 이 두 가지 본질적인 욕구를 충족시킬 수 있는 좋은 방법이다."

탐스슈즈 창업자, 블레이크 마이코스키 (Blake Mycoski)

01 사회적 경제와 소셜벤처의 이해

학습 목표

1. 사회적 경제의 개념과 사회적 경제가 발생하게 된 배경을 이해한다.
2. 사회적 경제를 구성하는 대표적인 경제활동조직의 유형들과 사회적 경제가 수행하는 주요 역할들을 파악한다.
3. 소셜벤처의 개념이 출현하게 된 배경을 살펴보고, 소셜벤처를 일반 벤처기업과 구별 지을 수 있는 차이점은 무엇이 있는지 알아본다.
4. 소셜벤처 관점에서 사회적 가치와 혁신이 의미하는 바를 파악한다.
5. 소셜벤처가 사회적 가치를 창출하고 있는 활동 영역들은 어떠한 분야가 있는지 살펴본다.
6. 소셜벤처 창업가의 특성을 학습하고 일반 창업가와 다른 차별점은 무엇이 있는지 생각해본다.

시 작
하 기

'더불어 사는 비즈니스'를 실천하는 혁신적인 소셜벤처
오로랩

오로랩 창업자, 데이비드 그린
(이미지 출처: http://indiatogether.org)

인공수정체, 보청기부터 눈 수술에 사용되는 봉합침까지 다양한 의료용품을 제조하는 오로랩(Aurolab)은 데이비드 그린(David Green)이 1992년, 인도 마두라이에 설립한 소셜벤처이다.

인공수정체와 같이 높은 기술 개발을 필요로 하는 의료제품은 주로 고품질, 고가라는 인식이 있을 수도 있다. 하지만 오로랩은 고품질이면서도 재정적으로 어려운 사람들도 구입할 수 있을 만큼의 저가로 의료용품을 제공하고 있다. 뿐만 아니라 인공수정체 판매로 세계에서 두 번째로 큰 시장 점유율을 차지하고 있어 비용의 30%를 이익으로 창출하고 있는 등 자생력 역시 갖추고 있는 탄탄한 기업이기도 하다.

이처럼 오로랩은 사회적 영향력(social impact)과 경제적인 가치 창출, 이 두 마리 토끼를 동시에 잡고 있다. 즉, 어려운 사람들을 충분히 도우면서도 흑자를 내고 있는 것이다.

그렇다면 그린은 어떻게 오로랩을 설립하게 되었으며, 또한 오로랩이 두 마리 토끼를 잡기 위해 적용한 새로운 비즈니스 모델은 과연 무엇일까?

(이미지 출처: Aurolab 홈페이지)

그린은 저개발국에서 가난으로 인해 실명하는 많은 사람들을 보고 오로랩 설립을 결심했다. 이들 지역의 사람들은 영양실조나 노화 때문에 백내장이 걸릴 확률이 높았을 뿐더러, 높은 비용으로 인해 치료를 받지 못해 실명하게 되는 경우가 허다했다. 눈까지 보이지 않게 되면 생활은 더 어려워지기 마련이었지만, 평균 150불을 호가하는 인공수정체는 그들에게 먼 꿈이나 다름이 없었다.

그린은 오로랩을 설립하면서 환자의 소득에 따라 의료비를 차등하게 받는 아라빈드 병원을 설립한 벤카타스와미 박사와 함께 파트너십을 맺었다. 당시 아라빈드 병원의 환자 중 1/3은 무료로 수술을 받았고, 다른 환자 1/3은 수술비용의 65%만을 지불했으며, 나머지 1/3의 환자들은 수술비용을 초과하는 금액을 지불하도록 함으로써 가난한 사람들을 도와주면서도 병원에 필요한 충분한 수익을 창출하고 있었다. 그린은 이 아라빈드 병원의 비즈니스 방식을 오로랩에 적용하여 인공수정체의 가격을 개당 4~6불까지 낮춰 저개발국의 가난한 사람들도 구입할 수 있도록 제품을 판매했다. 오로랩

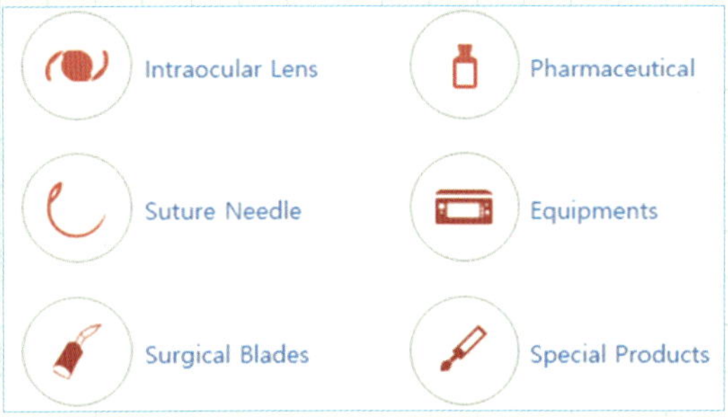

(이미지 출처: Aurolab 홈페이지)

이 저가 인공수정체의 선두가 되면서 그로 인해 덩달아 다른 다국적 기업들의 인공수정체 값도 인하되는 효과도 생겼다.
오로랩은 저가 보청기의 개척자로도 여겨지기도 한다. 그린은 저가로 보청기를 제조하기 위해 생산비용을 절감할 필요가 있었다. 그는 많은 중간 유통과정들을 축소하고 대량 구매를 통해 낮은 가격으로 제품을 공급받기 위해 공급자와 가격 협상을 하기도 했다. 이러한 그의 노력으로 오로랩은 높은 품질의 제품을 생산하면서도 낮은 가격으로 판매가 가능하게 되었다.
세계 시장을 점령할 정도의 탄탄한 기업으로서 가난한 사람들을 위해 고품질이면서도 저가의 의료제품을 제공하고 있는 오로랩. 이 오로랩의 비즈니스 방식은 혁신적 모델이라 할 수 있다. 그린은 이를 '더불어 사는 자본주의(compassionate capitalism)' 라고 설명한다. 그리고 오로랩과 같은 새로운 비즈니스 방식이 저개발국 지역의 아이케어 의료부문 서비스를 한 층 더 높은 수준으로 올릴 수 있다는 믿음으로 이 모델을 네팔의 Lumbini Eye Care Project, 인도의 LV Prasad Eye Institute, 이집트의 Al-Noor Foundation 등 인도 이외 다른 지역의 안과 병원에 전달하고, 병원이 차등적인 가격 구조를 설정할 수 있도록 도와주기도 했다.
오로랩은 지금도 더 저렴한 제품을 생산하기 위해 연구와 설비 투자를 멈추지 않고 있으며, 창출되는 수익으로 가난한 사람들을 위한 서비스를 지속적으로 확충하고 있다. 또한, 그 과정 속에서 은퇴한 과학자, 안과의사, 관련 분야 전문가들을 오로랩으로 영입하여 연구 · 생산 부문에서 수백 명의 일자리를 창출하는데 기여하고 있다.

자료: https://www.globalenvision.org/library/10/943 내용 참고하여 재구성

생각해 보기

01 많은 사람들이 소셜벤처를 일반 벤처기업과 전혀 다르거나 단순히 남을 돕는 기업으로 다소 협소하게 생각하는 경우가 있다. 오로랩 사례를 볼 때 소셜벤처가 일반 벤처기업과 유사한 점과 다른 점은 무엇인지 생각하고 토론해보자.

02 데이비드 그린이 오로랩을 설립한 이유와 설립 이후 실행에 옮겼던 다양한 활동들을 살펴보고 소셜벤처 창업가로서 그가 가진 남다른 특성과 역량은 어떤 것이 있는지 생각해 보자.

1.1 사회적 경제의 이해

1) 사회적 경제란?

세계는 2~3% 대의 저성장과 환경파괴, 국지별 전쟁 등으로 인해 몸살을 앓고 있다. 이 가운데 한국인들의 삶의 만족도는 최근 OECD 보고에 따르면 100점 만점에 58점, OECD 34개국 중 27위, 경제적 행복도는 100점 만점에 44.6점, 20~30대는 주택문제, 40대는 자녀양육과 보육, 50대 이상은 노후준비 부족에 걱정이 태산인 것으로 나타났다. 바야흐로 고성장 시대를 뒤로 하고 저출산·고령화에 고용 없는 성장이 지속되고, 고용과 노후불안이 심화하는 가운데 사회적 안전망과 복지 시스템은 취약해 국민들의 스트레스가 높은 상황인 것이다.

세계로 시야를 넓혀보자.

"2005년 세계에서 가장 부유한 20인의 자산은 사하라 이남에 살고 있는 주민 7억1천9백만명의 수입보다 많다(FAO보고서)."

"절대빈곤을 퇴치하기 위해 개최한 새천년 개발 목표 회의의 비용은 5백억 달러로,전 세계 수입의 0.2%에 달한다(세계은행)."

"선진국의 국민들이 애완동물 사료로 한 달에 지출하는 비용은 10억 달러 이상이다. 하지만 다른 대륙의 8억5천2백만의 사람들은 만성적 기아에 시달리고 있다(WHO SOFI통계)"

"유럽 지역에서만 화장품과 세면도구의 구입을 위해 일주일에 10억 달러 이상을 지출하는 반면, 세계 30억의 사람들은 기본적인 위생용품도 구하지 못하고 있다(유로모니터통계)[1]"

우리나라를 비롯해서 전 세계적인 문제의 공통점은 소득불균형에 따른 빈곤확산, 가진 자의 약자에 대한 착취, 소외계층에 대한 무관심, '금수저, 흙수저' 라는 논란을 일으키고 있는 가난의 대물림, 환경파괴에 따른 삶의 질 저하 등으로 나타나고 있다.

이와 같은 현상은 시장경제에서는 피할 수 없는 당연한 결과라 할 수 있지만, 각 나라마다 정부차원에서 문제 해결을 위해 많은 노력을 하고 있다. 하지만 구조적으로 뿌리 깊은 시장경제의 문제 해결을 정부의 노력만으로 해결하기에는 한계가 있다. 이에 따라 시장경제의 문제를 해결하고 사회적 가치를 실현하며 경제를 발전시키고자 하는 사회적 경제가 생겨나게 되었고, 민간

1) 출처 : http://paretoop.tistory.com/70

차원에서 다양한 소셜벤처 활동이 확산되고 있다.

지금부터 사회적 경제가 의미하는 바는 무엇일지 그 개념부터 살펴보기로 하자.

(1) 사회적 경제의 개념

'사회적 경제(social economy)' 는 사회적 가치의 실현이라는 목적을 달성하기 위해 다양한 주체들의 생산과 소비가 이루어지는 경제시스템을 의미한다(GSEF, 2013; 김성기, 2014).

사회적 경제에 대한 개념은 시대별 그리고 국가별로 다양하게 정의되고 있다. 프랑스 학자인 드프루니(Defourny, 2006)는 사회적 경제를 '이윤창출보다 구성원이나 공공에 대한 공헌을 목적으로 하며, 경영의 자율성, 민주적 의사결정, 수익배분에 있어서는 자본보다는 사람과 노동을 중시하는 원칙을 따르는 협동조합, 상호공제조합, 그리고 민간단체에 의해 수행되는 경제활동' 으로 정의하였다.

EU(2012)는 사회적 경제가 '공동의 욕구를 가진 사람들에 의해, 그리고 그들을 위해 만들어진 기업들로 구성된 이해당사자 경제(stakeholder economy)의 일부' 를 뜻하며, 사회적 경제에는 협동조합, 상호공제조합, 민간단체, 그리고 재단이 중요한 행위자로 포함된다고 하였다.

OECD(1999)는 사회적 경제가 '국가와 시장 사이에 존재하며 사회적 요소와 경제적 요소를 가진 조직들' 을 의미한다고 하였다. 여기에서 사회적 측면으로 강조되는 부분은 (a) 시민들의 주도권에 의해 만들어지고, (b) 참여자의 민주적 의사결정에 의해 운영 되며, (c) 참여자의 의사결정은 자본 비율에 따라 이루어지지 않고, (d) 이익을 구성원 모두에게 배분하지 않고, (e) 이익 극대화 행위를 하지 않으며, (f) 지역사회 혹은 특정 집단 이익을 명백히 추구한다는 점이다. 경제적 측면에서는 (a) 재화와 서비스를 직접적으로 생산 및 판매하고, (b) 높은 수준의 자율성 및 참여와 탈퇴의 권한을 보유하며, (c) 구성원들이 실질적인 재정적 결정을 하고, (d) 최소한의 임금노동자를 고용한다는 점 등이 강조된다.

이처럼 사회적 경제의 개념에 대해 여러 의견들이 존재하지만, 각각의 정의들을 종합해 보면 다음과 같은 공통점을 파악할 수 있다[2]. 첫째, 정부나 시장이 아닌 민간 영역에서 자주적 · 자립적으로 참여한다는 점, 둘째, 민주적 의사결정구조를 갖고 있다는 점, 셋째, 공동체의 보편적인 이익을 실현하고자 한다는 점, 넷째, 경제에 참여하는 주체들의 협동, 연대, 그리고 신뢰가 필수적이라는 점, 마지막으로 경제적 목표와 사회적 목표를 동시에 추구한다는 점이다. 그리고 이러한 특징들을 갖고 있는 조직들을 사회적 경제를 구성하는 공동체로 보고 있다.

즉, 우리가 주변에서 한번쯤은 들어보았을 마을기업, 자활기업, 협동조합, 사회적기업, 그리

2) 새로운사회를여는연구원(2013). "사회적 경제 생태계 육성 전략 마련을 위한 기초조사: 해외 사례를 중심으로"

고 공정무역 등이 바로 사회적 경제를 구성하는 대표적인 공동체 유형이다. 그리고 이와 같은 조직들이 주 무대가 되어 다양한 활동을 펼치는 곳이 곧 사회적 경제라고 이해할 수 있다.

(2) 사회적 경제의 발생 배경

사회적 경제라는 용어를 처음 들어본 사람도 있겠지만, 반대로 시장 경제와 공공 경제라는 개념은 그간 학교에서 경제학이나 역사와 관련된 내용을 학습하면서 많이 접해봤을 것이다. 간략히 말하면 시장 경제는 이익 창출을 목적으로 하는 일반적인 영리 기업들이, 공공 경제는 정부로 대표되는 공공 부문이 주체가 되는 경제활동영역을 뜻한다. 여기에서 시장 경제의 기본 원리는 경쟁을 통해서 효율성을 추구하는 것인 반면, 공공 경제는 재분배를 통해 평등을 추구하는 원리를 기반으로 하며 주로 시장 실패 부분을 국가가 어떻게 보완할 것인지에 중점을 둔다.

사회적 경제는 이와 같은 시장 경제나 공공 경제가 해결하지 못한 자본주의의 한계점에 대응하기 위해 출현하게 되었다. 따라서 사회적 경제는 두 경제 영역과는 다른 제3의 경제영역으로 여겨진다([그림 1-1] 참고).

그림 1-1 시장경제 · 공공경제 · 사회적 경제의 영역

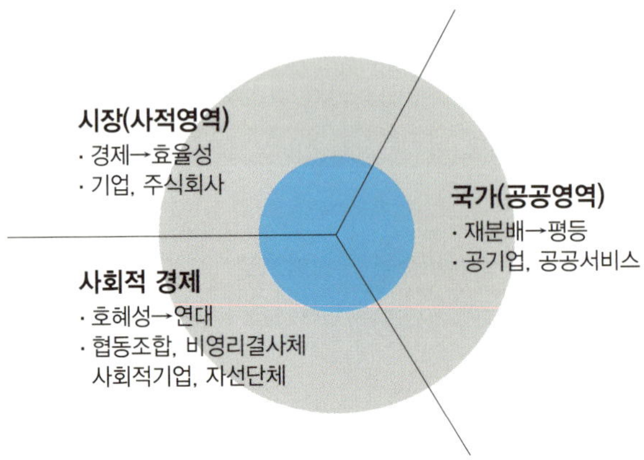

그렇다면 시장 경제와 공공 경제가 해결해 오지 못한 부분은 과연 어떤 것이고, 그 대안적 관점으로 사회적 경제가 출현하게 된 배경은 무엇일까?

사회적 경제는 2000년대 후반 미국발 글로벌 금융위기로 많은 국가들이 경제 침체기를 겪은 이후, 최근 들어 정부와 시장 실패에 대응하는 개념으로 전 세계적인 관심을 받고 있다. 그런데 사실 사회적 경제는 앞서 살펴본 바와 같이 각 나라와 시대별로 정의가 다양하게 이루어져 온 만큼 오랜 역사를 갖는 경제 영역이다. 즉, 우리가 사회적 경제의 개념을 제대로 이해하기 위해

서는 과거의 시점으로 거슬러 올라가 그 역사적 배경을 살펴볼 필요가 있다.

다음에서 사회적 경제가 어떻게 발생하였고, 언제 우리나라에 본격적으로 소개되기 시작하였으며, 최근 들어 다시금 재조명 받고 있는 이유는 과연 무엇인지 알아보도록 하자.

① 사회적 경제의 역사적 배경

사회적 경제라는 개념은 자본주의 초기 시대였던 1800년대 후반, 프랑스에서 최초로 등장하였다. 자본주의가 막 도입된 시작한 그 때, 도시에서는 노동 계급이 대거로 증가하게 되었는데 생산수단의 소유자인 자본가와 자본에 예속된 노동자 사이에서 계급적 대립이 발생되면서 노동자들은 상당히 열악한 생활 여건에 처해 있었다. 사람의 기본적인 욕구인 음식부터 임금, 교육, 보건 등의 조건들이 제대로 충족되지 않는 상황에서 이들은 자신들이 처한 문제를 해결하기 위해 스스로 협동조합이나 상호공제조합과 같은 조직을 만들기 시작했다[3].

이처럼 노동자들이 조직을 구성함으로써 자본주의의 도입에 따른 문제를 해결한 것이 사회적 경제 개념의 시초가 되었다. 그 당시 샤를 지드(Charels Gide)라는 경제 사상가는 '시장경제를 더 사회적이고 공평한 체제로 전환한 대안적 경제'로서 사회적 경제를 제시했다. 유사한 맥락에서 사회주의자인 생시몽(Saint Simon)과 푸리에(Fourier)는 '사회·경제적 목적을 지닌 협동조합을 정치적 도구로 삼아서 자유주의 시장경제를 새로운 사회경제체제로 대체해야 한다'고 주장하기도 하였다.

1901년에는 프랑스에서 협동조합 및 상호공제조합과 같은 조직 유형을 법적으로 인정하였고, 이는 유럽 전체로 확산되었다. 1940년대에는 유럽 사회가 전쟁을 거치고 복지 국가를 건설하는 과정 속에서 사회적 경제를 국가 주도 사업으로 흡수하였다. 이후 1970년대에 들어 유럽의 복지 국가들이 경기 침체와 실업 문제로 위기를 겪게 되면서, 시장 경제와 공공 경제가 해결하지 못했던 사회서비스와 일자리 창출을 담당하기 위한 대안으로 사회적 경제가 다시 대두되었다.

1980년에 들어서 시민운동이 활발해짐에 따라 세계 각국에서 사회적 경제가 활성화되었으며, 동시대에 미국에서는 사회적기업이라는 용어를 사회적 경제의 대치 개념으로 사용하기 시작했다. 그리고 최근 2000년대 후반, 글로벌 금융위기에 따른 금융 자본주의의 한계가 지적되면서 다시금 전 세계적으로 사회적 경제가 주목받게 되었고, 결과적으로 EU에서 '사회적 경제에 관한 결의'를 채택함으로써 전 세계적인 위기 상황을 타개하는 새로운 경제적·사회적 모델로 사회적 경제를 공식화하였다. 다음 [표 1-1]은 89%의 찬성으로 채택된 EU의 결의문이다. 지금까지 살펴본 역사적 흐름들을 종합해 보면, 사회적 경제는 처음 출현하게 된 시점부터 현 시

3) 김정원(2009). "한국 사회적 경제의 과제와 전망: 대안성과 공공성을 중심으로 – 기조 발제: 한국 사회적경제의 재조직화를 위하여". 2009 한국사회포럼 기획토론.; 새로운사회를여는연구원(2013). "사회적 경제 생태계 육성 전략 마련을 위한 기초조사: 해외 사례를 중심으로"; 허준영(2013). "사회적경제 공동체 지원체계 진단". 안전행정부.

표 1-1 사회적 경제에 관한 결의문(EU)

사회경제에 관한 2009년 2월 19일 유럽 의회 결의문
(European Parliament resolution of 19 February 2009 on Social Economy)

1. 유럽 경제에서 사회경제는 사람을 우선에 놓는 민주적 가치를 가진 경제의 하나로서 지속가능한 발전과 사회적, 환경적, 기술적 혁신을 지원하면서 다음과 같은 중요한 역할을 한다. 수익성과 연대의 조화를 이루고, 양질의 일자리를 창출하고, 사회적 · 경제적 · 지역적 결합을 강화하고, 사회적 자본을 생산하고, 시민들의 활동을 촉진한다.
2. 사회경제는 산업민주주의와 경제 민주주의 강화에 있어서 상징적으로나 실질적으로 모두 중요하다.
3. 사회경제가 잠재력을 최대한 발휘하여 발전할 수 있으려면 사회경제 관련 기관의 특수성과 풍부한 다양성을 인정하면서 적절한 정치적, 입법적, 경영적 조건을 마련해야 한다.
4. 사회경제 기업은 일반기업처럼 똑같은 경쟁의 규칙을 적용받아서는 안 된다. 사회경제 기업이 일반기업과 동등한 경쟁을 하기 위해서는 그들의 특수한 가치를 인정하는 속에서 법적 보호를 받아야 한다.
5. 현재 경제에는 주주의 감시나 규제기관의 통제로부터 벗어나 있는 기업이 존재하며, 이들로 인해 금융시장은 투기에 노출되어 있다. 사회경제 기업은 금융시장이 투기에 노출되는 것을 막아준다는 점에 중요하다.

출처: 새로운사회를여는연구원(2013). "사회적 경제 생태계 육성 전략 마련을 위한 기초조사: 해외 사례를 중심으로" p.8-9.

점까지 전 세계적으로 겪은 수차례의 경제 위기에 대응하는 역할을 수행하며 그 필요성과 중요성이 거듭 강조되어 왔다. 즉, 이윤 창출이 최우선 목표인 자본주의 체제가 위기에 빠졌을 때마다 위기 상황을 극복하기 위한 모색으로 사회적 경제 활성화가 제시되어 왔고, 정부와 시장이라는 경제 주체가 해결하지 못하는 부분을 민간 영역이라는 제3의 경제 주체가 사회적 경제 영역 속에서 활동하며 대안적인 역할을 해온 것이다.

② 우리나라의 사회적 경제 대두 배경

협동조합이나 상호공제조합 등 유럽에서 처음 출현한 사회적 경제 공동체와 같이 우리나라에도 사회적 경제로 분류할 수 있는 조직들의 활동은 오래 전부터 있어왔다. 하지만 국내에서 사회적 경제라는 개념이 본격적으로 논의되기 시작한 것은 1997년 외환위기 이후로, 유럽에 비해 그 역사가 오래된 것은 아니다.

우리나라는 외환위기 때 사회적 경제의 필요성에 대한 인식이 크게 대두되었는데, 이 시점은 우리나라 신자유주의(neoliberalism)의 기원으로 소급되곤 한다. 신자유주의는 작은 정부, 노동시장의 유연화, 자유시장경제의 중시, 규제완화, FTA의 중시 등으로 대표된다. 즉, 삶의 모든 영역에 시장적 가치를 강조하는 신자유주의 질서가 확대되면서 우리나라는 빈곤과 실업 문제가 더욱 심화되었으며, 이로 인해 사회적 경제의 역할이 필요하게 되었다[4].

4) 새로운사회를여는연구원(2013). "사회적 경제 생태계 육성 전략 마련을 위한 기초조사: 해외 사례를 중심으로" 허준영(2013); "사회적경제 공동체 지원체계 진단". 안전행정부; Wikipedia(신자유주의)

그림 1-2 사회적 경제의 발생 배경

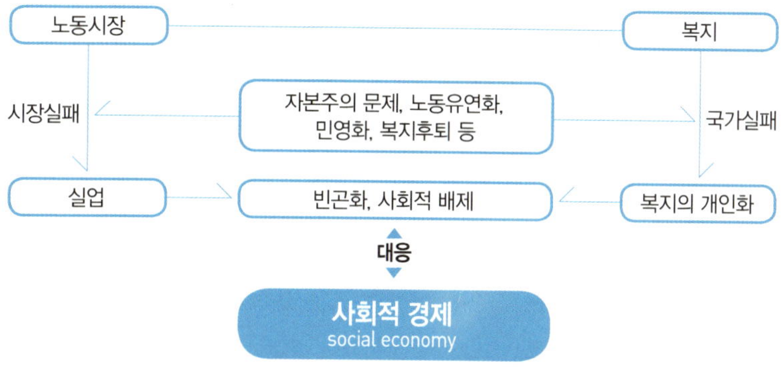

출처: 장원봉(2006). "사회적 경제의 이론과 실제". 도서출판 나눔의 집.

결국 1990년대 초반에 들어 우리나라 사회적 경제의 시초라 볼 수 있는 소규모 노동자협동조합이 빈민 지역을 중심으로 출현했고, 1996년에는 정부 주도로 다섯 곳의 '자활지원센터' 가 설립되었다. 2000년대 이후에는 지역 활성화 측면이 강조된 '신(新) 사회적 경제(new social economy)' 가 논의되면서 정부가 사회적 경제 공동체를 지원하는 정책들을 더욱 주도적으로 추진하였다. 그리고 다른 국가들과 마찬가지로 2000년대 후반 글로벌 금융위기로 인해 협동조합과 같은 사회적 경제가 다시 주목받기 시작하였다.

그 과정 속에서 사회적 경제와 관련한 법규들이 제정되었으며 정부의 지원 정책은 더욱 가시화되었다. 2003년 정부가 '사회적 일자리 사업' 을 시행하면서 '사회적' 이라는 용어를 사용하기 시작하여 2007년에는 「사회적기업법」을 제정하였다. 2010년부터 마을기업 육성사업을 시작, 2011년에 「협동조합기본법」을 제정하고 현재까지 고용노동부, 안전행정부, 기획재정부 등의 정부부처와 지자체가 사회적 경제 공동체를 지원하는 다양한 사업들을 추진해 오고 있다.

이처럼 우리나라의 사회적 경제는 외환위기를 본격적인 기점으로 하여 신자유주의에 따른 빈곤, 사회적 배제 등의 사회적 문제에 대응하는 개념으로 그 필요성이 부각되어 왔으며, 복지와 일자리 문제를 해결하기 위해 정부 주도로 하여금 발전해 왔다고 볼 수 있다(장원봉, 2006; [그림 1-2] 참고).

(3) 사회적 경제의 주요 주체

사회적 경제의 영역 속에서 활동하는 공동체의 유형은 각국의 사회 · 경제적 상황에 따라 다양한 형태와 특성을 띤다. 예를 들어 유럽의 경우, 이탈리아를 중심으로 협동조합이나 협회의 형태를 취한 사회적 경제 공동체가 상당수를 이룬다. 이에 따라 이해관계자들의 민주적 의사결정 참여와 공동체의 민주적 운영이 강조된다.

반면, 영국이나 미국은 시민단체, 사회복지재단, 재단 등이 중심이 되어 사회적 경제를 구성하므로, 유럽의 민주적 운영과는 다소 다르게 혁신적인 사회적 기업가에 의한 경영을 중시 한다[5].

우리나라는 사회적 경제를 구성하는 공동체 유형으로 협동조합, 마을기업, 자활기업, 그리고 사회적기업이 대표적이며([그림 1-3] 참고), 주로 정부 주도로 성장해오고 있다.

이처럼 사회적 경제에서 주체로 활동한다고 하여 모든 공동체가 국가별로 같은 유형을 보이는 것은 아니다. 하지만 이들이 모두 자본주의 체제의 한계에 따른 문제점을 해결해 나가면서 사회적 가치를 창출하는 주역들이라는 점은 동일하다.

본 서에서는 우리나라 사회적 경제의 주요 주체로 협동조합, 마을기업, 자활기업, 그리고 사회적기업의 네 가지 조직 유형에 대해 그 개념과 특성을 간략히 살펴보도록 한다.

그림 1-3 우리나라 사회적 경제의 대표적인 공동체 유형

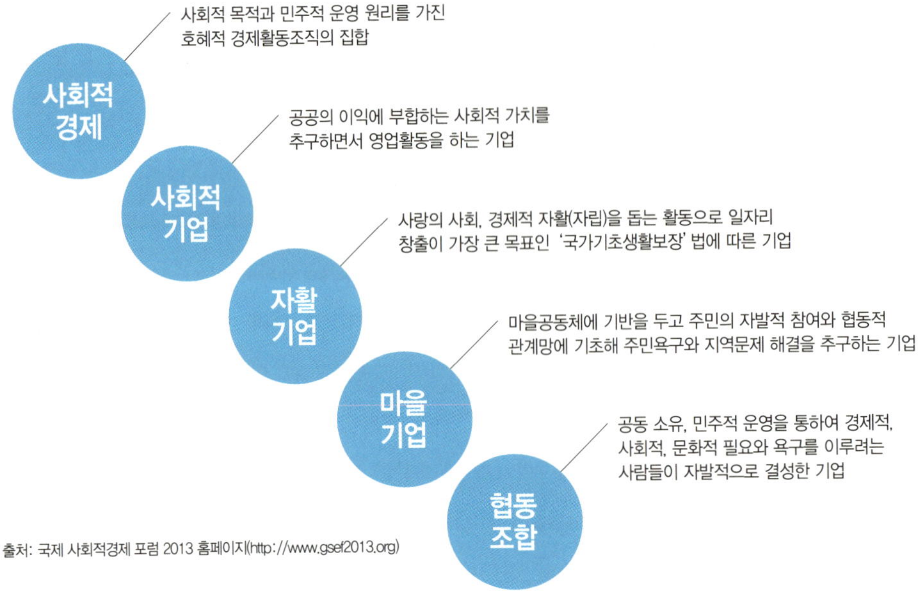

출처: 국제 사회적경제 포럼 2013 홈페이지(http://www.gsef2013.org)

① 협동조합

'협동조합' 은 소비자, 소상인, 소생산자 등의 경제적 약자들이 스스로 힘을 모아 조합을 만들고, 민주적으로 함께 운영하며, 이들이 조합원이 되어 조합의 사업을 이용함으로써 서로의 생활

5) 새로운사회를여는연구원(2013). "사회적 경제 생태계 육성 전략 마련을 위한 기초조사: 해외 사례를 중심으로"

을 지키고 개선해가는 조직 유형이다. 즉, 자본의 결합을 기본으로 하는 주식회사와 달리 협동조합은 인적 결합을 바탕으로 하고 있다.

따라서 협동조합은 조합원들이 제한된 지역에 한정되어 생활하면서 조합원 자신들을 위한 서비스를 개선해 나가고 창출되는 잉여금은 조합원에게 재환원하는 것을 원칙으로 한다(국제 사회적경제 포럼, 2013).

국제협동조합연맹(ICA)은 1995년 9월 영국 맨체스터에 개최된 100주년 기념총회에서 '협동조합 본질에 관한 ICA 선언' 을 채택하고, 협동조합에 대한 정의와 가치를 다음과 같이 제시하고 있다.

"협동조합은 공동으로 소유되고 민주적으로 운영되는 사업체를 통하여 공통의 경제적 · 사회적 필요와 욕구를 충족시키고자 하는 사람들이 자발적으로 결성한 자율적인 조직이다."

② 마을기업

'마을기업' 은 마을 주민의 자발적인 참여와 협동적 관계망에 기초하여 이들의 욕구 충족과 지역 문제를 해결하고, 마을 공동체의 가치와 철학을 실현하는 마을 단위의 기업을 의미한다. 마을기업은 민주적 운영과 협동조합 원리에 기초를 두고 있으며, 주민들이 안정적인 소득과 일자리를 창출하기 위해 주도적으로 지역에 특성화된 자연자원, 인적자원, 가공제품 문화 등 유무형의 각종 자원을 활용하는 조직이다.

마을기업의 3대 특성

필연성
마을기업은 지역에서 필요로 하는 문제나 해결을 요하는 문제를 다룬다.

자립성
마을기업은 사업초기 안정화 이후 지원규모가 축소되어도 자립할 수 있어야 한다.

공공성
마을기업은 사회적 가치의 실현과 공공의 이익을 지향하는 서비스와 관계되어야 한다.

출처: 국제 사회적경제 포럼 2013 홈페이지(http://www.gsef2013.org)

③ 자활기업(자활공동체)

'자활공동체' 라고도 불리는 '자활기업' 은 자활근로사업단을 통해 근로여건과 의지가 충분하게 높아진 취약계층이 참여하는 형태의 공동창업 모델을 뜻한다. 즉, 일정 조건을 충족하는 1인 이상의 저소득층이 빈곤을 해소하기 위하여 상호 협력하여 조합 또는 공동사업자의 형태로 자활사업을 운영하는 기업으로, 사회적기업의 모태가 되었다(GSEF, 2013). 자활기업에는 보장기관으로부터 인정을 받은 인정 자활기업과 그렇지 않은 미인정 자활기업이 있다.

④ 사회적기업

'사회적기업(social enterprise)' 은 「사회적기업 육성법」에 따라 ' 취약계층에게 사회서비스 또는 일자리를 제공하여 지역주민의 삶의 질을 높이는 등의 사회적 목적을 추구하면서 재화 및 서비스의 생산 · 판매 등 영업활동을 하는 기업으로서 고용노동부 장관의 인증을 받은 기관 '으로 정의된다. 즉, 사회적기업은 영리기업과 비영리기업의 중간 형태로서 사회적 목적을 우선적으로 추구하면서 재화 · 서비스의 생산 · 판매 등 영업활동을 수행하는 조직 유형으로, 기업의 소유주나 주주를 위해 이윤 극대화를 목표로 하는 일반 영리기업과 차이점이 있다.

이 조직 유형은 2007년 해당 법이 제정되면서 '사회적기업' 이라는 명칭을 사용하기 위해서는 해당 법규에서 규정한 '사회적 목적 추구' 와 '영업 활동' 의 조건을 충족시키고 고용노동부로부터 일정 절차에 따른 '인증' 을 받아야 한다는 점이 특징이다. 또한, 사회적기업의 최소한의 요건을 충족한 기업들은 예비 사회적기업 지정제를 통해 별도로 '예비 사회적기업' 으로 지정받는다.

이와 같은 제도적 장치에도 불구하고 현재 사회적 경제의 조직들이 활동하는 실제 현장에서는 공식적으로 (예비)사회적기업을 인증 받은 기업뿐만 아니라 사회적기업과 목적과 운영 원리가 유사한 비인증 기업들을 사회적기업으로 통용하여 부르고 있다. 다만, 법규에 근거하여 지원정책을 펼칠 때 창업기업, (예비)사회적기업 등으로 구분하고 있을 뿐, 용어가 혼재되어 사용되고 있는 실정이다. 따라서 사회적기업의 개념과 특성을 정확히 이해하기 위해서는 관련 법규 내용과 사회적기업 인증제라는 시스템을 잘 알아두는 것이 중요하다.

(4) 사회적 경제의 활동 영역

시장 경제와 공공 경제가 해결하지 못하는 사회적 문제(social problem)에 대한 대안적 역할을 수행하는 사회적 경제. 그 속에서 활동하는 마을기업, 자활기업, 협동조합, 그리고 사회적기업 등의 각 공동체들은 사회적 문제들을 해결함으로써 사회적 가치(social value)를 창출해 나가고 있다.

그렇다면 사회적 경제가 다루는 사회적 문제들은 어떠한 것들이 있을까? 다시 말하면, 사회적 경제 공동체들이 사회적 가치를 창출하는 활동 영역은 어떤 부문들이 있을까? 사회적 문제는 사회 구성원들에 해가 되고 개선될 필요가 있다고 사회 내의 한 집단이 생각하는 어떤 상황(Mooney et al., 2007)을 의미한다. 사회적 문제는 장소와 시간, 그리고 집단에 따라 사회적 문제로 여겨질 수도 아닐 수도 있기 때문에 이를 규정한다는 것은 그리 쉬운 작업은 아니다. 하지만 일반적으로 생각하기에 사회적 문제는 초기 사회적 경제 개념이 출현했던 당시 유럽 사회의 빈곤 문제와 같이, 우리의 눈을 불편하게 하는 사회 현상[6]들로 볼 수 있으며, 이 문제가 해결됨으로써 사회적 가치가 창출될 수 있는 영역이 된다.

사회적 경제의 활동 영역을 살펴보기 위해 먼저 전 세계 사회적 기업가들의 지침이 되고 있는 아쇼카 재단(Ashoka Foundation)이 선정하는 아쇼카 펠로우(Ashoka Fellow)의 활동 분야들을 알아보도록 하자.

아쇼카 재단은 사회적 기업가(social entrepreneur)라는 용어를 최초로 사용한 빌 드레이튼(Bill Draton)이 1981년에 설립한 재단으로 모두가 '체인지 메이커(change maker)'가 되는 사회를 만들기 위해 기업이 아닌 사람, 즉 아쇼카 펠로우에 투자를 하고 있다. 아쇼카 재단이 설립 이래 지금까지 배출한 아쇼카 펠로우는 전 세계 70여 개국에 있는 3,000여 명에 달한다. 이들이 글로벌 네트워크가 되어 사회적 가치를 창출하며 혁신을 이루어나가고 있는 분야는 다음 [그림 1-4]처럼 환경, 언론, 인권, 주거, 양성평등부터 디지털 및 기술, 농업 및 기술, 경제개발, 위생, 그리고 고용과 시민참여까지 다양한 영역에 걸쳐 있다.

그림 1-4 아쇼카 펠로우(Ashoka Fellow)의 다양한 활동 영역

아쇼카 펠로우가 활동하는 영역 이외에도 사회적 경제 공동체들이 사회적 가치를 창출할 수 있는 영역은 너무나도 다양하고 넓은 범위에 있다.

UN은 최근 세계 유엔 회원국들이 향후 15년 동안 추진해야 할 17개의 공동 목표를 '지속가능발전목표(Sustainable Development Goals; SDGs)'로 명명하여 발표하였다. 지속가능발전목표는 에너지 · 식량 · 금융 · 기후변화 등 모든 국가가 직면한 문제를 다루고 있다. 또한, 경제성장 위주에서 경제 · 사회 · 환경의 균형 있는 발전, 즉 지속가능발전을 추구함으로써 빈곤 문제의 해결책을 찾고자 한다. 이 17개의 지속가능발전목표는 우리 사회가 직면하고 해결해야 할

6) 박철현(2010). "사회문제론: 이론, 실태, 지구적 시각". 박영사.

주제로, 향후 15년 동안은 우리나라를 포함한 전 세계의 많은 국가들에 큰 화두가 될 전망이다([그림 1-5] 참고).

그림 1-5 UN의 지속가능발전목표(SDGs)

출처: UN-Sustainable Development Knowledge Platform 홈페이지 참고하여 재구성.

아쇼카 펠로우가 체인지 메이커로 활동하고 있는 다양한 영역과 UN에서 선정하여 발표한 지속가능발전목표를 되짚어 보자. 과거의 역사 속에서도 그러했지만, 앞으로도 사회적 경제가 중요한 역할을 수행할 활동 영역들이 비단 국내뿐만 아니라 전 세계적으로도 넓게 퍼져있다고 느껴지지 않는가?

읽어 보기

사회적 경제의 손길이 필요한 **우리나라의 주요 사회적 이슈 10가지**

조선일보 더나은 미래는 2015년 3월, 사회적기업연구소 및 연세대 공공문제연구소 정부와 기업연구센터와 공동으로 '대한민국 사회문제 지도로 그리는 사회적 기업의 미래' 프로젝트를 착수하였다. 이 프로젝트는 국제 지표 및 국내 이슈 빅데이터 분석을 통해 현 사회문제를 발굴 · 분류하고, 우리 사회가 해결해야 할 문제와 사회적기업 간의 미스매치(불일치)를 살펴보는 것이다.

그 첫 번째 프로젝트 결과로 '빅데이터로 본 대한민국 사회 이슈'가 발표되었다. 2012년부터 2014년까지 3년 간 각 신문기사의 키워드를 분석하고, 2014년부터 2015년까지는 SNS나 관련된 웹사이트를 통해 웹문서 빅데이터를 추가 분석한 결과, 우리나라가 최우선적으로 해결해야 할 과제는 온 · 오프라인 모두 '안전'이 선정되었다.

또한, 10대 사회적 이슈를 사회적기업들이 활동하고 있는 영역으로 크게 경제적 불평등, 사회적 배제,

그리고 환경파괴로 구분하였으며, 우리나라의 대부분의 사회적기업들은 환경파괴(13.86%)보다도 사회적 배제(43.26%)와 경제적 불평등(41.26%)을 해소하기 위한 사업을 주로 영위하고 있는 것으로 나타났다.

국내 사회문제에 따른 사회적기업의 新분류

대분류	경제적 불평등			사회적 배제				환경파괴			기타	합계
중분류	소득 및 주거 불안	노동 불안정	교육 불평등	삶의 질 저하	사회구조 변화	사회통합 저해	안전위협	환경오염	자원고갈	자연재해		
세부 사회문제	가계 부채, 빈부 격차, 부동산 시장 불안정, 노후 준비 부족, 주택 부족, 지역간 격차 등	비정규직, 청년 일자리 부족, 최저 임금 문제, 실업률 증가, 노사 갈등 등	사교육 심화, 학벌 지상주의, 교육비 부담, 교육 개혁 등	정신질환, 가정폭력, 노인 우울증 및 소외, 자살, 게임 중독, 보육 문제, 문화적 소외, 일·가정 불균형 등	저출산·고령화, 가족 해체, 한부모가정, 노인 가구 증가 등	다문화 증가, 탈북자, 통일, 부정부패, 투명성·공정성 약화, 장애인 차별, 세대 차이 등	국가 안보, 산업재해, 전염병 확산, 사이버 범죄, (아동)성범죄, 학교폭력, 테러 등	기후변화, 온난화 및 온실가스 증가, 원자력 유출 및 방사능 오염 등	에너지 및 자원 불균형 심화, 에너지 고갈, 물부족, 전력 수급 불안정, 녹색성장	기상 재해 및 자연재해 등	사회적기업 컨설팅·제품 판매, 공정무역 등	
사회적기업 수	78	405	53	244	87	219	12	180	0	0	21	1299
비율	6.0%	31.2%	4.1%	18.8%	6.7%	16.9%	0.9%	13.9%	0.0%	0.0%	1.6%	100.0%
총합	536			562				180			21	1299
총 비율	41.26%			43.26%				13.86%			1.62%	100.00%

자료: 조선일보 더나은미래 · 사회적기업연구소 · 연세대 공공문제연구소 정부와 기업연구센터 공동 연구

출처: 정유진(2015.09.08). "[더 나은 미래] 일자리 만들다가… 사회문제 놓치는 사회적 기업". 조선닷컴.
(http://news.chosun.com/site/data/html_dir/2015/09/07/2015090702519.html)

(5) 사회적 경제의 역할과 한계

① 사회적 경제의 역할

앞서 살펴본 사회적 경제를 주 무대로 활동하고 있는 조직들은 다양한 가치 창출 분야에서 우리 사회가 직면하고 있는 일자리 문제, 소외계층을 위한 사회서비스 확충, 지역 불균형 및 사회적 배제 등의 여러 가지 문제들을 해결하는 역할들을 수행하고 있다. 사회적 경제 속에서 이들이 기여하고 있는 주요 역할들을 하나씩 살펴보도록 하자.

그림 1-6 사회적 경제의 주요 역할

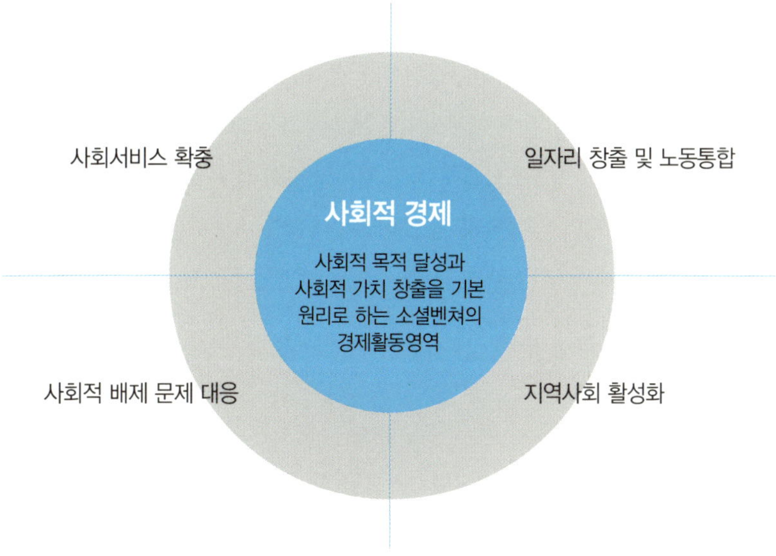

일자리 창출과 취약계층의 노동통합

최근 우리나라에서 해결이 시급한 큰 고민거리 중 하나를 꼽자면 '고용 없는 저성장' 시대에 직면해 있다는 점을 들 수 있다. 줄어들지 않는 청년 실업 역시 그 일환 중 하나이다.

전통적으로 고용 창출의 주체는 국가와 시장으로 여겨진다. 하지만 국가가 부족한 일자리 부문을 채우기 위해 재정 정책을 대규모로 마련하는 것은 제한적이기도 한데다, 이윤 극대화를 주 목적으로 하는 기업 중심의 시장경제 역시 완전 고용은 이상적인 지향점일 뿐 불완전 고용이 일반적이기 마련이다.

이러한 상황에서 사회적 경제는 일자리를 창출할 뿐만 아니라 취약계층을 노동시장으로 통합함으로써 고용 없는 저성장이라는 문제 해결에 기여한다. 사회적 경제 속에서 활동하는 공동체들은 사회적 미션 달성을 기본 바탕으로 설립되는 조직이기 때문에 보람되고 좋은 일자리를 창출한다. 또한, 고용창출, 직업훈련, 직업경험, 근로유인 그리고 소득보존 등을 목적으로 한 다양한 프로그램들을 진행하여 청소년과 장기실업가, 그리고 근로빈곤층 등과 같은 취약계층을 노동시장으로 통합하는 역할을 맡고 있다.

사회서비스 확충

사회적 경제는 정부와 지자체 등 공공 부문과 시장이 모두 해결할 수 없는 사회적 욕구를 충족시키기 위해 사회서비스를 제공한다. 사회서비스는 협의의 개념으로 사회복지사업을 의미한다.

사회적 경제는 사회서비스 확충을 위해 지역사회의 공동체들과 파트너십을 구축하고, 이 파트너십을 통해 새로운 공공서비스 수요를 충족시키며 공공 서비스를 혁신해 나간다.

지역사회 활성화

지역의 불균등한 발전 역시 우리 사회가 해결해야 할 중요 아젠다 중 하나이다. 사회적 경제는 다소 발전 속도가 느린 지역사회의 구성원들과 협력하여 지역경제를 다시 살리기 위해 다양한 활동을 수행하고 있다. 예를 들어 폐광지역을 재건하려는 노력의 일환으로 관광사업, 운송사업, 주택사업 등의 지역사회 협동조합을 구축한 경우가 대표적 사례라 할 수 있다.

사회적 경제가 낙후된 지역경제를 재 활성화하는 역할만 수행하는 것은 아니다. 지역사회를 발전시키는데 중요한 의제가 되는 환경, 문화, 교육, 보건 등의 부문에서 지역사회를 통합하고 사회적 투자를 촉진시킴으로써 지역경제의 발전에 기여하기도 한다.

사회적 배제에 대한 대응

'사회적 배제(social exclusion)'는 사람들이 건강한 생활, 안정된 일자리, 적절한 수준의 교육 혹은 사회적 네트워크의 참여 등으로부터 점차 벗어나는 과정을 의미한다. 최근 우리나라에서 더욱 심화되고 있는 사회적 양극화는 사회적 배제의 가장 대표적인 집단적 현상 중 하나이다.

오늘날 우리 사회에서는 각종 사회적 배제에 직면해 있는 집단들이 다양하게 존재하고 있다. 이와 같은 상황에 대응하는 사회적 경제의 역할은 그것이 가지는 가장 포괄적인 역할이 된다. 즉, 일자리 창출과 노동통합, 사회서비스 확충, 지역사회 개발 등의 역할들을 포괄하는 것은 사회적 배제를 극복하는데 있어서 사회적 경제가 가지는 가장 중요한 역할이라고 할 수 있다.

② 사회적 경제의 한계

지금까지 학습한 사회적 경제가 가지는 주요 역할들을 살펴보면, 사회적 경제가 시장 경제와 공공 경제와 더불어 우리 사회의 한 축을 지탱해주는 충분한 기능을 하고 있음을 알 수 있다. 특히, 경제 위기에 사회적 경제의 역할은 그 빛을 더 발해 오곤 했다.

하지만 우리나라의 사회적 경제는 정부 주도로 복지와 일자리 문제를 해소하기 위한 정책적 개념으로 도입된 측면이 크다보니 일부 문제점도 따라오게 되었다. 즉, 정부를 중심으로 사회적 경제를 구성하는 공동체들이 성장을 지속해 온 것에 따른 문제점이다. 이로 인해 사회적 혁신의 추구와 시장 경제의 대안적 역할이라는 본래 사회적 경제의 의미가 흐려졌다고 여겨지기도 한다[7].

예를 들어 정부에서는 고용노동부가 인증한 사회적기업에 인건비와 4대 보험료와 같은 재정적 지원과 법인세 및 소득세 감면, 경영서비스 등을 지원한다. 마을기업 육성사업 역시 정부가 선정된 마을기업에 기업 당 최장 2년 동안 8천만 원의 사업비와 경영서비스를 제공하는 방식으로 시행하고 있다. 이처럼 사회적 경제를 구성하는 조직들이 정부의 지원 위주로 운영되다보니, 단기적으로는 성장하여 기업 수가 양적으로 늘어나고 일자리 역시 창출하는데 기여해 왔지만 장기적인 측면에서 자생력을 갖추지 못한 조직들도 많이 나타나게 되었다. 즉, 일반적인 벤처기업과 같이 정부의 직접적인 지원 없이도 사업 규모의 확장과 지속성장이 가능한 역량이 부족한 조직들이 많아 이들이 사회적 경제의 발전을 충분히 지탱해 주지 못한 것이다.

게다가 「사회적기업 육성법」을 제정하면서 법규상에 규정된 조건을 충족하여 사회적기업으로 인증받기까지의 절차가 까다로워, 예비 창업가들이 사회적 목적이나 혁신적인 사회적 문제 해결 아이디어를 가지고 있음에도 불구하고 창업에 도전하기 어려워하는 경우를 심심찮게 볼 수 있다. 공식적으로 인증 받은 기업들을 위주로 지원 혜택을 받게 된다는 점 역시 이들에게는 큰 진입장벽이다.

최근 들어서는 과거 유럽 사회의 빈곤과 계급 차이에 따른 탄압 문제에 대비하여 사회적 문제의 범위와 영역이 환경, 가족, 여성, 노인 등의 다양한 문제들로 확산되면서, 기존의 사회적 경제 공동체보다도 조금 더 창의적이고 혁신적인 접근법으로 사회적 문제를 해결해 나가면서도

7) 새로운사회를여는연구원(2013). "사회적 경제 생태계 육성 전략 마련을 위한 기초조사: 해외 사례를 중심으로"

새로운 가치를 창출하는 조직 형태에 대한 요구가 커지기 시작했다.

이에 따라 직접적인 자금 지원 없이도 장기적으로 성장하고 규모를 확장해 나가면서 혁신적인 접근방법으로 사회적 영향력(social impact)을 이루어 나가는 새로운 형태의 모델이 필요하게 되었다. 즉, 기존의 사회적 가치를 창출하는 사회적 경제 공동체들의 역할과 일반적인 영리 벤처기업들의 지속가능성, 그리고 혁신성이 결합된 모델이 필요하게 된 것이다.

소셜벤처는 이와 같은 배경에서 출현하게 되었다([그림 1-7] 참고). 다음에서 소셜벤처의 기본 개념을 살펴보고, 기존의 사회적 경제를 구성하는 다른 조직 유형의 공동체들, 그리고 일반 벤처기업과 비교하여 소셜벤처는 어떠한 차별적인 특징이 있는지 차례대로 학습해 보도록 하자.

그림 1-7 소셜벤처의 출현 배경

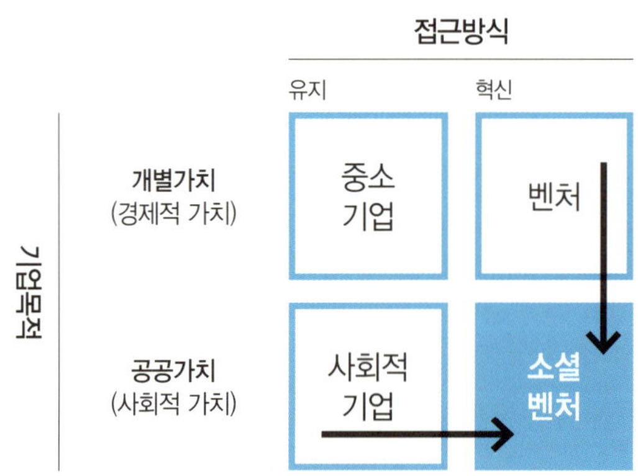

출처: 이민화(2015). "창조경제의 소망, Social Venture". 창조경제연구회 제13회 포럼 자료 참고하여 재구성

1.2 소셜벤처와 소셜벤처 창업가의 이해

1) 소셜벤처란?

(1) 소셜벤처의 개념

'소셜벤처(social venture)'는 각 나라마다 그리고 기관마다 다양하게 정의하고 있다. 우리나라에서 소셜벤처라는 용어는 고용노동부가 주최한 2009년 '제1회 소셜벤처 경연대회'를 통해 공식적으로 사용되기 시작하였다. 이 소셜벤처 경연대회를 주관한 기관이자 국내의 소셜벤처 관련 지원을 담당하고 있는 한국사회적기업진흥원(2014)은 소셜벤처를 '창의적이고 도전적인 벤처 정신으로 사회문제의 솔루션을 제공하는 혁신적인 기업 모델'로 정의하고 있다. 즉, 소셜벤처란 기존의 일반적인 벤처기업과 같이 기술 · 경영 혁신 등의 모험적인 방법으로 경영 활동을 수행하는 기업 형태에 사회적 가치를 추구하는 기업 형태를 결합한 조직이다.

한국기술교육대학(2014) 연구에서는 소셜벤처를 사회적기업과 벤처의 특성을 함께 가진 조직으로 파악하고, '사회문제를 혁신적이고 지속가능한 경제적 모델을 활용하여 해결하는 기업'으로 정의하였다. 즉, 소셜벤처는 사회적기업의 특성과 일반적인 벤처기업의 특성이 결합된 기업을 뜻한다.

미국의 사회적기업 컨설팅 업체인 버추벤처스(Virtue Ventures, 2005)는 소셜벤처를 '사회적 문제 또는 시장 실패를 완화하거나 줄이기 위해 사회적 목적과 경제 원리, 혁신성에 기반한 운영을 통해 사회적 가치를 생산해 내는 비즈니스 벤처'로 정의한다.

영국의 사회혁신단체인 영파운데이션(Young Foundation, 2011)은 소셜벤처를 '사회적 문제를 다루지만 경제적인 수익을 창출하면서 지속가능한 기업으로, 현재의 아이디어를 확장하여 사회적 영향력을 확대하거나 조직의 성장을 목표를 달성하고자 하는 조직'으로 정의하였다.

최근 우리나라에서는 ICT를 적극적으로 활용한 스타트업 중에 사회적 미션 달성을 주요 목적으로 하는 기업을 소셜벤처라고 지칭하기도 한다(한국기술교육대학, 2014). 이에 따르면 소셜벤처는 기술적 혁신성과 사회적 영향력을 모두 갖춘 기업이라 볼 수 있다.

각각의 정의들을 종합하면 소셜벤처는 기존의 사회적 경제 공동체들이 사회적 미션 달성 및 사회적 문제 해결을 통해 창출하는 사회적 영향력과 일반 벤처기업의 주요 특성인 지속가능성과 혁신성을 동시에 갖추고 있는 기업을 의미한다([그림 1-8] 참고). 즉, 소셜벤처는 (a) 사회적 가치 창출과 경제적 가치 창출을 동시에 추구하는 기업, (b) 혁신 또는 혁신적인 접근방법으로 사회적 문제를 해결하는 기업, (c) 사업의 확장 또는 지속가능한 성장을 위한 접근방법, 즉 비즈니스 접근법을 활용하는 기업으로 요약할 수 있다[8].

이러한 점에서 상기와 같은 소셜벤처의 특성들을 갖춘다면 고용노동부가 지정하는 인증 (예비)사회적기업도 소셜벤처에 포함될 수 있으며, 주로 벤처기업의 형태를 띠는 경우 역시 소셜벤처에 포함된다. 따라서 소셜벤처는 벤처기업과 같이 경제적 이익을 창출하면서도 고용노동부의 인증 여부와 상관없이 다양한 형태와 방식으로 혁신적이며 도전적으로 사업을 할 수 있는 장점을 모두 갖고 있다.

그림 1-8 소셜벤처의 개념적 영역

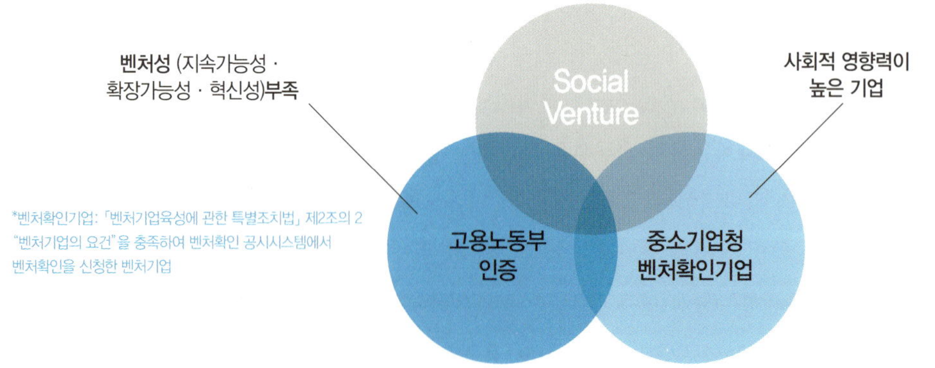

출처: 이민화(2015). "창조경제의 소망, Social Venture". 창조경제연구회 제13회 포럼 자료 참고하여 재구성.

(2) 소셜벤처의 특징

① 사회적 가치와 경제적 가치의 동시 추구

지금까지 살펴본 바와 같이 소셜벤처는 기존의 사회적 경제 공동체의 특성과 일반 벤처기업의 특성을 공통적으로 보유하고 있는 조직 유형이다. 그렇다면 이 세 가지 조직 유형을 구별 짓는 차별적인 요인은 과연 무엇일까?

가장 핵심적인 구분 기준은 바로 기업의 목적이 사회적 가치 창출에 있는가 또는 영리 추구를 통한 이윤 창출에 있는가의 여부이다. 기업은 기본적으로 존립을 위해 자사와 관계되어 있는

8) 배종태 · 라준영(2012). "제3세대 기업가정신과 소셜벤처 육성방안"

이해관계자들에게 창출하는 가치를 전달해야 하는 책무가 있다. 일반적인 벤처기업들은 그들이 창출하는 가치를 기업의 소유주 또는 주주들에게 경제적 이익의 형태로 돌려준다. 이와 달리 전통적 비영리기업은 사회적 가치를 창출하여 공동체 구성원이나 지역 사회에 기여해야 하지만 경제적 이익을 내야하는 의무는 없다. 즉, 일반 벤처기업은 경제적 이익 극대화가, 기존의 사회적 경제 공동체는 사회적 가치 창출이 사업의 최종 목적이다([표 1-2] 참고).

소셜벤처는 사회적 가치와 경제적 가치를 동시에 추구한다는 점이 가장 큰 특징이다. 사회적 가치 창출뿐만 아니라 경제적 이익을 낸다는 것은 사실상 기업을 설립, 유지, 그리고 성장시켜 나는데 중요한 핵심 요소가 되기 때문이다. 따라서 소셜벤처는 창출하는 잉여를 조직의 성장과 사회적 목적을 달성하기 위한 활동을 수행하고 확대하는데 재투자하며, 주주뿐만 아니라 구성원이나 지역사회 공동체 등 다양한 이해관계자들에게 이익이 되는 방향으로 사용한다.

표 1-2 소셜벤처와 기존 사회적 경제 공동체 · 일반 벤처기업의 차이

구 분	기존 사회적 경제 공동체	소셜벤처	일반 벤처기업
개념	사회적 가치 실현을 위해 협력과 호혜를 바탕으로 설립된 인증 (예비)사회적기업, 협동조합, 마을기업, 자활기업 등의 조직	사회문제를 해결할 혁신적인 아이디어를 사업화하기 위해 설립된 신생기업	기술 혁신 아이디어를 사업화하기 위해 설립된 신생기업
특징	사회적 영향력(social impact)이 예상되며 주로 정부 주도로 성장	높은 위험 부담을 감수하지만 성공할 경우 높은 사회적 가치와 기대 이익 예상	높은 위험 부담을 감수하지만 성공할 경우 높은 기대 이익 예상
기업의 목적	사회적 가치 창출	사회적 가치 + 경제적 가치 동시 추구	경제적 가치 창출

출처: 한국사회적기업진흥원(2014). "새로운 세상을 만드는 평범한 사람들의 특별한 이야기: 2014 소셜벤처 우수사례집"; 배종태 · 라준영(2012). "제3세대 기업가정신과 소셜벤처 육성방안" 자료 참고하여 재구성.

요약하면 소셜벤처는 사회적 가치와 경제적 가치를 동시에 창출하기 위해 영업활동을 수행하는 조직이며, 다만 추구하는 가치의 비중을 어디에 더 많은 가중치를 두느냐에 따라 [그림 1-9]와 같이 비즈니스 모델이 달라질 수 있다. 단, 소셜벤처 영역의 구분이므로 대기업을 통해 배출된 소셜벤처 또는 벤처기업은 논의에서 고려하지만, 대기업 자체는 제외하고 이해하도록 하자.

그림 1-9 추구 가치에 따른 소셜벤처의 영역

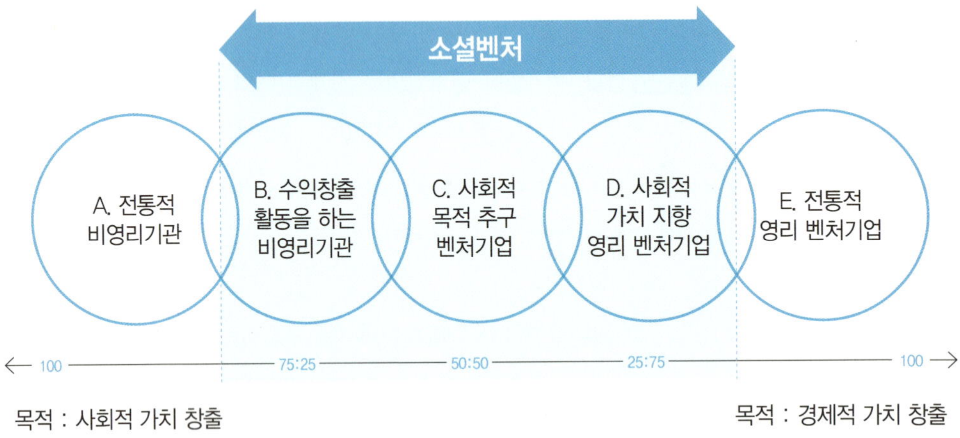

- A. 전통적 비영리기관: 사회적 목적 달성이 최우선 목표인 비영리기관으로 자선, 기부금 또는 정부지원 등으로부터 순수 자금을 조달하는 조직
- B. 수익창출 활동을 하는 비영리기관: 사회적 목적 달성을 우선으로 수행하는 비영리기관이지만 시장으로부터 경제적 수익이 창출한 추가적인 매출원을 보유하고 있는 조직
- C. 사회적 목적 추구 벤처기업: 사회적 목적과 시장에서의 경제적 이익 창출 목적을 모두 보유한 벤처기업으로 자생력이 있으며, 수익을 조직의 성장과 사회적 목적 달성을 위해 재투자함
- D. 사회적 가치 지향 영리 벤처기업: 영리 추구를 우선 목적으로 하는 벤처기업이지만 사회적 가치 창출 역시 지향하는 조직
- E. 전통적 영리 벤처기업: 순수 영리 추구 벤처기업으로 주주들의 이윤 극대화를 위해 운영되며 창출한 이익은 주주들에게 경제적 이익의 형태로 돌아감. 이 중에서는 사회책임투자(Socially Responsible Investment; SRI) 관점에서 사회적 책임이나 사회공헌 활동을 수행함으로써 사회적 가치를 지향하는 조직이 포함됨

출처: The Young Foundation, J. Kingston Venturesome, CAF Venturesome, EVPA 자료 참고하여 재구성.

그림에서 소셜벤처는 음영 부분에 해당하는 경제적 가치 창출보다 사회적 가치 창출을 주 목적으로 설립되어 수익창출 활동을 하는 비영리기관(B), 두 개 가치를 강조하는 비중이 대동소이한 사회적 목적 추구 벤처기업(C), 그리고 경제적 가치를 창출하면서도 사회적 가치를 창출하고자 하는 사회적 가치 지향 영리 벤처기업(D)의 영역에 걸쳐있다.

하지만 기업들마다 운영의 목적이나 방식, 지향점이 명확하지 않거나 수시로 달라질 수가 있어 소셜벤처의 영역을 두부 모 자르듯 구분하기는 어렵다. 다만, 소셜벤처를 비영리기관 또는 영리 벤처기업과 극단적으로 다른 유형으로 여기기보다는 앞서 살펴보았듯이 '사회적 가치와 경제적 가치를 동시에 창출하면서 혁신적이고 비즈니스적인 접근법으로 사회적 목적을 달성하는 벤처기업'이라는 기본 개념 속에서 이해하는 것이 바람직하다.

읽어 보기

생명을 살리는 온기
인큐베이터 임브레이스(Embrace)

개발도상국에서는 병원의 인큐베이터를 이용하기에는 이동 거리뿐만 아니라 비용의 문제에서도 어려움이 많다. 이로 인해 매년 수백만 명이, 매 한 시간마다 450명의 신생아들이 생명을 잃고 있다.

임브레이스(Embrace)의 공동 창립자이자 CEO인 소셜벤처 창업가 제인 첸(Jane Chen)은 이 아이들의 체온을 유지하고 생명을 살릴 수 있도록 돕고자, 전기도 필요 없고 안전하며 휴대하기도 쉬운 저가의 신생아 보온 제품을 개발하였다. 일반 인큐베이터가 $20,000달러인데 비해, 임브레이스 제품의 가격은 $200에 불과하다.

아이들이 안타깝게 죽는 광경을 지켜볼 수 밖에 없었던 엄마들에게 임브레이스의 제품은 아이의 생명을 살릴 수 있는 가장 쉬운 방법이 되었다.

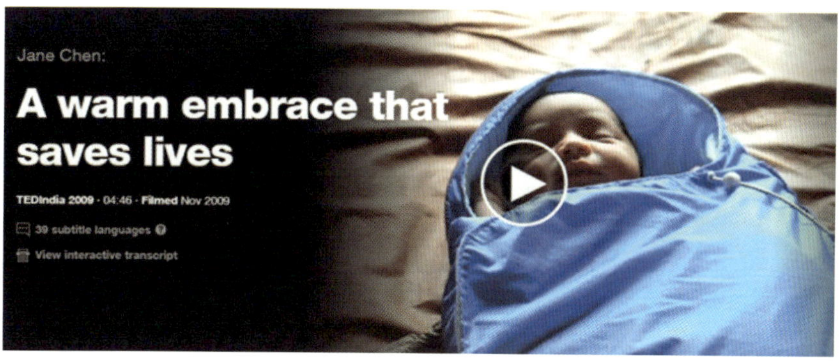

제인 챈의 TED 강연 동영상 "A warm embrace that saves lives"
(URL: https://www.ted.com/talks/jane_chen_a_warm_embrace_that_saves_lives)

생각해 보기

01 병원의 인큐베이터를 개발 · 제작하는 일반 벤처기업과 비교해 볼 때, 임브레이스가 제공하는 가치는 어떠한 차별점이 있을까? 두 유형의 기업들이 제품을 개발하고 설립하게 된 시작점은 무엇이었을지 유추해 보자.

② 혁신성

소셜벤처는 기존 사회적시스템에서 전통적인 해결책으로는 대응하기 어려운 수많은 사회적 문제들을 담당한다. 즉, 소셜벤처는 기존과는 무엇인가가 다르거나 더 뛰어난 해결책을 고안해야 하며, 지속가능한 사회적 영향력을 이끌어 냄으로써 새로운 사회시스템으로 변화시켜 나가야 한다. 결국 소셜벤처가 기발하고 독창적인 혁신 또는 혁신적인 접근법을 필요함은 당연지사인 것이다.

그림 1-10 소셜벤처의 사회 혁신

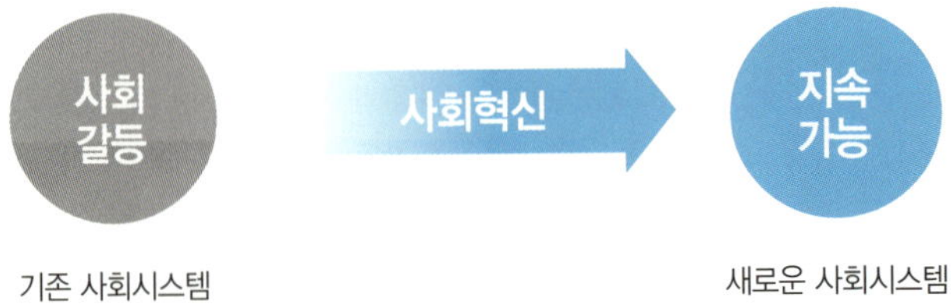

출처: 이민화(2015). "창조경제의 소망, Social Venture". 창조경제연구회 제13회 포럼 자료 참고하여 재구성

소셜벤처에 있어 혁신은 달성하고자 하는 사회적 미션을 실행으로 옮겨주는 핵심적인 수단이자, 경제적 수익을 창출하게 하는 기업의 경쟁우위가 된다. 일반 벤처기업의 경우 사업화하려는 기술 혁신 아이디어를 시장에서 성공시키기만 한다면 높은 기대 수익은 저절로 따라오게 되어 있다. 이처럼 소셜벤처도 시장성 있는 혁신적인 해결책을 고안하게 되면 높은 경제적 이익 창출이 가능하다.

이 때 소셜벤처가 취할 수 있는 혁신의 접근법은 무엇이 있을까? 다양한 형태가 가능한데 예를 들어 해결을 필요로 하는 사회적 문제에 대응하는 새로운 제품과 서비스(product and service)를 개발하는 방법 또는 기존 제품 및 서비스에 새로운 기술(technology)을 접목시키는 방법이 있다. 또한, 제품이나 서비스가 아니더라도 프로세스, 유통시스템, 그리고 비즈니스 모델 등을 혁신하는 접근법을 적용할 수 있다. 마지막으로 각각의 형태를 결합하는 혼합형의 혁신도 가능하다.

이 외 소셜벤처의 사회적 혁신에 대한 더 자세한 내용은 본 교재의 3장 「소셜벤처 핵심요소」 부분에서 다룰 것이다.

읽어 보기

해안 기류를 이용한 '혁신 기술'로 해양쓰레기 문제를 해결하다.
Ocean Cleanup

매년 8백만 톤의 쓰레기가 바다에 버려지고, 5조 이상의 플라스틱 쓰레기 조각들이 해안에 떠다니고 있다. (중략) 태평양을 떠다니는 두 개의 거대 쓰레기 지대(Great Pacific Garbage Patch) 문제를 해결하기 위해 20살 네덜란드 한 청년이 나섰다.

◆ 바다가 쓰레기를 청소하게 하는 혁신 기술

(이미지 출처: SR와이어)

네덜란드 비영리단체 Ocean Cleanup 설립자이자 대표인 보얀 슬랫(Boyan Slat)은 16살 때 태평양에서 스쿠버 다이빙을 하면서 '바다 속 많은 쓰레기를 왜 아무도 치우지 않는지'를 생각하기 시작했다. (중략) 전통적인 방식으로는 보트와 그물을 이용해서 플라스틱을 수거하지만 쓰레기를 완전히 제거하기까지 약 7만 9천년이 걸리고, 거대한 양의 자원과 수백억 달러가 소요된다. 무엇보다 그 과정에서 의도치 않게 해양 생물을 포획할 위험도 있고, 플라스틱이 바다 위를 계속 떠다니기 때문에 일일이 수거하는 건 쉽지 않다.

그래서 슬랫은 이런 전통적인 방식이 아닌, 새로운 기술 'Ocean Cleanup Array'을 설계, 개발했다. 전 세계 과학자와 엔지니어 100명을 구성하여 간접적으로 청소(passive cleanup)하는 방식을 고안했다. 플라스틱 쓰레기들이 떠다니게 되는 원형해류의 동선을 연구하고 그 통로에 62마일의 그물망(array)을 설치하는 것이다. 자연의 힘 그대로 쓰레기가 해안 기류에 따라 망에 모이게 하고, 태양광 동력을 이용해 모인 플라스틱 쓰레기들을 자동으로 수거하는 친환경 장치다. Ocean Cleanup 연구에 따르면, 이 그물망으로 10년 이내에 태평양 거대 쓰레기 더미의 약 42%, 725만 톤의 플라스틱 쓰레기를 수거, 제거할 수 있다.

보얀 슬랫은 그의 혁신 기술을 시험하기 위해, 일본과 한국 사이에 위치한 한국 해협(Korea Straight)에서 파일럿 버전을 시행할 예정이다. 2016년 상반기에 후쿠시마 섬에 Ocean Cleanup Array를 설치할 것이다. (중략) Ocean Cleanup의 목표는 5년 이내에 태평양에도 62마일의 긴 망을 설치하는 것이고, 수백명의 Ocean Cleanup 자원봉사자, 과학자, 엔지니어들과 협력하여 망의 길이를 지속적으로 확대할 예정이다.

상대적으로 간단한 이 기술은 모든 사람들이 해결하기 복잡하고, 해결 비용이 높다고 여겼던 문제에 앞으로 오랫동안 지속적으로 활용될 것으로 보인다.

출처: 김환이(2015.06.11.). "해안 쓰레기, 해안 기류 이용한 혁신기술로 수거한다". SR와이어.(http://srwire.co.kr/archives/14215)

③ 비즈니스 접근법 활용

소셜벤처는 사업의 규모를 확장하거나 지속 성장하면서 그들이 창출하는 경제적 이윤뿐만 아니라 사회적 영향력을 더욱 크게 확대할 수 있는 자생력을 갖춰야 한다. 따라서 소셜벤처는 일반 벤처기업과 같이 정부 지원이 없이도 기업을 운영해 나갈 수 있도록, 창업 준비 과정부터 기본적 토대를 탄탄히 할 필요가 있다.

즉, 소셜벤처 창업 프로세스를 정확히 이해하며, 장기적인 관점으로 접근하여 비즈니스 모델을 수립하고 사업 타당성을 분석하는 것은 물론, 창업 후 사회적 가치와 경제적 가치를 측정하고 관리하는 활동 등의 비즈니스 방법론을 직접 실현해 나가는 것이 중요하다.

이와 같이 소셜벤처가 숙지하고 적용해 나갈 비즈니스 접근법을 본 서의 단계별 학습 내용을 통해 차근차근 배워나가도록 하자.

읽어 보기

'맥도날드 경영방식'을 도입한 인도의 소셜벤처 **아라빈드 안과병원**

고빈다파 벤카다스와미(G. Venkataswamy) 박사는 높은 비용 부담 때문에 아파도 제 때 치료를 받지 못해 실명하는 가난한 사람들이 많은 인도의 현실을 보고, '피할 수 있는 실명은 막겠다'는 사명감으로 1976년, 소셜벤처인 아라빈드 안과 병원을 설립하였다.

아라빈드 안과병원은 그 긍정적인 설립의 목적뿐만 아니라, 진료, 수술방식의 대량화 및 표준화로 비용을 최소화하는 '맥도날드식 경영방식'을 실현하고 있다는 점에서도 유명하다.

벤카다스와미 박사는 '부자나 가난한 이들이나 모두 공평한 의료 서비스를 받아야 한다'는 생각을 갖고 있으면서도 '이윤 없이는 가난한 사람을 지속적으로 도울 수 없다'는 가치관을 두고 '돈 버는 자선'을 어떻게 구현할지 고민했다.

그는 미국의 햄버거 체인점인 맥도날드에서 그 해답을 얻게 되었다. 맥도날드는 표준화된 대량 생산과 원가 절감을 통해 누구나 세계 어디에서든 저렴한 가격으로 동일한 품질의 음식을 즐길 수 있도록 함으로써 경쟁력을 달성하고 있었다.

그는 이 맥도날드식 경영방식을 성공적으로 도입하여 '돈 버는 자선병원'으로 아라빈드 안과병원을 성장시켰으며, 환자의 60%에게 무료 수술을 제공하면서도 매년 44%의 영업 이익률을 올리는 성과를 이루었다. 아라빈드 안과병원은 효율적인 시스템만 구축한다면 저렴한 가격으로 질 높은 서비스를 제공할 수 있다는 교훈을 주는 소셜벤처 성공 사례로 여겨지고 있다.

2) 소셜벤처 창업가란?

(1) 소셜벤처 창업가의 정의

'소셜벤처 창업가(social venture entrepreneur)' 는 충족되지 않은 사회적 욕구나 해결되지 않은 문제에 대한 혁신적이고 지속적인 해결책을 개발함으로써 사회적 · 경제적 가치를 창출하고 사회를 긍정적으로 변화시켜 나가는 개인을 의미한다. 이들은 이 사회적 목적과 경제적 목적을 달성하기 위해 소셜벤처라는 기업을 조직 및 설립하고, 제품과 서비스를 판매함으로써 사업을 운영해 나간다.

소셜벤처 창업가를 말할 때는 보통 '세상을 낭만적으로 변화시키려는 꿈을 가진 몽상가(dreamer)' 로 종종 표현하기도 한다. 이들은 비록 정부나 시장 영역에서 해결해 오지 못한 사회적 문제라 할지라도, 그 문제를 간과하거나 발견하는 데에서 그치지 않고 해결책을 찾아나가면서 세상을 긍정적으로 바꾸려는 의지를 갖고 있기 때문이다(Coleman & Kariv, 2016).

예를 들어, 소셜벤처 창업가는 도심 지역의 높은 고등학교 자퇴율을 보며 단순히 '현상이 이러하구나' 라며 그 문제를 인지하는 데 그치지 않는다. 이들은 고등학생들이 학업을 완수하지 못함에 따라 고용시장에서 겪게 되는 낮은 처우에 대해 공감과 고민을 하고, 문제가 지속될 때 사회전체가 겪게 되는 진통을 예상하며 '지금 이대로는 안 된다' 는 감정을 느끼는 사람이다. 또한, 이러한 감정이 동기가 되어 문제 해결 아이디어를 실행으로 옮기는 사람이다(김정헌, 2013).

그렇다면 소셜벤처 창업가는 일반 벤처기업의 창업가와 어떤 점이 유사하며 또한 어떤 점이 다른 것일까? 앞서 사회적 가치와 경제적 가치를 동시에 추구하는 소셜벤처의 기본 개념을 살펴보았듯이 소셜벤처 창업가 역시 사회적 목표뿐만 아니라 경제적인 목표를 함께 갖고 있다. 따라서 영리와 사회적 목적이 모두 그들의 행동 동기가 되며, 이를 통해 지속가능한 사회적 가치를 창출하기 위해 일반 벤처기업 창업가와 같은 혁신적 · 비즈니스적인 접근법을 적용한다.

이와 달리 소셜벤처 창업가가 일반 창업가와 구별되는 큰 차이점은 이들에게 있어서 소셜벤처의 창업과 운영 방향을 결정짓는 문제가 다른 분야보다도 특히 빈곤, 교육, 인권, 환경 등과 같은 사회적 이슈와 결부되어 있다는 점이다. 즉, 소셜벤처 창업가에게는 가치 창출의 정도를 평가하는 자신만의 척도가 부의 창출 정도뿐만 아니라 사회적 가치 창출 정도에 따라서도 달라지며, 창업이라는 행동으로 이어지는 연결고리는 사회적 이슈에 대한 관심과 이를 해결하고자 하는 열정이 바탕이 된다.

읽어 보기

불가능을 가능케 만든 체인지 메이커
한국 최초 아쇼카펠로우

한국 최초의 '아쇼카 펠로우'(Ashoka Fellow)에 사단법인 제주올레 서명숙 이사장과 비영리재단 인폴루션 제로의 박유현 대표가 공동 선정됐다(중략).

이번에 선정된 한국의 첫 아쇼카 펠로우 두 명은 각각 대도시 위주 또는 외부 주도의 지역 변화, 유해한 사이버 콘텐츠라는 주요 사회 문제를 새로운 시각에서 바라보았다. 문제 해결을 위해 혁신적인 아이디어를 제시하고 단체를 설립한 소셜 앙터프리너들이라고 할 수 있다. 이들은 문제에 대해 기존의 방식과는 전혀 다른 접근을 채택함으로써 시스템 차원의 변화를 이끌어낼 잠재력이 있다는 평가를 받아 아쇼카 펠로우로 최종 선정됐다.

(사)제주올레 서명숙 이사장
(이미지 출처: 제주의소리)

제주올레의 서명숙 이사장

제주올레(www.jejuolle.org)를 만든 서명숙 이사장은 시민의 자발성과 여행자의 시각에 기초한 새로운 방식의 대규모 지역 변화를 가능케 했다. '개인의 집과 마을길을 잇는 골목길'을 뜻하는 제주도 방언 '올레'는 최소 2-3개 마을을 거치는 자연친화적 길이며, 외지인과 지역민의 소통을 촉진하는 매개가 된다. 그 과정에서 지역 주민들은 새로운 경제적, 사회적, 문화적 가치를 창출하게 되며, 이는 또 다시 지속 가능한 지역 변화의 밑거름이 된다.

앞으로 제주올레는 한국과 비슷하게 급속한 산업화와 도시화를 겪는 아시아의 다른 국가들에 지역의 가치를 살리는 새로운 모델을 제시하고 전파하는 허브 역할을 담당하고자 한다. 이미 규슈올레 등 자매 올레길이 만들어졌으며 아시아트레일즈네트워크(ATN) 창립 추진회의를 진행하는 등 다양한 국제적 활동이 진행 중이다.

인폴루션 제로 박유현 대표
(이미지 출처: 제주의소리)

인폴루션 제로의 박유현 대표

'인폴루션'이란 '정보(information)'와 '공해(pollution)'의 합성어로, 특히 아이들에게 해로운 인폴루션에는 성인음란물, 폭력게임, 게임 중독, 사이버폭력, 악플 등이 있다. 인폴루션 제로(www.infollutionzero.or.kr, www.izhero.org)를 설립한 박유현 대표는 이러한 인폴루션이 없는 세상을 당연한 세상으로 만들기 위해 노력해 왔다.

여태까지 아이들을 보호와 규제의 대상으로 여겼다면, 박유현 대표는 아이들 스스로가 성숙한 디지털 시민으로서 선택하고 판단할 수 있는 주체로 봤다. 6~13세의 전 세계 어린이들을 위한 캐릭터와 게임 개발, 트랜스미디어 스토리텔링, 인터렉티브 전시회 등 다양한 접근으로 보다 많은 어린이들이 인폴루션에 주체적으로 대처할 수 있도록 하고, 이를 통해 "인폴루션 없는 사회"에 대한 글로벌 수요를 창출하고자 한다.

한국에서 시작된 인폴루션 제로는 현재 싱가포르에서도 성공적으로 활동하고 있으며, 미국 등 전 세계로의 확장 계획을 가지고 있다.

출처: 김봉현(2013.11.04). "올레 서명숙, 한국 최초 '아쇼카 펠로우' 선정". 제주의소리.
(http://www.jejusori.net/news/articleView.html?idxno=136486)

(2) 소셜벤처 창업가의 특성

소셜벤처 창업가가 공통적으로 갖는 특성을 요약하면 다음의 네 가지로 볼 수 있다(Coleman & Kariv, 2016). 첫째, 소셜벤처 창업가는 사회를 긍정적으로 변화시키기 위한 기회를 추구하며, 충족되지 않은 사회적 욕구와 해결되지 않은 문제를 파악하고 여기에서 기회를 포착한다. 둘째, 기회를 실행으로 옮기는 과정 속에서 사회적 가치를 창출한다. 셋째, 새로운 모델과 패러다임을 제시하는 변화의 주도자로서 근본적인 시스템의 변화가 일어날 수 있도록 지속가능한 해결책을 제시한다. 마지막으로 소셜벤처 창업가는 한정된 자원으로도 소셜벤처 창업가로서의 소명을 책무로서 다하는 자들이다.

이와 같은 특성들을 모두 다 갖추는 것이 곧 소셜벤처 창업가를 의미하는 것은 아니다. 현장에 있는 소셜벤처 창업가들은 모두 각자 다른 개인적 특성으로 다양한 접근법을 활용하여 활동하고 있다. 중요한 것은 이들이 아주 다루기 힘든 문제라 하더라도 혁신적인 해결책을 끊임없이 추구하면서 세상을 변화시키고 개선해 나가는 주체들이라는 것이다.

지금도 소셜벤처 창업가들은 전 세계의 여러 국가, 그리고 여러 지역에서 자기 자신만을 위해서가 아닌 모두를 위해 매일 더 나은 세상을 만들기 위해 노력하고 있다. 정말 매력적인 일을 하는 매력적인 사람들이라고 생각되지 않는가?

다음의 특성들을 살펴보며 소셜벤처 창업가가 된 나 자신의 모습을 한 번 상상해보도록 하자.

① 기회를 추구하고 이를 행동으로 옮기는 자

소셜벤처 창업가는 다른 사람들이 '문제(problem)'라고 생각하는 부분에서 '기회(opportunity)'를 발견한다. 그들은 단순히 사회적 문제를 동정의 개념에서 바라보기 보다는 그 문제를 어떻게 개선해 나가고 이러한 사회적 목적을 어떻게 달성해 나갈 것인지에 대한 비전을 갖고 움직인다. 즉, 소셜벤처 창업가는 사회를 긍정적으로 변화시키기 위해 기회를 가차 없이 쫓고 포착한 기회를 행동으로 옮긴다.

② 사회적 가치를 창출하는 자

소셜벤처 창업가는 사회적 문제에 접근하여 조금 더 나은 세상을 만들기 위한 노력을 시도하고, 이러한 과정 속에서 사회적 가치를 창출한다.

르완다에 'Gardens for Health'를 설립한 줄리 카니(Julie Carney)의 사례를 살펴보자. 르완다에서는 아이들 중 45%가 영양실조로 고통 받고 있었고 특히 시골지역에서는 빈곤으로 인해 그 비율이 더 높았다고 한다. 이 지역에서 아이를 가진 부모들은 영양실조가 무엇인지, 그 영향력은 무엇이고 아이의 영양실조 징후는 어떻게 파악하는지, 또 어떻게 치료하는지 조차 모르는 상황이었다.

이러한 사실을 인지한 줄리 카니는 한 마을에 의료클리닉을 만들고 각 지역의 보건 센터를 통해 부모들을 훈련 · 교육하는 프로그램을 개발하였다. 또한, 부모들이 다른 지역에 대해서도 모니터링하는 역할을 하도록 했다. 그녀의 노력은 결과적으로 르완다 지역 아이들의 영양실조 해소에 기여했을 뿐만 아니라, 부모들이 좋은 영양의 중요성을 인지하게 됨으로써 가족 구성원들 전체의 건강을 위해 정원을 만들도록 장려하였다. 이를 계기로 르완다 지역의 농촌진흥청에서도 변화의 움직임이 일어났다. 진흥청은 소위 지역에 '돈'이 되는 커피나 목화 같은 농작물뿐만 아니라 지역 내 소비를 위한 건강한 농작물을 심는다는 것에 대해 중요성을 인식하고 지역 사람들을 훈련하기 시작한 것이다.

이처럼 소셜벤처 창업가는 사회적 문제에 대해 혁신적인 해결책을 제시함으로써 사회적 가치를 창출하는 자이다. 특히, 이들이 창출하는 사회적 가치는 단순히 표면에 드러난 증상만 해결하기 보다는 그 문제의 기저에 있는 원인을 공략하는 그들의 노력에서 나온 결과물이라 할 수 있다.

③ 지속가능한 해결책을 제시하는 변화의 주도자

"뛰어난 소셜 창업가들은 단지 물고기를 잡아주거나 물고기를 잡는 법을 가르쳐 주는 것에 만족하지 않고, 어업 분야 전반에 걸친 혁신을 이룩하기 전까지는 결코 변화의 고삐를 늦추지 않는다." – 아쇼카 펠로우 창업가 · CEO, 빌 드레이튼(Bill Drayton)

줄리 카니는 르완다 지역의 '빈곤', '기아' 그 자체를 단순히 해결한 것이 아니라, 교육 · 훈련을 통해 지역 사람들에게 지식과 도구를 제공함으로써 가난과 배고픔의 악순환 고리를 끊을 수 있도록 하였다. 그녀처럼 소셜벤처 창업가는 그들이 변화시킨 사람들이 오히려 자신들의 삶을 스스로 변화시키도록 하는 '변화의 주도자(agents of change)' 역할을 수행함으로써 지속가능한 해결책을 추구한다.

따라서 이들은 빠르게 대박이 날 것 같은 해결책보다도 지속가능한 임팩트를 가지는 해결 방안을 모색한다. 이를 위해 끊임없이 혁신을 이루고, 적용해보며, 다시 학습하고, 또 개선해 나가는 과정을 반복한다.

④ 한정된 자원으로도 소셜벤처 창업가로서의 역할들을 책무로서 다하는 자

소셜벤처 창업가는 사회적 목적을 달성하기 위해 현재 손 안에 자원이 부족하고 한계가 있다 하더라도 과감히 행동한다. 오히려 협업과 파트너십을 통해 자원을 효율적으로 활용하고 지역사회에 책임을 다하기도 한다. 이들은 장애물을 만나도 멈추지 않는다. 다만, 스스로에게 다음과 같이 자문할 뿐이다.

"이 장애물을 어떻게 뛰어넘을 수 있을까?"
"이 일을 가능하게 하려면 어떻게 해야 할까?"

읽어 보기

"꿈꾸는 청춘들만이 세상을 바꿀 수 있다"
문화기획사 '최게바라'

사회를 좀 더 따뜻하고 유쾌하게 바꾸고 싶은 바람을 담아 다양한 방식으로 문화기획을 하고 있는 '최게바라 기획사'.
이름만 들어도 웃음이 픽 나오는 회사 이름은 유쾌한 혁명가를 꿈꾸는 최윤현 대표의 성인 '최'와 쿠바의 혁명가 '체 게바라'의 '게바라'를 합쳐 만들었다.

(이미지 출처: 최게바라 기획사 홈페이지)

최게바라 기획사에서 기획하는 프로젝트는 사회 문제를 담아 다시 한 번 생각해볼 수 있도록 메시지를 던진다. 대표 프로젝트로 남북청년토크, 참웨딩, 청년불꽃쇼, 또라이 올림픽 등이 있다.
남북청년토크쇼는 50여 명의 남북 청년들이 만나 하나의 주제를 놓고 얘기하며 사고의 벽을 허문다. "북한에도 관심병사가 있어요?" 같은 질문이 튀어나오기도 하고, 연애, 취업 같은 고민을 털어놓기도 한다. 영국 공영방송 BBC가 취재해가더니 통일부 홈페이지에도 이들 영상이 오르고 있다. (중략)
2013년 4월 시작한 남북청년토크쇼는 지금까지 이어오고 있다. 지방에서 올라와 겪는 상경기부터 연애, 자취하며 느끼는 이야기 등으로 공감대를 형성해갔다.
토크쇼 외에도 남북 청년들이 몸으로 부딪치며 즐기는 '남북청년운동회', 술 한 잔씩 기울이며 진솔한 대화를 나누는 '남북청년한잔', 임진각까지 자전거를 탔던 '남북청년자전거 타기' 등 다양한 행사를 진행하고 있다. 다음 달엔 남북청년 농활을 갈 계획이다.
매달 진행하는 '청년불꽃쇼'에는 80명 이상의 청년들이 모인다. 문화예술 각 분야에서 도전정신을 불태우고 있는 청년 CEO 등을 초대해 이야기를 나누는 자리다. 누구든 그 자리에 있는 사람들은 마음에 활활 타오르는 불꽃 하나씩 가지고 갔으면 하는 마음으로 청년불꽃쇼라고 이름 지었다.
최 대표는 결혼비용으로 고민하는 청춘들의 고민을 덜어주고, 허례허식에 치우친 결혼문화를 바꾸고

(이미지 출처: 김선아, topclass.chosun.com)

싶어 '참웨딩'이라는 프로젝트도 기획했다. 최게바라가 기획한 결혼식은 신랑, 신부의 상황에 맞춰 치러진다. 100명 이하의 소규모 결혼식만을 유치하기 때문에 식장은 지역 내 유휴공간을 보유한 경제주체들과 협력해 저렴한 가격으로 이용한다. 행사에 필요한 장비는 사회적 기업 등을 통해 조달한다. 지난해 6월에는 어려운 경제상황으로 결혼식을 하지 못했던 한 노부부를 위해 '마침내 열리는 따뜻한 결혼식'을 기획했다. 이들의 사연을 전해 들은 한 웨딩업체에서 드레스와 턱시도를 협찬해주었고, 메이크업아티스트와 사진작가가 화장과 웨딩사진을 담당해주었다. 한 인디밴드는 축가로 세레나데를 부르는 등 결혼식은 재능기부로 이뤄졌다. 또한 sns를 통해 소식을 접하고 자발적으로 참여한 120여 명의 청년들은 노부부에게 전하는 축하편지를 작성해 결혼을 축복했다.

결혼식의 참 의미를 회복하는 것을 목표로 한 참웨딩 프로젝트는 2013 고용노동부 주관 소셜벤처대회에서 아이디어 대상을 받기도 했다.

이런 프로젝트를 만들어 활동하는 사이 입소문이 나기 시작했다. 각 지역자치 단체에서조차 최게바라에서 기획하면 젊은 감각으로 재미있게 잘해낸다며 이런저런 행사를 맡기기 시작했다. 작년엔 서울시 자원봉사센터 페스티벌, 서울시 인권콘서트, 문화관광부가 주관한 한중일 청소년 국제 교류회 등의 행사 기획을 맡았다. 기존의 딱딱한 행사를 탈피해 사회적으로 의미 있는 색깔은 지키되 젊은 감각으로 재해석했다. 요즘에는 8월에 있을 경기도 시흥시가 주관하는 '갯골축제' 준비에 한창이다.

그를 움직이게 하는 건 바로 '하다 보면' 정신이라고 한다.

"기획한 일을 실행하는 것이 중요합니다. 실행하다 보면 뭔가 보이고, 주변에서 함께하는 사람도 생기게 돼요."

그 역시 1년여 홀로 활동했지만 지금은 14명의 직원들과 함께하고 있다. 그의 꿈은 대한민국 청년들이 행복해지는 것, 청년들과 함께 새로운 문화를 만드는 것이다.

"청년은 아프거나 흔들리는 존재가 아닙니다. 어떠한 상황도 이겨낼 수 있는 폭발적인 힘을 가지고 있으니까요."

– 최윤현 대표, TopClass 인터뷰 中

(이미지출처: topclass.chosun.com)

출처: 조선뉴스프레스 시정민 기자. "따뜻하고 유쾌한 사회를 만들고 싶어요: 문화기획사 '최게바라' 최윤현 대표". TopClass 2015. 06.

활동 하기

성공적인 소셜벤처 창업가가 되기 위한 **52주간의 여정**

창업은 무엇보다 철저한 준비가 필수적이다. 소셜벤처 창업가는 사회적 가치를 만들어 내기 위한 소셜 미션을 수행해야 하는 동시에 지속가능성을 확보하여 수익 창출도 해야 한다는 점에서 두 마리 토끼를 모두 잡아야 한다. 이를 위해서는 편중되지 않은 학습이 필요하다. 1년간 매주 책을 읽거나 영상물을 보고 토론을 하는 등 창업팀의 역량 강화를 위해 활용할 수 있는 체계적인 학습 프로그램을 진행을 제안한다. 학습 내용은 사회적 경제에 대한 내용으로부터 마케팅 및 비즈니스 모델에 대한 분야의 비중을 높여 나가는 방식으로 구성되었고, 4주간 책을 통한 학습과 1주의 영상 시청으로 배치되어 있다.

주차	유형	제목
1	영상	다큐 KBS 스페셜 '스페인 몬드라곤의 기적'
2	도서	몬드라곤에서 배우자
3	도서	몬드라곤의 기적
4	영상	[KBS] 시사기획 창 : 공유, 경제를 바꾸다
5	도서	에퀴티
6	도서	직원과 CEO가 함께 행복하고 성공하는 회사
7	도서	소셜픽션, 지금 세계는 무엇을 상상하고 있는가?
8	영상	KBS 네트워크 특선다큐, 착한 경영 사회적기업
9	도서	사회적기업이란 무엇인가?
10	도서	사회적기업을 어떻게 혁신할 것인가?
11	도서	협동조합의 이론과 현실
12	도서	타자를 위한 경제는 있다
13	영상	후 케어스
14	도서	우리도 행복할 수 있을까?
15	도서	또래 압력은 어떻게 세상을 치유하는가?
16	도서	무하마드 유누스의 사회적기업 만들기
17	도서	수도원에 간 CEO
18	영상	SBS 특집다큐, '더불어 사는 힘, 사회적기업'
19	도서	공공성
20	도서	거대한 전환
21	도서	지금 중요한 것은 무엇인가?
22	도서	비즈니스 모델의 탄생
23	영상	워커즈
24	도서	사장의 회사 VS 사원의 회사
25	도서	그들은 왜 회사의 주인이 되었나
26	도서	콘텐츠로 세상을 지배하라

27	도서	MIT 스타트업 바이블
28	영상	더착한 서울기업
29	도서	협동조합으로 기업하라
30	도서	관점을 디자인하라
31	도서	마케팅 반란
32	도서	린 스타트업(에릭 리스 著)
33	영상	로치데일 파이오니아
34	도서	로치데일 공정 선구자 협동조합
35	도서	숫자로 경영하라
36	도서	팔리는 컨셉 만들기
37	도서	린 스타트업(애시 모리아 著)
38	영상	KBS 다큐 3일, '오늘도 나는 꿈을 굽습니다'
39	도서	우리 협동조합 만들자
40	도서	협동조합 비즈니스 전략
41	도서	성공을 부르는 총체적 마케팅
42	도서	플랫폼, 경영을 바꾸다.
43	영상	위캔두댓
44	도서	실전에 강한 MBA 마케팅
45	도서	토네이도 마케팅
46	도서	서비스 이노베이션 엔진, 6시그마
47	도서	비즈니스 모델의 혁신
48	영상	KBS 시사기획 창 '함께, 더 멀리! 협동조합'
49	도서	캐즘 마케팅
50	도서	인바운드 마케팅
51	도서	세상을 바꾼 비즈니스 모델 70
52	도서	101가지 비즈니스 모델 이야기

활동 하기

소셜벤처 창업가 30인 사례로 **나의 롤 모델 찾아보기**

미국의 경제 전문지 포브스(Forbes)에서는 오늘날 사회적 문제를 비즈니스 솔루션을 통해 성공적으로 해결하는 30명의 영향력 있는 소셜벤처 창업가, '임팩트 30(Impact 30) 리스트'를 발표하고 있다. 또한, 어린 나이에도 불구하고 세계 곳곳에서 긍정적인 변화를 일으키고 있는 30세 미만 30명의 소셜벤처 창업가를 의미하는 '30 under 30'를 발표한다.

포브스지가 선정한 30명의 소셜벤처 창업가(http://www.forbes.com/impact-30/list.html) 또는 30세 미만의 소셜벤처 창업가 리스트(http://www.forbes.com/30-under-30-2016/social-entrepreneurs)를 참고하여 롤 모델(role model)로 삼고 싶거나, 이들의 소셜벤처의 혁신적인 아이디어나 기업이 창출하는 사회적 가치가 나의 관심사와 부합하는 사례를 찾아보고 발표해 보도록 하자.

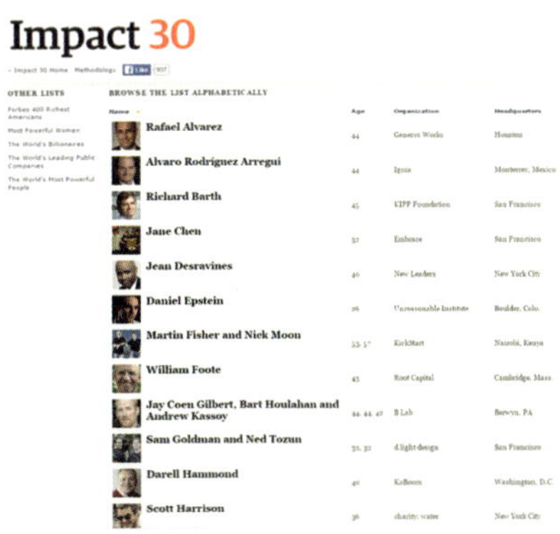

Impact 30

30 Under 30

학습 정리

◆ '사회적 경제(social economy)'는 자본주의 한계점에 대응하는 역할로 출현한 개념으로, 사회적 가치 실현이라는 목적을 달성하기 위해 다양한 주체들의 생산·소비가 이루어지는 경제시스템을 의미한다.

◆ 우리나라 사회적 경제를 구성하는 대표적인 공동체 유형에는 고용노동부로부터 인증을 받은 사회적기업 및 예비 사회적기업, 협동조합, 마을기업, 그리고 자활기업 등이 있다.

◆ 사회적 경제는 일자리 문제, 소외계층을 위한 사회서비스 확충, 지역 불균형 및 사회적 배제 등의 여러 가지 문제들을 해결하는 역할들을 수행한다.

- '소셜벤처(social venture)'는 기존의 사회적 경제 공동체들이 사회적 미션 달성 및 사회적 문제 해결을 통해 창출하는 사회적 영향력과 일반 벤처기업의 주요 특성인 지속가능성과 혁신성을 동시에 갖추고 있다. 즉, 소셜벤처는 사회적 가치 창출과 경제적 가치 창출을 동시에 추구하는 기업, 혁신 또는 혁신적인 접근방법으로 사회적 문제를 해결하는 기업, 사업의 확장 또는 지속가능한 성장을 위한 비즈니스 접근법을 활용하는 기업을 의미한다.

- 소셜벤처는 사회적 가치와 경제적 가치를 동시에 창출하는 조직 영역에 있으며, 추구하는 가치의 비중을 어디에 더 많은 가중치를 두느냐에 따라 비즈니스 모델이 달라질 수 있다.

- '소셜벤처 창업가(social venture entrepreneur)'는 충족되지 않은 사회적 욕구나 해결되지 않은 문제에 대한 혁신적이고 지속적인 해결책을 개발함으로써 사회적 · 경제적 가치를 창출하고 사회를 긍정적으로 변화시켜 나가는 개인이다.

- 소셜벤처 창업가는 기회를 추구하고 이를 행동으로 옮기는 자, 사회적 가치를 창출하는 자, 지속가능한 해결책을 제시하는 변화의 주도자, 한정된 자원으로도 소셜벤처 창업가로서의 역할들을 책무로서 다하는 자로 특징지어진다.

참고문헌

- 고용노동부 · 한국사회적기업진흥원(2014). "청춘, 소셜벤처를 피워라: 2014년 소셜벤처 대학동아리 지원사업 사례집"
- 김석호. "사회적경제의 개념과 핵심가치의 이해"
- 김정원(2009). "한국 사회적 경제의 과제와 전망: 대안성과 공공성을 중심으로 – 기조 발제: 한국 사회적경제의 재조직화를 위하여". 2009 한국사회포럼 기획토론.
- 김정헌(2013.03.01.). "사회적기업, 도시의 체인지메이커 : 서울 속의 우주(woozoo)를 만나다". Impact Business Review.
- 박철현(2010). "사회문제론: 이론, 실태, 지구적 시각". 박영사.
- 배종태 · 라준영(2012). "제3세대 기업가정신과 소셜벤처 육성방안"
- 새로운사회를여는연구원(2013). "사회적 경제 생태계 육성 전략 마련을 위한 기초조사: 해외 사례를 중심으로"
- 성지미 · 황준욱 · 안주엽(2014). "소셜벤처 지원을 통한 사회적기업 활성화 방안" 한국기술교육대학.
- 신원용 외(2015.12.10). "빅픽처, 2016 대한민국 이슈 전망 5화: 착한 일도 색다르게 하는 '소셜벤처'".
- 이경호(2013). "사회적 경제 공동체". 온라인행정학전자사전.
- 이민화(2015). "창조경제의 소망, Social Venture". 창조경제연구회 제13회 포럼 자료 참고하여 재구성
- 장원봉(2006). "사회적 경제의 이론과 실제". 도서출판 나눔의 집.

- 한국사회적기업진흥원(2014). "새로운 세상을 만드는 평범한 사람들의 특별한 이야기: 2014 소셜벤처 우수사례집"
- 허준영(2013). "사회적경제 공동체 지원체계 진단". 안전행정부.
- J. Gregory Dees(2001). "The Meaning of "Social Entrepreneurship"". Duke Innovation & Entrepreneurship.
- M. London & R. G. Morfopoulos(2010). "Social entrepreneurship: How to start successful corporate social responsibility and community-based initiatives for advocacy and change". Routledge.
- S. Coleman & D. Kariv.(2016). "Creating the social venture". Routledge.
- 국제 사회적경제 포럼 2013 홈페이지(http://www.gsef2013.org)
- 한국사회적기업진흥원 홈페이지(www.socialenterprise.or.kr)
- Sustainable Development Knowledge Platform(https://sustainabledevelopment.un.org)
- Wikipedia(https://ko.wikipedia.org/wiki/공공경제)
- http://paretoop.tistory.com/70

1장. 키워드 인덱스용

사회적 경제	시장경제	공공경제	사회적기업
마을기업	협동조합	자활기업	소셜벤처
사회적 가치	경제적 가치	소셜벤처 창업가	

"세상은 고통으로 가득하지만, 한편으로는 그것을 이겨내는 일들로도 가득 차 있다"

사회사업가, 헬렌 켈러(Helen Keller)

02

소셜벤처 트렌드

학습 목표

1. 소셜벤처의 트렌드를 살펴봄으로서 아이디어의 폭을 넓힌다.
2. 테크놀로지의 트렌드를 이해하고 활용 가능한 오픈소스가 있는지 살펴본다.
3. 적정기술에 대해 이해하고 활용과 보급을 위한 비즈니스 모델을 살펴본다.
4. 공정무역이 무엇인지, 사회적으로 왜 중요한지 이해한다.
5. 공유경제에 대해 이용하고 어떤 사례가 있는지 살펴본다.

시작 하기

"대학생, 의사, 광고기획자 등 각자의 위치에서"

사회적 의미를 찾아가는 소셜벤처들

소셜벤처의 육성을 위한 대학교, 정부, 대기업 등의 다양한 지원 프로그램들이 있다. 그 중 소셜벤처 경연대회는 2009년부터 시작해 창의적인 아이템 발굴과 더불어 사회적 가치의 실현을 위한 새로운 가능성 모색의 기회를 제공하고 있다. 2015년에는 대학생들이 만든 '손떨림 방지' 숟가락인 '스테푼'이 창업아이디어 부문 대상을 차지했으며 글로벌 부문에서는 대나무로 빈곤지역아이들의 양치를 돕기 위해 치과의사 박근우 선생님이 직접 나서 만든 '닥터노아칫솔', 솔루션 부분에서는 광고기획자인 인디씨에프 박정화 대표가 만든 동영상광고(CF) 제작 전문 스마트폰 어플리케이션 '후릴(hooreel)', 그리고 청소년 아이디어 부문에서는 태봉 작업장학교 손재성대표가 각각 대상을 수상했다.

치과의사인 박근우 대표는 봉사활동을 다니면서 개발도상국 빈곤층 65세 이상 인구 열명 중 여섯 명은 치아가 하나도 없다는 사실을 확인하고 그 문제를 해결해주고 싶은 사명감에 불타올랐다. 하지만 치과의사를 직접 현지에 양성하기위해 다년간의 교육을 시키기도 병원시설을 갖추기도 어려운 현실에 직면 했다. 이에 그는 가장 근본적인 문제인 어릴 때부터 치아관리를 할 수 있도록 도와야겠다는 생각을 하게 되었다. 그리고는 대나무 분포도가 높은 지역 중심으로 손쉽게 보급할 수 있는 대나무 칫솔을 만들게 되었다. 그 외에 대학생들이 대상을 받은 '스테푼'은 어떻게 만들어졌는지 그 스토리를 살펴보자.

동국대 창업동아리 '스테핀'(Stepin)은 학생 5명이 손떨림 방지 기능이 적용된 스마트 숟가락 '스테푼'(Stepoon : Steady Spoon)을 발명해 완제품 생산을 앞두고 있다고 밝혔다. 스테핀은 '돕고 나서다'라는 뜻의 영어 'Step in'에서 나왔다. 스테푼은 '흔들리지 않는 숟가락'을 의미한다.

스테핀은 지난달 29일 고용노동부가 주최한 '2015 소셜벤처 경연대회'에서 70대 1의 경쟁률을 뚫고 창업 아이디어 부문 대상을 받았다.

스테핀 대표인 건설환경공학과 김태준(26)씨를 비롯해 같은 과 김상철(26)·고동현(26)씨, 전자전기공학부 이정훈(25)씨, 광고홍보학과 변재준(26)씨 등 팀원 5명은 올해 4월 창업동아리를 시작하고 나서 불과 반년 만에 이 같은 성과를 거뒀다.

동아리 이름처럼 도움이 필요한 이들을 위해 유용한 제품을 개발하겠다는 취지로 창업 동아리를 시작한 이들은 대표 김태준씨의 경험을 공유하고 바로 제품의 콘셉트를 잡았다고 한다.

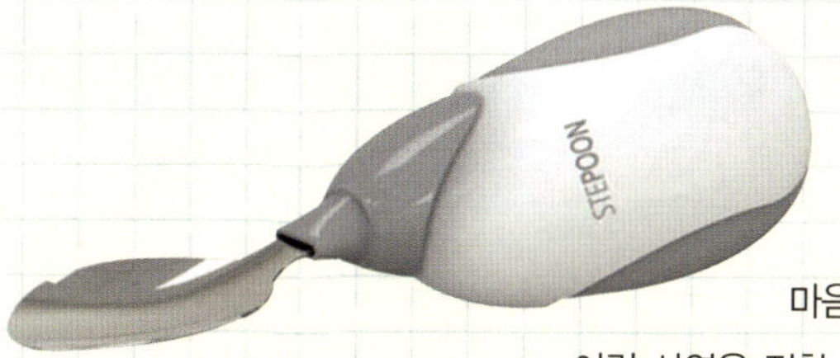

"할머니가 2~3년 전 뇌졸중으로 쓰러지시고 나서 몸이 많이 불편해지셨어요. 가족이나 간호인의 도움을 받지 않고는 혼자 힘으로 식사하지 못하시는데 이 모습을 보고 무척 마음이 아팠어요."

이런 사연을 접한 스테핀 팀원들은 인간의 가장 기본적인 활동인 식사를 스스로 해결하지 못하는 몸이 불편한 노인, 뇌 병변 · 지체 장애인, 파킨슨병 · 근육병 환자들의 처지에 주목했다. 그리고 곧 음식물을 흘리지 않고 먹을 수 있게 돕는 숟가락 개발에 착수했다. 공대에서 배운 지식을 총동원했지만 곳곳에서 난관에 부닥쳤고, 그때마다 하나하나 묻고 찾아가며 프로젝트를 진행했다.

스테푼은 수평유지 기술을 토대로 손떨림 보정기능을 실현한 숟가락이다.

이들은 스테푼에 기울임을 인식하는 자이로스코프 센서(Gyroscope Sensor)를 탑재하고 작은 모터를 달아 손떨림 등에도 숟가락 머리 부분이 흔들리지 않고 수평을 유지하도록 했다.

스테푼은 지난달 특허출원을 마쳤다. 대회 출품을 위해 만든 시제품을 보완해 시판 가능한 수준의 완제품을 만들기 위해 현재 전문제조 업체와 협업도 진행하고 있다.

김 대표는 "이달 말까지는 스테푼 완제품이 생산될 예정"이라며 "스테푼 출시를 시작으로 스테핀을 사회적 약자를 위한 제품과 솔루션을 개발하는 전문회사로 성장시키고 싶다"고 포부를 밝혔다.

출처 : http://www.insight.co.kr/article.php?ArtNo=39106

생각해 보기

01 각 소셜벤처가 발견한 사회적 니즈를 해결할 수 있는 다른 방법을 찾아보자.

02 테크놀로지가 사회적 가치를 실현하는데 어떤 영향을 미쳤는지 토론해보자.

2.1 미래유망 테크놀로지

1) 최신 트렌드

소셜벤처는 특성상 혁신을 기반으로 사회적 가치와 경제적 가치를 동시에 추구한다. 하지만 소셜벤처는 사회적 가치를 중요하게 생각한다는 관점에서 테크놀로지와는 거리가 먼 기업으로 인식하는 경향이 있다. 하지만 우리가 관심을 갖고 찾아보았다면, 소셜벤처 중에는 최신 테크놀로지를 적극 활용하여 성공한 기업이 많다는 점을 알 수 있을 것이다. 따라서 본 장에서는 최신 테크놀로지 경향을 살펴보고, 소셜벤처 창업 아이디어를 도출할 때 테크놀로지를 활용한 기반 지식을 쌓아보도록 하자.

[그림 2-1]의 기술창업 최신 트렌드는 ICT산업과 헬스케어산업, 그리고 빅데이터 산업의 네 가지의 산업을 중심으로 하고 있다. ICT산업에 있어서는 생활 속 사물들을 유무선 네트워크로 연결해 정보를 공유하는 사물인터넷, 인터넷상의 서버를 활용한 클라우드 컴퓨팅, 스마트디바이스, 무인항공기인 드론, 가상현실, 3D프린팅, O2O(Online to Offline)서비스가 트렌드를 이끌고 있다.

3D프린팅의 발달은 기존의 대량생산에 의존할 수밖에 없었던 기존의 제조업의 패러다임을 바꾸게 되었다. 프로그램을 활용하기 때문에 머릿속에 있던 창의적 아이디어를 하나만 제품으로 탄생시킬 수 도 있을 뿐만 아니라 쉽게 수정이 가능하여 제품의 개선도 빠르게 진행할 수 있다. 국내에는 3D프린터를 활용할 수 있는 메이커스페이스[9](maker spce)가 80여개가 생겨나 디자인 · 제조 · 기술혁신의 중요한 공간으로 사용되고 있다. 메이커스페이스는 창조경제혁신센터, 무한상상실, 대학교, 공공도서관, 콘텐츠코리아랩 등에 마련되어 있으며 3D프린팅 및 제조 관련 기자재를 무료 또는 저렴한 비용으로 이용가능하다.

3D프린터는 대량생산이 아닌 하나만 만들 수 있기 때문에 비용을 절감할 수 있다. 또한 데이터기반의 제작을 하기 때문에 손으로 만든 것보다 정확하게 만들고 수정할 수 있다는 장점이 있다. 다양한 설계 툴이 있지만 초보자의 경우 스케치업 프로그램이 쉽게 접근할 수 있으며 한국

9) 3D 모델 파일과 다양한 재료들로 소비자가 원하는 사물을 즉석에서 만들어(printing)낼 수 있는 작업 공간. 이는 전통적 제조업의 과정을 넘어 굴뚝 없는 비트(bit) 제조업으로 도약하는 가상 세계의 객체를 현실화하는 방법이다. 제조업 자체의 패러다임을 전환시켜 일반 개인도 최종 완제품을 생산해 내는 '개인 제조업'의 부상을 예고하고 있다. [네이버 백과사전]

생산성본부 3D프린팅 창의메이커스에서 관련 동영상강의를 무료로 학습할 수 있다.

헬스케어 산업에 있어서도 의료기기, 영상의료기기, 체외진단기기, 헬스케어와 IT가 연결된 의료 IT에 많은 관심이 집중되어 있으며 빅데이터를 활용한 하드웨어, 소프트웨어 기술 및 서비스가 중심이 되고 있다. 해외의 경우 무인자동차가 합법화 되는 등 자율주행 자동차 분야와 지능형 로봇 · 감시시스템 · 교통제어시스템 분야가 인공지능 산업의 트렌드를 이끌고 있다.

드론을 활용하여 네팔 오지에 의약품을 제공하는 엔젤스윙, O2O서비스를 활용한 소셜벤처에는 빈방을 공유하는 코자자, 소셜다이닝, 집밥 등이 있다.

시작하기의 '스테픈', 읽어보기의 'dot' 도 최신 기술을 접목시킨 사례이다. 과연 이들이 어떻게 아이디어를 내고 활용하고 있는지도 함께 살펴보자.

그림 2-1 기술창업 최신 트렌드 개요

출처 : 김진수 외(2015). 기술창업론. 탑북스.

테크놀로지의 빠른 발달은 기업들의 오픈이노베이션(open innovation)이 큰 역할을 하고 있다. 오픈이노베이션은 기업이 필요로 하는 기술과 아이디어를 외부에서 조달하기 위해 내부의 자원을 외부에 공유하면서 새로운 제품이나 서비스를 창조해 내는 것을 말한다.

우리들이 잘 알고 있는 영화 '아이언맨' 의 실제 모델인 테슬라 회장 엘론 머스크가 전기차의 특허기술을 모두에게 공개하여 전기차 시장을 키운 것처럼 많은 기업에서 오픈소스(무상으로 공개된 소스코드 또는 소프트웨어)를 내놓으며 생태계 확산에 공을 들이고 있다.

기업뿐만 아니라 개인도 오픈이노베이션을 이루어 내고 있다. 폴란드계 미국 농부인 야쿠보우스키는 기존의 트랙터보다 8배나 저렴하고 쉽게 부품을 갈 수 있는 제품을 개발하였다. 그러나 그는 그것을 사업화 하지 않고 기술의 결핍을 없애고자 누구나 적은 비용으로 만들 수 있도록 인터넷에 설계도를 개방하였다. 각국의 개발자들이 트랙터를 현지에 맞게 개선하고 더 나은 기술이 빠르게 개발되면서 간단한 도구들만 있으면 빈민국에서도 쉽게 만들 수 있게 되면서, 오히려 그의 기술은 사업화했을 때 보다 더 유명해지게 되었다.

동영상 보기

야쿠보우스키의
트랙터 기술공개

"아이디어가 현실로 이루어졌을 때 보다 강력한 것은 없습니다. 저는 개방적 하드웨어 기술로 더 나은 세계를 만들 것입니다." – 마르친 야쿠보우스키(Marcin jakubowski)

동영상 https://www.ted.com/talks/marcin_jakubowski?language=ko

국내에도 네이버의 오픈소스 기술 컨퍼런스 'XECon+PHPFest, 삼성의 소스콘(SOSCON)컨퍼런스 등을 통해 기업들이 오픈 소스 활성화에 앞장서고 있으며 행정자치부와 한국정보화진흥원에서도 공공 데이터 포털을 통해 1000건이 넘는 국가 데이터를 무료로 제공하고 있다.

또한, 2015년에는 '공유, 개방, 참여' 의 오픈소스 정신을 실현하고, 소프트웨어를 중심으로 하는 ICT 부문에서 오픈소스의 공공성을 확대함으로써 열린 기술 사회를 건설하는 것을 목적으로 하는 (사)오픈소스진흥협회(http://opensourcealliance.or.kr)가 설립되어 아두이노, 사물인터넷과 관련된 오픈소스와 무료 교육정보 등을 이용 할 수 있도록 홈페이지에 제공하고 있다.

최근 오픈소스를 활용한 소셜벤처 역시 속속 등장하고 있다. 웨어러블 점자디바이스 'dot' 도 오픈소스를 활용하였으며, 펀무브는 3D오픈소스를 활용해 무료전자의수 솔루션을 제시하여 베링거-아쇼카, 2회 'Making More Health 체인지메이커' 에서 우승을 하였다.

읽어 보기

세상을 향한 작은 움직임을 만드는 **펀무브**

우리가 흔히 접할 수 있었던 DIY(Do it Yourself)가 취미활동에 불과했다면, 메이커(Makrer)는 자신의 아이디어를 기반으로 새로운 것을 창조하는 것이다. 메이커가 탄생할 수 있었던 중심에는 3D 프린터

와 오픈 소스 하드웨어인 아두이노(Arduino)가 있으며, 전문가가 아니더라도 누구나 쉽게 메이커, 즉 제품 생산자가 될 수 있다. 다양한 분야에서 메이커 운동이 일어나고 있는 가운데, 의료분야에서도 3D 프린터와 아두이노(Arduino)의 활용에 주목하고 있다.

부산에 본사를 둔 펀무브는 서울을 비롯한 전국 10개 지부에서 활동하고 있다. 펀무브도 이네이블과 같은 취지에서 전자의수 개발 및 제작을 시작했다. 손을 잃은 장애인을 위해 고효율, 저비용의 3D 프린팅 전자의수를 개발하고 맞춤 제작하여 기부활동을 하고 있다.

펀무브 고준호 대표는 "2015년 1월부터 의수개발을 시작했다. 펀무브는 전국 절단 장애인 숫자가 19만 명이고 그 중 손 절단 장애인은 전체의 절반 정도인 약 9만 명으로 추산하고 있다. 현재 국내에서 4명의 장애인들이 펀무브의 전자의수를 사용하고 있고, 나머지 분들은 의수 제작 교육을 받고 있는 중"이라며 그 동안의 성과에 대해서 전했다.

아직까지 전자의수를 사용하는 장애인의 수는 적다. 한국에서 의수를 바라보는 사람들의 시선이 긍정적이지 않기 때문이다. 고준호 대표는 "미국이나 유럽과 같은 선진국의 경우 의수착용에 대한 인식이 별로 없다. 그러니까 진짜 자신의 손인지 아닌지 크게 신경 쓰지 않는다. 반면, 한국은 아직까지 의수를 착용한 사람들을 향한 시선이 곱지만은 않다. 의수에 대한 인식을 개선하기 위해 펀무브를 시작한 이유도 있다"고 말했다.

국내 의수 가격은 평균 3000만 원 정도로 비싸다. 보건복지부 조사에 따르면 장애보조기구를 구매하지 않는 가장 큰 이유는 높은 비용 때문이라고 한다. 전자의수 개발에 필요한 기술과 장비는 적정기술로서 최소한의 것으로 제품을 만들고 일반인들이 접근하기 쉬워야 한다. 그렇기 때문에 전자의수를 제작할 때는 비교적 작고 저렴한 3D 프린터를 사용한다.

고준호 대표는 "시중에 판매되는 전자의수는 높은 판매가 외에 맞춤 제작이 어렵고, 대부분 외국산이라 한 번 고장 나면 국내에서 수리가 불가능하다는 단점이 있다. 하지만 3D 프린터로 전자의수를 제작하면 제작비가 15만 원 정도이고 무게도 600g 정도로 가볍게 만들 수 있다. 또한 사용자가 원하는 대로 맞춤 수정도 가능하다"고 설명했다.

펀무브의 활동 시스템은 단순히 기부로 끝나는 것이 아니라, 절단장애인들이 직접 의수를 조립하고 유지/보수/관리할 수 있도록 지속적인 기술교육을 하고 있다. 장애인들의 기술교육은 그 전에 습득한 전자의수 제작 기술 지식과 노하우를 다른 장애인들과 공유하고, 그들의 의수 제작을 적극적으로 돕는 '나눔의 선순환' 활동을 할 수 있도록 도와주는 것이다.

고준호 대표는 "자신이 사용할 의수를 직접 만들면서 장애를 극복하고 자존감을 회복할 수 있도록 하는 게 우리의 목표다. 일회성이 아니라 인생의 동반자를 만드는 것이기 때문에 기술교육이 꼭 필요하다고 생각한다."고 말하면서 "일반인들을 대상으로 한 전자의수 제작 교육도 하고 있다. 펀무브에서 개발된 전자의수의 3D 모델링과 소스코드, 제작방법 등을 모두 인터넷을 통해 전 세계와 공유하고 있다"고 밝혔다. 모든 사람들이 신체활동의 즐거움을 찾는 그 날까지 작은 움직임을 계속 이어 나갈 것이라는 펀무브의 향후 행보가 더욱 기대된다.

출처 : 캐드앤그래픽스 2016년 1월호(http://www.cadgraphics.co.kr/v5/hw/hwtech_view.asp?seq=613)

생각해 보기

01 | 여러분의 관심 분야의 오픈소스에는 어떤 것이 있는지 살펴보자.

02 | 펀무브와 같이 기술을 활용해 사회적 가치를 창출하고 있는 사례를 찾아보자.

2) 사회격차해소 테크놀로지

우리의 삶은 과거와는 비교할 수 없을 정도로 윤택해지고 있다. 과학기술의 발달은 단순히 배불리 먹고 잘 자는 기본적인 니즈의 충족을 넘어 손쉬운 정보습득, 건강증진, 수명연장 등 더 나은 삶을 누리게 해준다. 하지만 그런 과학기술의 혜택을 모든 사람이 가질 수 있을까? 경제력이 부족하거나 장애를 가지고 있는 경우 테크놀로지를 사용할 기회가 없을 수도 있다. 어떻게 하면 더 많은 사람들이 혜택을 누리도록 도와줄 수 있을까? 사회적 약자의 복지를 향상시키려면 어떤 고민이 필요할까?

다음의 [표 2-1]사회격차해소 테크놀로지 고려영역을 하나하나 살펴보면서 관련된 사회현상들을 떠올려보자. 그리고 그 중 우리가 조금 더 관심이 가고 활동하고 싶은 영역을 찾아서 표시해보자.

표 2-1 사회격차해소 테크놀로지 고려 영역

전 지구적인 경향			
◆ 기후변화, 환경 및 지속가능성 ◆ 급속하게 증가하는 에너지 수요 ◆ 자원 제약 ◆ 경제활동의 중심 변화 ◆ 식량, 영양, 보건에 대한 수요 증가		◆ 물 부족 및 불공평한 분배 심화 ◆ 기업의 글로벌 시민정신 ◆ 기술과 사회적 삶 ◆ 인구 구성 및 이동 변화	
혁신			
백신	탄소 분리	스마트 그리드	건강 진단학 개선
첨단 센서	토양 관리	스마트 물질	고전도성 물질
차세대 전자공학	효율적인 자원 사용	분권화된 제조	원자력 안전 제고
에너지생산방식 개선	기후 통제	재생에너지원	대체 물질
식품 보존 개선	복원력 있는 농작물	몰입형 통신	표적 살충제
스마트 의약품	토양 생산성 제고	고가치 농작물	바이오 연료
담수화	관개	질병관리	물 분리
강한 경량 소재	열 절연체	첨단 인공기관	지속가능 생산 공정
교통관리 자동화	배터리 개선	효율적 자원 추출	물수원지 정수처리
플랫폼			
나노기술	합성 생물학	IT	바이오 인터페이스
지구공학	로봇 공학	생명기술	Web 2.0
인지 기술	컴퓨터 화학	인공지능	데이터 인터페이스

출처 : Sutcliffe(2011)

최신 테크놀로지와 사회격차 해소가 필요한 영역을 생각해보았다면 그것을 해결할 기술은 또 어떤 것이 있는지, 어떻게 활용할 수 있는지 사회격차를 줄여줄 테크놀로지를 살펴볼 필요가 있다.

한국과학기술기획평가원(KISTEP)은 과학기술의 공공성과 사회적 기여도를 높이기 위해 경제적 영향력, 혁신적 발전에의 기여도, 10년 내 실현가능성과 미래격차 이슈 대응성 등의 기준을 수립하여 다음과 같이 10대 미래 유망기술을 최종 선정하였다([표 2-2] 참고).

표 2-2 10대 미래유망 테크놀로지

분야	기술
의료 격차 해소 분야	스마트폰 이용 진단기술
	의료 빅데이터 기술
	신체부착 센서기술
정보 격차 해소 분야	가시광통신(Li-Fi) 기술
	가상촉감기술
	비콘(Beacon) 기술
에너지 격차 해소 분야	진공단열 기술
	나노 소재 활용 에너지 하베스팅 기술
문화 및 교육 격차 해소 분야	개인맞춤형 스마트러닝 기술
	실감공간 구현기술

출처 : 한국과학기술기획평가원(KISTEP)

10대 미래 유망기술을 자세히 살펴보자. 우선 첫 번째 의료 격차 해소분야에는 스마트폰 이용 진단기술, 의료 빅데이터 기술, 신체부착 센서 기술이 유망기술로 선정되었다. 스마트폰 이용 진단기술은 스마트폰의 센서 및 카메라, 그리고 간단한 액세서리 등을 통해 혈당, 혈압, 심박수 등의 생체정보를 측정한 결과를 실시간으로 전송해주는 기술이다. 예를 들어 '피크비전(Peek Vision)'은 저개발 국가의 가난한 환자들에게 기본적인 시력검사와 색각 검사 등을 비롯한 중증 질환을 스마트폰 어플리케이션을 통해 바로 검사 할 수 있도록 하고 있다. 의료 빅데이터 기술은 건강정보나 진료정보 등과 같은 다양한 의료 관련 데이터를 수집 · 분석한 후 이를 유용한 정보로 제공하는 기술이다. 빅데이터는 다양한 환자들의 과거 이력을 토대로 미래의 건강상태를 예측하고, 예방 방향을 제시 할 수 있는 기반이 될 것으로 예상된다. 마지막으로 신체부착 센서기술은 반창고나 스티커, 또는 문신처럼 피부에 붙여 몸의 건강상태를 모니터링 하는 기술로서 일명 바이오스탬프(biostamp) 기술로도 불린다. 강아지 몸속에 정보를 넣는 동물등록칩은 이미 상용화 되었고 신체부착 센서기술도 머지않아 실현될 것으로 전망되고 있다.

두 번째로 정보 격차 해소 분야를 살펴보자. 가시광통신(Li-Fi) 기술은 빛에 정보를 실어 통신하는 기술로 시스템 조명기술의 융합을 이루고 있다. 특히 LED(발광다이오드) 기술의 발전으로 새로운 무선개인통신망 기술로 주목받고 있다. 조명이 있는 곳이라면 어디에서나 사용이 가능하며, 인체에 무해하고 저렴하다는 점이 특징이다. 가상촉감기술은 가상의 환경에서 접촉하는 대상체를, 실제 현실에서 만지는 듯한 촉감을 느끼도록 하는 기술로 다양한 감촉과 온도, 진동감 등을 느낄 수 있어 실제 표면을 만지는 것과 같은 느낌을 준다. 가상촉감기술은 이동이 불편한 장애인이나 노약자들에게 현장의 생생함을 느낄 수 있도록 도와줄 수 있을 것으로 보인다. 비콘(Beacon) 기술은 반경 50미터(m) 이내의 실내 · 외에서 사용자의 위치를 찾아 다양한 정보를 사용자에게 자동으로 제공하는 근거리통신기술로서, 사물인터넷 실현의 핵심 기술로도 급부상하고 있다. 시각장애인의 길안내, 장애인 보조기구, 환자의 심전도 모니터링 같은 기능을 제공할 수 있을 것으로 보인다.

세 번째, 에너지 격차 해소 분야에는 진공단열기술, 나노소재활용에너지 하베스팅 기술이 선정되었다. 진공단열 기술은 열에너지 손실을 최대로 줄이기 위해 진공기술을 활용한 단열소재를 제조하는 기술이다. 기존 단열재 대비 단열성능이 5~10배나 우수하여 가전용으로 적용 시 약 20~30% 정도의 에너지 절약이 가능하고, 건축용으로는 제로에너지빌딩 구현 등을 통한 에너지 부족을 해결하는데 도움이 될 것으로 기대되고 있다. 나노 소재 활용 에너지 하베스팅 기술은 복합 및 나노소재를 활용하여, 버려지는 기계적 진동에너지나 폐열 에너지 등을 전기 에너지로 변환시킨 후 이를 저장하거나 사용하는 기술을 말한다. 또한 인체의 열을 이용하는 에너지 하베스팅 기술로 배터리 교체 수술이 필요 없는 인공장기나 혈관에 투입하는 미세한 크기의 의료로봇을 위한 무한 동력으로 응용이 가능하다. 따라서 빈곤층을 위해 제공하는 의료서비스나 사회간접자본 등의 구축 시 필요한 에너지를 확보할 수 있을 것으로 예상된다.

마지막으로 문화 및 교육 격차 해소 분야에는 개인 맞춤형 스마트러닝 기술과 실감공간구현기술이 선정되었다. 개인맞춤형 스마트러닝 기술은 학습자의 능력과 특성에 맞춰, 지능적으로 콘텐츠와 서비스를 제공하여 편리하고 효율적으로 학습효과를 높일 수 있는 기술이다. 자기주도형 학습을 가능하게 하며 지역 간 및 계층 간의 교육 격차를 해소하는데 기여할 것으로 보인다. 실감공간구현기술은 실제 사물 또는 가상의 물체를 실제와 같이 3차원 공간에 자연스럽게 재현하는 기술이다. 특히 가상현실 기술을 활용하여 테마파크나 박물관, 그리고 공연장 등 다양한 가상의 모습을 현실로 구현하여 오지나 산간 등에 문화적 혜택을 줄 수 있을 것으로 기대된다.

읽어 보기

웨어러블 점자 디바이스 dot

이미지출처:http://dotincorp.com

모바일과 인터넷의 발달로 정보공유가 너무나도 자연스러워졌다. 하지만 넘쳐나는 정보가 아무런 소용이 없는 사람들이 있다. 그들은 바로 시각장애인이다. 첨단 Smart사회임에도 불구하고 95%이상의 문맹률, 1%미만의 점자도서, 200만 원 이상의 고가 단말기 등의 문제로 시각장애인들은 보이지 않는 정보 차별을 받고 있다.

어떻게 하면 이런 문제를 해결할 수 있을까? 'dot'은 스마트 기술을 활용해 점자 기기의 가격을 줄일 수 있다고 믿었다. 그리고 아이디어를 체계화 시켜 2014년 창조아이디어 경진대회에서 창조경제대상 미래부장관상 수상했다. 아이디어에 불과했던 'dot'은 SKT브라보 리스타트사업에 선정되며 제품 개발에 박차를 가할 수 있었고 약 15억의 투자유치에 성공하였다. 2016년 9월 제품 출시 예정이다.

시각장애인을 위한 닷 워치는 시계위에 손끝을 터치하고 있으면 6개의 점을 조합한 총 24개의 돌기가 모든 문자와 숫자를 표현해준다. 멀티 엑츄에이터 기술을 발전시켜 점자 모듈의 크기와 두께를 혁신적으로 줄였고 기존 점자 정보 단말기에 비해서 1/10 수준으로 가격으로 낮추어 다수의 시각장애인이 혜택을 볼 수 있게 되었다. '닷'은 시계 기능뿐 아니라 스마트폰과 블루투스로 연결하여 메신저, SNS 등을 확인하는 등 다양한 방면으로 확대 적용할 예정이다. 해외의 대학교, 연구소 및 NGO단체에서 공동연구를 제안하고, 글로벌 대기업들과 협업을 진행하게 되었고 TIME, BBC 등 해외유수 언론들에 보도되며 전 세계적인 이목을 끌고 있으며, 출시 이전에 이미 초도 물량이 선주문 되었다. ITU탤레콤 월드에서 최우수상을 받기도 하였다.

생각해 보기

01 | 시각장애인과 같이 사회격차로 힘들어하고 있는 대상은 누가 있는지 찾아보자.

02 | 사회격차를 해소하기 위해 변화가 필요한 제품에는 어떤 것이 있는지 생각해보자.

2.2 적정기술

"에너지는 언제나 우리 주위에 있다. 그것은 다른 형태로 바뀌어야 유용한 것이 될 수 있다"

– William KamKwamba –

1) 사용자 친화적 혁신기술

첨단기술을 다수를 상대로 보급하는 데는 적지 않은 시간과 비용이 소요된다. 저개발국가의 국민이나 사회적 약자의 니즈를 발굴하여 충족시키기 위해서는 고가의 첨단기술보다는 간단하고 사용하기 쉬우며 사용자 친화성이 높은 기술적 지식을 활용 할 필요가 있다.

'적정기술(appropriate technology)' 이란 사회의 니즈에 맞추어 기존의 기술을 새롭게 재설계 · 재조합하여 서비스 전달 체계와의 연결을 통해 사용자친화적혁신을 끌어내는 기술을 이야기 한다. 성능이 높은 기술과 다수가 사용할 수 있는 기술 사이에 존재하는 개념으로 '공익기술(public intersest technology)', '대안기술(alternative technology)', '소외된 90%를 위한 기술', '사회적으로 유용한 기술(socially-useful technology)' 등의 용어로 사용된다. 연구에 기반한 기술 혁신이 아니라 다양한 현장 중심의 경험들을 축적하고 공유하는 기술혁신 방식이다. 따라서 적정기술은 신기술 사용이 어려운 빈곤한 사람들을 대상으로 행복한 가치를 제공한다. 적정기술은 공동체의 정치 · 문화 · 환경적 조건을 반영하여 해당 지역 자체에서 지속적인 생산과 소비가 가능하도록 현지의 재료를 활용하여 인간의 삶의 질을 향상시키는 것에 목적을 두고 있다.

또한, 저개발 국가 뿐 만 아니라 선진국이 직면하고 있는 소외계층의 교육, 의료, 교통 등의 불평등 문제를 해결하는데 있어서 저소비, 고효율, 친환경 등을 추구하는 기술 개발 방향성을 제시한다. MIT의 니콜라스 네그로폰테 교수가 저개발 어린이에게 저렴한 노트북 PC를 보급하여 교육의 질을 높이고자 OLPC(One Laptop per Child)프로젝트를 추진하였고 이는 소형 저가 노트북인 넷북의 개발을 가져오는 결과를 낳았듯이 말이다.

[그림 2-2]의 사운드 스프레이 사례를 통해 적정기술에 대해 조금 더 이해를 해보자. 해마다 전 세계 67만 명의 생명이 말라리아로 인해 사라지고 있다. 특히 아프리카는 전 세계 사망자 중 90%를 차지하고 있고 면역력이 약한 5세 미만의 영유아의 경우 60초에 1명꼴로 생명을 잃고 있다. 그렇다면 여러분은 이 문제를 어떻게 해결하겠는가? 모기퇴치 스프레이, 모기향 등을 보

급해 줄 수 있다면 아쉬운 데로 그것도 좋은 방법이다. 하지만 전기도 들어오지 않고 교통도 불편한 아프리카에 지속적인 전달이 가능할지 다시 한 번 의문을 가져야 할 것이다.

이 문제를 해결하기 위해 KAIST 배상민 교수는 고민 끝에 사운드 스프레이라는 적정기술을 탄생시켰다. 사운드 스프레이는 상하로 1분간 흔들어 주면 통속의 전자석이 움직여 전기를 발생시킨다. 발생된 전기는 최장 8시간까지 모기를 쫓을 수 있는 초음파를 발생시켜 전방 5M 이내의 접근을 차단시켜준다. 사운드 스프레이는 환경을 오염시키는 독소도 없고 전기 없이도 계속하여 사용할 수 있어 원조가 끊긴 뒤에도 걱정이 없는 소외된 90%를 위한 적정기술로 그들의 삶을 지켜주고 있다.

그림 2-2 사운드스프레이(Sound Spray)

이미지출처: http://www.typographyseoul.com/#!/category/all

적정기술 관련 기관에서 각 국가의 적정기술 자료를 얻을 수 있다. 또한, 해외 자원봉사를 통해서 현지의 니즈를 확인하고 싶다면 적정기술 해외봉사단을 모집하는 대학교나 기업의 프로그램에도 도전해보자([표 2-3] 참고).

표 2-3 적정기술 관련 기관 및 내용

명칭	사이트	내용
국경 없는 과학기술자회	sewb.org	적정기술 NGO, 개발도상국 과학기술 보급, 교육, 후원 등 안내
전환기술사회적협동조합	www.kcot.kr	적정기술교육, 나는 난로다, 전환기술, 로컬에너지, 에너지자립
적정기술학회	http://www.appropriate.or.kr/website/	적정기술, 적정기술 학문발전, 학회지, 회원 등 안내
자립하는 삶을 만드는 적정기술 센터	cafe.naver.com/selfmadecenter	햇빛에너지를 이용할 수 있는 기구들을 우리 손으로 직접 만들고 나아가 에너지자립을 꿈꾸는 적정기술 센터

출처 : 한국과학기술기획평가원(KISTEP)

2) 활용 및 보급

적정기술은 사용하는 환경의 특성상 A/S, 사용의 어려움, 보급 경로의 부족 등 다양한 문제에 부딪히게 된다. 그렇기 때문에 기술이 지속적으로 개발되고 활용되는 사회 · 기술시스템 구축이 중요한 과제로 남는다. 전기자동차와 같은 개별 기술이 개발되어도, 사용자에 대한 경제적 인센티브, 안전기준, 보험제도 등과 같은 제도적 기반, 관련 기술을 계속해서 개발 · 공급하는 기업, 수리 및 유지 · 보존을 수행하는 서비스 공급조직 등 다양한 요소가 갖추어지고 이들이 함께 움직일 때에만 새로운 기술이 지속적으로 사용될 수 있기 때문이다.

이처럼 많은 연구 끝에 개별 기술이 개발되어도 활용과 보급으로 이어지지 않는다면 많은 시간과 노력을 상실하게 된다. 처음부터 사용자의 근본적인 니즈와 환경을 확인하여 적절한 활용과 보급이 가능하게 설계하기 위해서는 [그림 2-3]과 같은 조건을 고려하여 준비하여야한다.

저개발국가에 보급하기 위해서는 최소한의 비용으로 가능하면 현지에서 나는 재료를 사용해 제작할 수 있어야한다. 그리고 현지의 기술과 노동력을 활용할 수 있어야하며 제품의 크기는 적당하고 사용방법은 간단해야한다. 특정분야의 지식이 없어도 이용가능하며 지역주민 스스로 만들거나 확산시킬 수 있어야한다. 단순히 일회성으로 끝나는 것이 아니라 지역사회 발전에 도움이 되어야하고 재생 가능한 에너지자원을 활용하여 기술을 사용하는 사람이 해당기술을 이해할 수 있고 상황에 맞게 변화시킬 수 있어야 더 많은 사람이 활용할 수 있다.

그림 2-3 적정기술의 조건

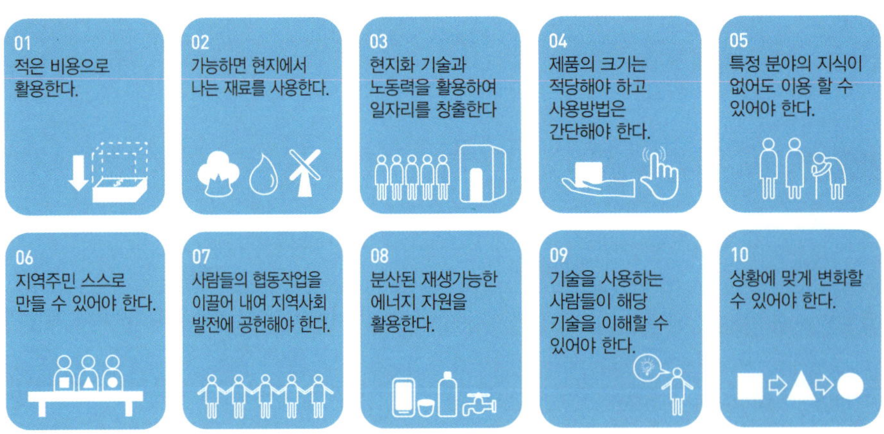

출처 : 김정태 · 홍성욱, "적정기술이란 무엇인가"

피크비전의 예를 통해 어떻게 소비자가 쉽게 활용하고 보급할 수 있을지 생각해보자. 전 세계에는 약 3,900만의 눈이 보이지 않는 사람들이 존재하고 그 중 80%는 실명의 위기로부터 벗어날 수 있는 사람들이다. 시력이 나아질 수 있음에도 불구하고 저소득 국가의 국민들은 치료기회를 얻기가 쉽지 않다. 이들을 돕기 위해 의료계 종사자들이 기존병원의 장비를 가지고 현장을 찾아갔지만 전기, 전문 인력 및 장비의 부족으로 매번 어려움을 겪었다. Peek Vision의 대표 앤드류 바스타우로스(Andrew Bastawrous)는 현장에서 더 쉬운 방법이 필요함을 절실히 느꼈고 사하라 사막과 케냐에서는 물을 구하는 것보다 핸드폰을 구하기가 더 쉽다는 점을 발견했다.

그는 핸드폰을 활용하여 국가, 언어, 나이와 무관한 쉽게 이해할 수 있는 앱을 개발하고 병원기계와 대적할 수 있는 촬영 장치를 개발하였다. 그리고 눈의 촬영 자료를 세계의 전문가들과 공유함으로서 문자 메시지만으로도 도움을 받을 수 있도록 하였으며 태양광충전기가 달린 가방을 활용해 핸드폰을 충전하고 각 지역의 연결책을 중심으로 도움을 필요로 하는 사람이 편리하게 이용할 수 있도록 연결망 지도를 제작하여 활용하고 있다.

그림 2-4 피크비전(Peek Vison)

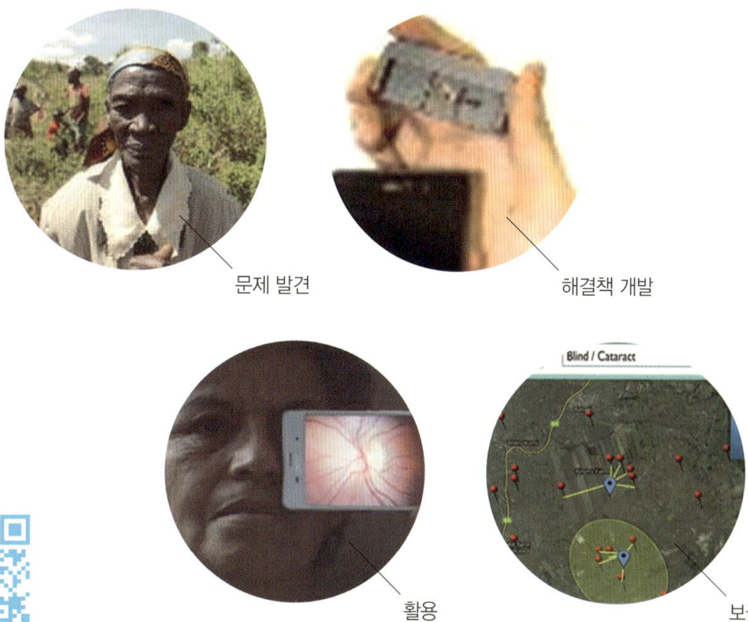

동영상 보기

이미지출처 : http://www.peekvision.org/PeekVision

읽어
보기

진흙냉장고
미티쿨

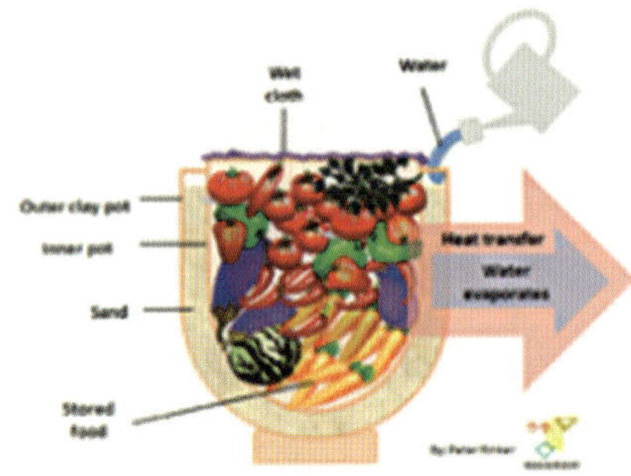

이미지 출처 : https://lasculpteure.wordpress.com/tag/mitticool/

인도의 도예가 만수크 프라자파티는 지진으로 마을이 파괴되어 어려움을 겪고 있는 주민들이 깨진 질그릇을 이용하여 음식을 보관하는 것을 보고 냉장고 '미티쿨'을 발명해 팔기 시작하였다. '미티쿨'(미티 : 땅이라는 뜻의 힌디어)은 위쪽 탱크에 물을 부으면 진흙이 물을 빨아들이며 내부 온도를 섭씨 8도로 유지시켜준다. 과일 채소 우유 등의 음식을 보관할 수 있는 기능을 전기도 없이 구현가능하고 자연분해가 가능해 환경도 보호할 수 있는 미티쿨의 가격은 불과 50달러로 해외 수출까지 이뤄냈다. 그는 '눌러 붙지 않는 프라이팬' 등 다른 점토 제품으로 확대해나갔고, 인도 대통령과 미 경제지 포브스의 찬사를 받기에 이르렀다. 위기와 결핍상황에서 최고의 과학이 아닌 최선의 과학을 이루어 내며 혁신한 케이스이다.

생각해
보기

01 주변의 다양한 제품들을 살펴보고 그 제품이 해결하고자하는 근본적인 고객의 니즈는 무엇인지 살펴보자.

02 다양한 적정기술의 사례를 통해 한국형으로 변화 시킨다면 어떻게 적용 할지 생각해보자.

2.3 공유경제
Sharing Economy

1) 소유에서 공유로

글로벌 금융위기를 맞이하면서 과잉생산과 대량 소비에 대한 문제점이 대두되었다. 자원의 낭비와 환경문제가 같이 부각되면서 공유경제(sharing economy)가 급격히 확산되었고 소셜벤처가 지향하고 있는 사회적 트렌드 중 하나로 자리 잡게 되었다. 여기서 공유경제는 자원을 독점적 소유의 개념으로 인식하는 기존 시장경제와 달리, 서로 대여해 주고 차용해 쓰는 개념에 기초하여 경제활동을 하는 새로운 경제영역을 말한다.

공유경제는 1984년 하버드대의 마틴 와이츠먼 교수가 「공유경제: 불황을 정복하다」라는 논문을 통해 처음 주창한 개념으로, 이후 하버드대의 로렌스 레시그 교수가 개념을 더욱 구체화하여 정립하였다. 그는 사람들이 공유경제에 참여하게 되는 동인을 '나 혹은 너의 유익(benefit)'이라고 강조하였다. 즉, 공유경제의 근본은 '나' 만을 위한 경제적 교환이 아니라 '우리' 를 위한 사회적 교환이다. 미래학자 제레미 리프킨은 '공유한다는 것은 인간 본성의 가장 선한 부분을 대변한다.' 라고 이야기 하며 협력적 공유사회가 경제생활을 조직하게 될 것이라고 전망하기도 하였다.

하지만 공유경제라고 해서 꼭 사회적 경제의 충분조건이 되는 것은 아니라는 점도 주지하도록 하자. 예를 들어, 모바일 콜택시 서비스 우버(Uber)와 빈 집(방) 공유 서비스 에어비앤비(AirBnB)는 혁신적인 공유경제 기반의 비즈니스 모델로 창업하여 초기에는 자원의 낭비를 방지하는 데 목적을 두고 사업을 시작하였으나, 최근에는 수익을 극대화하는 방향으로 사업을 운영하고 있다. 특히, 우버는 지역사회가 갖고 있는 사회적 문제 해결에 능동적으로 대처하지 못해 기존 시장과 충돌하고 일부 국가에서 위기를 맞기도 했다. 따라서 지금의 우버와 에어비앤비와 같은 경우 이제는 사회적 경제를 구성하는 공유경제 기반의 기업이라 보기 어렵다.

2) 공유 비즈니스

고객들은 소유가 아닌 공유를 통해서 합리적인 소비를 하는데 익숙해져 가고 있다. 공유경제는 플랫폼을 통해 대여자와 이용자, 그리고 공유기업 모두에게 이익이 돌아가는 구조를 지닌다.

대여자는 유휴자원을 빌려주고 이용자는 이를 저렴하게 이용하면서 플랫폼 기업에게 수수료를 제공하는 형태를 띠게 된다. 아마 우리들의 집에도 읽지 않는 책들이 자리를 차지하고 있는 경우가 많을 것이다.

국민도서관 책꽂이는 고객들의 집에 쌓여있는 책들을 무료로 보관해주고 대신에 책을 또 다른 이용자에게 빌려주도록 허용하고 있다. 이를 통해서 좁은 공간의 집을 넓게 사용할 수 있고 책을 많이 보관 할수록 대여 권수도 올라간다. 이용자의 입장에서는 저렴한 비용을 지불하고 2개월간 넉넉히 읽을 수 있다는 장점을 가지게 된다.

그림 2-5 공유경제를 통한 합리적 소비

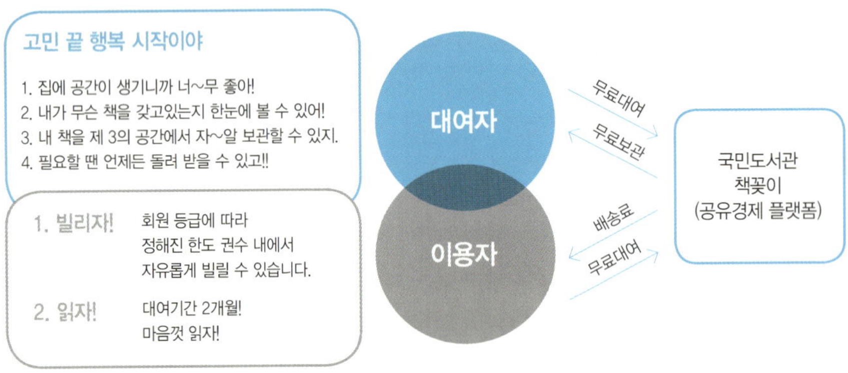

[그림 2-6]을 살펴보면 기존의 소유경제에서 공유경제를 활용했을 때 절약되는 비용을 나타내고 있다. 렌터카를 이용하는 것보다 카쉐어링을 이용하고 책을 사지 않고 택배비만 내고 빌려보는 등 공유경제를 이용했을 때 할인 효과는 즉각적으로 나타난다.

그림 2-6 공유경제를 통한 합리적 소비

공유경제를 통해 오늘 하루 절약한 금액은? 145,140원

	소유경제		공유경제	참고
자동차	57,000원	VS	5,960원	– KT 금호렌터카, 최소대여 6시간, 10km 유류비 – 쏘카, 1시간 대여, 10km 유류비
정장	50,000원	VS	20,000원	– 남성정장 렌탈업체(스타일리스트) 대여비 기준 – 열린옷장 남성정장 대여비
회의공간	30,000원	VS	20,000원	– 토즈, 최소인원 기준 4인실, 3시간 대여 기준 – 코업, 2명, 최소 대여기간인 1일 기준
도서	13,000원	VS	5,000원	– 도서 평균 판매가 – 국민도서관 책꽂이, 왕복 택배비
숙박	80,000원	VS	33,900원	– 부산 펜션(The Valley) 1박 최소요금 기준 – BNBHero, 부산 레지던스형 1박 요금
	240,000원		94,860원	

출처 : 크라우드산업연구소(2013) 새로운 대한민국을 꿈꾸는 기업들을 통해 살펴본 공유경제

이러한 합리적인 소비 형태는 지속적으로 증가할 것으로 보이며 세계의 공유경제 규모는 2010년 8.5억 달러에서 2014년 200억 달러로 급성장하고 있다. 공유 비즈니스의 아이템도 다양해지고 있다. 집, 의류, 차 등의 유형의 물건에서 부터 재능 · 경험 · 정보 등 무형의 형태까지 공유할 수 있는 것 모두가 잠재적 시장에 존재하고 있다.

그렇다면 공유하기를 원하는 분야는 어떤 것이 있을까? 닐슨은 60개국, 3만 명 이상의 온라인 패널을 대상으로 자신이 가지고 있는 제품 중 '무엇을 공유할 것인가?' 라는 질문을 던졌다. 그 결과로 전자제품(28%)이 가장 높게 나타났고 그 뒤로 교육서비스(26%), 전동공구(23%) 등이 높은 결과치를 보였지만 그 외에도 스포츠용품(22%), 생활용품(22%), 자동차(21%), 캠핑용품(18%), 자전거(22%), 의류(22%), 가구(17%), 오토바이(13%)등 전 분야에서 공유에 대한 니즈를 확인할 수 있었다.

공유경제는 단순히 소비자에게 비용절감의 효과가 있는 것에 그치지 않는다. 실제로 절판된 책이나 음반 등 구매하고자 하는 재화 및 서비스의 부재나 가격의 부담으로 구매를 포기고객군과 패키지여행 불만고객과 같은 대체재의 부재로 어쩔 수 없이 구매하는 비충성 고객군을 끌어들여 시장을 확대하는 효과를 가져 오게 된다. 또한 비전문가인 개인이 판매에 참여 가능하여 일자리 창출, 지역경제 활성화, 소외감 등의 사회문제 개선 효과도 가지게 된다.

그림 2-7 공유경제 시장 확대 효과

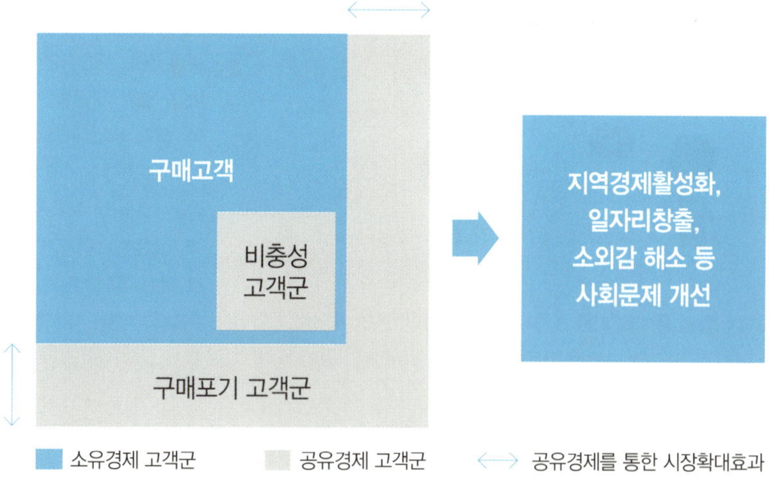

출처 : 크라우드산업연구소(2013) 새로운 대한민국을 꿈꾸는 기업들을 통해 살펴본 공유경제

읽어보기를 통해 물물교환을 통해 경험과 지식을 공유하는 개방형 학교(open school)인 트레이드 스쿨(trade school)을 살펴보자. 트레이드 스쿨의 경우 소셜벤처의 공동체 유형 중 하나인 협동조합의 기본 원리에 입각해 운영하고 있어 공유경제를 모토로 하면서도 사회적 경제에 속해 있는 기업이라 할 수 있다.

읽어 보기

물물교환을 통해 경험과 지식을 나누는 공유경제
트레이드 스쿨

트레이드 스쿨(Trade School)에서 진행되는 수업을 수강하려는 학생은 강사를 위해 특별한 수업료를 준비해야 한다. '나는 왜 비이성적으로 판단하는가?' 라는 수업을 진행하는 강사 A씨가 학생들에게 수업료로 요청한 것은 두 가지이다. 지난 2주 동안의 결정 중 가장 잘한 것 한 가지, 그리고 과거 5년을 돌아봤을 때 잘했다고 생각되는 결정 한 가지. 한편, '예술가를 위한 비즈니스'를 진행하는 강사 B씨가 수업료로 받고 싶은 것은 추천하고 싶은 여행지와 돈이 무한정 있다면 해보고 싶은 그림의 떡 같은 일에 대한 아이디어다. 트레이드 스쿨에서 여러 번 수업을 진행했던 강사 B씨는 트위터 개인지도, 채식주의자를 위한 요리법, 록밴드 추천 등을 수업료로 받았다. 그 외에도 트롬본으로 연주하는 세레나데, 치즈 한 덩어리, 양말 한 켤레, 초콜릿 등을 수업료로 희망한 강사들도 있다.
트레이드 스쿨은 소위 말하는 '물물교환' 방식으로 진행되는 누구나 참여하는 학교다.

(이미지 출처: The Open Institute)

동영상 보기

무엇이든 가르치고 싶은 것이 있는 사람이면 누구나 수업을 제안할 수 있다. 이때 수업에 대한 대가로 수강생들에게 받고 싶은 것들의 목록을 함께 작성한다. 강사가 필요로 하는 것이라면 물건이나 아이디어, 경험 등 무엇이든 수업료가 될 수 있다. 돈만 제외하고 말이다. 수업의 주제는 뜨개질, 인물 사진 찍기 등과 같은 구체적 활동에서부터 백일몽이란, 유령사냥의 기초 등과 같이 추상적인 내용도 포함한다.
3명의 상상력으로 2010년 뉴욕의 한 상점에 딸린 작은 공간에서 실험적으로 시작된 트레이드 스쿨은 예상과 달리 큰 인기를 끌었다. 돈이면 다 되는 화폐 만능의 시대에 물물교환이라는 시대착오적 발상의 이 학교는 지난 2년 동안 전 세계 10개국 15개 도시로 퍼져나갔다. 트레이드 스쿨에 참석한 한 강사는 물물교환이 상대방에게 선물을 주는 것과 같다고 한다. 시대착오적이거나 특별한 것이 아니라 그저 인간의 보편적 감정인 사람에 대한 선의와 호의, 관계에 대한 욕구에서 생겨나는 자연스러운 현상이라는 것. "저녁 식사에 초대한 친구가 식사 후 돈을 내라고 하면 그게 더 이상하지 않을까요?"라는 말을 덧붙인다.
트레이드 스쿨은 기본적으로 협동조합의 가치에 입각하여 운영되는 학교다. 트레이드 스쿨이 진지하고 엄격하게 지키고자 하는 기본 원칙들은 다음과 같다.

◆ 트레이드 스쿨은 강사와 학생 간의 물물교환에 기반을 두어 이루어지는 학습 경험이다.
◆ 트레이드 스쿨은 공짜가 아니다. 우리는 비금전적 가치의 힘을 믿는다.
◆ 우리는 창의적 아이디어, 실용적 기술, 경험적 지식에 동등한 가치를 매긴다.
◆ 누구나 뭔가 제공할 것을 가지고 있다.
◆ 우리는 사람과 아이디어를 위한 안전한 공간을 만들기 위해 적극적으로 노력한다.
◆ 우리는 더 많은 공간이 인간에 의해, 인간을 위해 만들어지기를 원한다.
◆ 트레이드 스쿨은 상호존중을 기반으로 운영된다.
◆ 우리는 책임과 정보의 공유를 통해 권력의 축적을 경계한다.
◆ 우리는 강압이 아닌 윤리적 책임감에 의해 동기부여가 된다.
◆ 트레이드 스쿨은 항상 학습하고 점진적으로 진화하는 조직이다.

사실 원칙을 세우기란 비교적 쉬운 일이지만 그것을 현실에서 구현해내고 엄격히 지키기란 만만한 일이 아니다. 협동조합, 물물교환 등의 가치에 영감을 받아 트레이드 스쿨을 처음 시작했던 3명의 설립자들도 많은 시행착오를 거쳤다. 그리고 그 과정에서 얻은 소중한 경험들을 그들의 가치에 공감하여 해당 지역에서 트레이드 스쿨을 시작해 보고 싶은 세상의 많은 사람들과 기꺼이 공유하고자 한다. 그들이 시간과 노력을 들여 정리한 보물 같은 보고서는 공식 홈페이지의 "Start a Trade School"(http://tradeschool.coop/start-a-tradeschool/)에서 확인할 수 있다(중략).

출처 : 평생학습아카이브와(2013.03.14) http://www.wasuwon.net/5653

2.4 공정무역

1) 미래를 꿈꾸는 생산자

공정무역은 국가 간의 차이로 인해 저임금을 받고도 일할 수 밖에 없는 불공정한 무역행위를 규제하고 상호간에 동등한 입장에서 무역을 진행하는 것을 말한다. 국제적으로 통용되고 있는 공정무역의 정의는 다음과 같다. "공정무역은 대화와 투명성, 존중에 바탕을 둔 무역 파트너십으로써 보다 평등한 국제 무역을 추구한다. 특히 남반구의 소외된 생산자들과 노동자들에게 더 나은 무역 조건을 제공하고 그들의 불리한 여건과 권리를 보호함으로써 지속가능한 발전에 기여한다. 소비자들로부터 지지 받는 공정무역 단체들은 생산자 지원, 인지 강화, 그리고 기존 국제 무역 규칙과 관행의 변화를 위한 캠페인에 적극적으로 참여한다[10]. 이러한 무역의 형태는 소셜벤처의 사회적 가치 실현의 목적이 개발도상국을 돕고자 하는 경우에 생각해 볼 수 있는 방법 중의 하나로 생산자들의 자립과 성장에 이바지 할 수 있다. 공정무역 제품은 저개발국가에서 선진국으로 수출할 수 있는 품목이라면 무엇이든 가능하다. 현재는 수공예품, 옷, 커피, 코코아, 차, 꿀, 바나나, 면, 과일, 와인 등이 중심이나 점점 다양해지고 있다.

[그림 2-8]의 공정무역 소셜벤처의 활동 및 효과를 살펴보면 공정무역을 하는 소셜벤처는 생산자와의 인터뷰를 통해 필요한 체크리스트를 만들고 현지답사를 통해 그들이 필요한 것을 직접 확인한다. 생산자가 생산한 제품에 대해 최저 가격을 보상해주고 추가적으로 생산자의 공동체가 발전할 수 있도록 기금을 마련해주기도 한다. 소비자에게는 공정무역을 통한 제품임을 홍보하고 공정무역의 필요성에 대한 캠페인을 통해 제품판매를 촉진 시킨다. 이러한 활동들은 인권보호, 생산자의 생계보호 및 역량 강화, 새로운 인프라 구축, 아동의 노동착취 반대, 여성의 인권보장, 친환경먹거리 생산이라는 긍정적인 결과를 가져오게 된다.

10) 배종태 · 라준영(2012). "제3세대 기업가정신과 소셜벤처 육성방안"

그림 2-8 소셜벤처의 공정무역 활동 및 효과

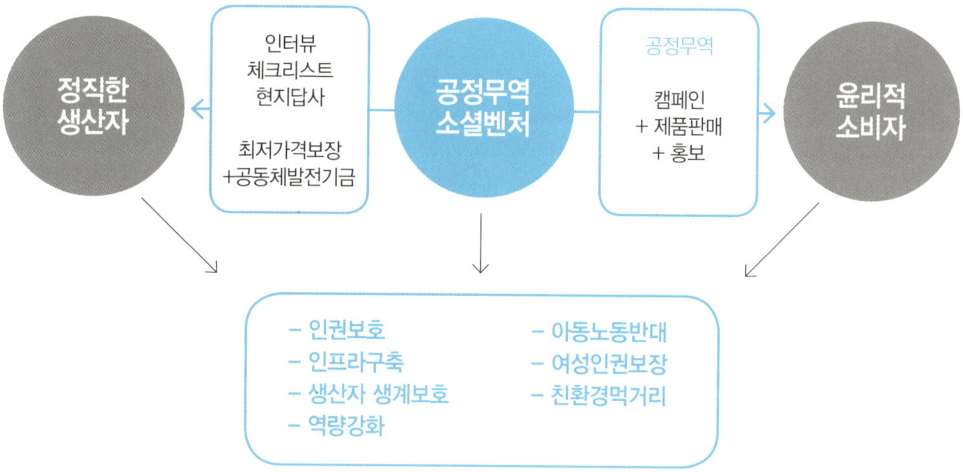

커피를 예로 들어 살펴보면 1988년 커피가격 폭락사태가 발생했을 때 네덜란드의 '막스 하벌라르' 라는 단체가 공정한 가격으로 커피를 구입한 것이 시초가 되어 공정무역이 발달하게 되었다. 일반커피 판매 시 커피가공업자 · 판매자 · 중간상인이 99.5%를 차지하고 노동자에게 0.5%의 수익만이 인건비로 지급된다. 반면에 공정무역으로 판매하는 커피는 중간 상인을 거치지 않기 때문에 농부들이 합당한 대가인 6%를 받을 수 있게 되는 것이다.

이러한 공정무역은 노동자의 삶을 안정적으로 만들어주며 미래를 꿈꿀 수 있는 기반을 만들어준다. 뿐만 아니라 공정무역을 통해서 아이들의 노동착취가 사라지고 쾌적한 환경에서 공부할 있도록 하여 사회적 영향력을 창출하고 있다. 실제 이러한 공정무역의 결과로 베트남 소수민족의 마을에 차와 오토바이가 다닐 수 있는 도로가 생겨났고, 필리핀 오지마을에 수로를 만들고 새롭게 망고와 코코넛, 커피묘목을 심어 지속적인 생산을 가능하게 하였다. 뿐만 아니라 정당한 가격을 받음으로서 커피나무의 품종을 지키고 유기농재배를 위한 인프라의 구축을 가능하게 하였다.

뿐만 아니라 기업의 입장에서도 생산자의 안정을 통해 더 좋은 제품을 공급받게 되었으며 유기농커피를 선호하는 트렌드와 맞물려 친환경농법, 지속가능한 농법으로의 전환을 통해 부가가치를 증대시키고 이미지 개선 효과도 보고 있다. 2009년에 발표한 무역과 개발원조 정책에서 뉴질랜드개발원조청은 공정무역이 효과적인 사업전략이 될 수 있음을 이야기하였다. 유럽의회에서도 공정한 소비를 위한 EU공공조달 새 규정을 제정하면서 공정무역 참여율을 높이고 있다. 이처럼 선진국 정부와 소비자들의 윤리적 소비의식과 실질적인 참여를 통해 공정무역에 대한 관심이 높아지고 있다.

활동 하기

적정기술 사례 찾아보기

국내 · 외 사례 중 하나를 정하여 적정기술이 어떻게 활용 및 보급되고 있는지 살펴보자.

◆ 소셜벤처 이름은?

◆ 어떠한 문제에서 시작되었는가?

◆ 어떻게 해결하고자 하는가?

◆ 현지에서 재료의 공급이 원활한가?

◆ 사용자가 이해하기 쉽게 설계되었는가?

◆ 일회성이 아니라 반복적인 사용이 가능한가?

◆ 보급하는데 어려움은 없는가?

◆ 앞으로 발생할 수 있는 문제점은 무엇이고 개선방법은 어떤 것이 있는가?

학습 정리

◆ ICT산업에서 사물인터넷, 스마트 디바이스, 가상현실, 드론, 3D프린팅, O2O서비스 클라우드 컴퓨팅 등이 대두 되고 있다.

◆ 3D프린터의 발달로 제품의 소량생산과 제품개선이 용이하게 되었다. 메이커스페이스는 3D 모델 파일과 다양한 재료들로 소비자가 원하는 사물을 즉석에서 만들어(printing)낼 수 있는 작업 공간으로 창조경제혁신센터, 무한상상실, 대학교, 공공도서관, 콘텐츠코리아랩 등에 마련 되어있다.

◆ 오픈이노베이션은 기업이 필요로 하는 기술과 아이디어를 외부에서 조달하기 위해 내부의 자원을 외부에 공유하면서 새로운 제품이나 서비스를 창조해 내는 것을 말한다.

◆ 우리 사회의 격차를 해소할 테크놀로지로는 기후변화 · 자원제약과 같은 전 지구적인 경향, 백신 · 탄소분리 · 스마트그리드 · 첨단센서 등의 혁신영역, 나노기술 · IT · 인지기술 등을 활용한 플랫폼 영역 등을 고려해야한다.

◆ '적정기술(appropriate technology)' 이란 사회의 니즈에 맞추어 기존의 기술을 새롭게 재설계 · 재조합하여 서비스 전달 체계와의 연결을 통해 사용자친화적혁신을 끌어내는 기술을 이야기 한다.

◆ 공유경제는 자원을 독점적 소유의 개념으로 인식하는 기존 시장경제와 달리, 서로 대여해 주고 차용해 쓰는 개념에 기초하여 경제활동을 하는 새로운 경제영역을 말한다.

◆ 공유경제는 구매를 포기한 고객군과 어쩔 수 없이 구매하는 비충성 고객군을 끌어들여 시장을 확대하는 효과가 있다. 또한 비전문가인 개인이 판매에 참여 가능하여 일자리 창출, 지역경제 활성화, 소외감 등의 사회문제 개선 효과도 가지게 된다.

◆ 공정무역은 국가 간의 차이로 인해 저임금을 받고도 일할 수 밖에 없는 불공정한 무역행위를 규제하고 상호간에 동등한 입장에서 무역을 진행하는 것을 말한다.

◆ 공정무역은 인권보호, 생산자의 생계보호 및 역량 강화, 새로운 인프라 구축, 아동의 노동착취 반대, 여성의 인권보장, 친환경먹거리 생산이라는 긍정적인 결과를 가져온다.

참고문헌

- Sutcliffe(2011). "사회격차해소 테크놀로지 고려 영역"
- 김정태,홍성욱. "적정기술이란 무엇인가"
- 김진수 외(2015). "기술창업론". 탑북스.
- 온라인팀(2015.09.25). "유기농업 과학화 선도단체 '흙살림'. 환경미디어.
- 이희욱(2010). " '적정기술' 이 사회적기업과 만나면". 블로터닷넷.
- 크라우드산업연구소(2013) 새로운 대한민국을 꿈꾸는 기업들을 통해 살펴본 공유경제
- 한국과학기술기획평가원(KISTEP). "우리사회 격차 줄여줄 10대 미래유망기술"
- Geels, F.W. (2004),"From sectoral systems of innovation to socio-technical systems: Insights about dynamics and change from sociology and institutional theory,"Research Policy, 33(6-7), pp.897-920.
- 국민도서관 책꽂이 www.bookoob.co.kr
- 위키백과 http://ko.wikipedia.org
- Wikipedia(https://ko.wikipedia.org/wiki/공유경제);서재교(201). "공유경제의 성공 조건 '사회적 경제' ".
- 캐드앤그래픽스 2016년 1월호(http://www.cadgraphics.co.kr/v5/hw/hwtech_view.asp?seq=613)
- 평생학습아카이브와(2013.03.14) http://www.wasuwon.net/5653
- 한겨레(http://www.hani.co.kr/arti/opinion/because/631624.html) 내용 참고하여 재구성.

2장. 키워드 인덱스용

사회격차해소	오픈소스	오픈이노베이션	적정기술
공유경제	공유비즈니스	공정무역	

"모든 비즈니스는 반드시 위대한 미션으로부터 출발해야 한다"

경영학자, 피터 드러커(Peter Ferdinand Drucker)

03

소셜벤처 **핵심요소**

학습 목표

1. 소셜앙트러프러너십에 대해 이해한다.
2. 사회혁신에 대해 설명할 수 있다.
3. 지속가능한 소셜벤처가 되기 위해 필요한 것을 확인한다.
4. 소셜벤처가 사회에 미치는 영향력에 대해 설명할 수 있다.
5. 긍정적 영향력을 끌어내기 위해 어떤 노력이 필요한지 이해한다.

시작 하기

법률테크
로앤컴퍼니

정보의 비대칭성이 심한 법률 서비스 시장을 IT 기술을 통해 개선하겠다고 도전장을 내민 로앤컴퍼니(김본환 대표이사)가 스타트업 전문 VC인 쿨리지코너인베스트먼트(권혁태 대표이사, 이하 '쿨리지코너')로부터 투자 유치를 했다.

쿨리지코너는 올해 초 고용노동부와 SK 행복나눔재단, 우리은행, 한화 B&B 등과 함께 소셜벤처 투자 및 육성을 위하여 'CCVC 소셜벤처 투자조합'을 결성하였는데, 로앤컴퍼니가 해당 소셜벤처펀드의 첫 투자대상으로 선정되었다.

현재 로앤컴퍼니는 누구든지 본인의 상황에 맞는 변호사를 찾아서 상담을 받고, 필요한 경우 변호사 선임까지 할 수 있는 법률서비스 O2O 플랫폼 '로톡(LawTalk)'과 변호사가 사건 기일을 쉽게 관리할 수 있도록 도와주는 애플리케이션 '로매니저(LawManager)' 등을 개발하여 운영하고 있다. 로앤컴퍼니는 기존에 전통적으로 오프라인 및 지인의 소개로만 제한적으로 제공되던 법률서비스 시장에서 IT 기술을 접목하여 새로운 버티컬 플랫폼으로 성장할 계획이다.

김본환 대표는 "법이 온 국민을 위한 사회적 보호장치로서 존재하는 것임에도 불구하고 시장 구조적인 문제로 인해 국민들의 법률서비스 접근성은 여전히 낮고, 정보 비대칭으로 인해 소비자들은 필요에 맞는 서비스를 받기 어려웠다"며 "로앤컴퍼니는 법률서비스 시장에 IT 기술을 접목하여 누구든지 법률서비스가 필요할 때 손쉽게 이용 가능하도록 만들고, 시장을 효율화하여 로스쿨 출범 및 FTA 법률시장 개방 등으로 경쟁이 치열해진 변호사들에게도 도움이 되는 법률테크 선도 기업이 되고 싶다."고 포부를 밝혔다.

이번 투자를 주도한 쿨리지코너 권혁태 대표는 "로스쿨 출범으로 한국과 비슷한 변화를 겪고 있는 일본 법률시장에도 로앤컴퍼니와 유사한 모델인 '벤고시닷컴'이 2014년 12월 일본 증시 마더스시장에 상장한 것을 보았을 때, 국내 시장에서도 로앤컴퍼니가 법률 테크 대표주자

로서 한국의 '벤고시닷컴'이 될 충분한 가능성이 있다고 본다"며, "로앤컴퍼니와 같이 공익성과 함께 사업성을 갖춘 소셜벤처들을 발굴하고 투자해 사회적기업 활성화를 위한 선순환 구조를 이끌겠다"고 밝혔다. 또한, 쿨리지코너는 로앤컴퍼니에 인큐베이팅 및 전문 멘토링을 제공할 계획이며 국내 법조계 저명한 인사들도 연결하여 법률시장의 선진화에 최선을 다할 것이다"고 밝혔다.

동영상 보기

출처 : 스타트업 미디어 플래텀(http://platum.kr/archives/43936)

생각해 보기

01 로앤컴퍼니가 가진 소셜벤처로서의 핵심 요소는 무엇인가?

02 핵심요소들을 강화시키기 위해 어떤 활동이 필요할까?

본 장에서는 소셜벤처의 핵심요소인 소셜앙트러프러너십, 사회혁신, 지속가능성, 사회적 영향력에 대해 살펴본다. 이 4개의 요소들은 한 가지만 단독적으로 발생하지 않으며 서로 영향을 끼치며 소셜벤처를 발전시키는 동력이 된다([그림 3-1] 참고). 네 가지 핵심요소들을 차례대로 하나씩 학습해 보도록 하자.

그림 3-1 소셜벤처 핵심요소

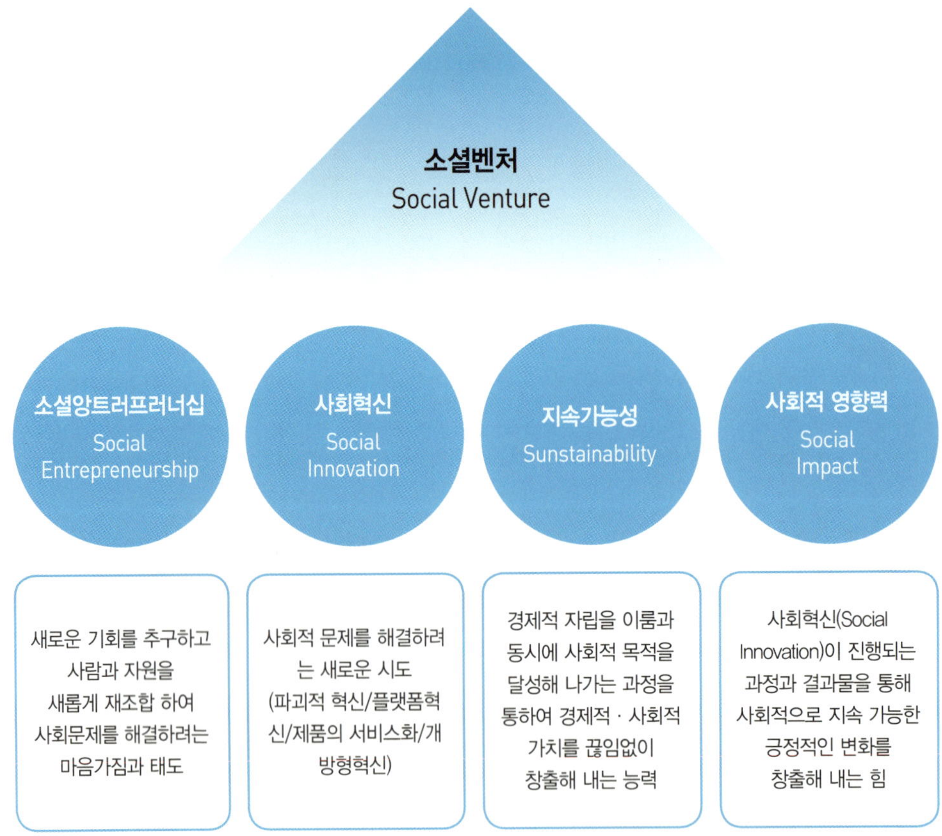

3.1 소셜앙트러프러너십

Social Entrepreneurship

1) 사회문제를 해결하려는 마음가짐과 태도

소셜앙트러프러너십이 무엇인지 알아보기에 앞서 앙트러프러너십에 대한 개념을 먼저 살펴보자. 앙트러프러너십은 '착수하다', '시작하다' 라는 의미를 가진 불어 entreprendre[ɑ̃tʀəpʀɑ̃ːdʀ]에서 파생된 단어이다. 어원에서 느껴지듯이 앙트러프러너십은 무(無)에서 유(有)를 만드는, 탄생의 의미를 내포한다. 다시 말해 앙트러프러너십은 외부환경 변화에 민감하게 대응하면서 항상 기회를 추구하고, 그 기회를 잡기 위해 혁신적인 사고와 행동을 하고, 그로 인해 시장에 새로운 가치를 창조하는 일련의 활동과정을 말한다.

이에 비해 소셜앙트러프러너십은 정부정책과 시민사회의 몫이었던 '사회적 목표'의 추구에 대해, '혁신성'과 '시장성'이라는 자본주의적 요소를 적극적으로 도입한 개념으로서, 사회적 기업가정신을 통해 기업은 사회문제 해결의 적극적인 주체가 된다. 즉, 소셜앙트러프러너십은 자본주의 앙트러프러너십에 사회적 관심과 공동체의식이 더해지면서 발생한 것이다. 여기에서 사회적 관심은 후원에 기대하거나 추상적이고 모호한 비전을 가지고 있는 사회적 관심과는 다르다. 새로운 기회를 추구하고 사람과 자원을 새롭게 재조합하여 사회문제를 해결하는 소셜벤처 창업가가 가져야할 마음가짐과 태도를 이야기 하는 것이다.

1장에서 살펴본 소셜벤처 창업가가 공통적으로 가지는 특성은 기회추구와 포착, 사회적 가치 창출, 지속가능한 해결책 제시, 한정된 자원에도 소셜벤처 창업가로서의 소명을 다하는 것이다. 이처럼 소셜벤처 창업가와 창업가의 가장 큰 차별점은 바로 목적을 사회적 가치 해결에 둔다는 것이다.

이해를 돕기 위해 소셜앙트러프러너십을 가진 소셜벤처 창업가에 대한 학자들의 정의를 추가적으로 살펴보면 다음과 같다. 그레그 디스(Greg Dess,소셜앙트러프러너십 교육의 대가)는 소셜벤처 창업가를 "사회의 생산력을 향상시키고 경제적인 변화로 나아가게 하는 창조적 파괴를 제공하는 사람 '이라고 이야기하였다. 로저 L.마틴과 샐리 오스버그(Roger L. Martin & Sally Osberg)는 소셜벤처 창업가의 역할을 "안정적이지만 내재적으로 정의롭지 못한 균형 상태를 새롭고 안정적인 균형 상태로 전환시켜 잠재력을 발산하고, 대규모로 고통을 완화하는 사회를 만드는 것"이라고 하였다.

다음의 내용을 통해 소셜앙트러프러너십이 가지는 의미를 생각해보자.

- ◆ 당장의 문제를 넘어서 공동체와 사회, 세상을 근본적으로 변화시키려는 태도
- ◆ 급격하고 대담한 사회 변화를 의도, 사회를 재구성하려는 시도
- ◆ 고통을 보살피는 것이 아니라, 고통 그 자체를 없애려는 접근
- ◆ 문제 이면의 역학관계를 변화시켜, 불합리한 평형 상태의 변화를 목적
- ◆ 비전에 자신을 몰입시키고, 고갈되지 않는 결심으로 전체 시스템을 바꾸려는 태도
- ◆ '사람'을 가운데 두고, 사람의 문제를 해결하기 위해 '혁신'을 추구하는 태도와 행동 양식

소셜벤처 창업가를 양성하고 있는 아쇼카재단은 실제 아쇼카펠로우(아쇼카에서 지원하는 소셜벤처 창업가)를 선정할 때와 같이 앙트러프러너의 자질, 창의성, 아이디어의 사회적 임팩트, 윤리적 소양을 함께 살펴보고 있어 소셜앙트러프러너십이 소셜벤처를 운영하는데 중요한 요소임을 강조하고 있다.

그렇다면 소셜앙트러프러너십은 개인의 자질만으로 형성이 될 수 있을까? [그림 3-2]는 소셜앙트러프러너십이 발달하기 위한 순환 구조를 설명하고 있다. 개인 또는 공동체 중 누가 앙트러프러너인지, 과정과 결과 중 어떤 것에 목적이 있는지에 따라 소셜앙트러프러너십, 사회적기업, 사회적 경제, 사회의 앙트러프러너십으로 분류하고 있다. 그리고 이들이 서로의 역할을 잘 해낼 때 소셜앙트러프러너십이 발전할 수 있음을 보여준다.

소셜앙트러프러너십은 개인적이고 과정에 중심을 두고 있어 사회적기업을 새롭게 형성함으로서 결과물을 창출할 수 있다. 또한, 사회적기업은 사회적 경제의 영역에서 길을 찾을 때 사회 전반의 앙트러프러너십에 영향을 미치게 되어 다시 또 개인의 소셜앙트러프러너십이 성장하게 되는 것이다.

이처럼 소셜벤처 창업가가 아닌 사람도 사회적 경제에 관심을 가지고 공동체 사회의 앙트러프러너십을 키워나간다면 사회적 가치를 높이며 긍정적인 변화를 끌어내는 중요한 역할을 하게 된다.

그림 3-2 소셜앙트러프러너십의 발전을 위한 Johari 윈도우모델

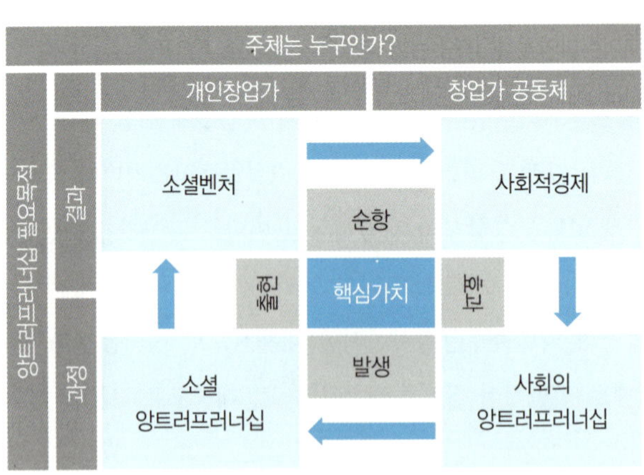

출처:http://www.the3rdimagazine.co.uk/2013/06/the-birth-of-a-notion-developing-the-model-of-societal-entrepreneurship/

우리가 가지고 있는 소셜앙트러프러너십을 [표 3-1]의 설문을 통해서 체크해보자. 이 측정 설문은 미국의 Baumback Test를 토대로 재구성한 것이다. 소셜벤처를 시작하기 전에 나만의 스타일을 확인해보는 것은 앞으로 타인과의 협업에서 부족한 부분을 이해시키고 도움을 요청할 때, 그리고 나만의 장점을 밀고 나가기 위해서 필요하다. 한 문장 한 문장 읽어보며 평소에 내가 어떻게 행동 하고 있는지 [그렇다(3점) / 간혹 그렇다(2점) / 그렇지 않다(1점)] 의 세 가지 점수로 적어보자.

표 3-1 소셜앙트러프러너십 측정 설문

항 목	점 수
다른 사람과의 경쟁 속에서 희열을 느낀다.	
보상이 없어도 경쟁이 즐겁다.	
타인으로부터 신뢰를 받고 있다.	
신중히 경쟁하지만 때로는 허세를 부린다.	
앞날을 생각해 위험을 각오한다.	
업무를 잘 처리해 확실한 성취감을 맛본다.	
일단 하기로 결심한 일이면 뭐든 최고가 되고 싶다.	
전통에 연연하긴 싫다.	
사회적으로 해결하고 싶은 문제가 있다.	
일단 일을 시작하고 나중에 상의하곤 한다.	
칭찬을 받기 위해서라기보다 업무 자체를 중요하게 생각한다.	
공공의 이익을 위해 앞장선다.	
나의 잘못이나 패배를 잘 인정하지 않는다.	
남의 말에 의존하지 않는다.	
웬만해서는 좌절하지 않는다.	
문제가 발생했을 때 직접 해결책을 모색한다.	
호기심이 강하다.	
남이 간섭하는 것을 못 참는다.	
남의 지시를 듣기 싫어한다.	
비판을 받고도 참을 수 있다.	
일이 완성되는 것을 꼭 봐야 한다.	
동료나 후배가 나처럼 열심히 일하기를 바란다.	
사업 지식을 넓히기 위해 독서를 한다.	
TOTAL	

출처: Baumback Test를 토대로 재구성

23개 항목의 총점수가 69점으로 만점이라면 완벽한 창업자의 자질을 가지고 있는 것이고 55점 이상이라면 창업가로서 좋은 자질을 45점 이상이라면 보통 자질을 가지고 있는 것이다. 자질은 타고난 것보다 후천적으로 학습되는 것이 많다. 점수 중 3점인 것은 유지하고 2점인 항목은 강화시켜나가고 1점인 항목은 보완함으로서 자신의 역량을 키워 나가 보자.

2) 소셜 앙트러프러너십의 핵심요소

사회적 가치를 추구하고자 하는 사회적 관심과 공동체의식은 소셜앙트러프러너십과 일반 앙트러프러너십을 구별 짓는 가장 큰 요소이다. 때문에 소셜앙트러프러너십은 경쟁적 환경에서 수익성과 신속성을 강조하는 앙트러프러너십에 더하여 협력적인 환경에서 공익성과 공정성을 강조한다. 또한, 기업가는 경제적인 관점에서 조직을 관리하는데 반해 소셜벤처 창업가는 조직의 가치 목적에 부합하는 신뢰성에 의존하여 조직을 관리한다.

소셜앙트러프러너십은 앙트러프러너십이 가지고 있는 도전정신, 자립성, 위험감수성, 창의성, 모소성에 대한 관용, 운명에 대한 통제감각, 혁신성, 진취성, 기회포착능력 등을 기반으로 한다. 이에 더하여 사회적으로 해결하지 못한 문제들에 관심을 가짐으로써 경제적인 이익 창출 기회뿐만 아니라 사회적인 가치 창출의 기회를 포착한다. 소셜벤처 창업가는 사회적 관심을 가지고 공동체를 더 행복하기 위해 문제를 해결하고자 한다. 그리고 나 혼자만 잘 살면 된다가 아닌 함께 잘 살아야 한다는 공동체 의식에 기반을 둔다. 이러한 소셜앙트러프러너십은 앙트러프러너십으로서 가질 수 있는 경제적인 결과 뿐 만 아니라 사회적인 결과를 도출할 수 있는 원동력이 된다.

그림 3-3 소셜앙트러프러너십 핵심요소

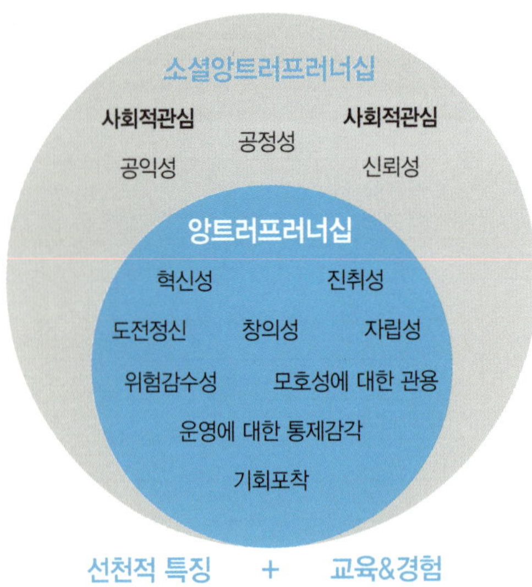

이러한 특징들은 선천적으로 타고난 특징에 교육이나 경험이 더해지면서 강해지게 된다. [표 3-2]와 같이 의식구조를 바꾸는 연습을 통해 소셜앙트러프러너십은 발전될 수 있다. 한 문장 한 문장 읽어보며 내가 바꾸어야할 것은 무엇인지, 이미 마인드셋이 되어있는 것은 무엇인지 체크해보자.

표 3-2 소셜앙트러프러너 마인드 셋

~에서(과거)		~(으)로(오늘)	
□	다른 사람들이 문제해결하기를 기대한다.	□	문제 해결은 나, 우리에게 달렸다.
□	커다란 문제는 해결하기가 너무 복잡하다.	□	작더라도, 우리에게 맞게, 우리는 문제를 해결할 수 있다.
□	계획적으로 일을 분담한다.	□	통합적이고 비 중심적이며 임시적으로 일을 분담한다.
□	약점을 고려한다.	□	강점을 고려한다.
□	관료적이고 위계적이다.	□	팀이 되기도 하며 유연성 있다.
□	일직선, 하향식이다.	□	전방위적, 나선형이다
□	분기별 수익	□	7대 후손까지 가는 자산가치[11]
□	변화에는 위인이 필요하다는 이론	□	모든 사람이 변화창조자가 될 수 있다.
□	원대한 사회적 이슈를 찾는다.	□	내가 서있는 자리에서 변화를 만든다.
□	대량생산 상품을 쓰고 버리는 일회성과 폐기성	□	요람에서 요람으로[12]
□	하향식 설계	□	공동창조
□	지속가능성	□	지속적인 재개(Renewal)

출처 : 데이비드 본스타인 · 수전 데이비스(2012). "소셜앙트러프러너십". 지식공작소

또한 공통관심사를 가진 사람들과 많이 만나고 이야기를 나누는 것도 사회적 관심과 공동체 의식을 높이는 중요한 역할을 한다.

11) 7대 후손: "우리행동의 영향은 우리의 7대 후손에 까지 미친다는 점을 생각해야 한다."는 아메리칸 인디언 이로쿼이 부족의 격언에서 나온 환경보호 문구.

12) 요람에서 요람으로 : 사용한 제품이나 원료를 무덤(grave)이 아니라 재탄생을 위한 요람(cradle)으로 돌려보내야한다는 의미. 이 용어는 1970년대에 만들어졌다.

읽어 보기

바람을 길들인 풍차소년
열네 살 캄괌바 아프리카에 희망의 불을 켜다

내가 무엇보다 두려워하던 일이 실현되고 있었다. 내가 아빠와 같은 인생을 살게 되는 것, 그것은 죽어라 흙과 싸우는 또 한사람의 말라위 농무가 되는 것이었다. 난 아빠를 사랑하고 깊이 존경했지만 아빠처럼 살기는 싫었다. 그렇게 살면 내가 내 인생을 움직이는 대신 비와 비료 값과 씨앗 값이 나를 움직이기 때문이었다. 나의 미래는 이미 결정되었다고 생각하면 너무도 두려워 앓아눕고 싶었다.

풍차와 펌프가 있으면 엄마가 1년 내내 뜰에서 토마토, 감자, 양배추, 겨자, 콩 등을 길러먹거나 시장에 내다 팔 수 있을 것이고, 그러면 아침을 거를 일도, 학교를 그만두는 일도 없을 것이다. 풍차가 있으면 마침내 어둠과 굶주림에서 자유로워지는 것이다. 밤이든 낮이든 한결 같이 나무 꼭대기로 불어오는 바람은 하느님이 말라위에 주신 몇 안 되는 선물이었다. 풍차는 그냥 동력이 아니라 자유를 의미했다.

전구가 깜빡했다. 처음엔 한 번 이었지만 곧이어 밝은 빛이 계속되었다. 가슴이 터질 것 같았다. "봐, 진짜로 빛을 만들었어!" "쟤 말이 진짜였어!"

"전기 바람이에요! 난 미치지 않았다고 말했었죠!" 한 사람, 두 사람, 세 사람... 사람들이 박수를 치기 시작했다.

"난 해냈어요.. 그리고 이제 더 큰걸 할 거예요. 지켜보세요!"

동영상 보기

출처 : 바람을 길들인 풍차소년, 윌리엄 캄괌바 · 브라이언 밀러 지음/ 김홍숙 옮김/ 서해문집.(P165,181,182,204)

생각해 보기

01 윌리엄 캄괌바가 다른 사람들과 다른 점은 무엇일까?

02 저개발 국가의 소셜앙트러프러너십을 고취시키려면 어떤 노력이 필요할지 토론해보자.

3.2 사회혁신
Social Innovation

1) 사회혁신 이해하기

(1) 사회문제해결을 위한 새로운 시도

사회혁신은 기존의 영리 시장에서의 기술혁신이나 비즈니스 혁신과는 달리 사회적 문제를 해결하는 새로운 시도를 의미한다. 사회혁신의 결과는 제품이나 서비스, 사회 인식 변화 등으로 나타나게 된다. 모든 변화가 한꺼번에 일어나야만 사회혁신이 발생하는 것이 아니라 작은 변화 하나가 큰 변화를 불러일으킬 수 있다.

존엘킹턴과 파멜라 하티컨은 '비이성적인 사람들의 힘' 에서 각종 분쟁, 테러리즘, 가난부터 기후변화와 전염병에 이르는 엄청난 도전에 우리는 직면해 있고 기업과 시장을 이용하여 근본적으로 재구축 하지 않고는 이러한 도전을 극복할 수 없다고 하였다.

앞 장에서 살펴본 적정기술, 공정무역, 공유경제와 같이 사회적 가치를 가질 수 있도록 의도적으로 사회적 니즈를 찾아 새로운 시스템을 만들고 정착시키는 활동이 필요하다. 즉, 사회혁신은 의료 · 교육 · 위생 · 환경 · 안전 등의 분야에서 '사회적 목표 달성' 을 위하여 새로운 아이디어를 개발하고 실행하는 활동을 이야기 한다. 다음의 정의들을 통해 사회혁신의 의미를 살펴보도록 하자.

"사회혁신은 사회적인 목표를 이룰 수 있도록 작동하는 새로운 아이디어들을 의미한다. (중략) 그것은 일반적으로 이윤 극대화라는 동기로 유발되는 기업 혁신과 구별되며, (중략) 복제 가능한 프로그램과 조직이라는 형태를 통해 개발되고 확산된다."

– G. Mulgan, 사회혁신이란 무엇이며 왜 필요하며 어떻게 추진하는가 –

"사회혁신은 새로운 아이디어나 제품, 서비스, 모델 등을 개발하고 실행함으로써 사회적 욕구를 충족시키고 새로운 사회적 관계와 협력을 창출해내는 것으로 정의될 수 있다. 그것은 충족되지 못했던 사회적 수요에 대한 새로운 대응방식이며, 사회적 상호작용의 새로운 프로세스를 촉발한다."

– European Commission, Guide to Social Innovation –

"사회혁신은 일정 분야나 사회적 활동에서, 사회적 욕구를 충족시키고 사회적 문제에 대응하는 (기존의 것에 비해) 보다 더 나은 실행방식을 창출해내는 것을 목표로 하여, 어떤 개인 혹은 집단의 의도적인 방법에 의해 촉진되는, 실행방식의 새로운 결합이나 배열을 의미한다."

– J. Howaldt & M. Schwarz, Social Innovation: Concepts, research fields and international trends –

혁신을 무조건 새로운 것을 만드는 것이라고 생각하는 경향이 있다. 하지만 실제 일어난 혁신을 살펴보면 새롭게 개발된 것이 있는 반면, 기본적으로 가져가야 하는 요소들이 있다. 이런 혁신 체계에 필요한 구성요소는 [그림 3-4]와 같이 네 가지로 이루어져 있으며, 상호 영향을 주고받으며 혁신을 일으킨다. 이해관계자의 목적과 의도는, 사회적기업을 둘러싼 이해관계자가 각자가 표방한 목적, 인식, 개념, 사업전략 등을 뜻하며 이를 반영한 정책, 법제화된 제도 등을 포함한다.

타 분야와의 경쟁/협력 관계는 특정 기술이나 사업 영역과 경쟁 혹은 협력하면서 통합적 발전을 가져오는 관계를 이야기한다. 소셜벤처에 있어 중요한 부분으로 공동연구 및 개발에 도움이 된다. 타 소셜벤처와 협력할 부분은 없는지, 어떻게 활용할지 등의 내용이 포함된다. 소셜벤처가 발전하게 되면서 각종 이해관계들이 사회발전 경향과 산업표준으로 도출되게 된다. 여기에는 사업 모델 사례, 전략적 제휴 형태 등을 포함하며, 사회발전 방향과 맞물려 움직인다.

마지막으로 조직 간 합의 구조'는 개인 간, 그룹 간, 혹은 기업 간에 이루어지는 행위, 관계, 상호작용, 교환, 갈등 관리 등을 지배하는 보이는 혹은 드러나지 않은 규칙과 합의로 소셜벤처의 안정적 운영에 근간이 된다.

그림 3-4 소셜벤처 혁신 체계

출처 : 강민정(2015). "소셜이슈분석과 기회탐색". 에딧더월드.

(2) 사회혁신의 종류

지금까지 사회혁신의 의미와 특성에 따른 주요 요소와 기업의 특성을 살펴보았다면, 여기에서는 어떻게 혁신이 이루어지는가에 따라 사회혁신을 파괴적 혁신, 플랫폼 혁신, 제품의 서비스화, 개방형 혁신으로 구분하여 살펴보자.

표 3-3 사회혁신의 종류

혁신의 종류	내용	사례
파괴적 혁신	새로운 시장의 가치 창출, 가격파괴, 기존 사업모델 파괴	그라민뱅크, 딜라이트
플랫폼 혁신	모듈화를 통해 시장경쟁력을 높임, 공유플랫폼을 통해 한정된 자원을 효율적으로 사용하도록 함	집밥, INNOCENTIVE, KIVA
제품의 서비스화	기존 제품 또는 환경이슈를 서비스로 재탄생시킴	쏘카, 열린옷장, flexgo, better place
개방형 혁신	기업이 보유하고 있는 아이디어나 기술, 자원 등을 외부에 공개하여 새로운 가치를 창출함	Aurolab, villageTeleco

[표 3-3]과 같이 파괴적 혁신은 기존의 시장과 가치네트워크를 파괴하고 새로운 시장과 가치네트워크를 창조하는 것이다. 주로 새로운 시장에서 새로운 고객층을 만들어 내거나 기존시장에서 가격을 낮추어 예상치 못했던 제품과 서비스를 제공하는 방식을 말한다. 예를 들면, 기존 시장에서 소외되었던 계층에게 단순하고 비싸지 않은 제품이나 서비스를 만드는 경우로 100만 원대 고가의 보청기 시장에서 34만원의 저가 제품을 만들어 보급한 '딜라이트' 가 여기에 속한다.

플랫폼 혁신은 반복되는 활동을 효율적으로 할 수 있도록 하는 공간이나 구조물을 새롭게 만드는 것을 말하며 다양한 제품이나 서비스를 만들기 위하여 사용하는 토대로 모듈화의 원리를 활용하여 대량 생산방식으로 효율적으로 고객에게 맞추거나 보완재를 통해 다른 주체들이 보완적인 상품이나 서비스, 기술을 구축할 수 있도록 도와준다. 또는 판매자와 구매자, 개발자와 사용자를 연결하여 서로 만나게 하고 상호작용할 수 있도록 중개함으로서 네트워크 효과를 창출할 수 있도록 도와준다. '집밥' 은 사람과 사람을 이어주어 함께 밥을 먹거나 활동할 수 있는 공간을 제공해주고 있고 '더브릿지' 는 자금과 아이디어를 이어주는 크라우드 펀딩서비스로 플랫폼을 제공하여 혁신을 끌어내고 있다.

제품(제조업)의 서비스화는 소유권 거래(제품판매)에서 사용권 거래(서비스제공)로의 전환을 이야기한다. 제품의 가치와 효율성을 높이는 서비스를 제공함으로서 부가가치를 창출하고 자원생산성을 높여 자원 소비를 줄이고 전 지구적 환경을 보존하는 효과를 가져 오고 있다. 최근 나타난 쏘카, 열린옷장 등과 같이 제품을 판매하는 것이 아니라 대여해주는 서비스를 제공하는 공유경제기반의 비즈니스가 해당된다.

마지막으로 개방형 혁신은 자사의 핵심역량을 바탕으로 기업 내부뿐 만 아니라 외부로부터 새로운 아이디어를 받고 기술, 제품, 프로세스를 확보하여 기업의 다양한 활동 및 시장 제품 등을 혁신하는 것을 이야기 한다. 자사가 보유하고 있으나 핵심 비즈니스와 관련성이 적어 활용하지 않고 있는 아이디어나 기술, 자원 등을 외부에 개방하여 새로운 가치로 제안한다.

저가 의료용품 생산업체인 인도의 오로랩(Aurolab)은 시장을 조사한 결과 비영리 안과병원인 아라빈드(Aravind)가 가난한 환자들에게 수술을 받도록 도와주고 싶어 한다는 사실을 알게 되었고, 1992년 소셜벤처를 설립해 아라빈드 안과병원과 '제휴' 를 통해 무료 백내장 수술 서비스를 상품으로 내놓고 최첨단 백내장 수술렌즈 생산시설을 병원 옆에 세웠다. 두 기관의 협업은 오로랩에게는 다량의 렌즈를 생산가능하게 하여 원가절감을 가져왔고 아라빈드 병원은 수술건수가 많아지면서 학습효과를 노리는 의사지망생들이 몰려드는 결과를 가져왔다. 결과적으로 전체 환자의 50%가 무료시술을 받지만 많은 경험을 가진 의사들을 찾는 유료 고객들로 인하여 순이익률은 60%로 급등하게 되었으며, 이로인해 오로랩은 전 세계 렌즈시장의 점유율을 10%까지 확대하는 결과를 가져왔다.

읽어 보기

패션 소셜벤처
오르그닷을 가다

(이미지 출처: 오르그닷 홈페이지)

2009년 '친환경' '윤리적 소비' 가 화두로 떠오르던 때, 국내 의류 업계에도 이를 접목해보자는 생각에서 문을 연 업체가 오르그닷이다. 오르그닷은 친환경 소재로 국내 봉제공장을 통해 제품을 생산하고, 생산비 상승분은 유통 단계 간소화로 해결한다는 것과 '지구와 사람을 행복하게 하는 윤리적 패션을 지향하는 소셜벤처' 라는 모토를 가지고 있다.

이런 오르그닷의 대표작이 프로야구 구단 SK와이번스의 그린 유니폼이다. 실전 경기용으로는 세계 최초 사례라고 한다. 이를 토대로 'TEDx서울' 에

오르그닷	org.
소셜미션	패션 산업의 환경오염 및 노동환경 개선
사회적가치	천연 재생 원단 사용을 통한 환경 오염 감소
사업내용	친환경 의류제작, 생산·주문 대행 플랫폼 · 기업용 친환경 단체복 및 소품 · A.F.M : 친환경 남성 캐주얼 브랜드 · D&M : 봉제공장과 신진 디자이너의 온라인 플랫폼

도 에코백을 납품하고, 구글코리아, 메리츠화재 등에도 친환경 단체복을 공급하면서 회사 매출은 해 마다 늘어나고 있으며, 2009년 12월에는 소셜벤처 전국경연대회 창업부문 최우수상을 받았고, 지난해에는 서울형 사회적 기업으로 선정되었다.

현재 오르그닷의 또 다른 목표는 기업 간 거래(B2B)에서 소비자거래(B2C)로 분야를 확대하는 것이며, 이는 단순한 판매처 제공을 넘어 역량 있는 디자이너를 양성하는 인큐베이팅 플랫폼 구축이라고 한다.

출처 : 박창규(2011.01.05). "[창의 현장] 패션 소셜벤처 오르그닷을 가다". 전자신문 기사 재구성 (http://www.etnews.com/201101050038)

2) 사회혁신 전략

(1) 사회혁신 프로세스

기존의 비즈니스 관점에서의 혁신은 일반적으로 다양하고 새롭게 등장한 아이디어들이 시장의 경쟁을 통해서 걸러지게 되고 성과를 창출하며 생존한 것을 '혁신' 이라고 불러왔었다. 하지만 사회혁신은 기존의 혁신과 달리 충족되지 않은 사회적 욕구의 파악으로부터 시작되기 때문에 기존 기업들과는 다른 프로세스를 가지게 된다.

사회혁신과 관련된 전문적 연구를 수행하고 있는 제프 멀건(Geoff Mulgan)은 사회혁신은 상황에 따라 다르기는 하나 대체적으로 다음과 같이 여섯 단계를 거치게 된다고 설명하고 있다. 첫 번째, 사회적으로 충족되지 않은 기본적인 니즈를 토대로 문제를 제기하고 진단 분석한다. 두 번째, 사회전반에서 겪게 되는 경험과 통찰력을 기본으로 혁신적인 아이디어를 제안한다. 세 번째, 프로토타이핑을 통해 현장에서 실현되는데 있어 필요한 문제점을 찾아 수정하여 사회적인 동의를 얻는다. 네 번째, 유지 가능한 상태를 만들기 위해 제도적, 재정적 안정을 찾아 나간다. 다섯 번째, 다양한 협력주체들을 찾아 성공모델로서 일반화시키고 확산시킨 후 최종적으로 시스템변화가 완성이 되는 단계를 거친다.

그림 3-5 사회혁신의 나선형 모형

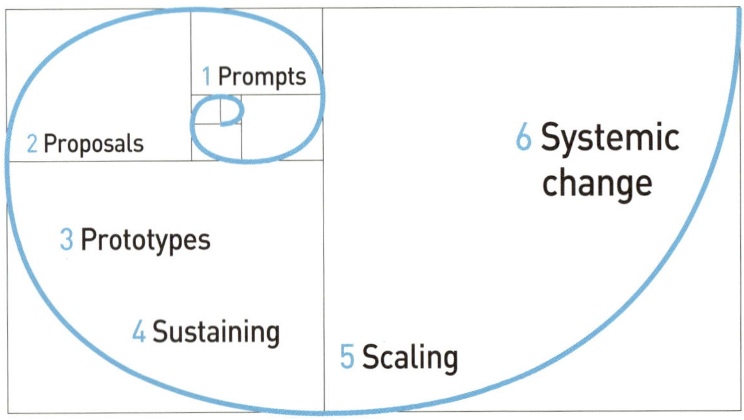

출처 : R. Murray, J. Caulier-Grice, & G. Mulgan, The Open Book of Social Innovation, p.11.

다음은 작은 창의적 실천을 통해 세상을 변화시키고자 하는 LOUD프로젝트 중 하나이다. 다음의 예를 통해 사회혁신이 어떻게 진행되는지 간략히 살펴보자.

① 문제촉발(Prompt)

한국을 더 좋은 사회로 만드는 데 필요한 가치인 '타인에 대한 배려' 부족 실태

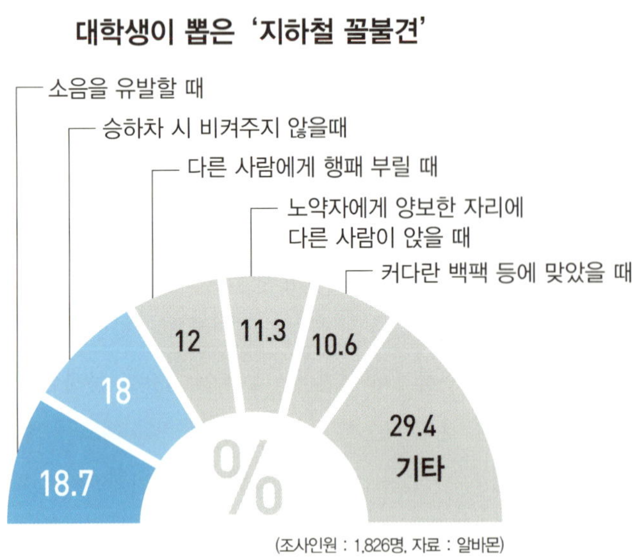

② 제안(Proposals)

배려가 부족한 실태를 가까이서 목격

"백팩을 뒤로 메고 있을 경우 대중교통에서 주변승객에게 불편을 주는 민폐 발생. 백팩을 앞으로 안으면 다른 승객들이 편안해지지 않을까?"

③ 프로토타입(Prototypes)

'Back Pack Hugs' 라는 메시지를 넣은 스티커 제작

④ 유지(Sustaining)

지하철, 버스 등 대중교통과 협의 하에 스티커 부착

⑤ 확대(Scailing)

가방 브랜드 로우로우의 제품 TAG에 'Back Pack Hugs' 메시지 TAG 추가 등 캠페인 확대

(이미지 출처 : http://blog.naver.com/loudproject/220322701495)

⑥ 시스템변화(System Change)

상대방의 통행을 고려하는 문화 형성

(2) 사회혁신 필요요소

사회혁신을 이루기 위해서는 가치창출 프로세스에서의 근본적인 혁신과 비즈니스 규모 확대와 성장을 통한 사회적 영향을 극대화할 수 있어야 한다. 다음 내용을 통해 중심 아이디어가 되는 사회혁신엔진, 엔진을 움직일 경제 원리와 네트워크에 대해 살펴보자.

사회혁신엔진은 사회적기업의 사회적 가치창출과 교환관계(trade-off)에 있는 경제적 관점의 장애요인을 돌파할 수 있는 혁신적인 아이디어가 있어야 한다. 가치창출 프로세스에서의 근본적인 혁신을 살펴보면 가치창출과 고객만족의 원천이 되는 제품 및 서비스의 혁신과 프로세스의 지속적 개선이 필요하다. 다음은 각 기업별로 어떤 사회적 가치 제안을 위해 경제적 도전을 하였으며 혁신엔진으로 무엇을 선택하였는지, 그리고 그 혁신은 가치사슬상에 어떤 위치를 가지고 있는지 보여준다.

표 3-4 사회혁신엔진(예)

사례	사회적 가치제안	경제적 도전과제	사회혁신엔진 : 솔루션	가치사슬상의 혁신 위치
아라빈드	저소득층 무료시술	높은 비용 부담	맥도널드식 병원 운영 인공수정체 자체 생산	운영 프로세스 제품개발
한살림	친환경 유기농산물 공급	높은 가격과 가격변동	직거래 및 자체 물류 시스템 수요관리	공급사슬 마케팅
Grameen Bank	저소득층 무담보대출	대손 위험	16Grameen Principles 주부 대출, 그룹대출, 공동체신용 담보	운영 프로세스
아름다운 가게	재사용품 판매	저부가가치	새로운 가치제안: 기증문화 원자재의 무료 구매 자체 물류시스템 운영, 품질보증	마케팅 공급사슬
Freitag	재활용품 판매	저부가가치	새로운 가치제안: 세상에 유일한 가방 디자인 혁신	마케팅 제품개발
동천모자	장애인 고용	낮은 생산성	디자인혁신 분업의 극대화 및 일치품질 확보	제품개발 생산 프로세스
LifeSpring	저소득층 산부인과 서비스	높은 비용 부담과 의료품질 우려	부차적인 서비스 모두 배제(No Frill) 외주: 약국, 실험실, 병원 설비 및 자산 특화 서비스 집중: 장비, 약품 단일화	운영프로세스 공급사슬
GyanSala	저소득층 교육	높은 비용부담과 교육품질우려	교육 업무의 이원화:Para Skilling 교재, 교수법, 학과과정의 표준화	운영프로세스

출처 : 라준영, "강의자료", 카톨릭대학교.

또한, 사회적기업의 사회혁신엔진은 규모 확대와 성장에 대한 아이디어가 포함되어야 한다. 근본적인 사회문제 해결은 반드시 문제해결의 규모 확대를 전제로 한다. 규모 확대는 성장에 관한 경제원리가 비즈니스모형에 내재 될 때 실현 가능하다 규모 확대가 쉽게 이루어지기 위해서는 다음과 같은 경제 원리를 포함하고 있어야한다.

표 3-5 규모 확대를 위한 경제원리

경제원리	정의	SE 성공 사례
규모의 경제 Economies of Scale	동일 제품/서비스의 생산 규모가 커짐에 따라 제품/서비스의 평균원가가 낮아지는 현상	Aravind Hospital
범위의 경제 Economies of Scope	서로 다른 종류의 제품/서비스를 함께 생산할 때 생기는 비용절감 효과	Pioneer Human Service Turning Point
학습곡선효과 Learning Curve Effect	생산/서비스 경험이 많을수록, 제품/서비스의 단위 생산 비용이 낮아지고 품질이 개선되는 현상	LifeSpring Aravind Hospital
복제와 프랜차이징 Replication&Franchising	성공적인 서비스 모델을 다른 지역에 그대로 복제하여 무형자산(지식 및 신뢰 자산)의 규모의 경제를 확보하고 신규 사이트의 운영 리스크를 줄이는 원리.	Greenwich Leisure Ltd. Teach for America 아름다운 가게, 한살림 Grameen Bank
네트워크효과 Network Effect	어떤 사람의 특정 상품에 대한 가치가 이 상품을 이용하는 다른 고객의 수(數)에 의해 영향을 받는 현상	Kiva Grameen Bank

출처 : 라준영, "강의자료", 카톨릭대학교.

그리고 규모의 확대와 성장을 위해서는 사회혁신의 엔진과 함께 활동에 에너지를 불어넣어 줄 협력 네트워크들이 필요하다. 혁신에 참여하는 다양한 주체들은 사회적 목표를 중요하게 여기기 때문에 시민단체, 자원조직, 정부, 자금공급기관, 대학 및 연구소 등은 클러스터 구조가 더 잘 갖추어져 있다. 사회혁신 네트워크는 앞의 적정기술 네트워크와는 조금은 다른 특성을 가진다. 사회혁신을 이루는 중심이 영리기관이 될 수도 있기 때문에 적정기술네트워크처럼 NGO 등 비영리 기관의 역할이 꼭 필요하지는 않다.

그림 3-6 사회혁신 클러스터의 구조

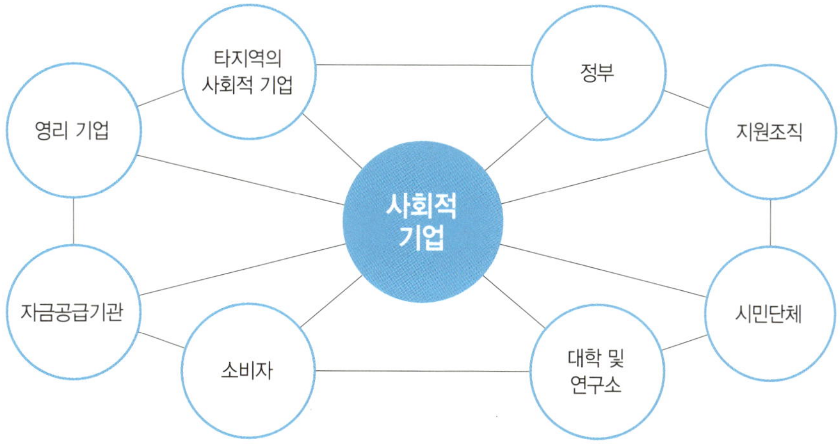

출처: Tanimoto and Doi(2007)

3.3 지속가능성

Sustainability

1) 끊임없는 가치창출 능력

'지속가능성장' 이라는 용어는 경제 발전과 관련하여 주로 사용되는데, 예를 들어 '지속가능한 발전' 은 경제성장과 환경보전 사이에 상호 보완관계가 있다는 근거로 진정한 성장은 환경보전과 함께 이루어져야 한다는 의미로 설명된다.

하지만 환경보호와 직접 연관된 소셜벤처가 아니라면, 위의 '지속가능성장' 은 소셜벤처의 '지속가능성장 '과 다른 의미로 해석된다. 소셜벤처의 지속가능한 성장에 대해서는 여러 가지 견해가 있겠지만, ' 서스테이너블 엑셀런스' 라는 책에서 밝힌 지속가능한 기업의 정의가 여기에 가장 적합한 것으로 보인다.

'우리가 말하는 '지속가능성' 의 의미는 무엇일까? 지속가능한 기업이란 투자자, 고객, 종업원 모두에게 가치를 선사하는 기업이다. 이런 기업은 종업원들과 기업이 교류하는 커뮤니티의 생활수준을 제고시키고, 천연자원을 현명하게 이용하고, 사람들을 공정하게 대우한다. 지속가능한 기업은 많은 면에서 단순히 경영이 잘되는 기업이기도 하다. 하지만 근래까지도 환경에 미치는 영향, 자원의 효율적 활용, 인권 등 여러 가지 문제들이 많은 기업들의 중요 관심사는 아니었다. 오늘날 기업들은 DNA에 사회와 환경을 고려하는 문화를 통합시켰을 때 비로소 지속가능한 탁월성을 얻게 된다."

지속가능성을 지닌 기업은 첫째, 경영을 잘 하여 고객, 종업원, 투자자가 모두 만족하며 둘째, 사회적으로도 좋은 영향력을 미치는 기업이다. 즉, 기업은 돈을 벌고, 투자자에게 수익을 주며, 고객에게는 가치를 선사하는 것이 본질적인 목적이자 의무인 동시에 지속가능성의 조건이다.

우리보다 소셜벤처의 역사가 훨씬 오래된 영국에서 사회적기업(영국의 사회적기업은 우리의 소셜벤처와 비슷한 개념으로 쓰인다) 의 지속가능성을 규정하는 방식을 소개하면 이해가 쉽게 될 것이다. 영국에서 쓰이는 사회적기업의 지속가능성에 대한 의미는 아래 세 가지가 동시에 충족되어야 함을 의미한다.

첫째, 보조금에 의존하지 않으면서 재정으로 지속가능하여야 하고,

둘째, 재정수입은 100% 상거래 활동을 통하여 확보하여야 하고,

마지막으로, 재정적 목표와 사회적 목표를 동시에 달성해야 하는 것으로 보고 있다.

영국에서 강조하는 관점은 첫째, 둘째 항목에 걸쳐서 나와 있듯이, 자기 사업을 통해 이익을 내고 이로써 경제적 자립도를 완성하고 나서, 설립할 때 내세운 사회적 목표를 추구하여 사회에 이익이 되도록 하라는 것이다.

우리의 일반적인 생각(개개 회사의 이익보다 사회적 이익을 추구하는 것이 중요하다)과 다른 '지속 가능한 성장 '의 정의가 나온 이유는 영국에서도 마찬가지로 소셜벤처들이 저지르는 가장 큰 착각 때문이다.

즉, 사회적으로 가치 있는 일을 행하기 위해서는 내가 이익을 못 내고 보조금으로 연명하더라도 상관없다고 여기는 것이다. 영국의 유명 일간지에서는 아예 ' 사회적기업(소셜벤처)은 본인의 생존을 사회적 목적에 우선시하라' 라는 기사로 소셜미션을 행하려면 본인 비즈니스부터 잘 하라고 강조하고 있다

따라서 우리는 영국의 예를 참고하여 소셜벤처의 지속가능성을 경제적 자립을 이룸과 동시에 사회적 목적을 달성해 나가는 과정을 통하여 경제적 · 사회적 가치를 끊임없이 창출해 내는 능력으로 이야기할 수 있다.

소셜벤처는 자선 사업가와는 다르다. 실질적인 수익이 창출이 가능해야하고 그 수익을 토대로 사업이 지속적으로 이루어질 때 더 많은 사람들이 혜택을 받을 수 있기 때문이다. 이처럼 지속가능성을 위해 단기적 관점이 아닌 장기적 관점의 이익을 생각해야한다. 일회성으로 생각을 하여 기업이 판매가(P)를 높이고 비용(C)을 줄여 이익을 극대화 시킬 경우에는 소비자와 기업의 이익이 충돌될 수밖에 없다. 정보가 빠른 최근의 고객들은 불이익을 받았을 때 즉각적으로 반응하기 때문에 투명하고 개방적인 기업 활동을 통해 신뢰를 얻는 것이 중요하다. 장기적인 관점에서 합당한 가격을 책정해야하고 소비자와 기업 간의 상생이윤을 추구 할 수 있는 조직과 유통구조를 만드는 것에도 관심을 가져야한다.

그림 3-7 일회성게임 VS 반복게임

일회성 게임	반복성 게임
P–C 기업 이익의 극대화 최대 이윤 추구 소비자와 기업의 이익 충돌 정적 이윤(Static Profit)극대화	장기적 이익의 극대화 상생 이윤 추구 공명 가격 제시 적정한 가격(Resonant Price) 동적 이윤(Dynamic Profit)극대화

출처: 창조경제연구원

다시 한 번 강조하면, 소셜벤처는 스스로 이익을 만들어 내서, 사회의 보탬이 되도록 하는 일에 기여하는 것이 설립 목적이다. 즉, 정부의 보조금이나 외부의 후원금만으로 연명하면서 사회적 미션을 수행하겠다는 말은 소셜벤처라는 말에 적합하지 않은 것이다. 소셜벤처가 일회성 사업으로 그치지 않고 지속적으로 유지하기 위한 지속가능한 비즈니스 모델에는 무엇이 있는지 살펴보도록 하자.

2) 지속가능한 비즈니스 모델

6장에서 우리는 소셜벤처가 기업으로서 체계를 잡고 수익을 창출하기 위해 어떤 것을 계획해야 하는지 비즈니스 모델에 대해 알아볼 계획이다. 그에 앞서 소셜벤처가 지속가능성을 갖기 위해 추구해야하는 비즈니스 모델은 무엇인지 간단히 살펴보도록 하자.

지속가능성을 갖기 위해서는 가치제안, 고객관계, 사업인프라와 재정측면을 우선 고려해야한다. 고객이 실제로 느끼는 가치를 제안할 수 있어야하며 고객으로부터 지속적인 수익을 창출시키기 위한 고객관계를 구축해야 한다. 또한, 빠른 사업의 진행과 재정적인 안정을 위해서는 네트워크, 자원 등을 포함한 인프라를 잘 활용 할 수 있어야 한다. 그리고 그런 활동들이 재정적으로 어떤 결과를 낼 것인지도 고려할 필요가 있다.

[표 3-6]을 참고하여 비즈니스의 핵심동인과 비즈니스 모델 간 상호관계 중 비용과 비용감소를 살펴보자. '제품이 저렴하면 많은 사람들이 살 것이다' 라는 가정 하에 파격적인 가격을 낮추기 위해 제품의 질을 떨어뜨린다면 고객의 구매로 이어질까? 단순히 제품의 질을 낮추어 생산단가를 낮추기보다는 고객관계에서 비용 효율적 계약관계, 폐쇄회로 서비스 시스템을 가져가고, 파트너십을 이용해 비용을 감소시키고 고객비용감소와 이윤증대를 위한 신제품 및 서비스 비용간의 균형을 맞춤으로서 새로운 가치전달이 가능한 것이다.

표 3-6 지속가능 핵심동인과 비즈니스 모델 간 상호관계

지속가능 사업방식의 핵심동인	비즈니스 모델의 주요 축			
	가치제안(VP)	고객관계(CR)	사업 인프라 (BI)	재정측면(FA)
비용과 비용감소	저에너지 또는 낮은 고객 유지비용의 제품과 서비스	비용 효율적 계약 관계, 폐쇄회로 서비스 시스템	신제품과 서비스 비용이 파트너십을 통해 감소	고객비용감소와 이윤증대를 위한 신제품 및 서비스의 비용구조 간 균형
판매와 수익성	환경적, 사회적으로 우수한 제품과 서비스가 이윤으로 연결될 수 있는 개선된/새로운 가치제안을 필요로 함	지속가능성 지향, 서비스 집약적 관계의 결과로서 높은 고객 유지와 고객 가치	신제품과 서비스는 시장장벽을 극복할 전략적 파트너 (협조적 경쟁) 요청	신제품과 서비스, 새로운 고객과의 관계는 다양한 수입원에 도움이 됨
위험과 위험감소	낮은 사회적 위험을 가진 제품과 서비스는 고객 세분화를 확실히 할 수 있는 가치 창출	높은 고객 충성도로 고객의 지속 가능성 위험을 감소시키는 서비스 관계	자원, 활동, 파트너십은 내,외부 위험을 최소화하기 위해 마련	낮은 지속가능성 위험에 의한 개선된 위험과 신용평가
명성과 브랜드 가치	우수 기업 명성의 차별적 요소로서의 지속가능성	지속가능성은 브랜드 고객 충성도를 증가시켜 마케팅 효과 증대	지속가능성 리더와의 전략적 파트너십은 명성과 브랜드 가치를 증가시킴	지속가능성 지표 및 펀드에 대한 좋은 평가와 고려 기반 지속가능성 성과
고용주로서의 유인책	기업의 새로운 가치제안으로 직원의 유인효과	높은 직원 동기유발의 결과로서의 더 나은 고객 서비스	지속가능성 원칙이 활동, 자원, 파트너십의 질을 향상시킴으로써 매력도 증진	인사관리 채용 비용감소, 낮은 이직 및 보상비용
혁신 역량	혁신의 지속가능성 잠재력의 충분한 발현으로 새로운 가치제안 가능	지속가능성 문제 해결과 고객 유지가 개선되는 혁신적 제품 및 서비스	혁신 확신의 전개는 새로운 활동, 자원, 파트너십 필요	주주가치 증가에 따른 잠재적 혁신성을 위한 높은 혁신 가능성과 기대

출처: Schaltegger, Ludeke-Freund & Hansen(2011)

이처럼 소셜벤처는 사회문제의 해결이나 사회적 목적에 대한 기여에 관련되기 때문에 가치 창출의 초점이 다르다. 즉 고용의 증진이나 제품 및 서비스의 접근 용이성, 지속가능성 등 사회적 가치의 창출이 주된 목표가 된다.

다음의 사례를 통해 지속가능한 비즈니스 모델을 조금 더 이해해 보자. 아이들이 노는 활동을 통해서 물이 길어지는 시스템인 플레이펌프는 1,500개 이상 보급되며 많은 주목을 받았지만 아이들이 플레이펌프를 놀이기구로 생각하지 않았고 실제 물을 얻는 것이 효율적이지 않아 현지 주민들에게 외면 받는 결과를 가져왔다.

이와 반대로 1991년 개발된 머니메이커 펌프는 손쉽게 사용할 수 있을 뿐만 아니라 판매, 수리 과정까지 빈곤층이 참여하게 함으로서 20만개 이상 판매되며 3만5천명 이상의 고용창출과 4억5,200만 달러의 이익을 내며 농가의 수입을 평균적으로 10배 증가시킬 수 있었다. 지속가능성이란 생태계가 미래에도 유지할 수 있는 제반 환경이란 의미로 인간과 자원의 공생, 개발과 보전의 조화, 세대 간의 형평 등을 추구하는 것이 중요한 요소로 작용한다.

그림 3-8 플레이펌프 VS 머니메이커펌프

이미지출처 :플레이펌프 (좌) 킥스타터(우)

그렇다면 개발도상국에서 지속가능성을 가지게 하는 주요 요소는 무엇일까? 절대 빈곤층이 필요로 하는 것은 구호물자가 아니라 경제적 소득을 창출할 수 있는 기반이 되는 안정적 생산수단이다. 머니메이커 펌프를 개발한 적정기술 사회적기업인 킥스타터는 무료배포를 하지 않는다. 정당하면서 합리적인 가격의 돈을 받고 판매하는 시스템의 구축은 펌프를 제조 · 판매 · 유지 · 보수하는 딜러나 회사의 지속가능한 운영을 돕고 사용자의 적극적인 이용을 끌어내는데 주요한 역할을 한다고 믿는다. 또한, 기존의 원조들이 마을 단위의 커뮤니티에 공동으로 사용할 수 있도록 농기구를 보급한 것과 달리 개인을 고객으로 인식하고 보급하며 생산성 향상을 위한 농법지도까지 제공한다. 생산 수단을 개인이 소유할 때 가족을 위해 더 열심히 일하려하고 유지보수에도 적극적이기 때문이다.

3.4 사회적 영향력
Social Impact

1) 긍정적인 변화를 창출해 내는 힘

사회적 영향력(social impact)은 사회혁신(social innovation)이 진행되는 과정과 결과물을 통해 사회적으로 지속가능한 긍정적인 변화를 창출해 내는 힘을 이야기한다. 사회적 영향력을 가지기 위해서는 사회 문제를 발견하는 것에서부터 시작하여 해결 방법을 찾아 내어야한다. 임시적인 처방보다는 문제발생의 빈도나 강도가 낮아지는 증상의 개선이, 증상의 개선보다는 근본적인 해결이 되었을 때 사회적 영향력이 더 크다고 할 수 있다.

사회적으로 의미 있는 변화를 창출하기 위해서는 역량과 적극적인 참여, 변화의 상호작용이 발생해야한다. 여기에서 역량은 가시적인 자원(물적, 인적 자원 등)과 비가시적인 자원(네트워크, 사회 정책적 변화 및 여론, 신뢰 등)을 확보하고 강화하여 개발이라는 구체적인 실행으로 이어질 수 있는 힘을 말한다. 그리고 참여를 통해 내부적인 소통(이사회, 임직원, 자원활동가, 후원자 등)뿐만 아니라 외부적인 소통(광의의 이해관계자와의 협력, 연대, 대화 등)이 함께 이루어졌을 때 영향력이 나타나게 된다. 마지막으로 변화는 제도적인 접근(정책의 신설이나 규제의 철폐 등)과 비제도적인 접근(인식의 변화와 문화의 도입 등)으로 연결되었을 때 지속적이고 본질적인 영향력을 가질 수 있게 된다.

영향력은 관점에 따라 사회문제해결 관점, 이해관계자 관점, 변화이론 관점의 세 가지를 중심으로 이야기할 수 있다. 사회문제를 해결관점의 영향력은 임시적 처방인지, 증상의 개선을 꾀하는지, 근본적인 원인이 해결되는지에 따라 미치는 사회적 영향을 말하는 것이다. 그리고 이해관계자 관점의 영향력은 소셜벤처와 연계되어있는 이해관계자들에게 어떤 가치를 제공하는지를 말한다. 마지막으로 변화이론 관점의 영향력은 기업이 제공하고자 하는 사회적 가치의 공급방식이 더 큰 영향력을 끌어내기 위하여 어떠한 논리적인 인과관계를 가지고 영향을 미치는지에 관한 것이다. [표 3-7]을 통해 관점에 따른 영향력을 살펴보고 여러분이 생각하는 소셜벤처는 어떠한 영향력을 가질 수 있을지 함께 고민해보자.

표 3-7 관점에 따른 영향력

	사회문제해결 관점	이해관계자 관점	변화이론 관점
	기업이 제공하는 가치는 어느 정도의 사회적 영향력을 미치는가?	기업은 사회적 이해관계자들에게 어떠한 가치를 제공하는가?	기업이 제공하고자 하는 사회적 가치의 공급방식은 논리적 인과관계가 있는가?
THE CARBON NEUTRAL COMPANY 탄소발생절감을 위한 탄소발생량 수치화, 정보화	부분적으로 문제가 해결되고 있으나(탄소절감 프로젝트) 효과적이지 않음. 탄소배출관련 정보제공으로 배출 절감(증상개선)을 유도	고객 : 탄소배출량 절감, 관리가능 정부, 국제기구 : 경제주체들에게 책임성 부여, 탄소관련수요관리 가능 (조세제도, 지역별 캠페인 등) 환경 : 환경문제 완화	탄소배출로 인한 환경오염 탄소배출량에 대한 정보부재 → 탄소배출량 수치화, 측정 → 탄소배출 정보제공 → 탄소배출절감방안 컨설팅 → 탄소배출량 절감
grameenphone 농촌지역 정보격차 해소와 경제적 자립지원	문제의 해결을 시도하는 주체가 있긴 하나 거의 해결되지 않음 자립기반 제공으로 근본적인 빈곤문제 해결	여성 대출자: 대출을 받아 빌리지 폰 구입, 통화시간 판매로 소득증대, 주민: 통신비용(시간, 돈)절감 지역: 통신혜택 확대	농촌여성빈곤 자립기반전무 → 대출을 통한 폰 구입 → 소규모 통신사업 운영 → 주민들에게 저렴한 통신 서비스제공 → 정보순환속도제고 → 거래 활성화 → 지역공동체 경제개발 → 빈곤 해소
OWH OneWorld Health 저개발국 질병치료를 위한 안전하고 저렴한 신약개발	채산성을 이유로 연구에 나서지 않았던 풍토병 등 저개발국의 질병문제에 대한 해결 시도 저렴한 약품의 대량 공급으로 질병문제해결	환자 : 기존 시장에 없었던 치료제를 저렴한 가격에 구입 정부 : 질병으로 발생하는 예산, 사회적 비용 감소 인도의약계 : 특허권을 넘겨받아 생산, 공급	개도국의 질병문제 → 채산성을 이유로 치료제 개발 중단 → 유능하고 헌신적인 연구원 모집, 연구기관 협력, 신약개발연구 → 인도제약 회사를 통한 빠른 보급

2) 사회적 영향력의 선순환

영향력의 선순환이 일어나기 위해서는 단순히 기부를 받는 것에서 멈추어서는 안 된다. 직접 수익을 창출하거나 기부를 받은 것이 새로운 부가효과를 창출해야만 선순환 구조를 이룰 수 있다. 즉, [그림 3-9]와 같이 취약계층이 주도적으로 활동을 하고 스스로 고용을 창출하는 구조를 만듦으로서 경제력을 갖추게 되어 소비가 활성화 되어야만 가난의 대물림을 멈추고 새로운 인식을 심어 줄 수 있는 것이다. 해결하고자 하는 가치에 따라 요소들은 바뀔 수 있지만 중요한 점은 계속해서 다른 요인에 파급 효과를 미칠 수 있어야 한다는 것이다.

그림 3-9 사회적 영향력의 선순환

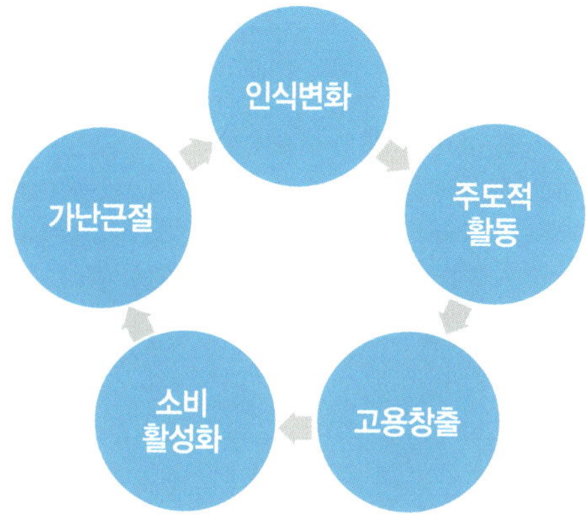

출처: 박재환 · 전혜진(2015). "사회적기업가를 위한 디자인접근법". 에딧더월드/MYSC.

리퍼포스 스쿨백은 실생활에서 겪은 불편함을 해결하기 위해 만들어진 것으로 크게 세 가지 선순환 영향력을 가지고 있다([그림 3-10] 참고). 첫 번째로 아이들의 안전을 지켜준다. 아프리카에서는 학교가 멀고 해가 채 뜨기도 전에 집에서 출발해야하는 경우가 많아 자동차나 치한과 같은 위험상황에 노출되어 있고 매일 3명의 아이들이 길에서 사망한다고 한다. 두 번째로 비닐봉지가 아프리카의 하수구를 막고 가축들이 비닐을 먹어 발생하는 문제들을 비닐봉지 재활용을 통해 해결하고 있다. 세 번째로는 빛이 없어 낮 시간 밖에 활용하지 못한 아이들이 밤에도 공부할 수 있게 되었다.

이 세 가지는 결국 사람들에게 건강하고 안전한 삶과 더 나은 미래를 준비할 수 있도록 하여 발전된 사회를 이루는 초석으로서 선순환 구조를 이끌어내고 있다. 기부자의 입장에서는 기존의 책가방을 기부하는 것과 별다르지 않지만 영향력에서는 엄청난 차이가 나게 된다. 여러분도 조금만 더 고민하면 작은 변화로 큰 변화를 이끌어내는 나비효과[13]를 만들어 낼 수 있지 않을까?

그림 3-10 리퍼포스 스쿨백

(이미지 출처 : http://www.repurposeschoolbags.com)

13) 기상 관측한 데이터를 통해 처음 이야기된 효과로, 어떤 일이 시작될 때 있었던 아주 작은 양의 차이가 결과에서는 매우 큰 차이를 만들 수 있다는 이론이다. 이 개념은 후에 카오스 이론의 토대가 되었다.

활동 하기

소셜벤처 핵심요소 살펴보기

국내 · 외의 소셜벤처 중 하나를 정하여 다음의 내용을 살펴보자.

◆ 소셜벤처명

◆ 창업가의 소셜앙트러프러너십 중 강하게 나타나는 성향은 어떤 것이 있는가?

◆ 추구하고 있는 경제적 가치와 사회적 가치는 무엇인가?

◆ 사회적으로 미칠 수 있는 영향력은 어떠한가?

◆ 선순환 영향력의 창출이 가능한지 도식화해보고 연장선상에서 필요한 것은 무엇이 있는지 아이디어를 내보자.

학습 정리

- 소셜앙트러프러너십은 새로운 기회를 추구하고 사람과 자원을 새롭게 재조합하여 사회문제를 해결하려는 마음가짐과 태도이다.

- 소셜앙트러프러너십은 타고나는 것이 아니라 선천적인 특징에 교육과 경험이 쌓이면서 발전된다.

- 소셜앙트러프러너십의 요소에는 창의성, 도전정신, 위험감수성, 기회포착능력, 진취성, 혁신성, 모호성에 대한 관용, 운명에 대한 통제감각 등이 포함된다.

- 앙트러프러너십과 소셜앙트러프러너십의 차이는 사회적인 관심과 공동체의식의 차이에 있다.

- 사회혁신은 기존의 영리 시장에서의 기술혁신이나 비즈니스 혁신과는 달리 사회적 문제를 해결하는 새로운 시도를 의미한다. 사회혁신의 결과는 제품이나 서비스, 사회인식 변화 등으로 나타나게 된다.

- 사회혁신 프로세스는 사회의 니즈를 확인하는 것에서부터 시작된다.

- 소셜벤처의 지속가능성은 경제적 자립을 이룸과 동시에 사회적 목적을 달성해 나가는 과정을 통하여 경제적 · 사회적 가치를 끊임없이 창출해 내는 능력을 이야기한다.

- 지속가능성을 가지기 위해서는 고용의 증진, 제품 및 서비스의 접근 용이성, 수익의 발생 등을 고려한 비즈니스 모델의 수립이 선행되어야한다.

- 사회적 영향력(Social Impact)은 사회혁신(social innovation)이 진행되는 과정과 결과물을 통해 사회적으로 지속가능한 긍정적인 변화를 창출해 내는 힘이다.

- 사회적 영향력(Social Impact)은 기업이 제공하는 가치는 어느 정도의 사회적 영향력을 미치는가? (사회문제해결관점) 기업은 사회적 이해관계자들에게 어떤 가치를 제공하는가?(이해관계자관점) 기업이 제공하고자 하는 사회적 가치의 공급방식은 논리적이고 인과관계가 있는가?(변화이론관점) 의 세 가지 관점에서 살펴 볼 수 있다.

참고문헌

- 강민정(2015). "소셜이슈분석과 기회탐색". 에딧더월드.
- 강병오 (2011년 3월 7일). " '기업가 정신' 아니라 '창업가 정신' 이다". 중앙일보.
- 과학기술연구원(2014). " 지속가능한 사회 · 기술시스템으로의 전환과 기업의 역할"
- 과학기술정책연구원(2009). "사회적 혁신과 기술집약적 사회적기업"
- 라준영. "강의자료". 카톨릭대학교.
- 박재환 · 전혜진(2015). "사회적기업가를 위한 디자인접근법". 에딧더월드/MYSC.
- 박창규(2011.01.05), "[창의 현장] 패션 소셜 벤처 '오르그닷'을 가다", 전자신문.
- 서울NPO지원센터(2015). "NPO와 소셜임팩트 프레임워크 개발 연구"
- 송정현(2010), 기술창업자의 학습동기, 학습의지가 기업가 정신과 기업성과에 미치는 영향
- Dees, J. Gregory, The Meaning of "Social Entrepreneurship" (2007) http://www.caseat₩-duke.org/documents/dees_sedef.pdf; Alex Nicholls and Albert Cho, "Social Entrepreneur₩-ship: The Structuration of a Field", In Alex Nicholls(Eds.), Social Entrepreneurship: New Models of Sustainable Social Change (Oxford University Press, 200
- R. Murray, J. Caulier-Grice, & G. Mulgan, The Open Book of Social Innovation, p.11.
- Wallace, B.(2005). "Exploring the meaning(s) of sustainability for community-based social entrepreneurs". Social Enterprise Journal. Vol. 1 No. 1. pp.78-89.
- Schaltegger, S., Ludeke-Freund, F., E. Hansen (2011): "Business cases for sustainability and the role of business model innovation", Center for Sustainable Management, Leuphana University .
- Tanimoto and Doi(2007)
- G. Mulgan, 사회혁신이란 무엇이며 왜 필요하며 어떻게 추진하는가European Commission, Guide to Social InnovationJ. Howaldt & M. Schwarz, Social Innovation: Concepts, research fields and international trends
- A. Molina, Analyzing European Technology Policy: Networks, Communities, System and Sociotechnical Constituents, Research Center for Social Sciences (The University of Ed₩-inburgh,1993).
- 스타트업 미디어 플래텀(http://platum.kr/archives/43936)

3장. 키워드 인덱스용

소셜앙트러프러너십	앙트러프러너십	사회혁신	지속가능성
사회적 영향력			

SOCIAL
VENTURE

SOCIAL VENTURE PART 02

소셜벤처 준비하기

"우리는 스스로 각각의 문제에서 기회를 발견하기 위해
훈련할 필요가 있다."

파라과이 재단 설립자, 마틴 버트(Martin Burt, Fundacion Paraguaya)

04

소셜벤처 창업 프로세스와 기회탐색

학습 목표

1. 소셜벤처 창업과정을 이해할 수 있다.
2. 소셜벤처 창업기회의 전반적인 과정에 대해서 설명할 수 있다.
3. 소셜벤처 창업기회 창출과정에서 고려해야 할 사항이 무엇인지 설명할 수 있다.

시작
하기

아이들의 삶에 음악을 선사하다.

소셜벤처 창업가 데이비드 위시

리틀 키즈록 창업자, 데이비드 위시
(이미지 출처: http://www.littlekidsrock.org/about/team)

1990년대 미국의 공립 교육재정이 줄어듦에 따라 수학과 영어 중심으로의 교육 프로그램이 집중되면서 미국 전체 초 · 중 · 고 60%의 학교에서 음악 수업이 사라지게 되어 음악교사들이 일자리를 잃기 시작하였다. 이러한 현상으로 인해 부유한 부모를 둔 학생들은 사교육을 통해 음악을 접할 수 있었지만 먹고살기 빠듯한 가난한 학생들은 학교에서 음악교육을 받을 수 있는 기회가 빼앗겨 버린 것이다.

당시 많은 교육 관계자들은 교육정책을 비난하고, 그로 인해서 발생하는 많은 부작용에 대해서 우려를 나타냈지만, 음악수업의 부활을 위한 어떠한 노력도 없었다.

하지만 이런 비난과 냉소 속에서 새로운 변화가 일어났다. 캘리포니아주에서 공립초등학교에서 교편을 잡고 있었던 데이비드 위시(David Wish)는 세계에서 가장 부유한 미국에서 아이들에게 음악교육을 시킬 수 없다는 상황에 충격에 빠졌다. 그는 평소에 낮에는 교사로, 밤에는 카페에서 재즈기타를 치며 자신의 취미생활을 즐기면서 음악이 자신의 삶에 주는 영향력을 느끼고 있었다.

음악 교육 중인 데이비드 위시
(이미지 출처: http://www.artistsonart.net/david-wish/)

데이비드 위시는 "아이들에게 음악을 가르치지 않으면 앞으로의 미국엔 미래를 기대하기 어렵다."라고 생각하여 우선 자신이 할 수 있는 일부터 실행에 옮겼다. 평소 같이 음악을 하던 지인들에게 20개의 기타를 구해서 자신이 가르치던 1, 2학년 아이들 20명에게 기타를 나눠주고 아이들이 귀에 익숙한 유행가를 수업의 교재로 삼아 기본 코드를 알려주고 신나게 치게 하고, 즉흥연주를 통해서 아이들이 직접 작곡을 할 수 있도록 도움을 제공하였다. 또한, 아이들끼리 계속 대화를 나누면서 표현하고 말하는 능력을 키울 수 있도록 리틀키즈록(Little Kids Rock) 프로그램을 구성하여 운영하였더니 반응이 뜨거웠다. 아이들의 숨겨진 음악적 재능이 결과로 나타나기 시작했다. 첫 프로그램에 참여하였던 '세르지오'라는 아이는 기타 코드를 익힌 지 얼마 되지 않아 "작은 공룡(Liittle Dinosaur)"이라는 곡을 만들어 아이들 앞에서 연주를 했다. 이 곡을 듣고 놀란 위시는 직접 녹음을 해서 CD를 자선 활동에 적극적인 유명 그룹 가수와 작곡가에게 보냈는데, 로큰롤 명예의 전당에 오른 유명한 가수이자 작곡가인 보니 레이트(Bonnie Raitt)에게서 즉각 회답이 왔다. 그녀는 고사리

손이 만들어낸 기타 선율에 크게 감동했다며, 음악을 듣는 동안에 자신의 첫 무대에서 연주하면서 느꼈던 희열과 즐거움을 느낄 수 있었다고 말했다. 이후 아이들이 작곡하여 연주한 녹음 CD를 판매하여 판매 수익을 기부하고, 저명한 가수들(폴 사이먼, 산타나, 바비킹 등)을 소개하여 리틀 키즈록의 든든한 후원자가 되었다. 유명 음악인들의 동참으로 인하여 그 동안 무관심했던 선생님들도 점차 참여율이 높아졌고, 음악을 통해 교육의 진정한 의미를 깨닫게 되는 계기가 되었다.

위시는 리틀 키즈록 프로그램을 통해 아이들이 슬픔과 기쁨을 음악으로 표현하는 방법을 알게 되어 나쁜 짓에 대한 충동을 훨씬 덜 느끼게 되었고, 유혹의 손길을 뿌리칠 수 있는 강한 의지도 강해졌다는 것을 몸소 체험하였다. 뿐만 아니라, 친구들과 밴드활동을 하면서 협동과 자신에 대한 자부심을 배워 남을 배려하는 소양을 갖추게 되어서 결국 학교생활도 즐거워지면서 성적이 올라가게 된 것을 발견하게 되었다.

리틀 키즈록 프로그램에 참여하고 싶어하는 아이들이 점차 많아짐에 따라 위시는 학교를 떠나 본격적인 음악 교실 사업에 전념하기로 마음을 먹게 되었고, 2002년 7월 '리틀 키즈 록' 프로그램을 운영하는 소셜벤처를 설립하였다.

리틀 키즈록 실제 프로그램 운영 현장
https://www.youtube.com/watch?v=bAOvSLV4_Q8

현재 리틀 키즈록은 재즈, 힙합, 록, 헤비메탈, 펑크 등의 다양한 음악 장르를 프로그램으로 구성하여 운영 중에 있으며, 참여한 아이들의 구체적인 상황을 공유하기 위해서 고객정보관리시스템을 통해 아이들이 어떤 음악을 좋아하고, 연주 실력은 어느 정도 향상되었고, 작곡과 즉흥 연주 실력은 어떠한지 종합적으로 관리하고 있다. 또한, 수익구조의 다양화를 위해 악기 기부, 다양한 프로그램 개설, 스폰서 기금, 교재 및 CD판매, 밴드 결성 등 많은 노력을 기울이고 있다. 현재 미국 10개주 150개 학교, 4,000명 이상의 학생들이 리틀 키즈록 프로그램을 통해 음악에 대한 꿈을 일상화할 수 있는 혜택을 받고 있다.

그는 말한다. "아이들의 꿈과 창의력을 자극하는 음악 교육을 위해 난 평생을 아이들의 콧노래와 함께 할 것이다."

생각해 보기

01 데이비드 위시가 리틀 키즈록 프로그램을 만들 당시의 상황은 어땠는지 토론해보자.

02 리틀 키즈록의 설립 목적이 무엇이고 사회적 영향력에 대해서 토론해보자.

4.1 소셜벤처 창업 프로세스

1) 창업 과정의 이해

사업을 시작할 때 반드시 사업계획서가 있어야 하는 것은 아니다. 일반적으로 많은 사람들이 사업계획서 없이 창업하고 있으며, 개인적 역량으로 사업을 운영하는 경우도 허다하다. 그러나 최근 창업은 빠른 기술변화와 치열한 경쟁의 기반 속에서 점차 고도의 정신적 노동이 필요한 분야가 된 것이 현실이다. 이러한 상황에서 창업자가 느끼게 될 과도한 중압감을 극복하고 시간과 업무의 효율적 관리를 위해서는 반드시 목적의식이 담긴 공식 서류, 즉 사업계획서가 필요하다.

소셜벤처 사업계획서를 작성하기 위해서는 창업에 대한 프로세스를 먼저 이해하는 것이 매우 중요한 사전작업이 된다. 수많은 창업자들은 각자의 방법으로 아이템을 찾아내고 사업을 시작하고 있는데 이 과정을 정리하면 [그림 4-1]과 같은 프로세스로 정리할 수 있다.

그림 4-1 창업과정

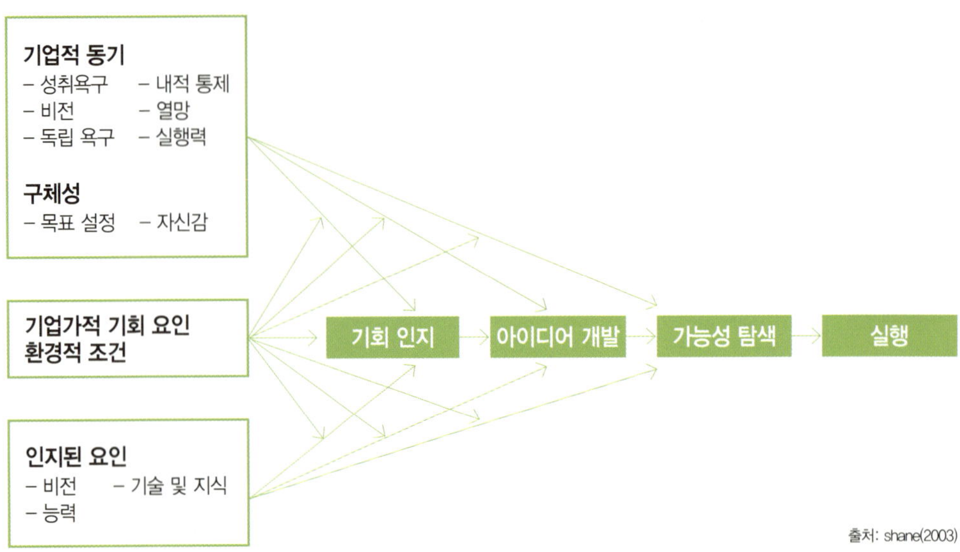

출처: shane(2003)

창업자는 우선 타인과는 구별되는 본인만의 기회를 찾아내는 과정을 거치는데, 우선 첫 번째로 창업자 자신의 창업가적 동기와 구체성을 통해 아이디어를 찾아낼 수 있다. 여기에서 창업가적 동기 요인은 성취욕구, 내적 통제, 비전, 열망, 독립 욕구, 실행력 등이다. 창업가적 동기는 창업자 개인의 성격 특성을 나타내는 것으로 타고 난 기질일 수도 있고 학습되어 후천적으로 갖추게 된 경우도 있다. 또한 해결하고자 하는 사회문제에 대해 구체적인 목표를 제시하고 자신감이 기회를 인지하게 되는 배경이라고 할 수 있다.

두 번째로 기회를 인지하는 배경에는 환경적 요인이 있으며, 환경적 요인은 그 시대의 정치 · 경제 · 사회 · 문화적 요인을 포괄한다. 그 시대가 지니고 있는 사회적 문제, 사회적인 욕구와 이를 해결하려는 사회적 노력이 개인의 생각과 행동에 영향을 미치고 각 창업자는 사회적 존재감과 의미를 나타낼 수 있는 기회를 타인과는 차별적으로 인지하게 된다. 그 시대의 흐름을 잘 이해하고 이것을 해결하려고 노력하는 창업가들은 시대를 불문하고 세상을 진보적으로 이끌었으며 그 결과로 일반인의 삶에 많은 영향을 미쳤다.

마지막으로 인지적 요인이다. 인지적 요인은 소셜벤처 창업가가 지니고 있는 역량을 나타내는 것이다. 지식이나 기술 등을 의미하고 있으며 창업가가 가지고 있는 인지적 요인에 따라 자신감 있게 잘 할 수 있는 기회를 포착하는 시각이 달라진다. 즉 '아는 만큼 보인다.' 라는 의미라고 할 수 있다. 학교에서의 전공과 동아리활동 그리고 일상생활에서의 아르바이트, 여행, 봉사 등 다양한 경험 등이 인지적 요인을 이루는 기본적인 요소이다.

창업가는 위와 같이 동기적, 환경적, 인지적 바탕위에 각자의 기회를 인지하게 되고 그 기회를 내 것으로 만들기 위해 아이디어를 개발하고 가능성을 탐색하고 실행하게 되는데 탐색의 과정에서 사업계획서가 작성되어야 한다. 따라서 사업계획서에는 창업가가 기회를 인지하고 아이디어를 개발하고 가능성을 탐색하여 실행계획까지의 모든 과정이 나타내져야 하는 것이다.

2) 소셜벤처 창업 활동 과정

소셜벤처 창업가 과정은 현재 수중에 있는 자원에 제한되지 않고 기회를 추구하는 과정이다. 이러한 스토리텔링 과정을 많은 전문가들은 이 과정을 다섯 단계로 나누어 설명한다. 소셜벤처 창업가도 큰 틀에서 이러한 과정을 따라 창업 활동을 하고 있다고 볼 수 있다. 창업가는 사업계획서를 통해 이러한 과정을 흐름에 맞게 나타내어야 한다.

첫 번째는 기회인식 부분이다. 소셜벤처 창업가의 경우에는 초기 기회 인지 부분에서 일반 창업자와는 다르게 사회적 가치를 창출하는 기회를 인식한다. 이러한 기회는 사회적인 문제나 충족되지 않은 사회적 욕구의 형태로 나타날 수 있다. 이러한 욕구는 잠재적인 욕구를 포함한다. 따라서 소셜벤처 창업가는 다른 사람들의 시각에서는 위기와 어려움으로 보이는 것에서 새로운 창업의 기회를 발견하는 사례가 많이 나타나고 있다.

두 번째는 개념의 개발이다. 발견한 기회를 구체적이고 실현가능한 개념으로 개발되지 않는다면 이는 단순한 공상에 불과할 수 있다. 비즈니스 모델이 구성되어야 하는 것이다. 구체적으로 아이디어가 소비자에게 전달될 수 있는 제품이나 서비스로 만들어질 수 있는지를 우선 개념화해야 한다. 새로운 상품이나 서비스를 통해 시장에 진입하여 고객을 만나는 과정이 현재의 인프라 속에서 가능해야 한다. 그리고 이러한 활동을 통해 받게 될 보상이 검증되어야 한다. 보상은 경제적 보상과 사회적 보상이 모두 포함되어야 한다. 이러한 개념의 개발을 사업계획서에 나타내어 이해관계자를 설득해야 한다.

세 번째는 자원의 결정과 확보이다. 사업계획서를 쓰는 중요한 이유 중 하나는 하고자 하는 창업에서 부족한 자원을 확보하려는 것이다. 스타트업 단계에서는 창업가는 추구하는 창업을 추진하기에는 부족한 자원을 가지고 있다. 아이디어만 있는 경우도 있고, 인적 · 물적 자원도 창업에 필요한 만큼 보유하지 못하고 있다. 창업가는 부족한 자원을 확보하기 위해 사업계획서를 작성하고 투자자 등 이해관계자를 설득하여 창업에 필요한 자원을 확보할 수 있다. 따라서 사업계획서에는 본인이 추구하는 목표와 그 목표를 실현하기 위해 필요한 자원을 나타내야 한다. 그리고 현재 보유하고 있는 자원과 확보하고자 하는 자원을 명확히 하여 자원을 확보할 수 있도록 해야 한다.

네 번째는 출범 및 성장이다. 사업을 시작하면 속도는 다르겠지만 성장하고 확장하게 된다. 소셜벤처 창업가는 소셜미션과 경제적 이익 두 가지를 모두 성장시키고 확장 시켜야 하는 목표를 가지고 있다. 사업 구상단계에서의 예상했던 모습과 사업이 진행된 후의 회사의 모습은 크게 달라질 수 있다. 따라서 사업계획서 작성 단계에서는 회사의 발전 목표를 예측하고 일관된 계획을 나타내어야한다. 특히 마케팅 목표와 재무적 목표를 나타내어야 한다. 특히 창업가는 본인과 투자자의 관점의 차이를 인식하고 있어야 하며, 사업계획서에는 투자자의 시각을 고려한 내용이 들어가야 한다. 아래의 그림은 투자자의 관점을 나타낸 것이다. 투자자는 사업 아이템을 보고 투자에 대한 의사를 결정할 때 수익에 대한 기대를 우선 하게 된다. 투자를 통해 본인에게 돌아오게 될 경제적인 보상을 우선적으로 검토하는 것이다. 시장의 수요, 시장의 크기, 시장의 성장 정도, 시장에 대한 평가 요인을 보고 수익에 대한 기대를 하게 된다. 더불어 제품의 차별화 요인을 검토하는데 이는 제품의 독창성, 제품의 생존 주기, 이익구조, 그리고 추가될 가치를 가지고 판단하게 된다.

수익에 대한 기대 다음으로는 투자하고자 하는 사업의 리스크를 감내할 수 있는가의 여부이다. 창업은 리스크 요인을 기본적으로 가지고 있고 위험에 대한 감수성이 기업가정신을 구성하는 중요한 요인이다. 따라서 성공한 창업가는 리스크를 피하기보다는 미리 예측하고 대비하는 것이 더 중요하고 할 수 있다. 감내할 만한 리스크인지를 판단하는 기준은 우선 창업가의 관리역량이다. 관리역량은 관리, 영업, 재무관리 능력을 보고 판단하는데 창업가의 경험 등을 보고 판단하게 된다. 관리역량과 더불어 감내할 만한 리스크인지를 판단하는 요인은 전반적인 경제

상황이며, 이는 진입장벽, 사업의 성숙기 여부, 경기 사이클 등을 종합해서 판단할 수 있다. 따라서 사업계획서에는 이러한 투자자의 시각을 고려해서, 그들이 긍정적인 투자결정을 내리는데 도움이 되는 자료를 포함해야 한다.

그림 4-2 투자자의 투자결정 관점

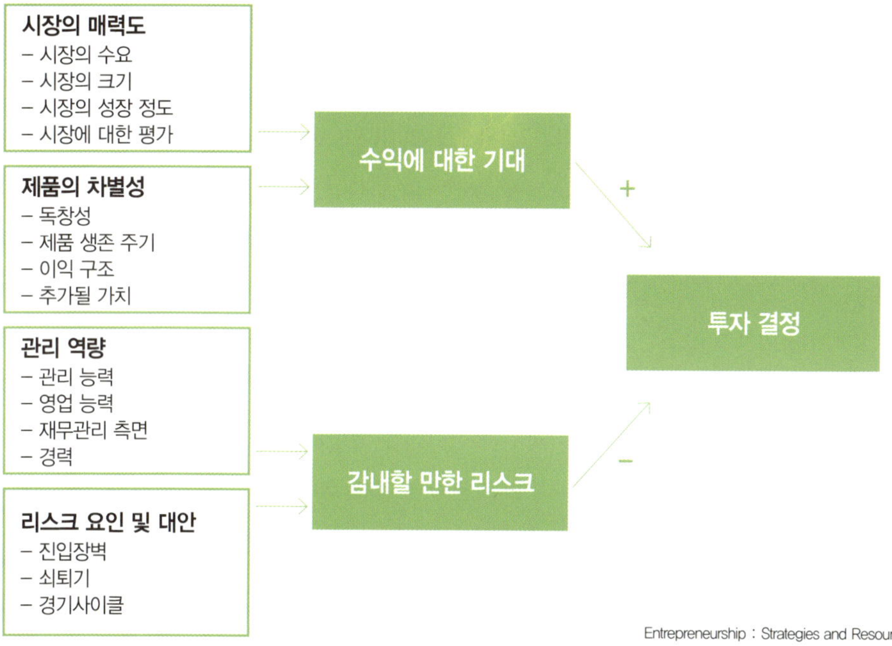

Entrepreneurship : Strategies and Resources

다섯 번째는 목표의 성취이다. 소셜벤처 창업가가 추구하는 소셜미션이 달성이 되었을 때 무엇을 할 것인지를 나타내야 한다. 많은 창업가들이 시작과 끝내야 하는 시점을 정하지 못하고 출범한다. 끝내야 하는 시점이 사업의 종료를 의미하는 것은 아니다. 창업 시 언제까지 사회적 · 경제적 목표를 달성하겠다는 목표를 세우고 그것을 달성하기 위해 노력해야 하며 어느 정도 목표를 달성하고 나면 다시 새로운 미션을 다시 제시하여 새롭게 다시 시작할 수도 있고, 사업 도메인을 바꿀 수도 있고 혹은 폐업할 수도 있다. 사업계획서에는 사업 목표와 달성시점을 제시하고 성취 후의 행동을 제시하는 것이 바람직하다.

그림 4-3 소셜벤처 기업 활동의 과정

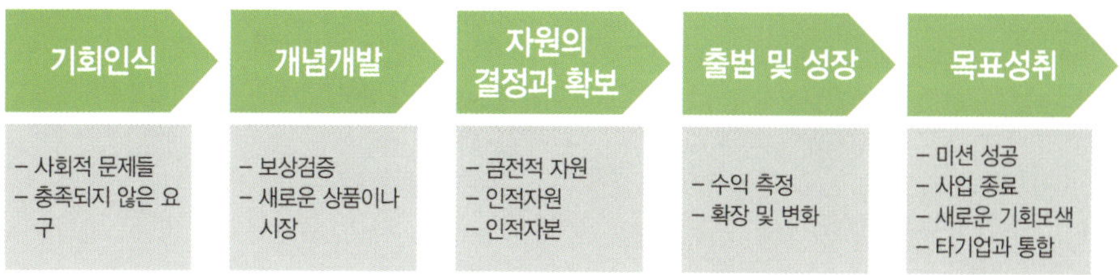

출처: Arthur C. Brooks, WT함께일하는재단 옮김, 사회적기업을 디자인하다, 2009.

4.2 소셜벤처 창업의 기회 발견

소셜벤처 창업가는 경제적 가치 실현을 위해 수익창출이 목적인 일반 벤처기업 창업가와는 달리 사회적 가치 실현 즉, 심각한 사회적 문제를 인지하고 해결하기 위해 혁신적인 아이디어를 새로운 비즈니스로 창조해 사회 시스템을 혁신하려 한다는 점에서 다른 일반적인 벤처기업의 모델과는 차별화 된다. 그렇다면 소셜벤처 창업가는 과연 어떤 프로세스에 의해서 창업기회를 발견하는지를 살펴보도록 하자.

소셜벤처 창업가가 창업기회를 창출하는 과정은 크게 2단계로 구분하여 설명할 수 있다.

1단계는 소셜벤처 창업가가 유망한 아이디어를 생성하는 단계이고, 2단계는 소셜벤처 창업가가 매력적인 창업기회를 창출하기 위해 아이디어를 개발하는 단계이다. 창업기회 창출 과정에서는 사회현상에 대한 연구 분석의 결과를 토대로 영감, 통찰력, 상상력이 결합되어 혁신적인 아이디어가 탄생된다. 따라서 매력적인 창업기회를 발견하기 위해서는 1단계에서부터 분석과 실험을 하는 작업이 중요하다. 소셜벤처 창업기회 창출에 대한 전반적인 과정은 아래의 그림과 같으며, 단계별로 알아둬야 할 내용이 무엇이 있는지를 알아보자.

그림 4-4 소셜벤처의 창업기회 창출 과정

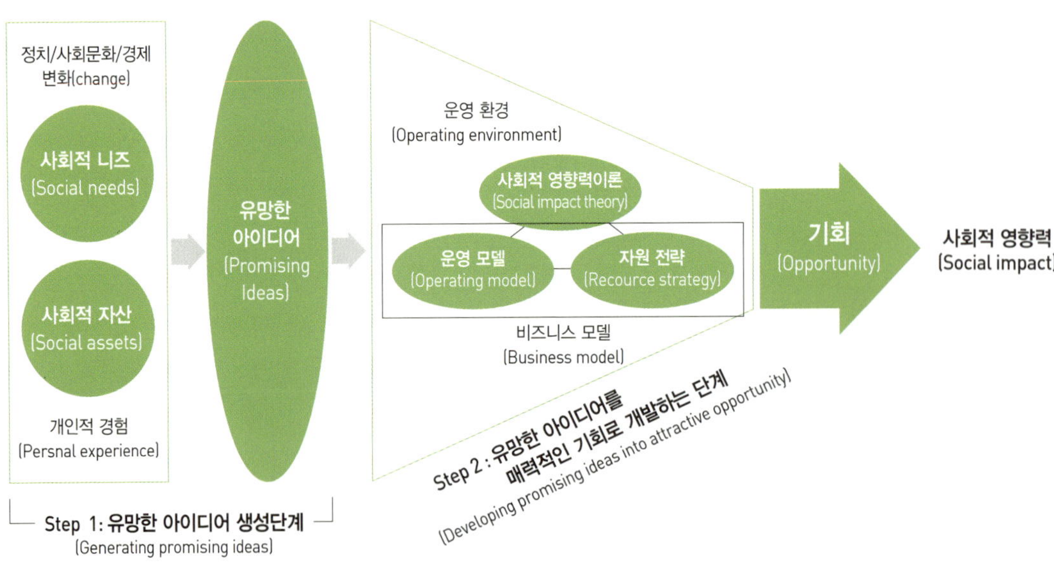

출처 : The Process of Social Entrepreneurship : Creating Opportunities Worthy of Serious Pursuit, 내용 재구성.

1) 1단계 : 유망 아이디어 개발

1단계에서는 개인적 경험, 사회적 니즈, 사회적 자산 그리고 다양한 사회적 변화들을 통해서 아이디어가 생성될 수 있다. 그리고 유망한 아이디어를 생성하기 위해서는 기회 중심적 사고방식을 가지는 것이 중요하다.

하버드 대학의 심리학자 엘렌 랜거(Ellen Langer)는 기회 중심적 사고방식의 중요성을 평가하기 위해서 장애인에 대한 학생들의 태도에 대한 연구를 실시하였다. 랜거는 한 학급의 학생들에게 휠체어에 앉아있는 장애인 사진을 보여주면서 "사진에 보이는 이 사람은 차를 운전할 수 있을까?"라고 질문을 하였다. 학생들은 대부분 '아니오.'라고 짧게 대답하였다. 다시 질문을 바꿔 "어떻게 하면 이 사람이 차를 운전할 수 있을까"라고 질문했더니 짧은 침묵이 흐른 후, 학생들은 휠체어에 앉아 있는 사람이 차를 운전할 수 있는 방법에 대해서 다양한 아이디어를 제시하였다.

성공한 소셜벤처 창업가는 아이디어 생성단계에서 연구결과와 같이 "어떻게 하면"이라는 문제를 인식하는 태도적 성향을 가지고 있다. 어떻게 하면 나의 개인적 경험을 긍정적 사회적 영향력을 높이는데 기여할 수 있을까?, 어떻게 하면 좀 더 나은 사회를 만들기 위해서 특별한 사회적 니즈를 고민할 수 있을까?, 어떻게 하면 내가 새로운 변화를 파악하여 사회적 가치실현을 위한 새로운 기회를 창출할 수 있을까? 라는 질문을 던져야 되고, 질문에 대한 답을 찾기 위해서는 끊임없이 사회현상에 대해 분석하는 자세를 갖추기 위해 교육과 훈련이 필요하다.

(1) 개인적 경험(Personal Experience)

개인적 경험은 아이디어 생성단계에서 많은 영감과 동기를 부여한다. 실제 성공한 소셜벤처 아이디어는 소셜벤처 창업가의 교육수준, 직장 경험, 취미를 통해 많이 생성될 수 있다. 교육수준은 교육을 통해 다양한 전문적인 지식과 스킬을 배움으로써 사회현상을 바라보는 관점과 문제를 정의하는 능력과 해결하는 방법을 익힐 수 있어 창업기회를 인지하고 분석하는 능력을 향상시킬 수 있다.

이전 직장 경험이 소셜벤처 창업의 중요한 바탕이 될 수 있는 것은 직장생활을 통하여 전문적인 지식과 기술을 익히고 있고, 제품 및 서비스의 현황과 문제점과 발전가능성 파악이 가능하기 때문이다. 또한, 지속적인 공급자나 고객과의 네트워크를 확보하고 있어 향후 소셜벤처 창업 시 파트너십을 맺을 수 있는 등의 장점 등이 있으며, 해당 분야 산업의 트렌드와 발생하는 다양한 문제점을 파악할 수 있다.

취미생활을 통해 창업 기회를 발견할 수 있는 이유는 관심 분야이므로 생소한 분야에서 첫발을 내딛는 것 보다는 접근이 쉽고, 해당 아이템에 대해서 관심 만큼의 많은 지식을 가지고 있기 때문이다. 또한, 취미 활동 중에 느꼈던 고객관점에서의 경험은 창업 아이템에 대한 초보자 수준부터 매니아 수준까지의 다양한 욕구를 가진 고객들의 니즈를 문제점을 파악하여 해당 단계에 맞는 적절한 마케팅 포인트와 서비스를 제공할 수 있다.

이러한 경험을 통한 창업기회의 발견은 1989년 미국의 창업 전문지인 Inc.지에서 미국의 500대 고속성장 기업의 창업자를 대상으로 사업기회의 원천에 대해서 조사하여 조사대상의 기업들은 상상이나 번득이는 영감에서 창업기회를 발견한 것보다 창업자의 교육정도, 직장경험, 취미활동 등을 통해 우연히 또는 체계적인 탐색으로 발견한다는 것을 증명하고 있다.

표 4-1 창업가들의 창업기회 원천

창업기회 원천	비율
동종 산업에서의 업무 수행 중 발견	43%
타 기업의 사업 현황을 보고 개선의 가능 발견	15%
소비시장에서 충족되지 않은 틈새 발견	11%
창업기회의 체계적인 탐색	7%
꼬집어서 설명하기 어려움	5%
취미나 부업 활동에서 발견	3%
기타	16%
합계	100%

출처 : John Case(1989), The Origins of Entrepreneurship, Inc, p.54.

(2) 사회적 니즈(Social Needs)

개인적 경험은 가치가 있으나 때로는 이런 경험들로 인해서 색다르고 참신한 창업 기회를 발견하는데 방해가 될 수 있다. 소셜벤처 창업가는 아이디어를 개발할 때 진정한 사회적 니즈를 찾아내는 것이 중요하다. 일반 벤처창업가들의 경우, 닷컴(Dot-com) 붐 시대로 기억되는 2000년대에는 인터넷 관련 산업들이 폭발적으로 성장함에 따라 많은 벤처창업 기업들이 탄생하였다. 하지만 대부분의 기업들이 소비자의 니즈를 정확히 파악하지 못하고 제품 및 서비스를 제공하여 닷컴 시대의 거품이 빠지면서 많은 기업들도 함께 도산하였다.

반면에, 소셜벤처 창업가들은 아이디어 생성단계에서 사회적 니즈를 파악하기 위해서 개인적 선호에 의해서 아이디어를 개발하는 것이 현명하다. 사회적 니즈는 사회적 희망사항과 현실과의 차이에서 이해해야 하며, 소셜벤처 창업가의 개인적인 가치와 좀 더 나은 세상을 만들려는 비전에 의해서 강한 동기부여가 된다.

(3) 사회적 자산(Social Assets)

사회적 자산은 우리의 생활을 편리하게 하는 도로 등의 물리적인 자산과 마찬가지로 신뢰, 믿음 등으로 보이지 않는 무형의 자산으로 우리의 생활에서 중요한 역할을 한다. 사회의 구성원이 서로를 신뢰할 수 있는 경우, 사회의 질서를 유지하는데 필요한 사회적 자산 중 가장 중요한 것은 모든 사회 구성원이 '법에 따라 행동할 것이다' 라는 믿음이라고 할 수 있다. 그라민 은행(Grameen Bank)으로 유명한 유누스(Yunus)는 대학의 제자들과 방글라데시의 한 마을 조사 연구 과정에서 마을 여성들의 기업가정신을 보았고, 그라민 은행을 설립하는데 핵심적인 아이디어를 제공하였다. 즉 기업가정신이 충만한 마을의 여성들에게 돈을 빌려주면 반드시 열정적으로 일하여 돈을 갚을 것이라는 믿음이 바탕에 있었기 때문이다. 이와 같이 보이지 않는 무형의 자산인 사회적 자산은 훌륭한 소셜벤처의 창업 동기를 제공할 수 있다.

사회적 자산의 특징은 물리적 자산과는 달리 많이 사용하면 할수록 그 양이 늘어나고 질도 높아진다. 하지만 어렵게 구축된 사회적 자산은 사용하지 않으면 쉽게 사라지기도 한다. 또한 사회적 자산은 제 3자의 강제에 의해서 형성될 수 없으며, 사회 구성원들 스스로의 노력에 의해서만 형성될 수 있다.

읽어 보기

오미디야르와 유누스 교수 이야기

이베이 창업자 오미디야르(좌), 무함마드 유누스 박사(우) (이미지 출처: 조선일보)

오미디야르와 유누스 교수는 누구나 인정하듯 각자의 영역에서 사회에 크나큰 공헌을 한 존경할 만한 분들이다. 하지만 이들은 사회 문제를 해결하는 방법이 서로 다르다. 그 견해 차이를 잘 보여주는 일화가 있다. 이 이야기는 〈뉴요커〉의 기사와 매튜 비숍(Matthew Bishop)의 《박애 자본주의》에 에피소드로 소개되었으며, 영리적 방법을 활용해 사회 문제 해결의 규모를 키우자는 오미디야르의 주장과 이에 대한 유누스 교수의 반박이다.

2014년 11월, 자선 사업가이자 벤처 투자자인 존 도어의 실리콘 밸리 자택에서 벌어진 유누스 교수와 오미디야르의 논쟁은 유명하다. 이날 존 도어의 자택에서는 빈곤국의 은행들이 지방의 소액 금융 기관에 낮은 이자율로 더 많은 돈을 빌려주도록 지급보증을 하자는 도어의 계획을 실행하기 위한 모금 행사가 열렸다.

이 자리에서 오미디야르는 다른 자선 사업가들이 모금한 3,100만 달러의 후원금에 자신의 돈을 보태는 것을 거부했다. 그는 "그라민 은행과 같은 소액 금융 사업이 정말로 사회 문제를 해결 할 수 있는 규모가 되려면 비영리 또는 원조 자본만으로는 터무니없이 부족합니다. 자립적인 비즈니스 모델이 아니라 비영리 자본에 의존하는 것은 엄청난 실수예요"라며 모임을 떠나버렸다.

며칠 후 유누스 교수는 〈뉴요커〉와의 인터뷰에서 '사람들이 돈을 벌어야 한다'라는 오미디야르의 주장에 대해 "그들에게 돈을 벌라고 하십시오. 그런데 왜 하필 가난한 사람들에게서 돈을 벌려는 겁니까? 돈은 다른 곳에서 버십시오. 당신은 여기 그들을 도와주러 왔습니다. 그 사람들이 충분히 살이 찌면 그때는 잡아먹든 피를 빨아먹든 상관없습니다. 마음대로 하세요. 그렇지만 그때까지는 그렇게 하지 마십시오"라고 응수했다.

다른 자선가들이 다 기부금을 내는데도 불구하고 오미디야르는 왜 동참을 거부했을까? 그는 이미 대부분의 재산을 사회에 환원하겠다고 약속한 사람이고, 충실히 실천하고 있는 사람이다. 과연 오미디야르의 생각은 무엇이었을까?

오미디야르는 그라민 은행이 투자자들에게 배당을 주는 방식으로 운영된다면, 더 많은 민간 자본을 유치할 수 있어 지금보다 더 많은 사람들을 더 빨리 가난에서 벗어나게 할 수 있을 것이라고 믿었다. 즉 소액 금융시장에서 사회적기업이 문제 해결의 규모를 확대시키기 위해서는 더 많은 자본을 유치해 비즈니스를 확장해야 한다고 주장한 것이다.

이에 대해 유누스 교수는 자신의 저서에서 다음과 같이 말했다. "이윤을 추구하는 조직이 가난과 더 성공적으로 싸울 수 있다고 주장하는 사람들도 있다. 하지만 가난한 사람들을 상대로 이윤을 내는 것, 특히 이윤 극대화라는 통상적인 기업 목표를 추구하는 것은 부도덕하다. 이러한 이익은 이웃의 고통으로부터 나온 것이다."

출처 : 최태원(2014). "새로운 모색, 사회적 기업". 이야기가있는집.

(4) 변화(Change)

소셜벤처 창업가들은 변화에 잘 부응하여 유망 아이디어를 발굴해야한다. 변화는 새로운 사회적 니즈를 요구하거나 자산을 창출하는 계기를 만들어 주기 때문에 소셜벤처 창업들에게 새로운 아이디어를 생성하는데 중요한 자극제가 될 수 있다. 환경적 변화를 분석방법 중 대표적인 방법이 PEST분석이다. PEST 분석은 외부 환경시장의 큰 흐름을 발견하기 위해 사용하는 방법으로 Political and Regulatory Changes(정치/제도적 변화), Economic Forces(경제적 요인), Social-Cultural Trends(사회문화적 트렌드), Technological Advances(기술적 진화)의 영문 머리글자를 따서 만든 것이다. [그림 4-5]는 언급된 환경적 요소와 그에 따른 변화요인에 대해 설명하고 있다. 다음은 어떻게 소셜벤처 창업가들이 이러한 4가지 요소들을 활용하여 창업기회를 발견할 수 있는지에 대해서 알아본다.

그림 4-5 외부 환경적 요인으로 인한 창업기회

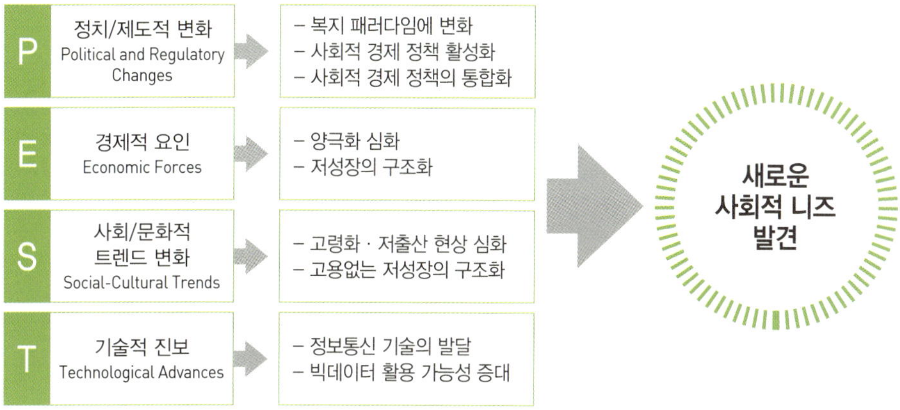

① 정치 · 제도적 변화

정치 · 제도적 환경의 변화는 중앙정부와 지방자치단체의 정책적 환경변화를 의미한다. 정부 차원의 진흥 및 육성을 위한 정책 지향을 의미하며, 국가적 차원에서 구축 가능한 인프라 등의 환경을 포함하고 있다. 정치와 제도적 환경 변화의 예로 복지 패러다임의 변화, 사회적 경제 정책의 활성화, 사회적 경제 정책의 통합화 등을 확인할 수 있다.

② 경제적 요인

경제적 요인은 경제성장률, 금리, 인플레이션 등 주요 경제동향을 의미한다. 경제적 요소는 정책 주체가 의사결정을 내리는데 있어서 핵심적인 요소로 정책 영역에서는 문제와 활용 가능한 수단을 판단하는 기초자료로 활용된다. 경제적 요인의 예로 양극화의 심화, 고용 없는 저성장 구조의 지속화 등으로 요약할 수 있다.

③ 사회 · 문화적 트렌드 변화

사회적 환경은 사회 · 문화에 대한 인식과 태도, 인구성장 및 분포 등을 포함한다. 인구의 변화와 같은 사회적 환경의 변화는 사회적 지출 등 정책 환경의 변화를 결정하는 핵심적인 요소로 판단할 수 있다. 외부의 사회적 환경요소로는 한국사회의 고령화 · 저출산의 심화, 사회복지 지출의 증대, 사회적 고립감의 증대 등을 대표적으로 제시할 수 있다.

사회 · 문화적 트렌드 변화에서는 사회적 이슈를 분석하는 것이 중요하다. 사회적 이슈는 사회구조나 사회제도의 모순과 결함에서 생기는 문제, 보통의 일상생활에 직접 관계되는 문제로, 그 문제를 겪는 사람의 수가 증가하여 사회전체에 심각한 영향을 미치는 경우를 말한다. 아래의 [그림 4-6]은 저출산 · 고령화 문제를 통계청 자료를 통해 사회적 현상을 파악하여 문제가 발생하는 원인에 대해서 간략하게 설명하였다.

그림 4-6 저출산 · 고령화 문제

연령대별 인구 구성비

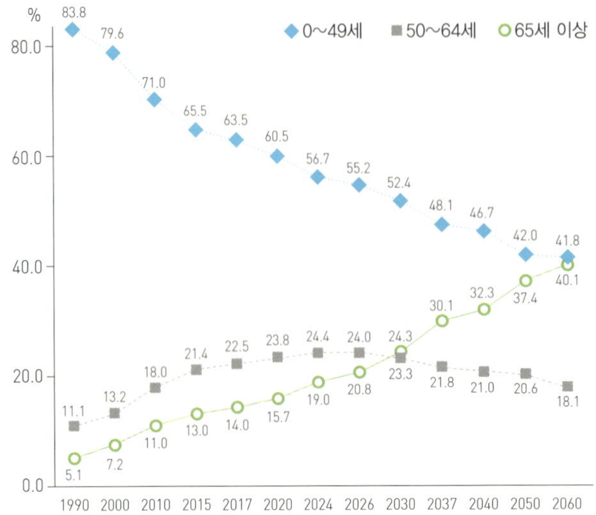

고령자 인구 비중

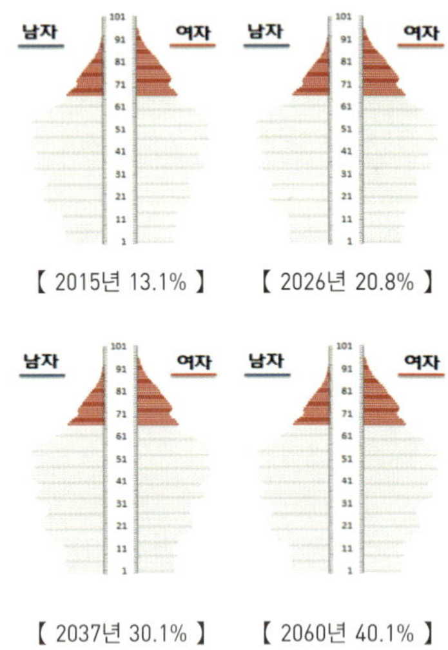

노년부양비 및 노령화지수

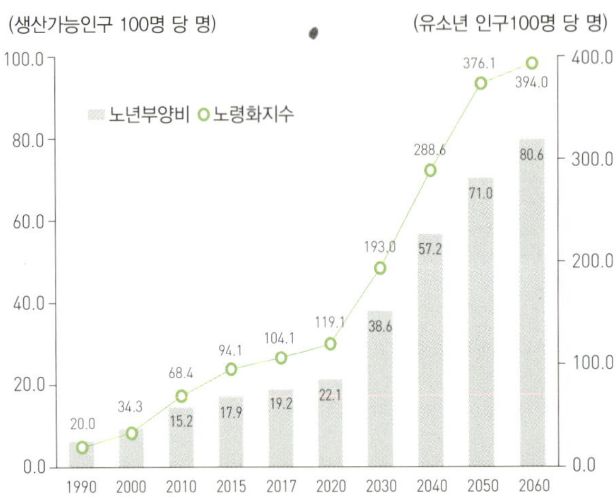

노년부양비 및 노령화지수

출처 : 2015 고령자 통계

저출산 · 고령화의 원인

◆ 정부의 강력한 인구 억제 정책 → 합계 출산율 감소

◆ 결혼 연령 상승 및 이혼 인구의 증가, 결혼과 가족에 대한 가치관 변화

◆ 자녀의 양육비 및 교육비 부담, 청장년층의 고용 불안

④ 기술적 진보

기술적 진보는 경제적 그리고 사회적 변화와 더불어 기회를 창출하기도 한다. 예를 들면, 우리는 스마트폰으로 인해 3R 시대를 경험하고 있다. 3R 시대는 실시간(Real-time)으로 무한 정보와 인적 네트워크에 접근(Reach)해서 시공간적 한계를 넘어선 실제감(Reality)을 체험하고 있다는 뜻이다. 스마트폰의 기술적 진화로 인해서 사용자의 패턴의 맞는 애플리케이션을 다운로드 받아 사용하면서 휴대폰의 '맞춤화' 사용이 가능하게 되었으며, 스마트폰 안에 MP3 플레이어 기능은 물론, 노트북, 인터넷, 금융, 게임, 서적 등이 결합하여 모든 것이 스마트폰 하나로 해결이 가능한 시대가 되었다. 또한, 스마트폰의 확산으로 이제는 사무실이 아닌 집에서 혹은 길거리에서도 업무를 보고받고 처리할 수 있게 되었다.

이와 같이 스마트폰의 기술적 진보로 인해 경제적 생산성 향성, 새로운 일자리 창출, 스마트워크로 인한 저출산/고령화 대책에 기여, 원격근무로 인한 저탄소 녹색성장 등 경제적/사회적 변화에 많은 영향을 미치고 있다. 따라서 기술적 진보에 따라 경제적 그리고 사회적 변화를 잘 예측하고 분석한다면 새로운 소셜벤처 창업기회를 창출할 수 있다.

읽어 보기

창업기회 발견을 위한
미래이슈 분석 보고서

2015년 미래창조과학부는 각 분야별 전문가와 함께 미래이슈 분석 보고서를 발간하여 10년 후 관점에서 가장 중요하게 생각하는 미래이슈를 제시하였다.

이슈에는 저출산 · 초고령화, 불평등문제, 미래세대 삶의 불안정성 등으로 나타났다. 이외에도 고용불안, 저성장과 성장전략 전환 등 경제이슈, 국가간 환경영향 증대와 기후변화 등 환경이슈, 남북문제 등 정치이슈 등이 10대 이슈에 포함되었다.

10년 후 중요한 10대 이슈

순위	이슈명	순위	이슈명
1	저출산 · 초고령화 사회	6	사이버 범죄
2	불평등 문제	7	에너지 및 자원고갈
3	미래세대 삶의 불안정성	8	북한과 안보/통일 문제
4	고용불안	9	기후변화 및 자연재해
5	국가간 환경영향 증대	10	저성장과 성장전략 전환

01 저출산 초고령화 사회

생산가능인구 1백명당 부담해야 할 노인 (65세 이상) 수 급증

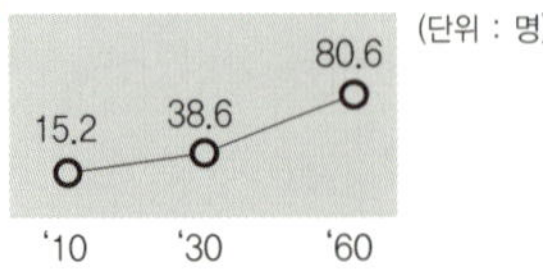

(통계청, 장래인구추계)

02 불평등 문제

소득양극화 현상을 나타내는 지니계수 증가

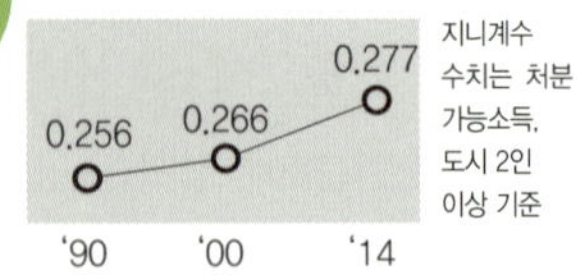

(통계청, 가계동향조사)

03 미래세대 삶의 불안정성

남녀 초혼 연령 꾸준히 증가

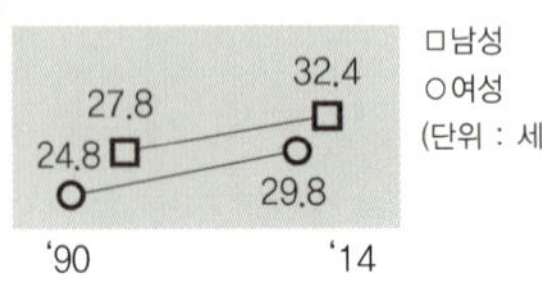

(통계청, 인구동향조사)

04 고용불안

신규구직자수대비 신규구인인원 감소

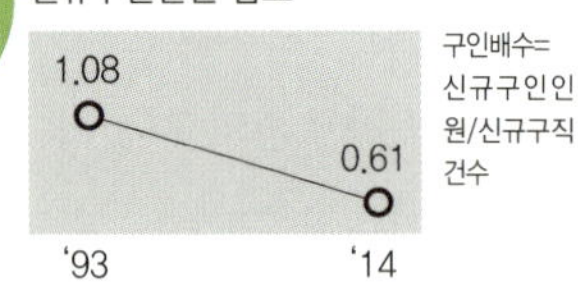

(한국고용정보원, 구인구직통계)

05 국가간 환경영향 증대

국내 연간 황사 발생일수 증가

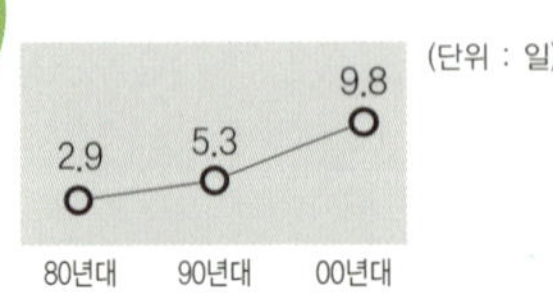

(관계부처 합동, 황사피해방지 종합대책)

06 사이버 범죄

사이버범죄 발생건수 증가

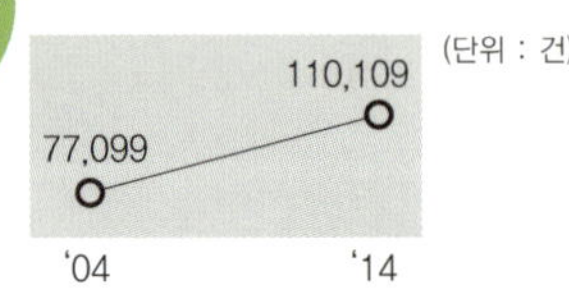

(경찰청, 사이버범죄 통계)

07 에너지 및 자원고갈

에너지 소비량 증가

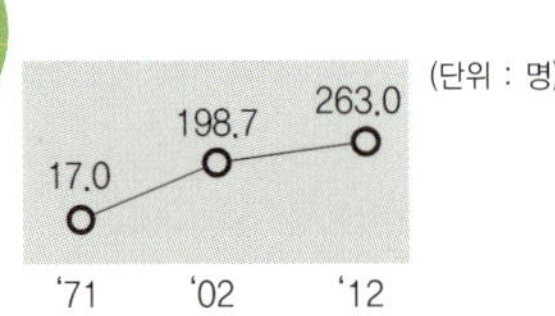

(OECD, OECD Factbook)

08 북한과 안보/통일 문제

줄어들지 않는 연도별 북한 도발 건수

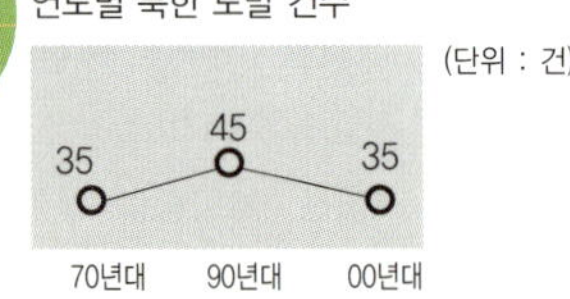

(국방부 국회제출자료 : 북한 주요 도발 현황)

09 기후변화 및 자연재해

RCP 8.5 시나리오 기준, 한반도 연평균 기온 계속 증가될 전망

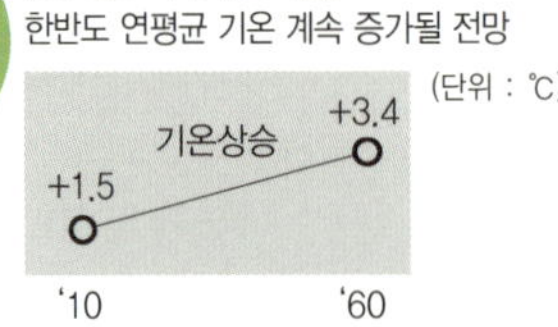

(기상청, 한반도 기후변화 전망보고서)

10 저성장과 성장전략 전환

잠재성장률 앞으로도 계속 저하될 전망

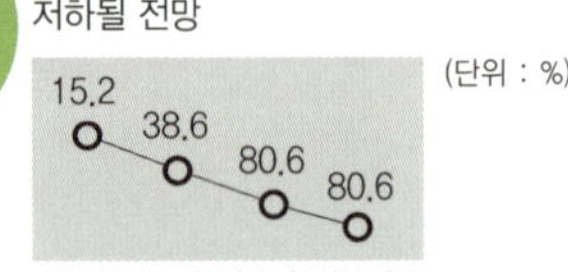

(LG경제연구원, LGERI리포트)

미래의 발생가능성과 영향력 분석에서는 10대 이슈 대부분이 발생가능성이 높고 영향력이 큰 것으로 나타났으며, '디지털 경제'와 '초연결 사회' 이슈는 10대 이슈에 포함되지 않았지만 상대적으로 발생가능성이 높고 영향력이 큰 것으로 나타났다.

발생가능성과 영향력 분석도표

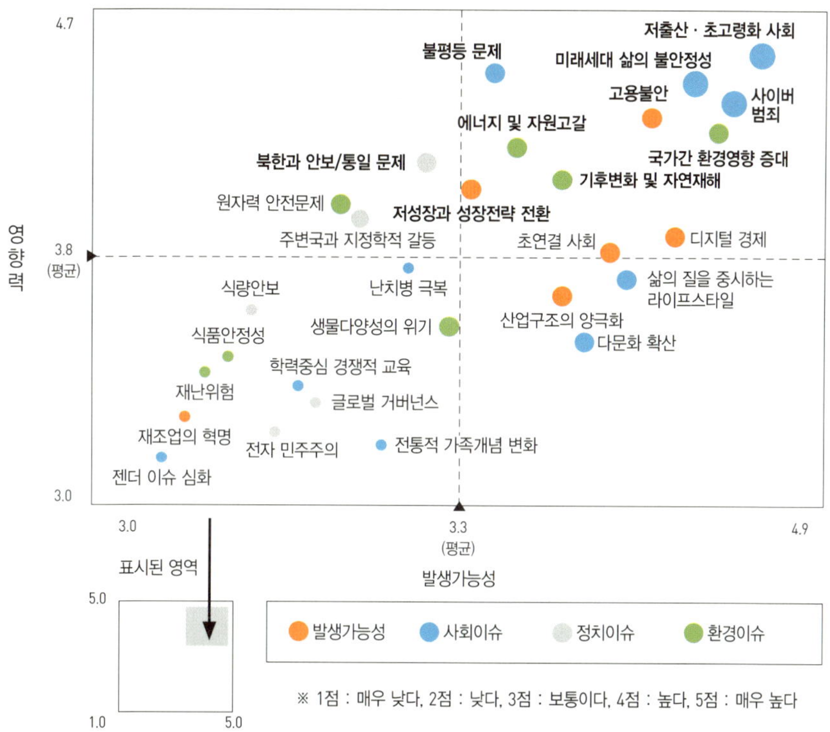

※ 1점 : 매우 낮다, 2점 : 낮다, 3점 : 보통이다, 4점 : 높다, 5점 : 매우 높다

자료 : 미래이슈 분석 보고서, 미래창조과학부, 2015년.

국가과학기술심의회에서는 2013년 30개 주요 사회문제를 제시하였다. 10개의 분야에서 30개의 사회문제를 도출하였다.

세부분류	30개 주요 사회문제
건강	만성질환, 희귀난치성 질환, 중독 및 우울장애, 퇴행성 뇌 · 신경 질환
환경	생활 폐기물, 실내 공기오염, 수질오염, 환경호르몬
문화여가	문화 소외, 문화 · 여가공간 미비
생활안전	성범죄, 먹거리 안전, 사이버 범죄, 가정 안전사고
재난재해	기상재해, 화학사고, 감염병, 방사능 오염
에너지	전력수급, 에너지 빈곤
주거교통	불량 · 노후 주택, 교통혼잡, 교통안전
가족	노인 소외자살, 가정폭력
교육	교육격차, 학교폭력
사회통합	의료격차, 정보격차, 취약계층, 생활불편

자료 : 국가과학기술심의회(2013), 과학기술기반 사회문제 해결 종합실천계획

2) 2단계 : 유망한 아이디어를 매력적인 기회로 개발

소셜벤처 창업가들은 종종 초기의 아이디어 생성단계에서 도출된 아이디어를 맹신하여 실패하는 경우가 많다. 초기 소셜벤처 창업기업의 실패율을 줄이기 위해서는 아이디어를 검증하는 단계가 반드시 필요하다. 소셜벤처 창업가는 아이디어 검증하기 위해서 사회적 파급효과 이론과 비즈니스 모델, 효과적인 운영모델 그리고 실행 가능한 자원전략을 고려해야한다. 이런 구성요소들은 훌륭한 소셜벤처 아이디어를 만드는데 핵심적인 요소들이며, 각 요소들이 조화롭게 구성되었을 때 효과적인 아이디어가 도출된다. 또한, 외부의 운영환경과 소셜벤처 창업가 개인의 적합성도 고려할 필요가 있다.

그림 4-7 창업기회 개발 구조

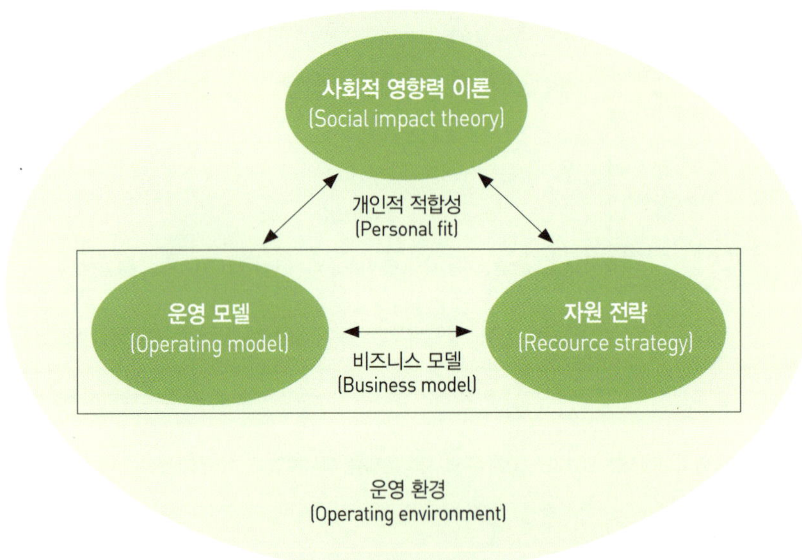

출처 : The Process of Social Entrepreneurship : Creating Opportunities Worthy of Serious Pursuit

(1) 사회적 영향력 이론(Social Impact Theory)

사회적 영향력은 새로운 소셜벤처 기업이 효과적인 사회적 영향력을 이루기 위한 방법에 대한 이론이다. 이 이론은 소셜벤처 창업기업의 전략, 조직구성의 미션과 가치를 구현하는데 핵심적인 부분이다. 목표로 하는 결과를 달성하기 위해 필요한 방법을 명확하게 정의함으로써, 조직을 책임감을 가지고 최종적인 사회적 영향력에 대해 정확한 명시를 제공한다.

사회적 영향력 이론은 해당분야의 기존 지식이나 새로운 연구와 분석을 통해 비교할 필요가 있다. 현재 알고 있는 것을 기준으로 타당하게 평가하고 있는가? 시기적절하며, 비용측면에서 효율적인 방법으로 평가되어지는가? 등과 같은 질문을 고민해야 한다. 또한, 사회적 영향력을 측정하는 것은 어려운 작업이고 많은 소셜벤처 창업가들은 장기적인 파급효과를 목표로 하기 때문에 평가하는 과정은 상당한 시간이 소요되기 때문에 명확한 사회적 영향력을 가지기 위해서는 적절한 시기와 체계적인 방법이 필요하다. 사회적 영향력을 측정하는 방법에 대해서는 본서의 3장을 참고하도록 한다.

(2) 비즈니스 모델(Business Model)

강력한 사회적 영향력 이론을 만들기 위해서는 효과적인 운영모델과 실행 가능한 자원전략이 포함된 타당성 있는 비즈니스 모델이 필요하다. 사실 비즈니스 모델에서 운영모델과 자원을 명확하게 구분하는 것은 다소 인위적이다. 그러나 분석적 목적을 위해서는 두 개의 구성요소를 분리하는 것이 도움이 된다. 분석은 운영모델에서부터 시작되기 때문에, 자원의 필요성은 성취하고자 하는 사회적 영향력을 효율적이고 효과적으로 만들기 위해 필요한 역량으로 자원을 전환시키기 위한 특별한 운영전략 없이는 결정할 수 없다. 이런 필요 역량들이 자원의 니즈를 결정하지만 현실적인 자원 동원 능력에 따라 기존의 운영전략을 조정하고 아이디어를 재수정하는데 영향을 미친다.

① 운영모델(Operating Model)

비즈니스 모델 내의 운영모델은 사회적 영향력 이론을 실제로 구현하는 방법을 묘사해준다. 성취하고자 하는 파급효과를 이끌어내기 위해서 특별한 활동, 구조, 지원시스템을 조화롭게 구성해야 한다. 운영모델을 개발하기 위한 첫 번째 단계는 투입에서부터 성과에 이르기 까지 일련의 활동을 기술하는 것이다. 생산적인 활동을 위해서는 회계, 인적자원, 기금모금 등과 같은 행정적인 기능이 필요하다. 이와 같은 구성요소들을 만들면 경영에서의 가치사슬(value chain)과 유사한 형태로 나타난다. 두 번째 단계는 핵심적인 활동을 구체화하고 효율적인 관리를 위해 필요한 인력과 파트너 그리고 서비스를 결정하는 것이다. 마지막 단계는 사회적 가치를 창출하기 위해서 필요한 조직문화와 같은 지원 시스템을 구축하는 것이다.

읽어 보기

노동인력 양성 서비스 소셜벤처기업 STRIVE의 운영전략

STRIVE 교육현장 모습 (이미지 출처: http://striveinternational.org/)

STRIVE는 재정적 자립을 위해 취업을 원함에도 불구하고 어려움을 가지고 있는 실업자들에게 사고방식과 직업준비 교육, 직업 스킬 훈련, 지원 서비스(멘토링, 상담지원, 법률적 지원 등), 직업소개 등을 지원함으로써 스스로 경쟁력을 갖춰 원하는 직업을 구할 수 있도록 다양한 서비스를 제공해주는 소셜벤처기업이다. 아래의 그림은 STRIVE의 기본 운영모델이다.

STRIVE의 운영모델을 살펴보면, 취업을 희망하지만 자신의 적성을 찾지 못하거나 스킬이 부족하여 취업에 어려움을 겪고 있는 사람을 STRIVE 프로그램에 입학시킨다. 입학 후 평가 후 태도변화 교육 및 컴퓨터 스킬 훈련, 고객응대 방법 훈련, 직업 훈련을 실시한다. 이후 일정 수준에 도달한 입학생을 대상으로 사회적 서비스인 멘토링 서비스를 제공하여 스스로에게 부족한 점을 극복하는 과정을 거쳐 자신의 적성과 향상된 스킬에 적합한 직업을 개발하고 발굴한다. 이 과정에서 STRIVE는 기업정보 등을 제공하여 빠른 시일 내에 입교생들이 원하는 기업을 발굴할 수 있도록 지원하고 있다. 졸업 후에도 법률 상담 및 교육을 지원하고 있다.

이미지 출처: The Process of Social Entrepreneurship : Creating Opportunities Worthy of Serious Pursuit

생각해 보기

01 STRIVE의 홈페이지를 방문하여 설립 배경과 제공되는 서비스가 무엇이 있는지 분석하여 토론해보자.

02 제시된 운영전략 모델을 통해 필요한 자원이 무엇인지 토론해보자.

② 자원전략(Resource Strategy)

운영모델을 설계할 때 활용 가능한 자원전략 없이는 계획을 수립할 수 없다. 전체 비즈니스 모델이 타당성을 확보하려면 현재 자원동원 능력의 정확한 측정이 있어야지만 효과적인 운영모델을 수립할 수 있기 때문에 자원동원능력과 운영모델은 완벽하게 들어맞아야 한다.

자원은 크게 3가지로 나눌 수 있다. 인적 자원과 물적 자원 그리고 재무적 자원이다. 인적 자원은 스킬, 지식, 열정, 명성, 사람과의 관계, 자격 등의 무형자원을 가지고 오기 때문에 가장 중요한 자원이다. 물적 자원은 해당 인력들이 무형자원을 만들어 내기 위한 사무실 공간에서부터 특허까지 모든 것을 말한다. 그리고 소셜벤처 창업가들에게 가장 고민거리인 재무적 자원이다. 재무적 자원은 소셜벤처 기업을 지속적으로 운영하기 위해서 필요한 자원으로써 후원금, 정부지원금 등이 해당된다. 소셜벤처 창업가는 자원전략을 수립하기 위해 가장 우선적으로 고려해야 하는 것은 자원 필수요건을 고민하는 것이다. 기본적인 필수요건이 수립되어야지만 부족한 자원은 파트너십, 동맹단체 모집, 기부단체 확보 등을 통해 확보할 수 있다.

(3) 운영 환경(Operating Environment)

운영 환경이 비록 비즈니스 모델과 사회적 파급이론을 고려한 아이디어에 의해서 영향을 받을 수 있지만 대부분의 소셜벤처 창업가들은 시장, 산업구조, 정치적 환경 그리고 문화 등의 중대한 가정을 해야 한다.

관련 시장은 이용고객뿐만 아니라 기부자, 자원 봉사자, 근로자, 성공적인 창업을 위해 참여해야 하는 모든 사람들을 고려해야 한다. 소셜벤처 창업가는 각각의 시장을 형성하는 그룹과 주주들에게 타당한 가치제안을 가지고 있어야 한다.

산업구조는 잠재적 협력자, 파트너, 실용적인 보완적 서비스, 잠재 대체재, 핵심 공급자뿐만 아니라 대체 공급자를 포함해 고려해야 한다.

정치적 환경은 공공지원과 저항적 요소 등의 여러 잠재적 자원과 특별한 규제사항을 고려해야 한다.

문화는 관련 있는 소집단 문화, 행동규범 등 뿐 만 아니라, 목표로 하는 운영 환경에 처해 있는 사람들의 지배적 가치를 고려해야 한다.

(4) 개인적 적합성(Personal Fit)

소셜벤처 창업가들은 가치 있는 창업기회가 될 수 있도록 그들의 아이디어를 개발해야 하기 때문에 현명하게 개인적 적합성을 고려해야한다. 아무리 매력적인 기회를 발견했더라도 소셜벤처 창업가 개인에게는 좋은 기회가 아닐 수 있다. 개인적 적합성을 고려할 때 3가지 측면을 고려해야 한다. 실행능력, 자격조건 그리고 처해져 있는 시기이다.

소셜벤처 창업가들은 창업 시 부족한 재원, 인력, 시간 등에 의해서 자신의 한계와 무수히 많은 싸움을 해야 한다. 이러한 상황에 처해져 있을 때 강한 실행력과 열정이 부족하면 더 이상 사업을 지속하기 어렵기 때문에 자신의 실행력과 사회적 영향력 목표를 달성하기 위한 강한 열정을 가지고 있는지, 냉정하게 평가해봐야 한다. 또한, 열악한 환경 속에서도 기업을 운영하기 위해서는 스킬, 전문성, 신용성 등과 같은 기본적인 조건들이 필요하다. 끝으로, 소셜벤처 창업가는 창업을 시작하기에 앞서 자신이 처해져 있는 상황에 대해서 고민해봐야 한다. 아무리 사회적 영향력이 큰 기회를 발견했더라도 자신의 인생설계에 있어서 도전할 만한 적절한 시기인지를 고려해야 한다. 또한, 자신의 경력과 가족들의 지지여부 등도 충분히 고려하여 창업을 시작해야 한다.

활동 하기

출발과 끝 탐험(From...to Exploration)

출발과 끝 탐험은 현재의 관습 기반 관점에서 트렌드를 반영한 새로운 관점으로 이동을 예측하는 방법이다. 진행방법은 다음과 같다.

– 1단계 : 핵심 측면을 나열한다.
논의하고 싶은 핵심 내용을 나열한다. 예를 들면, 교육혁신, 문화 소외, 먹거리 안전, 사이버 범죄 증가 등이 있다.

– 2단계 : 핵심 측면과 관련 있는 트렌드를 파악한다.
핵심 측면과 관련성이 높은 최신 트렌드 자료를 찾아 분석하여 기입한다.

– 3단계 : 관습에 기반한 현재의 관점을 나열한다.
측면에 대한 현재의 관점을 중심으로 기입한다. 예를 들면, 교육혁신이 핵심 측면이라 가정하면 현재는 국 · 영 · 수 중심의 교육이라고 할 수 있다.

– 4단계 : 트렌드에 기반한 새로운 관점을 찾는다.
최신 트렌드를 반영한 향후 변화 가능성을 예측하여 적어본다. 현장실습 중심의 활동과 게임 중심의 꿈과 끼를 찾기 위한 교육으로 변화될 수 있다.

– 5단계 : 혁신의 기회를 논의한다.
어떻게 하면 새로운 관점을 잠재력 있는 혁신으로 연결할 수 있을지에 대해 논의한다.

그럼 지금까지의 단계별 내용을 적용시켜 아래의 30개 주요 사회문제를 통해 새로운 창업기회를 발굴해 보자.

세부분류	30개 주요 사회문제
건강	만성질환, 희귀난치성 질환, 중독 및 우울장애, 퇴행성 뇌 · 신경 질환
환경	생활 폐기물, 실내 공기오염, 수질오염, 환경호르몬
문화여가	문화 소외, 문화 · 여가공간 미비
생활안전	성범죄, 먹거리 안전, 사이버 범죄, 가정 안전사고
재난재해	기상재해, 화학사고, 감염병, 방사능 오염
에너지	전력수급, 에너지 빈곤
주거교통	불량 · 노후 주택, 교통혼잡, 교통안전
가족	노인 소외, 자살, 가정폭력
교육	교육격차, 학교폭력
사회통합	의료격차, 정보격차, 취약계층, 생활불편

From,.to Exploration기법

측면	트렌드	From	→ To
측면	트렌드 ↓	지금은 어떤가	어떻게 될 수 있는가
예) 교육혁신	예) 자유학기제	국영수 중심 교육	꿈과 끼를 찾는 교육

학습 정리

◆ 소셜벤처 창업가의 창업활동 과정은 총 5단계로 구성되어 있다. 1단계 기회인식, 2단계 개념 개발, 3단계 자원의 결정과 확보, 4단계 출범 및 성장, 5단계 목표 성취이다.

◆ 소셜벤처의 창업기회 창출 과정은 크게 1단계 유망 아이디어 개발단계와 2단계 유망한 아이디어를 매력적인 기회로 개발하는 단계로 구분할 수 있다.

◆ 소셜벤처의 창업기회 창출 과정 1단계인 유망 아이디어 개발단계에는 개인적 경험, 사회적 니즈, 사회적 자산, 변화 등이 포함되어 유망 아이디어를 개발하는 동기 요인으로 작용한다.

◆ 유망 아이디어 개발단계에서 변화는 정치 · 제도적 변화, 경제적 요인, 사회 · 문화적 트렌드 변화, 기술적 진보를 잘 살펴야한다. 또한 최근 정부에서 보고하는 미래 이슈 보고서 및 주요 사회문제 관련 보고서를 주의 깊게 분석한다면 새로운 소셜벤처 창업기회가 될 수 있다.

◆ 2단계 유망한 아이디어를 매력적인 기회로 개발하는 단계에서는 사회적 영향력 이론, 비즈니스 모델, 운영 환경, 개인적 적합성이 중요한 요소이다.

◆ 특히 비즈니스 모델에서는 운영모델과 자원전략을 조화롭게 계획해야지만 경쟁력 있는 비즈니스 모델을 수립할 수 있다.

참고문헌

◆ 최태원(2014). "새로운 모색, 사회적 기업". 이야기가있는집.

◆ Ayse Guclu, J. Gregrory Dees, and Beth Battle Anderson, "The Process of Social Entrepreneurship: Creating Opporunities Worthy of Serious Pursuit, 2002.

◆ Stanford Graduate School of Business, "Identifying Venture Opportunities"

◆ Pontus Braunerhjelm and Ulrika Stuart Hamilton, "Social entrepreneurship", Swedish Entrepreneurship Forum.

◆ Arthur C. Brooks, "Social Entrepreneurship : A Modern Approach to Social Value Creation, 2007.

◆ Colleen Robb, "Social Ventures: The Development of the theory of sustainable contributive advantage and initial empirical tests", Abo Akademi University Press, 2012.

◆ Colette Herry, "Doing Well by Doing Good? Opportunity recognition and the social enterprise partnership.",

4장. 키워드 인덱스용

개인적 경험	사회적 니즈	변화	사회적 영향력 이론
비즈니스 모델	운영모델	자원전략	

"우리는 디자이너와 같이 생각하는 것에서 디자인 씽커로 생각하는 것으로 바뀌었다."

IDEO 공동 창업자, 데이비드 켈리(David Kelley)

05

창의적 **디자인 사고와** 창의적 **의사결정**

학습 목표

1. 창의적 디지인 사고의 정의를 이해한다.
2. 창의적 디자인 사고의 프로세스를 이해한다.
3. 창의적 디자인 사고별 기법을 설명할 수 있다.
4. 창의적인 의사결정 과정을 설명할 수 있다.
5. 창의적인 의사결정 과정의 기법을 설명할 수 있다.

시 작
하 기

손 떨림 방지 스마트 스푼 리프트웨어와 아쿠아덕트 자전거

손 떨림 방지 스마트 스푼 리프트웨어(liftware)
(http://www.theatlantic.com/technology/archive/2013/09/a-spoon-for-people-with-parkinsons/279984/)

손 떨림 방지 스마트 스푼

60대 이상 노인들에게 주로 발생하는 파킨슨병은 뇌의 활동에 이상이 생겨 손떨림, 근육경직 등 신체 활동에 불편을 주는 것으로 알려져 있다. 최근에는 발생 연령이 점차 낮아져 40~50대에서도 파킨슨병 발병 비율이 높아지고 있다.

국내 건강보험심사평가원에 따르면, 지난 3년간(2011년~2013년) 파킨슨병 환자수 조사 결과, 매년 9%씩 증가하여 2013년 기준 8만여명에 이른다고 하였다.

파킨슨병이나 유전성 떨림, 신경질환을 앓고 있는 사람들에게는 식사할 때 숟가락을 온전하게 들고 하루 세 번씩 식사하는 것은 매일 전쟁과도 같은 일상이다.

리프트웨어(liftware)는 떨림 방지 기술을 활용해 손 떨림을 76% 감소시켜 손 떨림 증세로 고생하고 있는 사람들이 식사를 원활하게 할 수 있도록 도움을 제공한다. 이제 손 떨림으로 고생하는 사람들은 다른 사람들에게 의존하지 않고 스스로 식사를 마칠 수 있어 결과적으로 식사의 자유를 얻을 수 있게 되었다. 아누팜 패탁(Anupam Pathak)은 아이디어를 파킨슨 병 관련 자료를 분석하면서 많은 사람들이 파킨슨 병 때문에 고통받고 있다는 것을 발견하였고, 그들의 고통을 덜어주기 위해 환자들을 관찰하여 식사 시 어려움을 파악하였고, 기본 아이디어를 가지고 프로토타입을 만들어 부족한 점을 보완하였다. 최초 이 기술을 기부를 통해 이런 기기가 필요한 사람들에게 전달하였다. 하지만 현재 리프트웨어를 개발한 리프트랩스는 구글에 인수되어 32만원에 판매되고 있다.

리프트웨어
소개 동영상

동영상 보기

리프트웨어는 손 떨림의 주파수를 파악하여 손을 떨 때 반대 방향으로 적절한 강도의 움직임을 주어 안정적으로 도구를 쓸 수 있도록 만들었다. 무선 충전 기능이 내장되어 있어 별도의 충전이 필요 없다.

생각해
보 기

01 | 손 떨림 방지 스마트 스폰 사례를 읽고 창의적 디자인 사고를 적용시키기 위해서 가장 우선적으로 살펴 봐야하는 것이 무엇인지 논의해보자.

아쿠아덕트 자전거

2008년 "혁신하거나 죽거나(Innovative or Die)"라는 주제로 국제환경발명품대회가 열렸다. 대회의 대상은 IDEO의 '아쿠아덕트'였다. 아쿠아덕트 자전거의 콘셉트는 다음과 같다. 세계적으로 물 부족 사태가 점점 심

각해지고 있다.

특히 아프리카의 경우 사회 기반 시설이 부족하여 물의 오염이 심하였고, 물을 길어오기 위해 보통 3마일(4.81km)을 걸어야 하는데 무거운 물통을 들고 가기가 힘들었다.

이러한 물 부족국가의 문제점을 해결하기 위해 자전거 페달을 밟을 때마다 동력을 얻어 자전거 간에 정착된 카본 필터기를 통해 물을 정수하는 정수기 역할을 하는 자전거를 만들었다. 아쿠아덕트를 사용하는 사람들은 더러운 물을 자전거에 싣고, 집으로 가져오는 동안 물이 정수가 되어 집에서 바로 정수된 물을 마실 수 있게 되었다. 더러운 하천의 물을 사용할 수 밖에 없는 빈민국 사람들에게 이 자전거 정수기는 꼭 필요한 물건으로 여겨지고 있다.

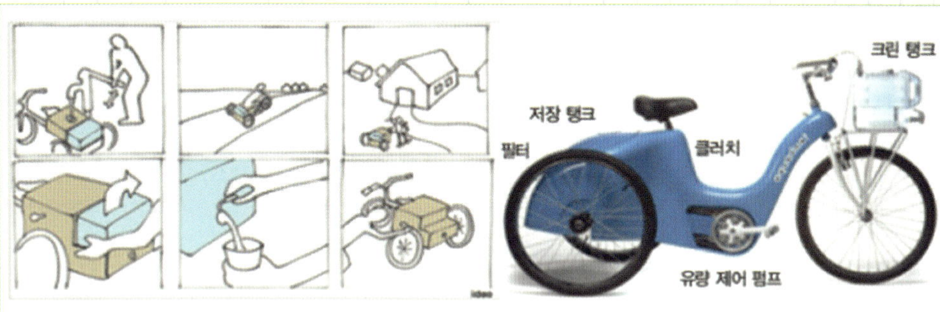

생각해 보기

01 상위의 두 사진을 통해 아프리카의 어떤 상황을 유추할 수 있는지 토론해보자.

02 아쿠아덕트 자전거 관련 동영상을 시청한 후, 추가적으로 발생할 수 있는 문제점이 없는지에 대해서 토론해보자.

5.1 창의적 디자인 사고의 정의와 프로세스

소셜벤처는 사회적 가치를 창출하는 것이 중요하다. 사회적 가치를 창출하기 위해서는 고객의 니즈(needs)가 무엇인지를 정확하게 파악하고 이를 해결하기 위해 창의적인 아이디어가 필요하다. 최근 고객의 니즈를 정확히 파악하고 해결방안을 체계적으로 개발하는 방법론이 화제가 되고 있다. 바로 창의적 디자인 사고(creative design thinking)이다. 본 장에서는 이러한 창의적 디자인 사고에 대한 정의와 프로세스의 자세한 내용을 살펴보도록 한다.

1) 창의성(Creativity)의 정의

창의성은 사전적 의미로 새로운 생각이나 개념을 찾아내거나 기존에 있던 생각이나 개념들을 새롭게 조합해 내는 것과 연관된 정신적이고 사회적인 과정이라고 정의하고 있다. 다시 말하면 새로운 것을 생성해 내는 사고를 창의력이라고 정의할 수 있다.

창의성에 대한 연구는 1950년대 심리학자인 길포드(Guilford)를 시작으로 본격화되었다. 길포드는 창의성을 사회와 문화에 가치를 부여할 수 있는 무언가를 만들거나 문제해결을 위해 아이디어를 창출하는 것과 더불어 그러한 능력을 기초로 하는 확산적 사고라고 정의하였다. 시대를 거쳐 다양한 관점에서 창의성 정의에 대한 연구가 지속되었으나 2003년 마이클 뭄포드(Michael Mumford)가의 창의성에 대한 과학적 연구를 요약하면서 최근 10년간의 논의를 통해 창의성이 소설을 창작하고 쓸모 있는 제품을 만드는 것을 포함하는 개념이라는 일반적인 일치에 도달한 것으로 보고 있다고 주장하였다. 이러한 견해를 종합해 봤을 때 창의성은 실현가능한 아이디어, 제품 또는 서비스 등을 새롭게 창출해내는 것이라고 정의내릴 수 있겠다.

표 5-1 창의성의 정의

연구자	창의성의 핵심적 특성
길포드(Guilford, 1959)	문제를 해결하기 위해 적절한 아이디어를 창출하는 확산적 사고
오스본(Osborn, 1963)	일상생활에서 발생하는 문제점을 새롭고 독특한 방법으로 해결하기 위하여 새롭고 독특한 관점으로 해결해 나가는 능력
토랜스(Torrance, 1966)	당면한 문제를 해결하기 위하여 새롭고 독특한 관점으로 해결해 나가는 능력
갈라퍼(Gallagher, 1985)	새로운 아이디어나 산물을 창출하거나 기존 아이디어나 산물을 독창적으로 재생산해 내는 과정

출처 : 창조경제연구원, 문화 콘텐츠를 활용한 창조성 교육, 2011

2) 창의적 디자인 사고의 정의

흔히 디자인적 사고를 디자이너들만의 사고방식으로 인식하고 있으나, 디자인적 사고는 사물을 바라볼 때 다른 시각으로 접근하는 개념을 가지고 있다. 창의성이라는 것도 남들과는 다른 방식 속에서 새로운 아이디어가 생성되기 때문에 서로의 접근 방법이 유사성을 가지고 있다.

최근 전 세계적으로 산업의 구조가 제조업에서 서비스업 중심으로 새롭게 개편되고 있다. 서비스업의 발전은 창의적 아이디어를 통해 만든 제품 또는 서비스라고 판단하여 시장에 진입했으나 결실을 보지 못하고 조용히 사라지는 제품들이 많아지면서 고객 친화적인 서비스 개선 및 혁신의 필요성이 전 산업에 요구되면서부터 시작됐다. 이로 인해서 서비스 디자인(service design)과 창의적인 디자인 사고(creative design thinking)와 같은 다양한 방법들을 연구하는 움직임이 나타나기 시작했다. 다양한 형태의 용어들이 생겨나고 있지만 내포하고 있는 핵심적인 의미는 고객 중심의 제품 또는 서비스의 창출이다.

전 세계적으로 유명한 디자인 전략 컨설팅 회사인 아이데오(IDEO)의 팀 브라운(Tim Brown)은 "디자인적 사고는 고객들이 가치 있게 평가하고 시장의 기회를 이용할 수 있으며 기술적으로 가능한 비즈니스 전략에 대한 요구를 충족시키기 위하여 디자이너의 감수성과 작업방식을 이용하는 사고방식이다"라고 정의하였다. 아이데오에서는 구체적인 디자인 사고 방법들을 통해서 고객과 함께 직접 혁신적인 아이디어를 만들고 있다.

그림 5-1 고객 중심 디자인의 세 가지 관점

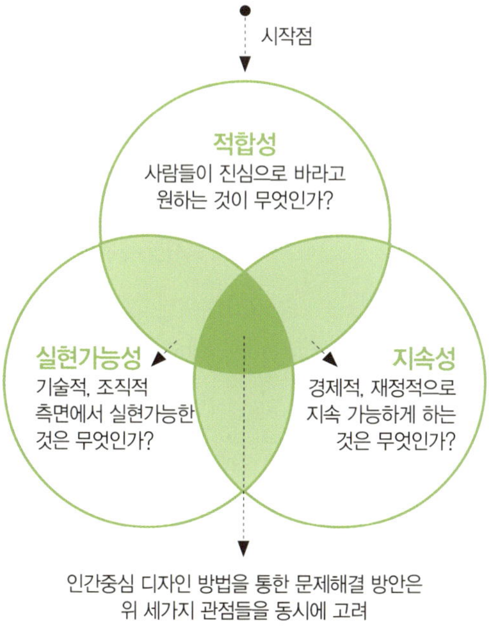

출처 : 크리에이티브 커먼즈, HCD 인간중심 디자인 툴킷

3) 창의적 디자인 사고의 프로세스

일반적으로 창의적 디자인 사고 프로세스를 통해 문제를 혁신적으로 해결하기 위한 과정은 5가지 단계로 이뤄진다. 이는 세계적인 디자인 컨설팅 회사인 IDEO의 방법론으로 잘 알려져 있다.

- ◆ 1단계: 공감(Empathy): 문제, 사람, 상황에 대한 인식 및 공감
- ◆ 2단계: 정의(Define): 정확한 해결 방법에 대한 정의
- ◆ 3단계: 상상(Ideate): 모든 가능한 것을 상상
- ◆ 4단계: 시제품(Prototype): 가장 좋은 개선책으로 시제품 모델 제시 및 제작
- ◆ 5단계: 시험(Test): 만들어진 시제품 모델을 공감 단계에서의 목적에 맞게 시험

그림 5-2 창의적 디자인 사고 프로세스

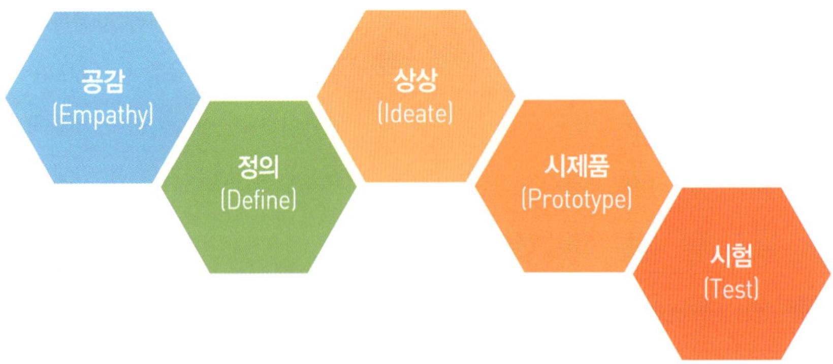

출처 : http://dschool.stanford.edu

(1) 1단계 : 공감

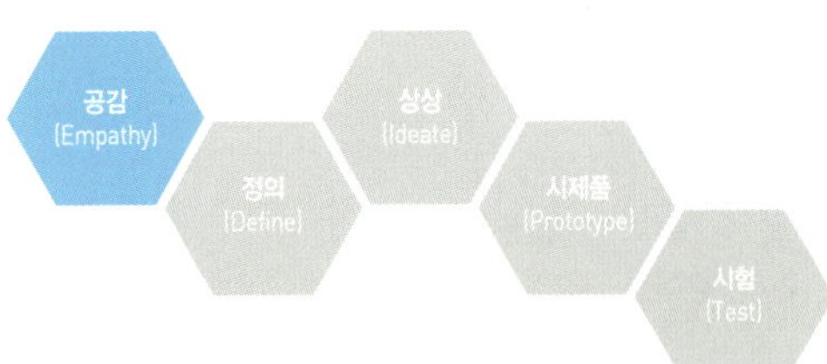

사용자들이 느끼는 불편을 공감하는 단계로 시장, 고객, 기술, 문제에 얽힌 제약을 이해하는 것이 중요하다. 또한 프로젝트와 관련한 난관을 만났을 때, 현실을 제대로 인식하는 것이 무엇보다 중요하다. 공감하기의 관련 예를 들면 다음과 같다.

캘리포니아의 중·고등학교 학생들이 점심시간에 야채를 먹지 않는다는 문제가 있어 스탠포드 학생들이 이 문제를 해결하기 위해서 학생들을 관찰하고 생활하면서 공감대를 형성하였다. 결국 스탠포드 팀들은 점심시간이 단순히 음식을 먹기 위한 것이 아니라 다른 친구들과 교류하

는 시간이라는 것을 발견했다. 따라서 야채를 맛있게 요리한다거나 메뉴를 바꾸것을 포기하고 학생들이 야채를 먹으면서 교류할 수 있는 방법이 효과적이라는 인사이트를 얻었다. 결국 점심 시간에 같은 테이블에 앉은 학생들끼리 경쟁하는 놀이를 도입했고, 놀이가 끝난 후 첫 번째 음식으로 야채가 제공되자 학생들이 경쟁적으로 야채를 먹게 되었다.

그림 5-3 공감단계 인사이트 도출 방법

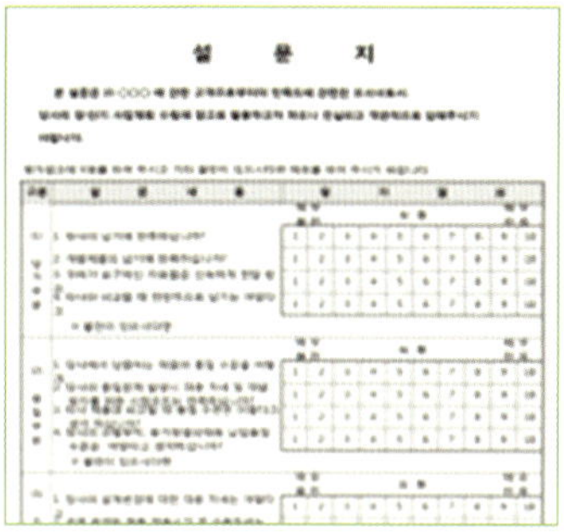

〈정량적 방법 : 설문지〉

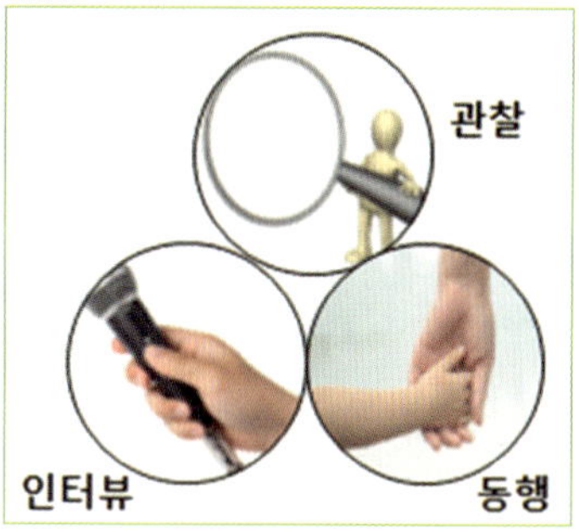

〈정성적 방법〉

이 과정에서는 대상자들의 진정한 문제를 공감하는 것이 중요하기 때문에 다양한 방법으로 조사를 실시할 수 있다. 일반적으로 많은 연구자들은 통계적 접근법을 사용하여 설문문항을 설계하고 표적집단을 대상으로 설문하고 답변을 수집한다. 하지만 이런 정량적 방법론은 설문문항을 설계할 때부터 질문자의 의도가 반영이 되기 때문에 현장에서의 새로움을 발견하기 어렵다. 이러한 이유로 공감단계에서는 정성적 조사방법론이 많이 쓰인다.

대표적인 방법론으로 관찰, 동행, 인터뷰 등이 있다. 각각 어떻게 활용하는지를 알아보도록 하자.

① 관찰(Observation)

관찰은 질문과 답변 형태의 인터뷰에서 발견할 수 없는 중요한 단서들을 찾아낼 수 있는 방법이다. 목표 대상이 어떤 상황에서 어떻게 행동과 반응을 보이는지를 파악한다. 또한, 말로 표현했거나 설명한 자신의 행동이 실제 현장에서 제대로 나타나는지를 살펴보거나, 당사자가 의식하지 못한 사소한 외부 요인이 행동 유발에 영향을 줄 수 있음을 관찰을 통해서 발견할 수 있다.

관찰의 방법

목표 대상의 일상생활을 관찰하기 위해서는 해당 상황에서 주제와 관련된 사람들, 그들의 행동, 주변 환경, 상호간의 관계, 도구 등 다각도에서의 관찰이 요구된다. 이러한 접근 방법을 A/E/I/O/U로 정리할 수 있다.

그림 5-4 AEIOU 관찰 방법

A	**Activities (행동)** 예) 마트에서 상품 선택 시 소비자 행동(상품 비교, 정보 문의, 쿠폰 활용, 몸동작, 표정 등) 마트 직원의 행동(추천, 상품소개, 안내 등)
E	**Environments (환경)** 예) 마트에서 상품 선택 시 소비자 행동에 영향을 주는 요소들(상품 진열, 광고, 점원 동선 등) 결제 환경, 매장 환경(결제 수단, 장소, 방법, 주변 환경, 결제 불편 환경 등)
I	**Interactions (상호작용)** 예) 소비자와 마트 점원과의 Interaction(대화, 안내, 추천, 혜택제공, 쿠폰 배포 등) 소비자와 타 소비자간 Interaction(대화, 안내, 추천, 눈치보기 등)
O	**Objects (도구)** 예) 소비자가 마트에 진입 전/중/후/ 소지하거나 특정 목적 달성을 위해 사용하는 물건, 마트에 제공하거나 비치하는 물건, 고유의 목적 외의 용도로 활용되는 물건
U	**Users (사용자)** 예) 마트 방문 소비자층과 직원들의 특성, 행동특성, 단독/그룹 방문 행태 특성 등

관찰할 때에는 관찰 대상자가 조사자를 의식함으로 인해 행동에 방해 받지 않도록 유의해야 한다. 관찰 과정에서는 메모와 많은 사진을 확보하여 분석 자료로 활용하여야 한다. 또한 관찰 수행 과정에서 대상자의 특이한 행동이 발견되었을 경우에는 관찰 종료 후 간단히 인터뷰를 수행할 수 있다.

그림 5-5 현장노트 및 현장 사진 예

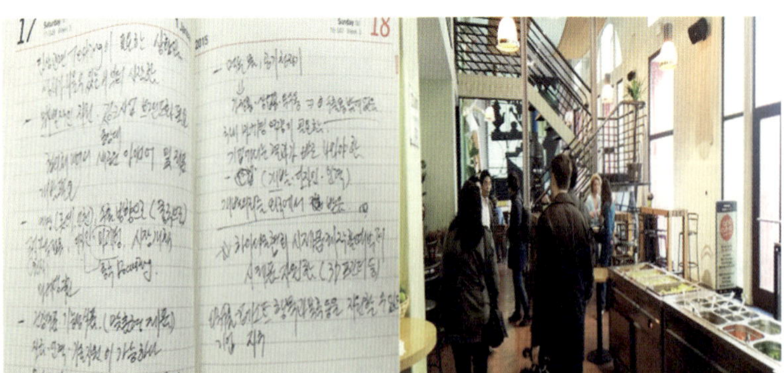

관찰의 진행 가이드

관찰을 할 때에는 단순히 눈으로 확인할 수 있는 내용을 보는 것이 아니라 다음과 같은 체크 포인트를 항상 상기하며 유심히 관찰해야 한다.

◆ 대상자의 행동을 발생시키는 원인은 무엇인가?
◆ 대상자가 원래 용도와 다르게 사용하는 도구나 물건이 있는가?
◆ 말이 아닌 행동, 표정, 소리로 표현하거나 반응하는 것이 있는가?
◆ 대상자가 주변의 타인과 관계에서 문제나 갈등이 되는 요소가 있는가?
◆ 당연하게 예상한 대상자 반응이 다른 형태로 나타나는 것이 있는가?

---

② 심층 인터뷰(In-depth Interview)

조사 대상자를 만나 1대 1로 진행하는 인터뷰 방식이다. 개방형 질문(open-ended question)으로 인터뷰 대상의 이야기 전개 방식을 최대한 따라 진행한다. 인터뷰 대상자의 마음 속 깊숙이 있는 채워지지 않는 욕구와 불만 등을 이끌어 내기 위해서 인터뷰 대상자가 편안하게 이야기할 수 있는 분위기를 조성하는 것이 중요하다.

참여자 및 역할

조사 대상자와 1대 1로 진행하지만 인터뷰 종료 후 내용을 분석하여 인사이트를 도출하기 위해서 인터뷰 진행자 외에 기록자와 비디오 촬영자가 함께 하는 것이 바람직하다.

◆ 진행자: 인터뷰 전체 진행 및 질문
◆ 기록자: 인터뷰 내용을 기록하고 녹음
◆ 비디오 촬영자: 인터뷰를 카메라나 캠코더로 촬영

진행 방법

진행자는 인터뷰 질문지를 참고로 하여 자유롭게 질문하면서 심층적인 답변을 유도한다. 일정한 형식에 얽매이기보다는 대상자의 이야기 흐름에 맞춰 자연스럽게 정보를 얻어내도록 한다. 또한 답변에 따라 추가 질문이나 이유 등을 물어서 충분한 응답내용이 도출될 수 있도록 한다.

표 5-2 인터뷰 진행 시 주의사항

- 인터뷰 진행자가 너무 말을 많이 하지 말 것(인터뷰의 10% 질문, 90% 듣기)
- 예/아니오 형태의 단답형 답변보다는 고객의 경험을 이야기 해달라고 할 것
- 답변들에 대해서는 가급적 왜(Why?) 그렇게 생각하는지를 반드시 물어볼 것
- 질문에 대한 답이 바로 나오지 않더라도 잠시 기다려서 생각할 여유를 줄 것
- 주제에 대해 잘 아는 체하거나 인터뷰 대상자를 가르치려 하지 말 것
- 예상하지 못한 답변이라도 새로운 눈과 귀로 받아들일 것

③ 동행 관찰(Shadowing)

조사 대상자를 그림자처럼 따라다니면서 이동경로와 행동을 관찰하고 그 이유와 목적 등을 파악하는 관찰 조사방법이다. 조사 대상자가 최대한 평사 시 처럼 자연스럽게 행동하도록 유도하여 이를 관찰하는 것이 매우 중요하다.

참여자 및 역할

동행 관찰 종료 후 내용을 분석하여 인사이트를 도출하기 위해서 인터뷰 진행자 외에 기록자와 비디오 촬영자가 함께 하는 것이 바람직하다.

- ◆ 진행자: 조사 전체 진행 및 인터뷰 진행 시 질문
- ◆ 기록자: 인터뷰 진행시 내용 기록 및 녹음
- ◆ 비디오 촬영자: 조사 내용 및 인터뷰 진행시 카메라나 캠코더로 촬영

진행 방법

동행 관찰 진행 시 현장에서 질문이 잦을 경우 대상자의 자연스러운 행동에 영향을 미치므로, 질문이 많을 경우에는 중간에 메모하고 동행 관찰이 종료된 후에 확인하는 것이 바람직한다.

표 5-3 동행 관찰 진행 시 주의사항

- 동행 관찰 진행 시 현장에서 질문이 잦을 경우에는 사용자의 자연스러운 행동에 영향을 미치므로, 질문이 많을 경우에는 중간에 메모해두었다가 동행 관찰이 종료된 후 확인할 것
- 사용자가 관찰 당하고 있다고 느끼면 평상시와 달리 의식적인 행동을 하게 될 수 있으니 최대한 사용자가 자연스러운 행동을 할 수 있도록 할 것

(2) 2단계 : 정의

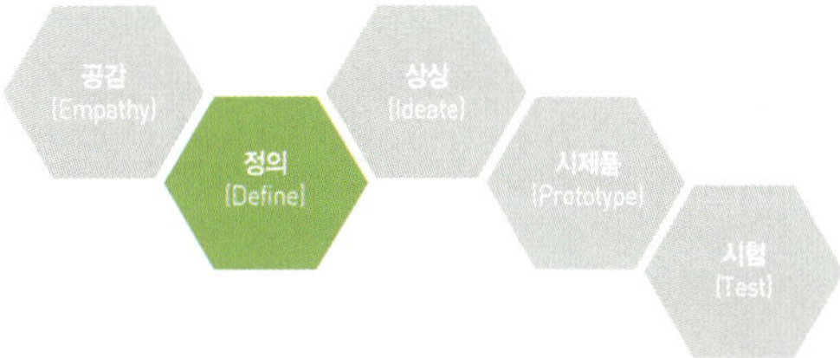

전 단계에서 심층적으로 대상자를 관찰하거나 인터뷰하여 그 내용들을 토대로 대상자가 진정으로 원하는 것이 무엇인지 밝혀내는 것이 2단계인 정의하기이다. 이 단계에서는 대상자를 통해 수집한 Fact 혹은 Issue로부터 대상자의 니즈를 파악하는 것이 핵심이다. 하지만 취합된 내용의 분석을 통하여 금방 파악할 수 있을 것 같지만 막상 정의하는 것은 쉽지 않다. 그 이유는 대상자의 일상에서 자연스럽게 수행하는 행동이나 경험을 이야기했지만, 우리는 그 안에서 대상자가 진정으로 원하고 있으나 채워지지 않은 욕구를 찾아내야 하는 것이다.

인터뷰에서 답변은 그들의 행동과 반드시 일치하게 표현하지는 않는 까닭이다. 사실 대상자 본인도 자신이 그것을 원하고 있거나 그로 인해 불편해한다는 사실 자체를 모르는 경우가 있다. 따라서 이 분석 단계에서 대상자의 이야기나 행동으로부터 진짜 그들이 원하는 것이 무엇인지, 그리고 그것을 해결해주었을 때 그들이 진짜로 선택하여 사용할 그 욕구를 제대로 찾아야 한다.

일반적으로 대상자의 욕구를 명확하게 확인이 가능한 욕구를 명시적/표면적 욕구라 하고, 대상자도 인지하지 못하지만 무의식적으로 해결되기를 원하는 욕구를 잠재적/심층적 욕구라고 하며, 이 욕구를 해결한다면 사용자는 무한한 감동을 느끼게 된다.

그림 5-6 대상자 니즈(Needs)의 분류

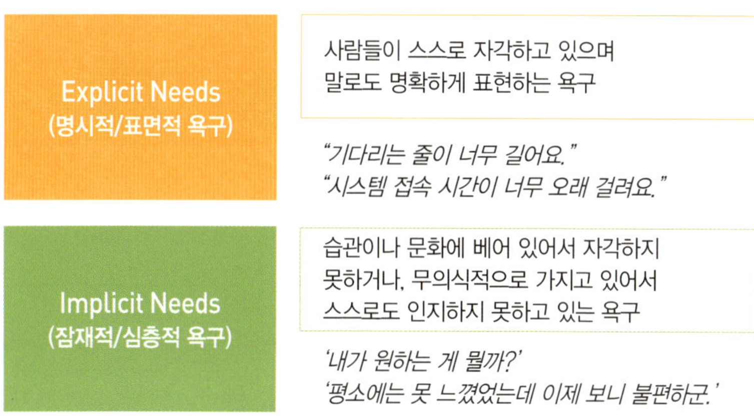

결국 문제는 대상자의 욕구를 파악하는 것이다. Stanford d.school에서는 고객관점(POV:Point of View)이라는 방법을 활용하여 대상 고객의 미충족 욕구를 밝혀낸다.

그림 5-7 대상자 니즈(Needs)의 분류

POV(Point Of View) = 대상 고객(User)+니즈(Need)+인사이트(Insight)

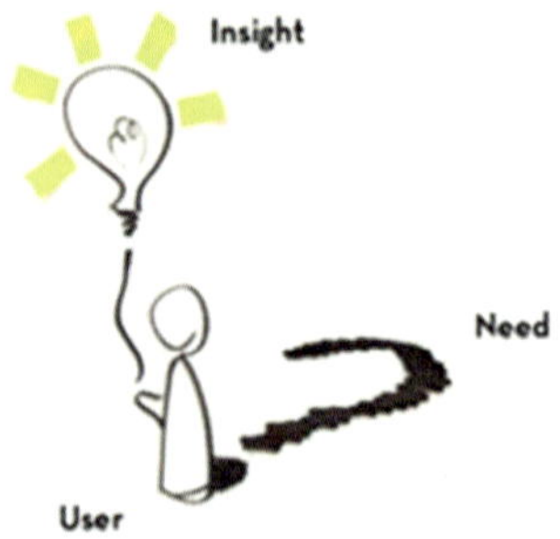

출처 : Stanford d.school의 Bootcamp Bootleg.

쉽게 표현하면 POV는 누가 어떤 니즈를 어떠한 이유로 필요로 한다는 것으로 표현할 수 있다. 그럼 대상자의 니즈를 어떻게 파악하는지를 살펴보도록 하자.

① 니즈 분석

니즈 분석에서는 관찰과 인터뷰에서 수집한 Fact로부터 대상자의 니즈를 찾는 과정이다. 이 과정에서는 대상자의 말이나 행동에 중요한 의미와 의도를 지낼 수 있기 때문에 Fact들을 면밀히 살펴보는 것이 필요하다. 때론 Fact들은 개별적으로 의미를 지니면서 다른 Fact들과 연결되어 또 다른 의미와 목적을 가질 수 있기 때문에 개별적 의미와 그룹별 Fact의 의미를 반복적으로 해보도록 한다. 다음으로는 대상자의 행동이나 말의 원인이 무엇인지에 대해 "왜 이런 행동을 했을까?, 왜 이런 말을 했을까?"라는 것을 생각해보고 여러 Fact들을 기반으로 해석하는 작업이 필요하다.

진행 방법

진행 방법은 니즈 분석을 위한 태도를 잘 갖추고, 다음에 제시되는 방법을 참고하여 수행해보자.

사용자 조사 과정에서 보고 들은 내용을 포스트잇이나 흰 종이에 작성하여 모든 팀원들이 알아볼 수 있도록 한다.

- ◆ 재미있고 인상 깊었던 사실 적기
- ◆ 한 장에 한 메시지 적기
- ◆ Who/What/When/Where/Why/How 등을 적기
- ◆ 가능한 상세하고 시각적으로 설명하기

조사 과정에 촬영한 사진 중 Fact 이해에 도움이 되는 사진도 출력하여 함께 붙여 놓는다.

◆ 대상자의 행동, 주변 환경들 속에 오히려 생각하지 못했던 중요한 인사이트가 숨어있는 경우가 많다.

팀원간 충분한 토론을 통해 사용자로부터 찾아낸 Fact를 공유하고 사용자 욕구를 분석한다.

◆ 사용자의 희망사항, 불편/불만사항을 유심히 살펴본다.
◆ 사용자가 한 말과 사진 속의 행동이 다른 경우가 있는지 살펴본다.
◆ 인사이트 있는 내용이 도출되면 별도의 포스트잇에 작성하여 붙인다.
◆ 인사이트에 담겨있는 사용자 욕구를 다른 색깔의 포스트잇에 작성하여 붙인다.

찾아낸 사용자 욕구를 유형이나 특성에 따라 무리 짓는다. (= Clustering)

Clustering한 사용자 욕구들을 새로운 대표 욕구로 이름을 적어 붙인다.

Clustering하여 도출된 사용자 욕구들을 활용하여 패턴이나 특징을 분석한다.

그림 5-8 Fact에서 대표 니즈분석하기

〈Fact 붙이기〉 〈Fact에서 대상자 Needs 찾기〉 〈대상자 Needs에서 대표 Needs 찾기〉

② 인사이트 도출

대상자의 조사를 진행하면서 대상자의 행동과 이야기들에 집중하다 보면 자칫 종합적인 관점에서의 사고를 가질 수 없게 된다. 분석을 통해 도출된 대상자의 니즈들을 한발짝 물러서서 바라보면 전체의 큰 그림에서 주는 메시지와 의미를 새롭게 발견할 수 있다. 한 단계 높은 차원의 인사이트가 정리될 수 있고, 미처 고려하지 못했거나 지나쳤던 부분이 새롭게 발견될 수 있다.

페르소나 기법(Persona)

대상자의 유형을 이해하기 위해서 일반적으로 사용하는 방법은 페르소나 기법이다. 페르소나는 대상자를 보다 면밀하게 분석하기 위해서 대상자들의 제품 및 서비스 이용행태와 상품에 대한 니즈에 주목하여, 이를 서술하고 정의하는 것을 말한다. 페르소나 기법을 활용하려면 기초조사가 선행되어야 하며, 인터뷰나 관찰을 통해서 인류학적 정보인 대상자의 나이, 성별 수입수준, 직업, 거주지 정보 등을 파악한다. 또한 심리학적 정보도 파악하는 것이 중요하다. 대상자의 구매 결정에 영향을 미치는 의견, 중요시 하는 가치, 관심사 등이 될 수 있다.

그림 5-9 페르소나 기법의 체크포인트와 예시

인구통계학적 분석
- 나이
- 성별
- 학력
- 수입
- 가족 관계

개인 목표
- 직업 혹은 취미
- 여가생활 등

취업 정보 또는 학문적 지식
- 경력 및 직위 등
- 지적 수준

태도와 요구사항
- 성격
- 불편함 등

목표와 할 일
- 무엇을
- 어디에서
- 누구와
- 언제 그리고 왜

동기
- 영향을 끼치는 사람 혹은 조언자

Persona profiling

Persona name

이름 : P군(익명 요청, 익명 요청에 따라 사진 촬영을 하지 않았음)
나이 : 1991년생(만 23세)
직업 : 대학생(휴학중)
가족관계 : 외동
거주지 : 흑석동(흑석역 주변 자취)
소득수준 : 월 50만원(용돈)
교육수준 : 대학교 3학년 휴학

General life style

자유분방하고 규칙에 얽매이지 않으며 다양한 사고방식을 가지고 있음
흑석동, 흑석역 주변에서 자취를 하며 주중/주말 모두 OO대 주변에서 생활
자신의 행복을 우선시함
가성비보다는 비싸더라도 좋은 제품 선호
타인과의 관계를 중요시하나 고시생 특성상 최근에는 모임 등의 참가를 자제

Life style in cafe

거의 매일 커피를 구입하기 위해 카페를 방문(Take Out) 일주일에 2~3회 이상 카페를 공부 목적으로 방문
카페 이용 시 가장 중요한 것은 집중도 여부(분위기) 그 외 커피의 맛 역시 중요시함
평균방문시간은 Take Out 시에는 오전 10시 경이며, 매장에서 앉아 공부를 할때는 오후4시 인 경우가 대다수

Persona name

카페 관련 제품으로는 텀블러를 가지고 있으나 특별히 자주 가지고 다니지는 않음(보통 집에서 사용)

소음에 대비하기 위한 이어폰을 보유하고 있으나 고가(10만원 이상)의 이어폰을 구입할 의향은 없음

공감지도(Empathy Map)

인사이트를 도출하기 위한 브레인스토밍 도구이며, 대상자의 말이나 행동 패턴을 적는다. 이 도구를 통해 대상자의 환경, 행동, 관심사, 열망 등을 깊이 이해할 수 있어 대상자를 파악하여 대상자에게 줄 수 있는 가치를 설계할 수 있다.

그림 5-10 공감지도 작성 예

고객여정 지도(Customer Journey Map)

대상자가 서비스를 경험하게 되는 과정을 정의하고, 그 과정에서 생기는 대상자의 체험을 시각화하기 위해 사용되는 방법이다. 대상자가 서비스와 처음 만나는 초기 접점에서부터 서비스가 끝나는 순간까지 서비스를 이용하는 과정을 그림이나 사진, 도표 등으로 나타내어 시각화한다. 대상자가 어떻게 서비스를 받아들이고 이용하는지에 대해서 순차적으로 배열하고 있기 때문에 대상자 관점에서의 경험에 큰 영향을 미치는 요인에 대한 수준 높은 이해를 제공하기 때문에 대상자 경험에서 이슈를 도출하고 문제점을 파악하여 전체 서비스의 장단점을 파악할 수 있다.

고객여정 지도는 무형의 서비스를 흐름에 따라 정밀하게 분석하기 때문에 체계적인 접근방법에 의한 실행과정이 필요하며, 고객여정 지도의 프로세스는 다음과 같다.

그림 5-11 고객여정 지도의 프로세스

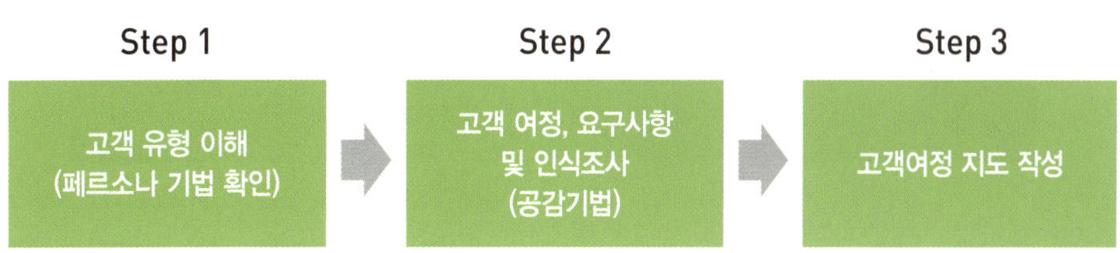

고객여정 지도의 프로세스는 1단계 페르소나 기법을 통해 대상자 유형을 이해하고 2단계에서는 대상자의 행동, 관심사, 열망 등을 파악하여 3단계에서 대상자가 서비스를 이용할 때 어떻게 느끼는지에 대해서 파악하여 이슈를 도출한다.

고객여정 지도 작성은 1단계와 2단계의 정보를 근거로 상단에는 대상자가 경험하게 되는 각 장소나 서비스를 중심으로 왼쪽부터 시간 순으로 흘러가도록 표현하고 하단부분에는 대상이 경험하는 서비스의 감정 상태를 감정곡선으로 표현하다. 감정의 고저 변화에 따라 대상자의 불편한 점과 좋은 점 등을 판단하고 개선 포인트를 찾는다.

그림 5-12 고객여정 지도의 작성 예

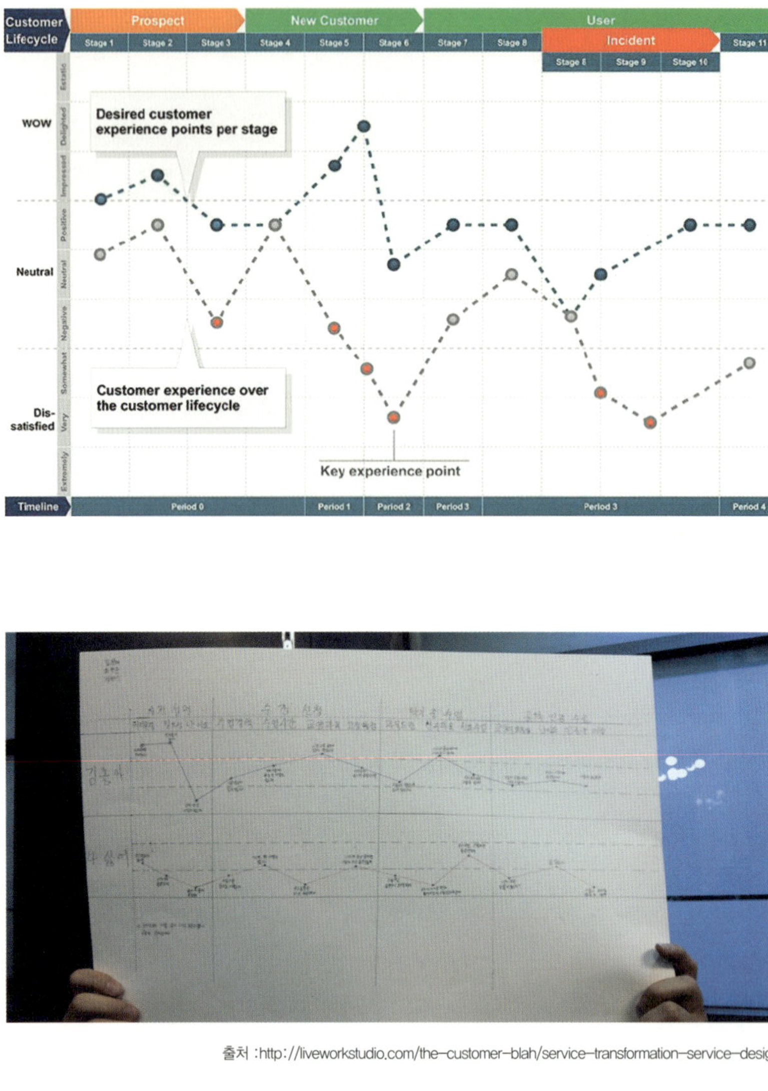

출처 :http://liveworkstudio.com/the-customer-blah/service-transformation-service-design-on-steroids/

(3) 3단계 : 상상

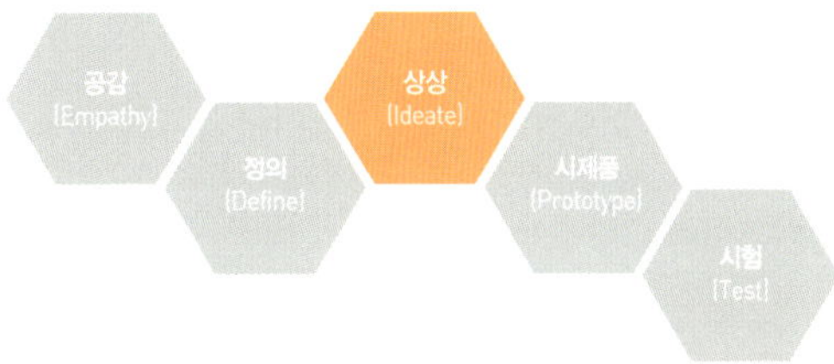

지금까지 도출한 인사이트 기반의 대상자 욕구를 해결하기 위해 다양하고 창의적인 아이디어를 만들어내는 단계이다. 형식에 얽매이지 않고 자유롭고 창의성을 높여줄 수 있는 환경을 만들어 다양한 아이디어가 도출될 수 있도록 하는 것이 중요하다.

① 아이디어 발굴 절차

적절한 방법론을 활용하여 최대한 많은 아이디어를 효과적으로 발굴할 수 있는 절차에 대해서 알아보도록 하자.

그림 5-13 아이디어 발굴 절차

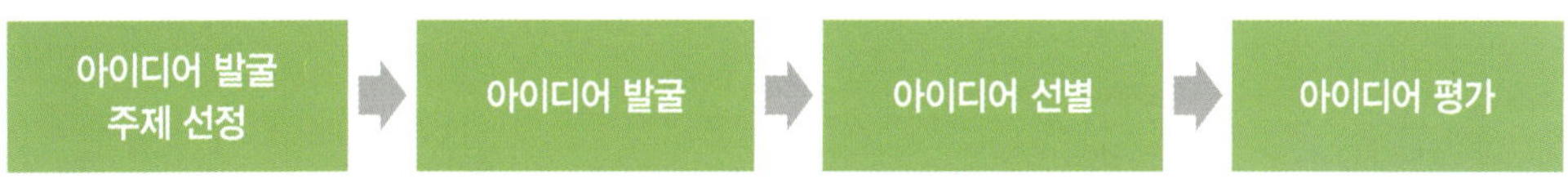

1단계는 아이디어 발굴 주제 선정단계로 대상자가 진정으로 원하며, 해결해주었을 때 큰 가치를 누낄 수 있는 주제를 선정한다. 지금까지 도출한 대상자의 핵심적인 니즈를 아이디어 발굴의 주제로 선정하면 된다. 이때 주제는 너무 광범위하거나 지나치게 추상적이지 않도록 해야 한다.

2단계는 아이디어 발굴단계로 아이디어에 대한 다른 사람들의 의견이나 추가 아이디어를 포스트잇에 적어서 함께 붙이면서 다양한 아이디어가 제시되도록 한다.

3단계는 아이디어 선별 단계로 발굴된 아이디어간 연결성, 유사성 등을 검토하여 분류하고 그룹핑한다.

4단계는 아이디어 평가단계로 생성된 아이디어 그룹핑에 대해 대상자 욕구의 강도 등 평가기준에 따라 최종적으로 적합한 아이디어를 선정한다.

② 아이디어 발굴 기법

아이디어를 발굴하기 위한 다양한 기법들이 있다. 이중에서 쉽게 활용되는 몇 가지 기법들에 대해 알아보고 실제 적용해보자.

스캠퍼 기법(SCAMPER)

스캠퍼 기법은 미리 문제 해결을 위한 7가지의 구분 항목(S.C.A.M.P.E.R)과 질문을 정해놓고 그에 따라 다각적인 사고를 해 봄으로써 새로운 아이디어를 창출해내는 기법을 말한다. 간단한 문제에 적용하기는 쉬우나 복잡한 문제를 해결하는 데에는 구조적이지 못하다. 스캠퍼의 7가지 구분 항목과 핵심 질문은 다음과 같다.

표 5-4 스캠퍼의 7가지 구분 항목과 핵심 질문

구분 항목	내용	핵심 질문
Substitute (대체하기)	무엇인가 대체할 것을 찾다 보면 새로운 아이디어를 얻을 수 있다.	㉠을 ㉡으로 대체해보면 어떨까?
Combine (결합하기)	무엇인가를 결합해보면 특이하고 새로운 것을 만들어 낼 수 있다.	㉠과 ㉡을 결합해보면 어떨까?
Adapt (적용하기)	무엇인가를 기존의 것이 아닌 새로운 것에 적용해본다.	㉠을 ㉡에만 적용하는 것이 아니라 ㉢에도 적용시켜보면 어떨까?
Modify (변경하기)	무엇인가에 변화(확대 및 축소 등)를 주어 새로운 것을 만든다.	㉠에 ㉡의 변화를 주면 어떨까?
Put to other uses (다르게 활용하기)	무엇인가를 전혀 다른 용도로 사용하며 새로운 아이디어가 된다.	㉠을 ㉡의 용도만이 아니라 ㉢의 용도로도 사용해보면 어떨까?
Eliminate (제거하기)	무엇인가 기존의 것에서 일부분을 제거하면 새로운 것이 된다.	㉠을 구성하는 ㉡,㉢,㉣ 중 무엇인가를 제거해보면 어떨까?
Rearrange (재배열하기)	무엇인가를 지금과 순서를 달리해보면 새로운 것이 된다.	㉠㉡ 순서를 ㉡㉠으로 바꾸면 어떨까?

브레인라이팅(Brainwriting)

소극적인 참가자의 경우 브레인스토밍 기법을 활용할 시 아이디어 발표에 부담을 느껴 적극적인 참가자 중심으로 회의가 흘러갈 수 있다는 단점을 보완하기 위해서 말을 하지 않고, 브레인라이팅 기록지에 해결할 주제에 대한 자신의 아이디어를 각자 기록하여 다른 참가들과 교환하여 검토해봄으로써 새로운 아이디어를 창출해내는 기법이다.

브레인라이팅의 진행절차는 아래와 같다.

표 5-5 브레인라이팅의 진행 절차

순 서	진행 절차
1	– 인원수 및 자리 배치 등을 고려하여 적절하게 집단을 구성한다.
2	– 집단의 구성원들에게 각각 브레인라이팅 기록지를 한 장씩 배부한다.
3	– 해결 주제를 참고하여, 각자 개별 주제를 정해 적도록 한다. – 주제를 생각할 5분 정도의 시간을 갖는다.
4	– 첫 줄(아이디어 순서 1)에 자신의 아이디어를 3개 정도 적는다. – 아이디어를 생각할 5분 정도의 시간을 갖는다.
5	– 자신의 브레인라이팅 기록지를 옆사람에게 전달한다.
6	– 전달받은 기록지상에 적힌 기존의 아이디어를 참고하여 다음 줄(아이디어 순서 2)에 자신의 아이디어를 3개 정도 적는다. – 아이디어를 생각할 5분 정도의 시간을 갖는다.
7	– 참가자 기록지가 모두 돌아갈 때까지 5,6번 과정을 반복한다.

표 5-6 브레인라이팅의 기록지 예시

Brainwriting

해결 주제 : 획기적인 스마트폰 개발을 위한 해결책을 제시하시오.
개별 주제 : 빨리 소모되는 휴대폰 배터리 문제를 해결할 방법은?

아이디어 순서	아이디어 A	아이디어 B	아이디어 C
1	태양열로 충전	운동에너지로 충전	휘발유로 충전
2	전봇대에 충전시설설치	구입시 여러개의 배터리 증정	입김으로 충전되는 배터리 개발
3	–	–	–
4	–	–	–
5	–	–	–

(4) 4단계 : 시제품

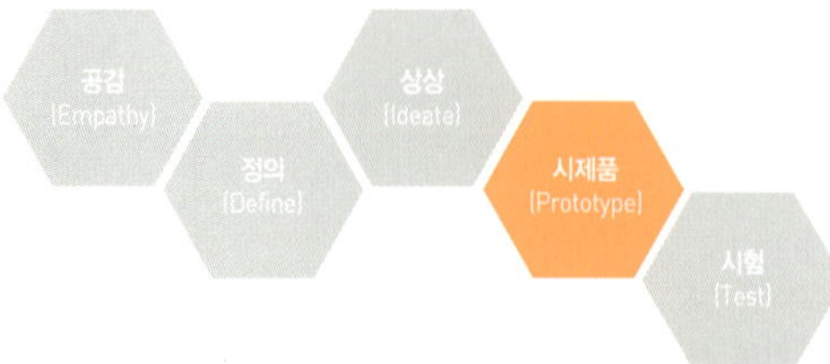

창의적 디자인 사고에서 인사이트를 통해 도출된 아이디어를 감성에 호소할 수 있도록 실제와 유사하게 구체화시키는 작업을 시제품화(prototyping)라고 정의한다. 기존의 시제품은 3D 프린팅을 이용하여 사물을 만들어 형성화하는 것이라고 생각하는데 창의적 디자인 사고에서의 시제품화는 어떤 수단을 통해 "경험을 창출"하는 것이다. 즉 우리의 시각, 청각, 후각, 촉각, 미각에서의 경험을 활동으로 설명하는 것이다.

그림 5-14 창의적 디자인 사고의 시제품화

① 시제품의 재료

초기의 시제품은 사무실 주변에서 쉽게 찾을 수 있는 보드 마커펜, 볼펜, 스카치테이프, A4용지, 포스트잇, 웹상의 이미지 등을 활용하여 시제품을 만들 수 있다. 초기 단계의 시제품의 경우 사물의 구체적인 형상보다는 경험을 투영하는 것이므로 큰 비용을 들이지 않고 대상자가 서비스를 받거나 물품을 이용하는 상황을 구체적으로 묘사하는 것이 바람직하다.

그림 5-15 시제품의 재료

〈주변 물품〉 〈박스〉 〈인터넷 이미지〉

② 시제품의 유형

저렴한 비용으로 대상자가 서비스를 받는 상황을 묘사할 수 있는 다양한 시제품의 유형은 다음과 같다.

스케치(Sketches)

종이와 펜을 이용해 그림을 그리는 것으로 훨씬 직접적이고 효율적인 방법이다. 또한 화이트보드나 종이에 스케치를 하기 때문에 저렴한 가격으로 아이디어를 탐색할 수 있다.

그림 5-16 스케치 시제품화

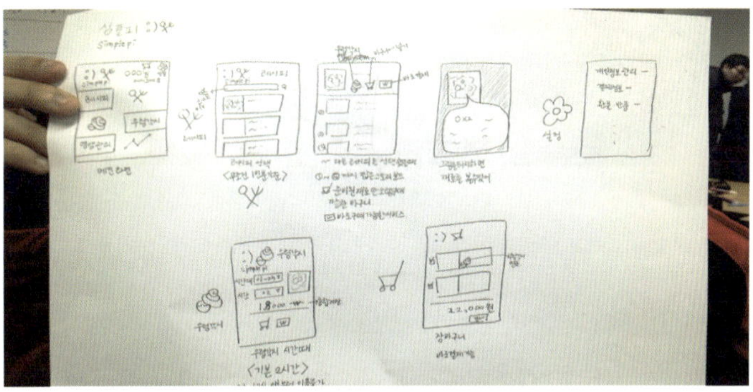

페이퍼 프로토타이핑(Paper prototyping)

종이 프로토타이핑은 스케치와 비슷한 방법으로 적당한 시간과 적은 비용으로 디자인을 반복적으로 그릴 수 있으며, 종이로 구현하였기 때문에 수정할 부분이 있으면 손쉽게 수정할 수 있기 때문에 예상되는 기능적인 측면을 확인할 수 있다.

그림 5-17 페이퍼 프로토타이핑

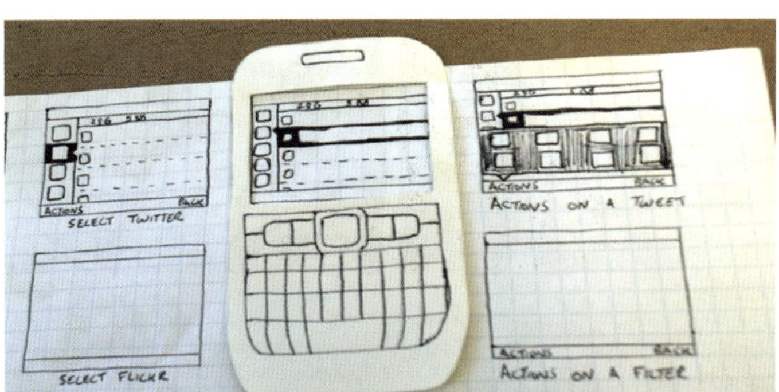

출처 : https://jhj2015service.files.wordpress.com/2015/11/ed9484eba19ced86a0ed8380ec9db4ed9591.pdf

역할극(Role Play)

서비스가 실제적으로 있다는 가정 하에서 일부의 기능을 가상으로 작동시켜 대상자가 동일한 상황에서 반응하게 될 행동을 관찰하고 문제점을 파악하는 방법이다.

그림 5-18 역할극 프로토타이핑

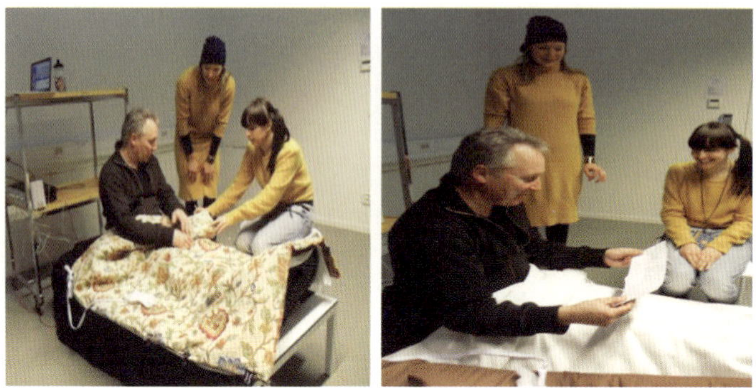

출처 : https://stinelin.wordpress.com/tag/experience-prototype/

레고시리어스플레이(Lego Serious Play)

레고사의 레고를 가지고 대상자, 서비스 제공자 등 서비스의 이해관계자가 참여하여 서비스의 이미지를 형성화시키는 방법이다. 향후 발생할 수 있는 문제점을 파악하고 보완해야할 서비스에 대해서 아이디어를 개발한다. 여러 상황들을 다양하게 재현할 수 있어 유용하다. 이 방법의 경우 서비스와 관련된 세부 사항들에 집중함으로써, 서비스가 잘 이루어지는 곳과 그렇지 않은 곳을 효과적으로 찾아낼 수 있는 장점이 있다.

그림 5-19 레고시리어스플레이 프로토타이핑

출처 : https://jhj2015service.files.wordpress.com/2015/11/ed9484eba19ced86a0ed8380ec9db4ed9591.pdf
출처 : http://www.designhelps.co.uk/services/y3lowcx6plr0qzwps287r9tvhd56ij

(5) 5단계 : 시험

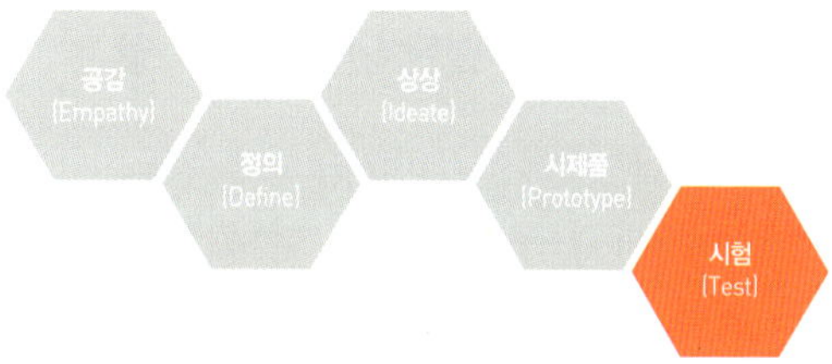

테스트 과정은 제시된 문제해결 방안을 객관화시키는 활동이다. 참여자 혹은 대상에게 제시한 후 다양한 피드백을 받아, 해결안을 수정하거나, 대상자로부터 배우거나, 사용성 테스트를 수행할 수 있다. 만약 수정이 불가능할 경우 다시 공감단계에서부터 피벗하여 시작할 수 있다.

① 사방면으로 피드백하기

시제품화에 대한 사후 피드백을 하는데 사용된다. 체계적으로 피드백을 하고, 의도적으로 4가지 측면에서 접근하여 분석할 수 있다. 4가지 측면을 다음과 같이 설정한다.

그림 5-20 4가지 측면 분석하기

- ◆ (+) 좋은 것, 좋았던 것, 긍정적
- ◆ (△) 생각해 볼 것, 고민인 것, 애매한 것
- ◆ (?) 잘 모르는 것, 이해되지 않는 것
- ◆ (¤) 아이디어, 새로운 것, 몰랐던 것

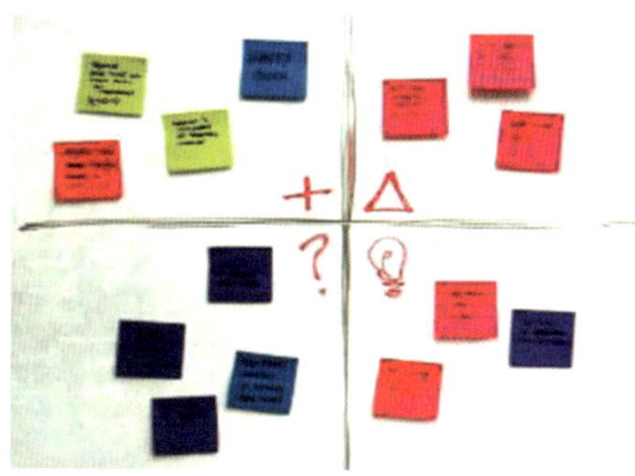

② 1인칭 피드백하기

사용 대상자들로부터 해결책에 대한 개념, 그리고 다른 사람으로부터는 디자인 프레임워크에 대해 피드백을 받는 것이 유용하다. 이 피드백은 1인칭 문장으로 하는 것이 좋다. 또한 간단한 구조로 묻는 것이 체계적인 피드백에 도움이 된다.

Why? 왜 이것을 사용하나요? , How? 어떻게 이것을 사용하나요?

"------가 좋았다." , "----하면 좋겠다." , "만약------라면" 등의 말을 사용해서 피드백 의견을 받는다. 이러한 방식으로 의견을 모아 의사결정에서 이를 반영한다.

읽어 보기

문제 정의 실패 사례
몽골의 무연탄 난로보급 사업

몽골은 1년 중 6개월이 겨울이다. 한 겨울에는 영하 30도의 강추위가 계속된다. 그런 강추위를 피하기 위해 몽골 수도인 울란바토르에서만 약 10만 가구가 넘게 석탄을 사용한다. 그로 인해 겨울철 대기 수준은 세계에서 2번째로 오염이 심각한 상태이다.

심각한 대기 오염을 해결하기 위해 나온 해결책이 바로 무연탄 난로 보급이다. 집집마다 무연탄을 사용 할 수 있는 연탄난로를 보급하고, 사용방법도 알려 주었다. 하지만, 얼마 지나지 않아 연탄난로는 더 이상 사용할 수 없는 무용지물이 되었다. 그 이유는 몽골에서는 난로를 다루는 사용자가 어른이 아닌 키가 작은 어린 아이들이였기 때문이다. 기존에 쓰던 페치카의 구조는 수평적으로 되어 있기 때문에 키가 작은 어린 아이들도 손쉽게 연료를 교체해서 사용 할 수 있었지만, 이와 달리 연탄난로의 구조는 수직적으로 연료를 교환해야 했기 때문에 키가 작은 어린 아이들은 연탄난로에서 연탄을 꺼내서 교체 할 수 없게 되어 더 이상 연탄난로는 불필요하게 되었다.

이처럼 환경오염을 줄이기 위해 무연탄 난로를 보급했지만, 창의적 디자인 사고의 프로세스 중 1단계 공감단계에서 사용자에 대한 이해가 부족하여 문제의 정의를 잘못 내린 결과로 인해 실패 한 사례라고 볼 수 있다.

출처 : 김정태. "사회적기업가를 위한 디자인씽킹" 자료 재구성

5.2 문제해결을 위한 창의적 의사결정

우리는 살아가면서 많은 문제 상황에 직면하게 된다. 그때마다 문제 해결 방법을 고민하여 의사 결정을 하고, 그에 따라 문제를 해결하고 있다. 특히 소셜벤처의 경우 의사결정 과정 중 문제인식단계에서 잘못된 문제정의로 인해 대상자가 전혀 원하지 않는 방향으로 문제해결 방안을 제시해 실패하는 경우가 많다. 따라서 문제정의 과정이 의사결정 과정에서 가장 중요한 핵심 단계라고 할 수 있다.

의사결정 과정에는 여러 유형이 있지만, 해결해야 할 문제의 성격이 일반적인지 아니면 창의성을 요구하는 것인지에 따라 일반적 의사결정 과정과 창의적 의사결정 과정으로 나눌 수 있다. 그럼 과정별 차이점과 관련 기법을 알아보도록 하자.

1) 일반적 의사결정의 정의 및 과정

일반적으로 우리는 해결해야 할 문제에 직면하게 되면 가장 먼저 이 문제가 어떤 원인에 의해서 발생되었는지를 파악함으로써 문제를 인식한다. 그리고 문제를 해결할 수 있는 해결책은 무엇이 있을까하고 고민하여 여러 가지 대안을 생각한다. 제시된 대안을 현실성과 적합성을 고려하여 평가한 후 가장 적합한 대안을 선택한다.

그림 5-21 일반적 의사결정 과정

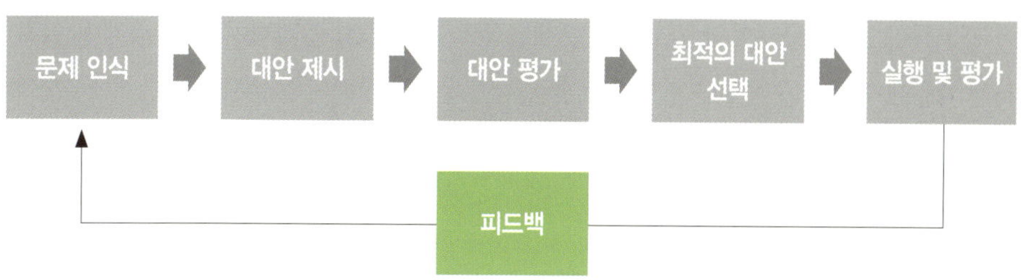

2) 창의적 의사결정의 정의 및 과정

창의적 의사결정 과정을 통한 문제해결은 일상적이고 평범한 해결 방안을 구하는 것과는 의사결정 과정에서 차이가 있다. 그러나 창의적 의사결정 과정이라고 해서 일반적인 의사결정 과정과 전혀 다른 과정을 거치는 것은 아니다. 기본적인 일반적 의사결정 과정은 같지만, 세부적으로 '대안을 제시하는 과정' 에서 큰 차이가 있다.

창의적 의사 결정 과정에서 가장 중요한 것은 대안을 제시하는 과정에서 확산적 사고 기법을 활용한다는 점이다. 확산적 사고의 개념은 창의적이고 효율적인 문제해결을 위해 의미 있고 새로운 연결을 만들고 표현하는 사고 과정으로 전혀 관계가 없어 보이는 아이디어들을 새로운 방식으로 연결하고 결합하는 방법으로 주어진 문제에 대한 해결책을 가능한 다양한 측면으로 생각할 수 있다.

그림 5-22 창의적 의사결정 과정

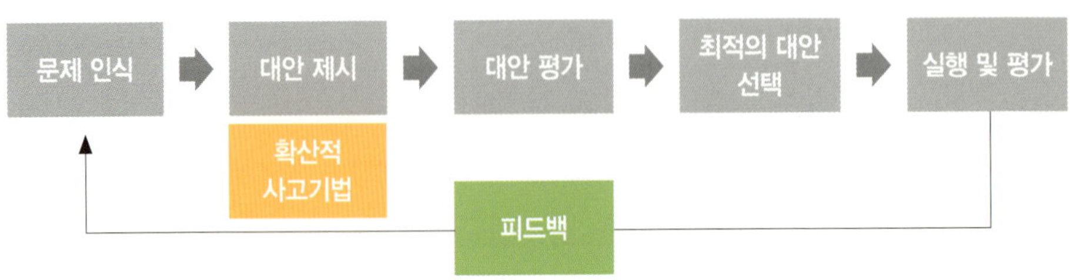

3) 창의적 의사결정 과정의 각 단계별 관련 기법

창의적 의사결정 과정은 각 단계마다 다양한 관련 기법들이 존재한다. 효과적인 창의적 의사결정을 이루기 위해서는 각 단계별 관련 기법들을 이해하고, 해결해야 할 문제에 맞게 활용하는 것이 중요하다. 창의적 디자인 사고에서 문제인식에서 실행 및 평가까지 모든 단계에 걸쳐 진행하기 때문에 단계별 구체적인 방법에 대한 언급보다는 소셜벤처의 문제인식 단계에서 정성적 접근방법 외에 활용할 수 있는 대표적인 기법들에 대해 알아보도록 한다.

그림 5-23 창의적 의사결정 관련 기법

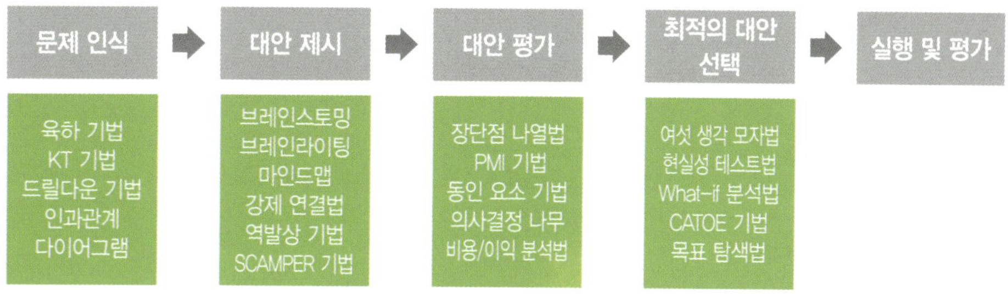

3) 창의적 의사결정 과정의 각 단계별 관련 기법

창의적 의사결정 과정은 각 단계마다 다양한 관련 기법들이 존재한다. 효과적인 창의적 의사결정을 이루기 위해서는 각 단계별 관련 기법들을 이해하고, 해결해야 할 문제에 맞게 활용하는 것이 중요하다. 창의적 디자인 사고에서 문제인식에서 실행 및 평가까지 모든 단계에 걸쳐 진행하기 때문에 단계별 구체적인 방법에 대한 언급보다는 소셜벤처의 문제인식 단계에서 정성적 접근방법 외에 활용할 수 있는 대표적인 기법들에 대해 알아보도록 한다.

(1) 육하 기법(5W&1H)

육하 기법은 Who, What, Where, When, Why, How의 관점에서 문제의 특성에 관한 다양한 질문을 만들어서 질문에 대한 답을 얻으면서 문제를 분석을 분석하는 기법이다. 시작하기 예로 제시된 손 떨림 방지 스마트 스푼 리프트웨어를 육하 기법에 적용하면 다음과 같다.

그림 5-24 육하 기법 적용 예시

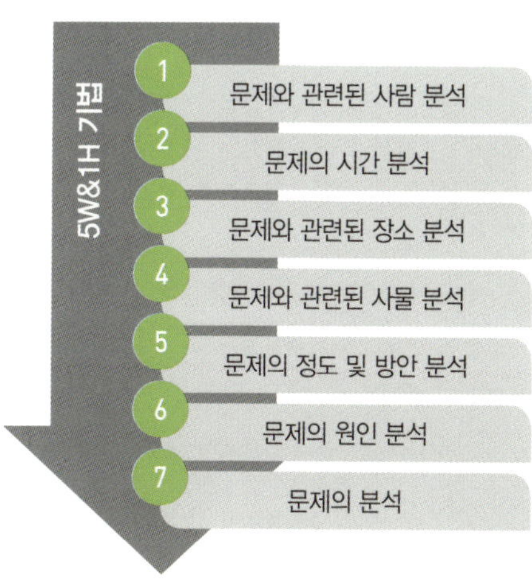

관점	질문 예시	답 예시(리프트웨어)
Who	누구를 대상으로 하는 문제인가?	파킨슨 병 환자, 유전성 떨림 환자
When	이 문제는 '언제' 발생하는가?	식사할 때
Where	이 문제는 '어디서' 이루어 지는 일인가?	식당, 가정 집
What	이 문제는 '무엇' 인가?	밥을 혼자 먹을 수 없어 도움이 필요하다.
How	문제를 해결하기 위해 '어떻게' 할 것인가?	혼자서 밥을 먹을 수 있도록 해야한다.
Why	이 문제는 '왜' 발생하는가?	손 떨림이 심해서 밥을 흘리기 때문에

(2) KT 기법(Kepner-Tregoe Analysis)

KT 기법은 문제와 관련된 사실과 사실이 아닌 것을 구분하여 문제를 접근하여 원인을 찾아내는 기법이다. 이 기법의 경우 문제와 관련된 가정, 사실을 명확하게 문장으로 표현할 수 있기 때문에 문제의 원인을 체계적으로 파악하는데 도움이 된다.

그림 5-25 KT 기법 적용 예시

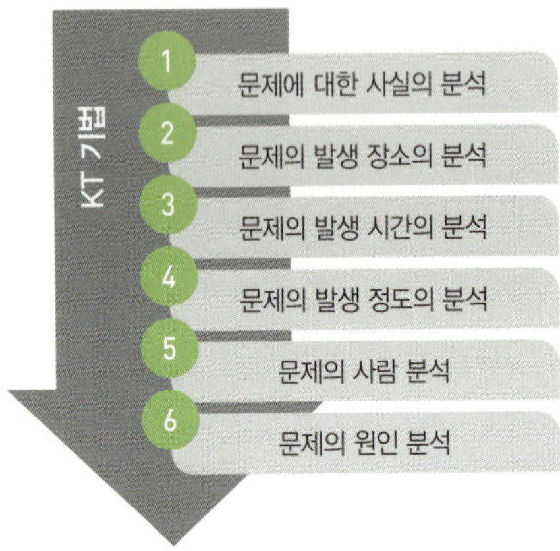

관점	Is	Is not
What	파킨슨 병 환자들이 밥을 못 먹는다.	파킨슨 병 환자, 유전성 떨림 환자
Where	혼자 식당 및 가정집에서 밥을 먹을때 발생	병원에서는 큰 무리가 없다.
When	혼자 식사 시 문제가 발생한다.	함께 식사할때는 큰 무리가 없다.
To what extent	식사를 못해 영양실조에 걸리기도 한다.	음식 재료와는 크게 관련 없다.
Who	파킨슨 병 환자	일반 치매환자는 문제가 없다.

(3) 드릴다운 기법(Drill Down Analysis)

드릴다운 기법은 문제를 여러 작은 문제로 세분화시켜 문제를 분석하는 기법으로써 결과가 도출된 원인을 여러 작은 문제를 제시하고 다시 각각의 원인이 발생한 사실에 대해서 분석하여 대안을 제시해 본다. 본 기법을 브레인스토밍과 같은 기법을 병행해서 사용하면 다양한 측면에서 문제를 분석할 수 있는 장점이 있다.

그림 5-26 드릴다운 기법 적용 예시

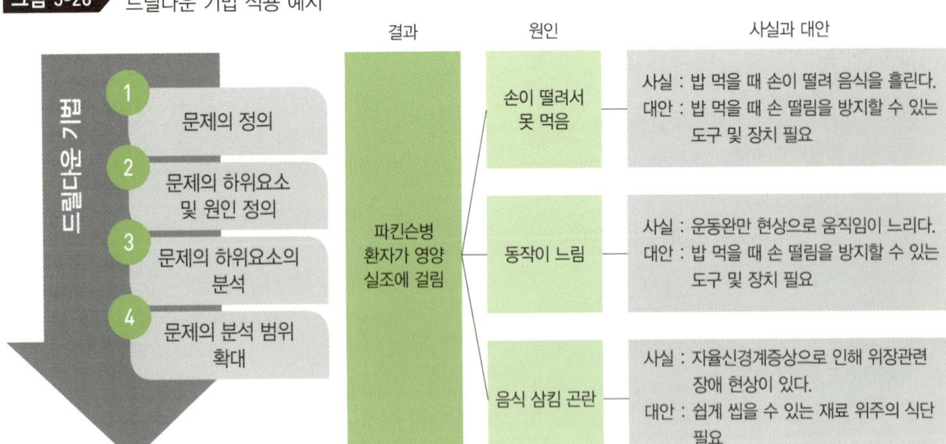

(4) 인과관계 다이어그램(Cause-Effect Diagram)

인과관계 다이어그램은 문제를 세분화하면서 문제의 원인과 대안을 한 눈에 찾을 수 있는 기법이다. 전체적인 그림의 형태가 생선의 머리와 뼈처럼 보이기 때문에 피쉬본 다이어그램(Fishbone Diagram)이라고도 한다. 복잡한 문제의 원인과 해결 방안을 찾는데 유용하게 사용된다.

그림 5-27 인과관계 다이어그램 적용 예시

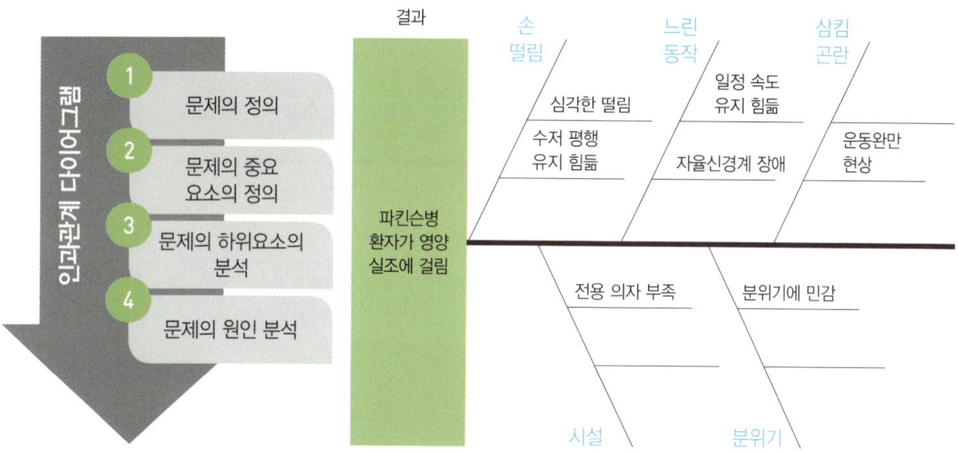

활동 하기

Creative Workshop

문제 발생 원인을 도출하기 위해 인과관계 다이어그램을 적용하여 다양한 원인들을 파악 하도록 해보자. 현재 문제가 되는 사회현상을 결과란에 기입하고 주요 원인을 ①②③④⑤번에 각각 기입하고 해당 주요 원인이 발생하게 된 하위 요인이 무엇인지를 분석해보자.

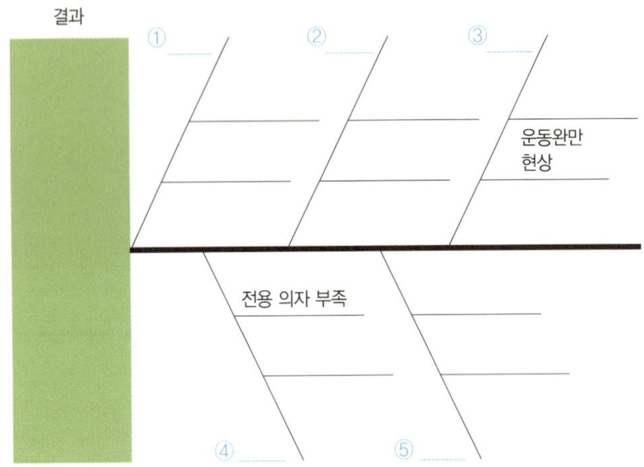

시제품(prototyping) 후 도출된 아이디어를 현실적으로 적용이 가능한 아이디어인지를 평가하기 위해서 다음과 같은 4가지 측면을 분석하여 보자.

잘된 점	잘 안된 점
개선할 점	**향후 계획**

학습 정리

◆ 창조경제 시대를 맞이하며 창의성에 대한 중요성이 부각되고 있다. 최근 창의적 능력을 향상시키기 위한 방법으로 창의적 디자인 사고가 각광받고 있다.

◆ 세계적으로 유명한 디자인 전략 컨설팅 회사인 아이데오(IDEO)의 대표 팀 브란운은 "디자인적 사고는 고객들이 가치있게 평가하고 시장의 기회를 이용할 수 있으며 기술적으로 가능한 비즈니스 전략에 대한 요구를 충족시키기 위하여 디자이너의 감수성과 작업방식을 이용하는 사고방식이다."라고 정의하였다.

◆ 창의적인 디자인 사고 프로세스는 총 5단계로 구성되어 있으며, 1단계 공감, 2단계 정의, 3단계 상상, 4단계 시제품, 5단계 시험으로 구성되어 있다.

◆ 1단계 공감단계에서는 인사이트 도출 방법으로 관찰, 심층 인터뷰, 동행관찰 등이 있다.

◆ 2단계 정의단계에서는 대상자 니즈를 명시적/표면적 니즈와 잠재적/심층적 니즈로 분류할 수 있으며, 대상자도 인지하지 못하지만 무의식적으로 해결되기를 원하는 욕구인 잠재적/심층적 니즈를 해결한다면 사용자는 무한한 감동을 느끼게 된다.

◆ 2단계에서 인사이트를 도출하는 방법으로 페르소나 기법, 공감지도, 고객여정 지도 등이 있다.

◆ 3단계 상사에서는 아이디어를 체계적으로 발굴하는 절차를 가진다. 아이디어를 발굴할 주제를 선정하여 다양한 아이디어를 발굴하고 선별 후 평가를 내려 최종 아이디어를 발굴하는 과정을 거친다.

◆ 아이디어 발굴 기법으로 스캠퍼 기법, 브레인라이팅 등이 있다.

◆ 4단계 시제품단계에서는 스케치, 페이퍼 프로토타이핑, 역할극, 레고시리어스플레이스 등의 프로토타이핑 방법이 있으며, 주위에서 손쉽게 구할 수 있는 재료를 활용하여 구체적으로 묘사하는 것이 바람직하다.

◆ 5단계 시험단계에서는 사방면으로 피드백하기와 1인칭 피드백하기를 통해 테스트한다.

◆ 일반적 의사결정과 창의적 의사결정과의 가장 큰 차이는 대안 제시 단계에서의 확산적 사고기법이다.

◆ 창의적 의사결정 과정의 각 단계별 관련 기법 중 문제인식 단계의 기법은 육하 기법, KT 기법, 드릴다운 기법, 인과관계 다이어그램 등이 있다.

참고문헌

- 비제이 쿠마, 이유종, 오동유, 주종필(2014.10). "혁신모델의 탄생"
- 비제이 쿠마, 이유종, 오동유, 주종필(2014.10). "혁신모델의 탄생 워크북"
- IDEO.org(2014.04). "IDEO 인간중심 디자인 툴킷"
- 스탠포드 디자인 스쿨(http://www.valleyinside.com)
- 스탠포드 D스쿨(http://dschool.stanford.edu/)
- 한국사회적기업진흥원 홈페이지(www.socialenterprise.or.kr)

5장. 키워드 인덱스용

창의적 디자인 사고	공감	정의	상상
시험	운영모델	인사이트	페르소나
공감지도	고객여정 지도		

"당신 스스로 세상에 원하는 변화가 되어라."
"You must be the change you want to see in the world."

인도의 정신적 지도자, 마하트마 간디(Mahatma Gandhi)

06

소셜벤처 비즈니스 모델과 사업타당성 분석

학습 목표

1. 소셜벤처 비즈니스 모델의 정의를 이해한다.
2. 소셜벤처 비즈니스 모델의 특징을 설명할 수 있다.
3. 소셜벤처 사업타당성 분석을 설명할 수 있다.
4. 소셜벤처 사업타당성 분석 체크리스트를 이해할 수 있다.

시작
하기

문화 예술 콘텐츠에서 사회적 가치를 창출하는 **위누**

위누는 문화 예술 콘텐츠를 기획 · 제작 · 유통하는 기업이다.

대중과 예술을 연결하는 플랫폼 사업으로 침체된 국내 예술 시장을 활성화하고, 신진 작가의 소득 증대를 이루며 문화 예술 분야에서의 높은 사회적 가치를 창출하고 있다.

위누는 신진 작가의 정보를 담은 자체 데이터베이스를 기반으로 신진 작가와 기업 및 기관의 문화 예술 활동을 연계하여 매출을 창출하고 있다. 페스티벌 사업을 통해 신진 작가 데이터베이스를 늘려나가고, 교육 사업에 작가를 강사로 초빙하여 일자리를 창출하며, 온라인을 통해 작가의 의도를 높여주는 활동을 하고 있다. 사업 영역 간 시너지를 창출할 수 있는 구조를 확보하여 매출의 성장 및 흑자 전환을 이끌어내었으며, 성장세가 확대되고 있다.

① 폐장난감을 활용한 '아트업페스티벌' 수상 작품

② 합리적인 가격에 신진작가의 작품을 판매하는 '헬로우문래'

③ 신진작가의 창작 과정을 콘텐츠화

④ 신진작가와 함께 작품을 제작하는 예술 교육 프로그램

위누는 대중과 예술 간의 거리를 좁혀 대중이 소비할 수 있는 중저가의 예술 시장을 형성해 나가고 있다. 이를 위해 순수 예술 분야의 신진 작가를 발굴하고 콘텐츠를 유통시킴으로써 신진 작가의 소득을 증대시키고 있다. 대중의 예술 접근성 개선과 함께 신진 작가의 소득을 증대시켜 문화예술 시장의 선순환 구조를 확보할 수 있는 사회적 가치가 높은 모델이다.

행복나눔재단은 지난 2013년부터 위누의 성장가능성을 높게 평가하여 경영 역량 강화와 투자 준비를 위한 육성 프로그램을 진행해 왔다. 이 과정에서 위누는 경쟁력 있는 사업 중심으로 사업구조를 개편하였고, 성장기 사회적 기업으로 발돋움하고 있다.

위누는 행복나눔재단의 임팩트 투자를 통해 온라인 사업을 확대할 계획이며, 신진 작가의 창작 과정을 기록하고 나아가 작품 판매까지 가능한 온라인 플랫폼을 통해 위누의 경제적 가치와 사회적 가치가 모두 성장 할 것으로 기대한다.

"행복나눔재단의 육성 과정은 현재 위누가 추진하고 있는 사업들을 객관적으로 바라볼 수 있는 중요한 계기가 되었습니다. 사업부별 영업이익률, 성장률 등을 분석하여 수익률과 소셜미션에 부합하도록 비즈니스 포트폴리오를 재편하여 성장의 발판을 마련할 수 있었습니다. 투자 자금뿐 아니라 사업에 대한 이해를 바탕으로 지원과 지지를 해주는 투자자를 만나는 것이 중요하다고 생각합니다. 임팩트 투자를 통해 사회적 기업들이 성장에 필요한 도움을 받으셨으면 합니다." – 위누 허미호 대표

출처 : SK행복나눔재단 홈페이지(http://www.skhappiness.org)

생각해 보기

01 '위누' 사례를 읽고 '위누'가 가지고 있는 비즈니스 모델이 무엇인지 논의 해 보자.

02 '위누'와 유사한 비즈니스 모델을 찾아보고, 차이점이 무엇인지 서로 토론 해 보자.

6.1 소셜벤처 비즈니스 모델

소셜벤처의 최종목표인 사회적 영향력을 높이기 위해서는 일반 벤처기업과 마찬가지로 경쟁력 있는 비즈니스 모델의 확보가 중요하다. 본 장에서는 일반 벤처기업의 비즈니스 모델과 소셜벤처기업의 비즈니스 모델은 어떤 차이점이 있는가를 파악하면서, 소셜벤처 비즈니스 모델의 정의와 캔버스 작성법에 대해 자세히 알아보도록 하자.

1) 비즈니스 모델의 정의

비즈니스 모델(business model)은 1990년대 말 이후 인터넷, 정보기술의 발전을 배경으로 인터넷 닷컴 기업들이 출현하기 시작하면서 비즈니스 실무에서 확산된 개념이다. 인터넷 기업들은 전통적인 오프라인 기업과 비교해 가치와 수익을 창출하는 방식이 근본적으로 달라서 이러한 차이를 비즈니스 모델이라는 용어를 사용하여 설명하였다.

비즈니스 모델 연구자로 잘 알려진 폴 티머스(Timmers, 1998) 박사는 비즈니스 모델을 제품, 서비스 및 정보의 흐름이며, 다양한 참여자들의 잠재적인 이익과 수익원천을 설명해 주는 청사진이라 정의하였고, 마이클 라파 교수(Rappa, 2000)는 기업이 가치사슬상에서 어느 위치에 속하는가를 명시함으로써 매출을 발생시킬 수 있는 방법을 보여줄 수 있는 것이라고 정의하였다.

Business-Dictionary에서는 비즈니스 모델을 정의하기를, 기업이 고객에게 가치를 전달하고, 고객들이 가치를 위해 돈을 지불하도록 유인하고, 그들의 비용 지불을 수익으로 전환하는 방식이라고 정의하였다. 콜과 미첼(Coles and Mitchell, 2004)은 어떤 조직단체에서 그들의 고객에게 제품과 서비스를 제공하고, 자원과 능력을 개발하기 위하여 "What", "Who", "When", "Where", "Why", "How", "How much" 의 사용가능한 조합이라고 정의하였다.

비즈니스 모델 관련 저서로 잘 알려진 오스터왈더(Osterwalder, 2010)는 한 조직체에서 어떻게 고객 가치를 창출하고 전달하고 수익원을 확보하는지에 대한 합리적 방안이라 정의하였다. 이와 같이 비즈니스 모델의 개념을 연구하기 위해 많은 학자들이 연구를 하였는데 이를 종합하면 비즈니스 모델은 '사업 아이디어를 가지고, 어느 시장에서, 누구에게, 어떤 가치를 어떤 방법으로 전달하고 어떻게 수익을 창출할 것이지에 대한 전반적인 방향과 방법을 정의한 것이다. 기존 비즈니스 모델의 정의에 대해서 다양한 의견들이 제시되었는데, 그 내용은 [표 6-1]과 같다.

표 6-1 비즈니스 모델의 정의

연구자	정의
Timmersl (1998)	다양한 사업 참여자와 그들의 역할을 포함하는 제품 서비스, 정보흐름의 구조이며, 다양한 참여자들의 잠재적인 이익과 수익원천을 설명해 주는 청사진
Venkatraman & Henderson (1998)	고객과의 상호작용, 자산 형태, 지식 수단 등의 세 가지 측면에서 전략을 수립하기 위해 조정된 계획
Amit & Zott (2000)	사업 기회의 가치창출을 위해 설계한 거래내용, 구조, 관리를 설명해 주는 것
Ethiraj et al. (2000)	가치 창출 계획
Rappa (2000)	수익을 창출하기 위해서 사업을 영위하는 방식
Johnson et al., (2008)	고객 가치제안, 수익 공식화, 핵심 자원, 핵심 프로세스 4가지 구성요소가 서로 맞물려 가치를 창출하고 전달하는 것이다.
Casadesus Masanell & Ricart (2010)	기업의 실현 전략을 표현하는 형상이다.
Teece (2008)	기업이 고객에게 가치를 전달하기 위한 수익과 비용의 실행가능한 구조와 고객의 가치제안을 지원하는 논리와 자료 그리고 다른 증거들을 분명하게 표현하는 것이다.

출처 : The Business Model: Theoretical Roots, Recent Developments, and Future Research, IESE Business School University of Navarra.

초기 창업기업의 경우 반드시 비즈니스 모델이 우수하다고 반드시 성공하는 것은 아니다. 창업 환경에는 무수한 변수가 존재하기 때문이다. 하지만 비즈니스 모델의 타당성이 낮은 기업은 결코 성공할 수 없다. 완벽한 기술력으로 만든 제품과 높은 서비스 경쟁력이 뛰어난 창업기업이라도 비즈니스 모델이 목표 시장의 환경에 적용할 수 없다면 경쟁에서 멀어지고 결국 창업시장에서 도태된다는 점을 우선적으로 명심하고, 다음에서 소셜벤처 비즈니스 모델에 대해 살펴보도록 하자.

2) 소셜벤처 비즈니스 모델의 정의

소셜벤처의 비즈니스 모델은 경제적 가치를 창출하는 방법에 대한 로드맵을 보여주는 것 뿐만 아니라 측정할 수 있는 사회적 가치를 창출하는 방법도 보여줘야 한다. 즉, 사회적 영향력도 소셜벤처 비즈니스 모델의 중요한 한 부분이라고 할 수 있다. 소셜벤처 비즈니스 모델의 설계는 동일한 전략으로 전통적인 비즈니스 모델의 혁신으로 변화시키는 것이다. 물론 이러한 경우에는 주주뿐만 아니라 소셜벤처의 목적이 되는 사회적 편익을 필요로 하는 모든 이해관계를 고려할 필요가 있다. 또한, 몇몇 학자들은 비즈니스 모델 자체에 확연한 차이점이 없기 때문에 "모든 비즈니스는 소셜벤처이다."라고 주장한다. 사실, 소셜벤처는 사회적 영향력을 향상시키는 강력한 방법이다.

많은 학자들은 소셜벤처 비즈니스 모델의 중요 구성요소를 다음과 같이 제시하였다.

◆ 첫째, 어떻게 비즈니스를 할 것인가를 분명하게 설명해야한다.
◆ 둘째, 어떤 비즈니스를 수행할 것이고 뒤이어 이런 행위가 가치를 어떻게 창출하는지에 대한 구체적인 설명을 보여줘야 한다.
◆ 셋째, 비즈니스 모델의 개념은 근본적인 활동을 수행하기 위해 도움을 줄 수 있는 파트너들에 집중해야한다.
◆ 넷째, 첫 번째부터 세 번째까지의 전통적인 비즈니스 모델의 구성요소에 추가적으로 영향력 측정 방법이 명시되어져야 한다.

따라서 전통적인 비즈니스 모델과 소셜벤처 비즈니스 모델의 차이점은 측정 가능한 사회적 영향력 제시라고 말할 수 있으므로 소셜벤처 비즈니스 모델의 정의는 기존의 비즈니스 모델과 같이 경제적 가치를 창출하기 위한 방법에 대한 로드맵뿐만 아니라 사회적 가치실현을 위한 사회적 영향력 측정 방법도 제시한 모델이라고 할 수 있다.

3) 소셜벤처 비즈니스 모델의 유형

소셜벤처 비즈니스 모델의 유형으로 가장 잘 알려진 것은 W.Grassl(2012)이 미션 지향성, 목표 시장 그리고 통합유형을 구성요소로 제시하여 3가지 구성요소 사이에 조화의 결과에 따라 9가지 기본 소셜벤처 비즈니스 모델을 제안한 분류 방법이다.

그림 6-1 소셜벤처 비즈니스 모델의 유형 구조

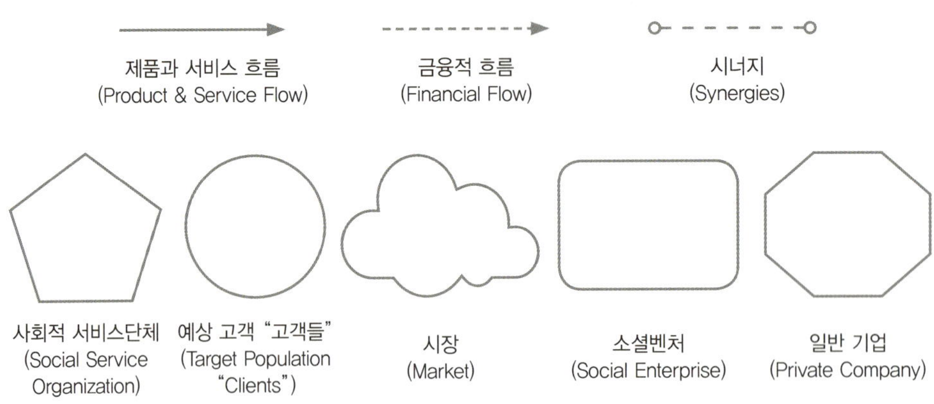

출처 : Wolfgan Grassl, Business Models of Social Enterprise: A Design Approach to Hybridity, 2012.

Grassl의 소셜벤처 비즈니스 모델의 유형 구조는 [그림 6-2]와 같이 각 도형별과 점선별로 의미를 부여하여 설명하였다.

첫 번째, 창업가 지원 모델(Entrepreneurs Support Model)은 예상 고객에게 사업지원과 금융 서비스를 파는 비즈니스 모델이다. 예상 고객은 소규모 기업이거나 1인 기업 형태이며, 대표적으로 소액금융(microfinance)과 개발지원 등이 있다.

그림 6-2 창업가 지원 모델(Entrepreneur Support Model)

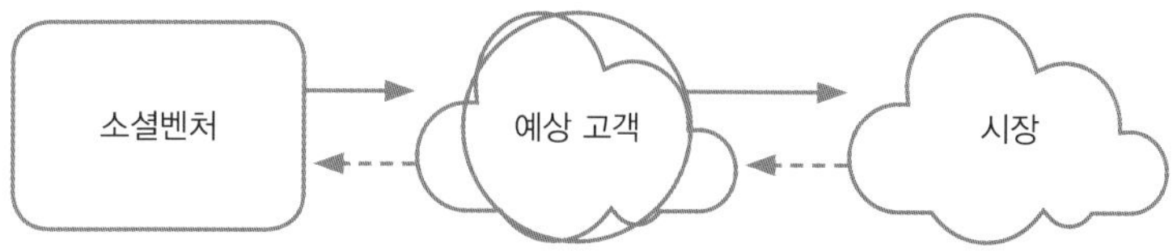

출처 : Wolfgan Grassl, Business Models of Social Enterprise: A Design Approach to Hybridity, 2012.

두 번째, 시장 중개 모델(Market Intermediary Model)은 예상 고객으로부터 제품을 위탁 판매하거나 구매하는 형태의 비즈니스 모델이다. 생산들이 시장에 접촉하기 어려울 때 이런 형태를 보이며, 대표적으로 공정무역(fair trade), 수공예와 농업관련 단체에서 주로 실시된다.

그림 6-3 시장 중개 모델(Market Intermediary Model)

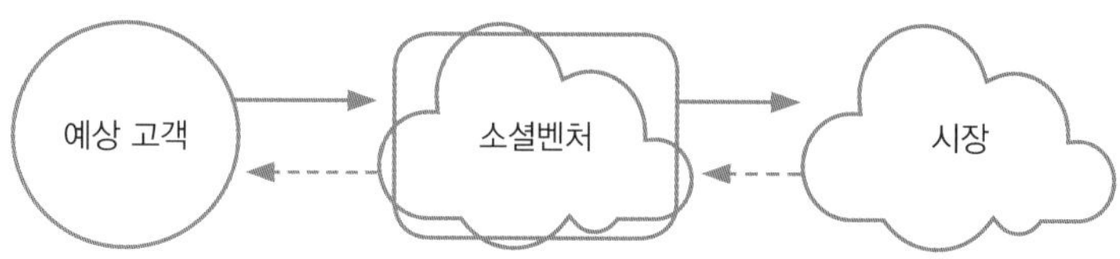

출처 : Wolfgan Grassl, Business Models of Social Enterprise: A Design Approach to Hybridity, 2012.

세 번째, 고용 모델(Employment Model)은 시장에서 고용되거나 그들의 서비스를 팔기 어렵다고 생각되는 사람들을 고용하고 직업 훈련을 제공하는 비즈니스 모델이다. 근로소득, 스킬 향상, 추가적인 서비스를 제공하는 형태이다. 보통 피부색 · 인종 · 종교 등을 이유로 분리되어 있던 사람들의 통합 또는 재활 등의 목적으로 설립된 경우이다.

그림 6-4 고용 모델(Employment Model)

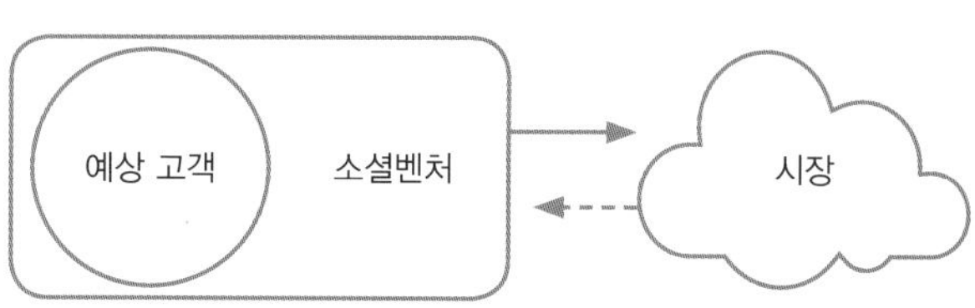

출처 : Wolfgan Grassl, Business Models of Social Enterprise: A Design Approach to Hybridity, 2012.

네 번째, 서비스 수수료 모델(Fee for Service Model)은 예상 고객이 제공된 서비스에 대한 사용 요금을 즉시 지불하는 형태의 비즈니스 모델이다. 예상 고객군은 매우 다양하며, 학교, 병원, 단체 등이 해당된다.

그림 6-5 서비스 수수료 모델(Fee for Service Model)

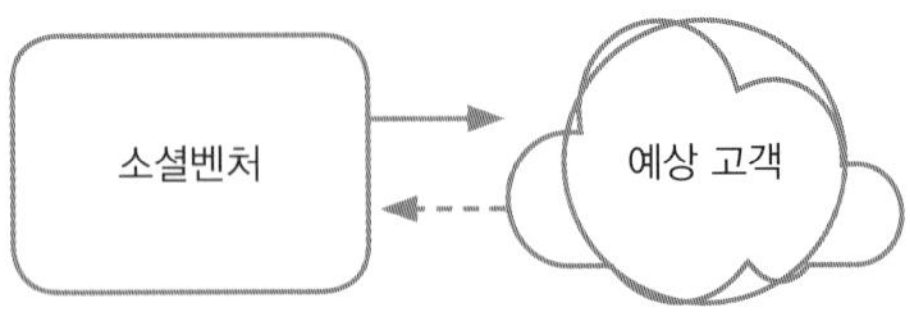

출처 : Wolfgan Grassl, Business Models of Social Enterprise: A Design Approach to Hybridity, 2012.

다섯 번째, 저소득 고객 모델(Low-Income Client Model)은 가난하고 저소득 고객층에게 제품 및 서비스를 제공하는 것을 목표로 하는 비즈니스 모델이다. 선진국 기업이 개발도상국의 저소득층을 대상으로 수익창출을 꾀하는 BOP사업(bottom of the pyramid business)과 유사하지만, 수익을 뜯어내지는 않는다. 헬스케어와 위생 제품 등에 적용될 수 있다.

그림 6-6 저소득 고객 모델(Low-Income Client Model)

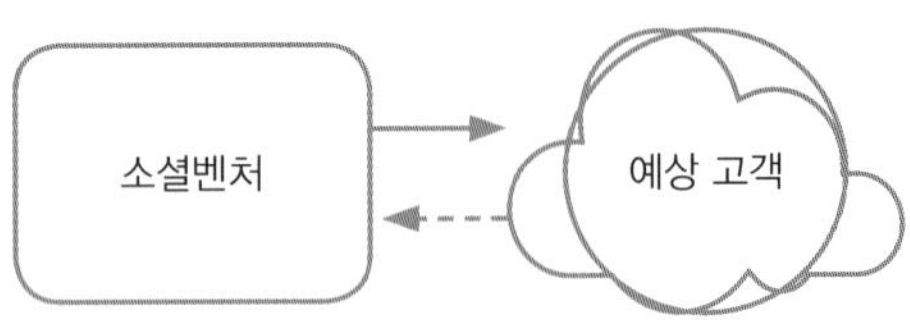

출처 : Wolfgan Grassl, Business Models of Social Enterprise: A Design Approach to Hybridity, 2012.

여섯 번째, 협동조합식 모델(Cooperative Model)은 단체, 목표 집단 그리고 시장이 협동조합 형태로 통합된 형태의 비즈니스 모델이다. 서비스와 혜택이 조합원들에게 제공되며, 농업과 금융 서비스에서 많이 나타난다.

그림 6-7 협동조합식 모델(Cooperative Model)

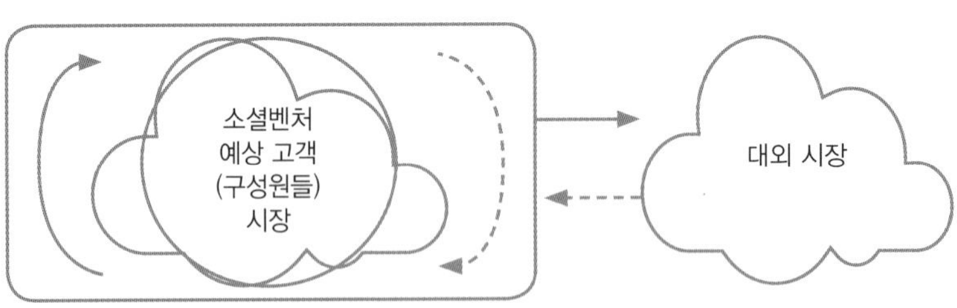

출처 : Wolfgan Grassl, Business Models of Social Enterprise: A Design Approach to Hybridity, 2012.

일곱 번째, 시장연계 모델(Market Linkage Model)은 시장에서 수수료를 받는 소규모 생산자, 기업 혹은 협동조합을 연결하는 형태의 비즈니스 모델이다. 대표적으로 영업 및 마케팅 관련 단체가 해당되며, 무역협회나 소규모 수입업자들이 대표적인 예이다.

그림 6-8 시장연계 모델(Market Linkage Model)

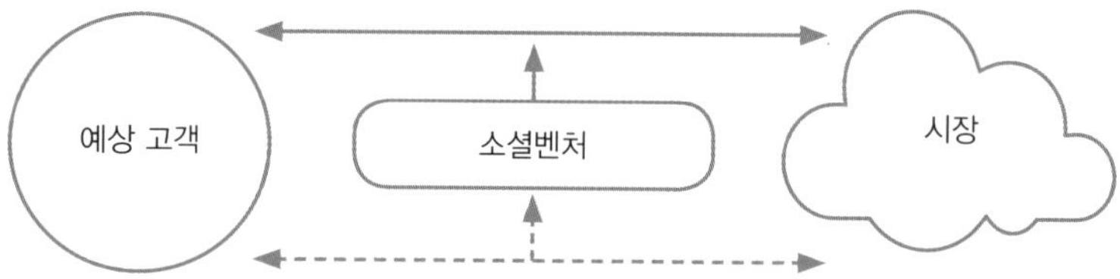

출처 : Wolfgan Grassl, Business Models of Social Enterprise: A Design Approach to Hybridity, 2012.

여덟 번째, 서비스 보조금 지급 모델(Service Subsidization Model)은 사회적 프로그램에 기금 마련에 도움을 주기 위해 대외시장에 제품 및 서비스를 파는 형태의 비즈니스 모델이다. 이 모델은 비영리 조직과 통합된 모델이다. 중고상점 운영, 컨설팅, 카운셀링, 고용 훈련, 프린팅 서비스 등이 해당된다.

그림 6-9 서비스 보조금 지급 모델(Service Subsidization Model)

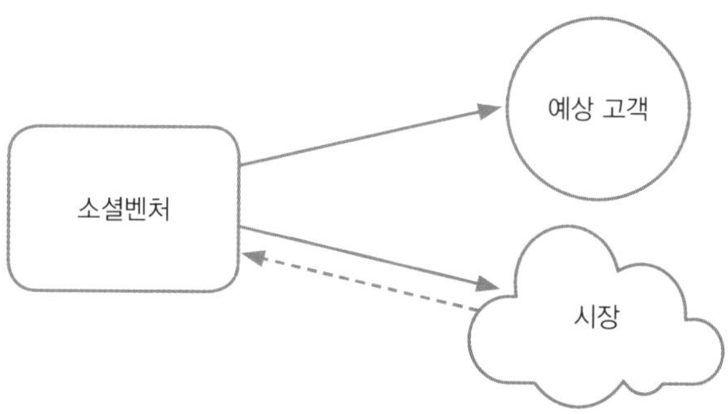

출처 : Wolfgan Grassl, Business Models of Social Enterprise: A Design Approach to Hybridity, 2012.

마지막으로 아홉 번째, 조직 지원 모델(Organizational Support Model)은 공공의 목적을 위해서 대외시장에 제품 및 서비스를 파는 형태의 비즈니스 모델이다. 이 모델은 보통 외부에 집중한다. 비즈니스 활동은 사회적 프로그램과 분리되어 있으며, 순수익은 소셜벤처 기업이 비영리 모체(nonprofit parent organization)의 운영 지출과 사회 프로그램 비용을 보장하기 위한 재정적 지원으로부터 발생한다. 이 모델은 유럽의 비영리 단체 모델에서 아주 흔히 볼 수 있다. 특히 환경단체의 경우 자회사를 가지고 있으며, 정부와의 계약을 통해 민간 기업의 환경 준수 수준점검 및 모니터링을 위해 계약을 맺는다. 수입은 다시 비영리 모체단체나 영리단체 투자가 되면서 환경 교육, 자문 활동을 위해서 지원하게 된다.

그림 6-10 조직 지원 모델(Organizational Support Model)

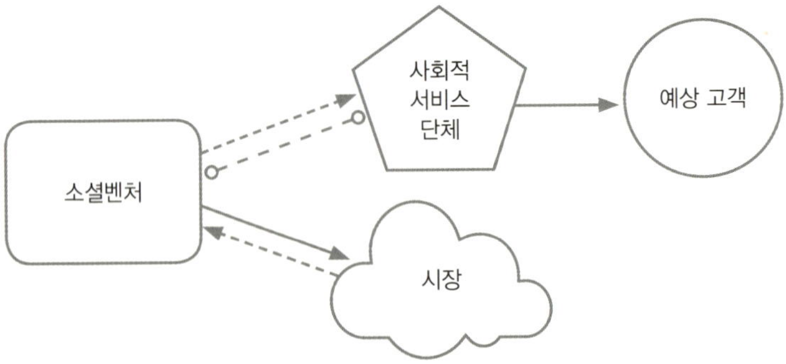

출처 : Wolfgan Grassl, Business Models of Social Enterprise: A Design Approach to Hybridity, 2012.

4) 소셜벤처 비즈니스 모델의 특징

소셜벤처에서의 비즈니스 모델 원칙은 사회적 복지, 재무적 그리고 경제적 안정성, 환경적 이익, 기업이익, 사회적 발전을 이루는 동안의 느끼는 행복함 등을 포함한다. 그러므로 소셜벤처의 비즈니스 모델은 사회적 복지와 경제적 이익뿐만 아니라 환경적 이익도 고려해야 한다. 좀 더 세부적으로 살펴보면, 소셜벤처의 비즈니스 모델의 특징은 소셜미션, 가치제안과 가치창출, 비즈니스 모델의 검증 방법 등이 차별화 된다. 그럼 각각의 특징에 대해서 알아보도록 하자.

(1) 소셜미션

소셜벤처 창업가들이 창업을 준비하는 과정이나 진행하면서 가장 많이 듣고 답하게 되는 것이 '소셜미션' 에 관한 것이다. 소셜미션은 소셜벤처를 준비하고자 하는 사람들에겐 익숙한 단어이지만, 대부분의 사람들에겐 무척 생소하고 낯선 단어일 것이다. 소셜벤처에게 소셜미션은 우리 기업이 세상에 존재해야 하는 근본이유이며, 창업팀이 주목하는 사회적 문제와 기업가의 열정이 담겨 있으며, 소셜미션은 일반 영리기업과 소셜벤처를 구분하는 핵심적인 기준이 된다.

◆ 기업 미션 : 고객(이해관계자)에게 어떤 가치를 제공할 것인가?
◆ 소셜 미션 : 주목하는 사회적 문제와 실현하고자 하는 사회적 가치의 명확화

비즈니스 관점에서 소셜미션이 중요한 이유는, 창업팀의 의사결정, 가치와 문화 및 동기부여, 소셜벤처 마케팅, 업무 프로세스 및 수익을 분배함에 있어 기준이 되기 때문이다.

표 6-2 소셜미션이 중요한 이유

구분	세부내용
의사결정	– 신규 사업 진출 혹은 제품이나 서비스 개발 시 기준 – 이사회 등 경영진 구성 시 소셜미션 관련 이해 관계자 참여
가치와 문화, 동기부여	– 조직 내부의 공통 소통의 도구가 되어 구성원을 한 방향으로 몰입 – 미국 1000대 기업 경영자가 뽑은 가장 강력한 동기 부여 도구
소셜벤처 마케팅	– 정부, 대기업, 공공기관 및 일반 소비자가 공감하는 소셜미션 제시는 강력한 마케팅 도구로 작용
업무 프로세스	– 제조 공정 및 서비스 제공 인력을 사회적 취약계층을 활용하여 운영 – 취약계층 고용, 착한 구매, 기부 연계 마케팅
수익분배	– 발생한 이익의 상당 부분을 취약계층 및 지역사회 분배를 통한 사회 환원

소셜미션을 수립하기 위한 프로세스는 사회적 문제 인식→ 아이디어와 기회 파악→ 사회적 · 경제적 가치 파악→ 소셜벤처 창업가 및 내부 구성원에 의한 미션 정의→ 이해관계자 공감대가 확보 되어야 하며, 프로세스별 세부적으로 점검해야 할 사항은 아래와 같다.

표 6-3 소셜미션 수립 프로세스

구분	세부내용
사회적 문제 인식	– 내가 정말 꼭 해결하고 싶은 사회적 문제 혹은 사회적으로 꼭 해결되어야 한다고 생각하는 사회적 문제는 무엇인가를 인식 – 정량적이고 구체적인 정보의 충분한 수집 – 깊이 있는 성찰을 통해 주목하고 있는 사회적 문제에 관한 전문가 수준의 이해 필요 – 주목하는 사회 문제에 대해 그 문제를 잘 모르는 사람들에게도 설명하면 공감할 수 있도록 정리가 되어야 함
아이디어와 기회 파악	– 문제의 근본 원인 파악(5–why, 이슈트리, 브레인스토밍 등) – 시장, 시민사회, 정부가 이 문제에 대해 어떤 해결 방향을 취했는지 파악 – 문제 해결의 아이디어를 다양하게 도출 – 아이디어 중 수요를 창출할 수 있는 아이디어를 기회로 파악
사회적 · 경제적 가치 파악	– 소셜미션 수립 시, 소셜벤처의 문제 해결의 기대치와 범위를 명확히 해야 함 – 사업 기대효과를 내 · 외부 이해 관계자들에게 명확히 전달할 수 있어야 함 – 사회적 가치는 정량적, 정성적 지표의 결과 수치 제시 · 정량적 지표 : 화폐가치로 환산이 어려운 사회적 가치를 정량적으로 정의 (취약계층 고용, 저소득층 사회 서비스 제공 대상자 수, 현수막 재활용 실적) · 정성적 지표 : 정량적 측정이 어려운 사회적 가치를 정의 (개인의 자존감 향상, 사회적 연대감, 시장 정화 등) – 경제적 가치는 목표로 하는 매출, 이익, 자산, 일자리 창출수
소셜미션 정의	– 우리는 누구인가?(차별성) – 우리가 만나는 사회적 문제는 무엇인가? – 주요 이해 관계자에게 어떤 가치를 제공해야 하는가? – 장기적으로 사용될 수 있는가? – 쉽고 명확하고 단순하게 작성했는가? – 조직이 추구해야 할 행동과 제거해야 할 행동 결정의 기준이 될 수 있는가? – 당신이 당신의 가족, 친척, 자녀, 사랑하는 이들에게 당신 조직의 미션을 말할 때 자랑스러워 할 수 있는가?
이해관계자 공감대 확보	– 내부 구성원 : 의사결정 과정에서 소셜 미션이 실현됨을 구성원이 경험하고 그것이 하나의 조직 문화로 만들어질 수 있어야 함 – 외부 이해 관계자 : · 5분 설명으로 이해 가능한 소셜미션 · 이해관계자들의 인식이 동일하게 나타날 수 있어야 함

소셜벤처 창업팀이 소셜미션을 수립하기 위한 작업을 진행할 때 흔히 저지르기 쉬운 4가지 유형의 오류가 있다. 첫 번째, 피상적으로 접근하거나, 두 번째, 모호하거나 광범위하거나, 세 번째, 세상의 모든 문제를 고민하거나, 네 번째, 자기중심적인 소셜미션이 만들어지는 경우이다. 이와 같은 오류를 피하기 위해 아래와 같은 내용에 대해 스스로 자문해 보아야 한다.

표 6-4 소셜미션 4가지 유형의 오류

구분	내용
피상적인 접근	- 무엇이 그 문제의 본질인가? - 깊게 파기위해 넓게 파는 것이지, 넓게 파기 위해 깊게 파는 것이 아니다. - 끊임없이 되물어라
모호하거나 광범위한 접근	- 우리가 정의할 수 있는 용어를 쓰고 있는가? - 그 용어에 대한 우리만의 정의는 무엇인가? - 모호하거나, 포괄적이지 않고 구체적으로 말하고 있는가?
세상의 모든 문제 고민	- 정말 그 문제를 해결할 수 있는가? - 내가 하려는 일에 사회 문제를 끼워 맞추는 것은 아닌가? - 포기할 수 없는 단 하나의 문제는 무엇인가?
자기 중심적인 접근	- 그 문제는 왜 해결되어야 하는가? - 누구를 위해 그 문제가 해결되어야 하는가? - 그 문제가 누구에게 부정적인 영향이 되었는가? - 그들의 문제인가, 내 기준에서의 문제인가? - 일분의 문제를 전체의 문제로 보고 있지 않은가? - 사회와 대중이 그 문제를 공감할 수 있는가?

(2) 소셜벤처의 가치제안과 가치창출

소셜벤처의 비즈니스 모델은 기업이 자신의 미션을 달성하기 위해 어떤 가치를 제안하고, 어떻게 가치를 창출(전달)하고, 확보(획득)하는지를 설명하는 설계도이자 대본으로, 기업의 전략 실행을 안내하는 지도이며, 어떤 제품이나 서비스를 어떻게 소비자에게 제공하고, 어떻게 마케팅하며, 어떻게 수익을 창출할 것인가에 대한 계획 또는 사업 아이디어라고 할 수 있다.

그림 6-11 비즈니스 모델 분석틀

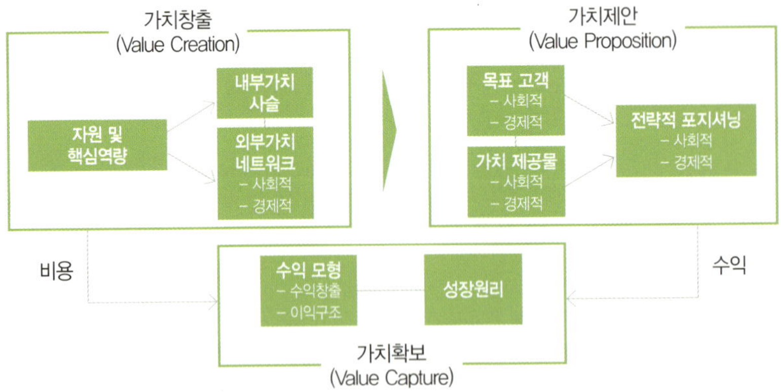

비즈니스 모델은 비즈니스의 본질인 가치 창출의 흐름을 기준으로 소셜벤처의 비즈니스 모델도 가치제안-가치창출-가치확보의 3가지 차원으로 구성되며 각 영역별 주요 내용은 아래와 같다.

가치제안(value proposition)

목표 고객에게 어떤 가치를 어떤 형태로 제공할 것인가에 관한 것으로, 고객은 기업의 가치제안 내용을 보고 기업이 제공한 가치를 평가하면서 구매를 결정함

표 6-5 소셜벤처 비즈니스 모델 -가치제안-

대분류	중분류	세부내용
가치제안	목표고객의 설정	- 소셜벤처의 경우, 사회적 가치의 수혜자와 경제적 목표 시장이 별도로 구분될 수 있음 - 소셜벤처는 가격 지불자와 서비스 수요자가 구분될 수 있음. 이때 기업은 수요자와 구매자를 구분하여 가치 제공물을 제안 해야 함
	가치 제공물	- 소셜벤처는 사회적 가치와 경제적 가치의 조합을 구성할 때 상호보완성과 일관성을 확보해야 함 - 사회적 가치는 경제적 가치와 모순되는 경우가 있는데, 이를 극복하기 위한 혁신안을 모색해야 함
	전략적 포지셔닝	- 기존 사회적, 경제적 시장에서 다른 조직 또는 기업에 의해 공급되지 않는 차별화된 것이어야 하며, 가치의 성능이 우월하여 지속적으로 목표 고객이 선호하며, 다른 기업이 쉽게 모방하기 힘든 것이어야 함

가치창출(value creation)

가치 제안을 현실화하는 것으로서 가치 제안에서 약속한 가치 제공물을 고객과 이해관계자에게 실제 어떻게 제공할 것인가에 관한 것으로, 가치 제공물을 개발, 생산 및 전달하는 가치 창출 프로세스의 구조와 역량을 의미함

표 6-6 소셜벤처 비즈니스 모델 -가치창출-

대분류	중분류	세부내용
가치창출	핵심역량	- 우수한 기업은 매력적인 가치제안을 함과 동시에 경쟁 조직에 비해 효율적, 효과적으로 가치창출 및 전달 과정을 확보하여 고객에게 차별화된 가치를 전달함. 그렇게 하기 위해서는 경쟁력 있는 자원과 역량을 보유해야 하는데 이를 핵심역량이라고 함
	내부 가치사슬	- 가치사슬은 가치를 창출하는 일련의 프로세스를 의미함. 일반적으로 가치창출 프로세스는 가치의 설계, 구매, 생산, 전달, 판매 등과 관련된 것으로 고객관계, 개발, 생산 및 주문 충족 프로세스, 공급자 관계로 구성됨
	외부가치 네트워크	- 소셜벤처는 일반 영리기업보다 스스로 동원할 수 있는 자원이 부족함. 따라서 다양한 공급자, 보완재, 비영리기관, 사회투자 자본, 관련 지원기관, 대학 등을 외부 네트워크로 촘촘하게 구성해야 함

가치확보(value capture)

어떻게 가치를 화폐가치로 회수할 것인가에 관한 것으로서 비즈니스의 수익창출모형(revenue model)과 이익구조모형(economic model)으로 구성된다(Richardson, 2008).

읽어 보기

공유경제와 사회적 기업 **우주(WOOZOO)**

피제이티옥주식회사의 우주(WOOZOO, 우리들의 주거 공간)는 2012년 9월 설립되어 우리나라에서 셰어하우스 비즈니스를 개척한 사회적 기업이다. 사회적 기업 (주)딜라이트의 창업자 김정현(현. 피제이티옥 주식회사 대표)과 일부 임직원이 사내창업의 형태로 시작해 독립하였으며, 도시 청년들의 주거문제 해결과 공유문화 활성화를 사회적 사명으로 한다.

그림 1 우주의 이해관계자 가치모형

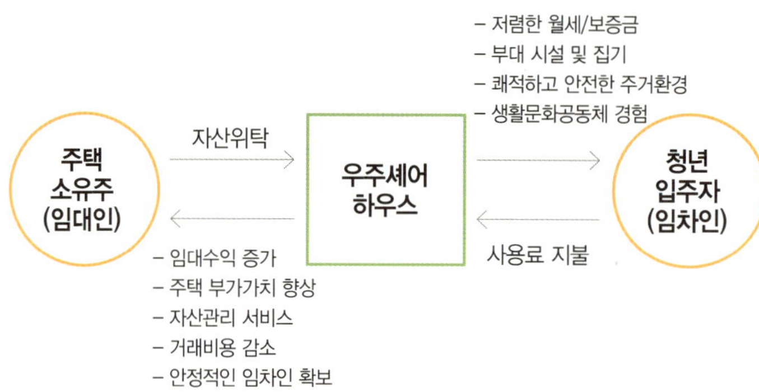

청년 주거문제를 해결하기 위해 우주는 저렴하고 쾌적한 셰어하우스를 도시거주 청년들에게 제공함으로써 주거비 부담을 줄이고, 청년들의 삶의 질을 높이고자 한다. 개별적으로 문화적 정체성을 부여하여 컨셉형 셰어하우스를 설계하고, 다양한 문화기획 프로그램을 통해 새로운 청년 주거문화 창출을 목표로 한다.

우주의 사례는 공유경제 비즈니스의 성공요건이 기존의 가치사슬을 새롭게 조합하여 시장에 혁신적인 가치제안을 하는 가치혁신에 있음을 보여준다. 향후 공유경제 분야의 사회적 기업에서도 이러한 가치혁신 아이디어의 개발이 가장 중요한 과제가 될 것이다.

이처럼 공유경제는 사회적 기업 비즈니스로서의 잠재력이 매우 큰 모델이다. 앞으로 사회적 기업 생태계에서도 단순한 재화와 서비스를 판매하는 형태의 서비스가 아니라 서비스 솔루션을 판매하는 형태의 다양한 사회적 기업이 출현할 것이다.

출처 : 라준영(2014.11), "공유경제와 사회적 기업: 우주(WOOZOO) 사례", 서비스경영학회지 제15권 제4호.

(3) 소셜벤처의 비즈니스 모델 검증

위에서 언급한 소셜벤처의 비즈니스 모델 구성요소들이 적절하게 준비되고 확보되었는지 확인하기 위한 방법으로 하나의 조직이 어떻게 가치를 창조하고, 전파하며, 포착해 내는지를 합리적이고 체계적으로 묘사하여 비즈니스 모델을 설명하고, 시각화하고, 평가하고 변화시키는 툴인 비즈니스 모델 캔버스를 활용하여 점검해 볼 수 있으며, 소셜벤처는 비즈니스 모델 캔버스에서 제시한 9가지 요소 이외에 사회적 비용(social cost)과 사회적 효과(social benefit)를 포함하여 11가지 요소를 점검해 보아야 한다([그림 6-12] 참고).

그림 6-12 비즈니스 모델 캔버스 11 Building blocks

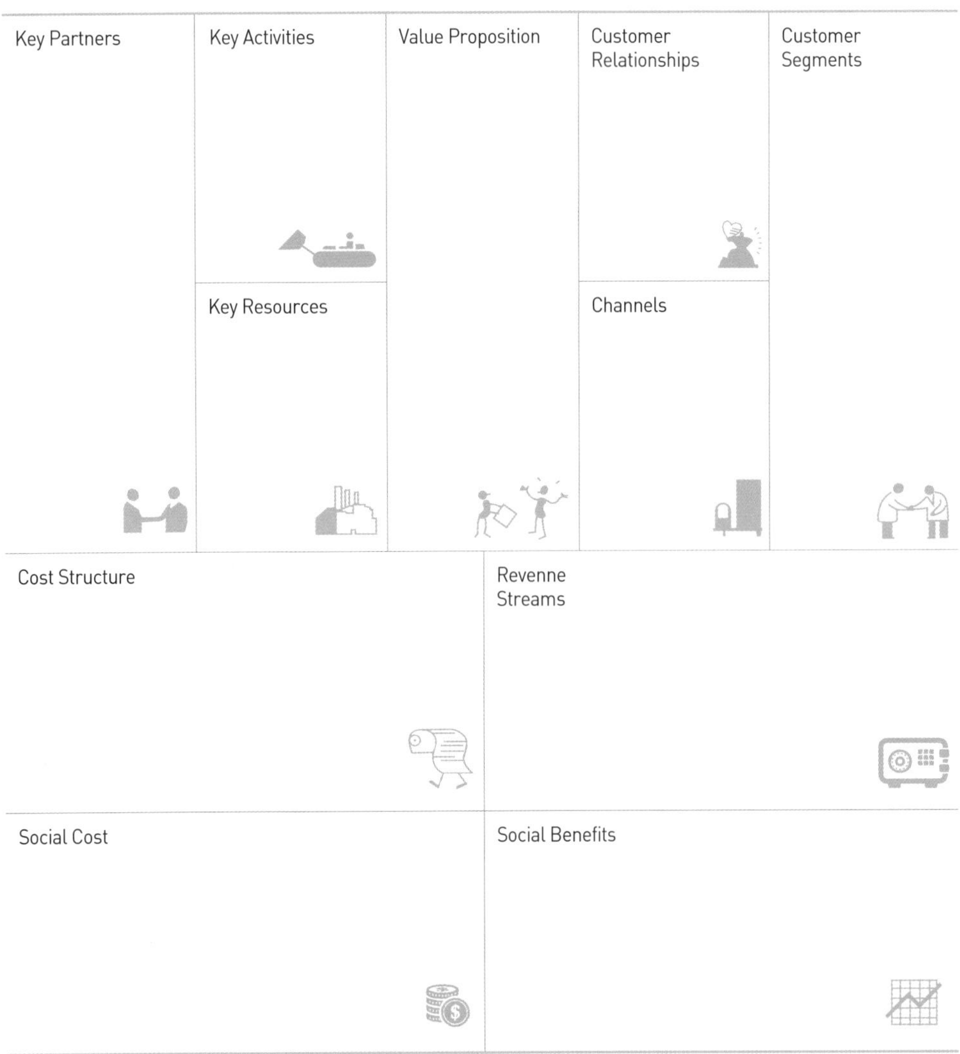

VP : Value Propositions(가치제안)

주요 질문	가치 창출의 유형
- 실현하고자 하는 사회적 가치는 무엇인가 - 어떤 가치가 고객에게 전달되어야 하는가 - 각각의 고객 세부 집단에게 우리가 제공하고자 하는 제품과 서비스의 묶음은 무엇인가? (제품과 서비스의 정의)	- 우수한 성능 - 혁신 - 가격 - 비용 절감의 기회 - 높은 브랜드 지위 - 서비스의 개인화 - 탁월한 디자인 - 편의성 - 위험 회피의 기회 - 무언가를 '되게' 만드는 것 - 기존 제품 및 서비스로 접근이 어려웠던 제품과 서비스의 제공

CS : Customer Segments(고객 세분화)

주요 질문	참고사항
- 소셜미션의 수혜자는 누구인가? - 우리는 누구를 위해서 가치를 창출하는가? - 누가 우리의 가장 중요한 고객인가?	- 기업이 서비스하고자 하거나 목표로 하는 조직 또는 사람들을 정의함 - 공통된 욕구, 행동방식, 속성 등을 기준으로 고객 분류 - 어떤 고객에게 집중하고 어떤 고객을 무시 할지 결정

CH : Channels(유통)

주요 질문	채널의 기능
- 시장에서는 제품 · 서비스가 어떻게 고객에게 도달하고 있는가? - 어떤 채널을 통해서 세분화된 고객에게 도달되기를 원하는가? - 가장 효과적인 채널은 무엇인가? - 비용 효율적인 채널은 무엇인가? - 우리는 어떻게 채널과 고객 일상(customer routine)을 통합하고 있는가?	- 고객의 인지도 향상 - 기업의 가치 제안에 대한 평가 - 제품과 서비스의 구입 - 전달 - 고객 지원

CR : Customer Relations(고객관계)

주요 질문	고객 관계의 3가지 동기
- 신규 고객 유치를 위해하고 있는 활동이 있다면 무엇인가? - 기존 고객을 유지하는데 위해하고 있는 활동이 있다면 무엇인가? - 판매 촉진을 위해 벌이고 있는 활동이 있는가?	- 고객 확보 - 고객 유지 및 재유치 - 판매 촉진

RS : Revenue Streams(매출원)

주요 질문	참고사항
- 고객들이 정말로 지불하고자 하는 가치는 무엇인가? - 고객은 현재 어떻게 지불하고 있는가? - 고객은 어떻게 지불하는 것을 선호하는가? - 각각의 수익 원천이 전체 수익에 어떻게, 그리고 얼마나 기여하고 있는가?	- 매출 추정은 사업계획의 절반 - 비즈니스 모델을 수립할 때 정량화까지는 아니라도 지속가능성에 대한 확신을 가질 수 있어야 함 - 물품 판매, 서비스 이용료, 가입비, 대여료 및 임대료, 라이센싱, 중개 수수료, 광고

KR : Key Resources(핵심 자원)

주요 질문	참고사항
– 고객에게 가치를 제공하기 위해 어떤 핵심 자원을 필요로 하는가? – 공급 채널을 위해 어떤 자원이 필요한가? – 고객 관계와 수익원을 위해서 어떤 자원이 필요한가?	– 물적 자원(Physical) · 건물, 차량, 기계, 시스템, 유통망 – 지적 자원(Intellectual) · 브랜드, 특허, 지적 재산권, 파트너십, 고객 정보 – 인적 자원(Human) · 지식 및 창조산업에서 더욱 중요 – 금융 자원(Financial) · 개인자본, 정책자금, 민간투자(엔젤투자, VC), 임팩트투자

KA : Key Activities(핵심 활동)

주요 질문	참고사항
– 우리의 가치 제안은 어떤 핵심 활동을 필요로 하는가? – 유통채널, 고객관계, 수익원을 확보하기 위해서는 어떤 활동이 필요한가? – 조직 구성원들의 활동이 서로를 더욱 경쟁력 있게 강화 시키는가? – 기업이 가지고 있거나 추구하고 있는 역량과 일관성이 있는가?	– 기업이 비즈니스를 해 나가기 위해 꼭 해야 하는 중요한 일들 – 가치제안을 창조하고, 시장에 접근하고, 목표 고객과의 관계를 유지하며, 수익원을 만드는데 필요한 활동

KP : Key Partnerships(핵심 파트너십)

주요 질문	참고사항
– 누가 주요한 파트너들인가? – 누가 우리의 주요한 공급자들인가? – 우리의 파트너들로부터 확보하는 핵심 자원은 무엇인가? – 파트너들이 수행하는 핵심 활동은 무엇인가?	– 비즈니스 모델을 작동시켜 줄 수 있는 '공급자', '파트너' 간의 네트워크 – 자원이 부족한 소셜벤처에게 파트너십은 매우 중요한 요소 – 비경쟁자들 간의 전략적 동맹 – 경쟁자들 간의 전략적 파트너십 – 조인트 벤처 – 안정적 공급을 위한 구매자 · 공급자 관계

CS : Cost Structure(비용 구조)

주요 질문	참고사항
– 우리의 비즈니스 모델에 내재되어 있는 중요한 비용 요소는 무엇인가? – 어떤 핵심 자원이 가장 비싼가? – 어떤 핵심 활동이 가장 비싼가? – 가장 높은 고정비가 들어가는 자원 혹은 활동은? – 가장 높은 변동비가 들어가는 자원 혹은 활동은?	– 비즈니스 모델의 여러 요소를 작동시키는데 소요되는 비용 – 고정비 : 인건비(정규직), 임차료, 보험료, 광고선전비, 감가상각비 – 변동비 : 원재료비, 인건비(파트타임), 비정기적 광고비 등

사회적 비용(Social Cost) 및 사회적 편익(Social Benefits)

SC	SB
우리 비즈니스 모델에 내재되어 있는 중요한 사회적 비용 요소는 무엇인가?	- 간접적, 2차적 편익은 무엇인가? (VP 파트의 직접적 , 1차적 편익 외) - 예)그라민폰의 경우, 여성에 대한 소득 향상은 1차적 편익, 이로 인한 여성 인권 향상은 2차적 편익임

창업을 준비 중인 예비 창업기업이나 이제 비즈니스를 갓 시작한 기업들이 비즈니스 모델 캔버스를 활용하여 비즈니스 모델을 계획하거나 점검하지만, 위에서 설명한 11 Building Blocks에서는 소셜벤처가 중요하게 여기는 소셜 임팩트, 차별성, 이해관계자 등의 요소가 잘 드러나지 않는다. 이러한 단점을 보완하기 위해 Social Lean Canvas Tool을 활용하여 비즈니스 모델을 점검해 보는 것도 좋은 방법이 될 수 있다.

그림 6-13 Social Lean Canvas

<table>
<tr><td colspan="6">소셜미션
비즈니스를 시작하게 된 문제의식은 무엇이며, 지향하는 궁극적인 가치는 무엇입니까?</td></tr>
<tr><td rowspan="2">주요 파트너
비즈니스를 성공적으로 수행하기 위해 꼭 필요한 파트너는 누구입니까?</td><td>핵심활동
비즈니스의 목표달성을 위해 행하는 주요 활동은 무엇입니까?
(제조, 서비스, 유통, 개발, 캠페인, 정책 제안 등)</td><td rowspan="2" colspan="2">가치제안
솔루션의 차별점은 무엇이며, 관심을 끌 가치는 무엇입니까?</td><td>이해관계자 관계
비즈니스의 주요 이해관계자들과 어떠한 관계를 구축하고 협업하고자 합니까?</td><td rowspan="2">이해관계자
비즈니스를 통해 영향을 받거나, 영향을 끼치는 이해관계자는 누구입니까?(파트너 제외)</td></tr>
<tr><td>핵심자원
비즈니스를 시작하고 유지하며 계속 발전시키기 위해 필요한 자원은 무엇입니까?</td><td>채널
비즈니스의 주요 수혜자와 고객은 어떠한 방식과 지점에서 여러분의 솔루션을 인지하고 혜택을 누리게 됩니까?</td></tr>
<tr><td colspan="3">비용
비즈니스를 진행하는데 소요되는 모든 비용 요소는 무엇입니까?
(인건비, 연구개발비, 사업운영비, 제품제작비, 홍보비 등)</td><td colspan="3">수익모델
비즈니스를 지속가능하게 만드는 주요 수익의 원천(후원, 매출, 투자 등)은 무엇이며, 그 전략은 무엇입니까?</td></tr>
<tr><td colspan="3">차별성
기존에 존재하는 경쟁자와의 차별성은 무엇이며, 어떤 점에서 더 경쟁력이 있습니까?</td><td colspan="3">임팩트
비즈니스가 창출하는 임팩트는 무엇이며, 그 크기와 향후 확장 가능성(지역, 대상 등)은 어느 정도입니까?</td></tr>
</table>

6.2 소셜벤처 사업타당성 분석

일반적으로 사업타당성 분석은 사업계획서를 작성하기 전에 해당 아이디어의 사업화 성공 가능성을 검토하는 단계를 말한다. 사업타당성 분석은 창업자(팀)의 역량, 기술성, 시장성, 수익성 등을 기본적으로 검토하고 이외에는 위험요소에 대한 내용을 분석하는 과정으로 이루어진다. 이제부터 일반적인 사업타당성 분석과 소셜벤처 사업타당성 분석은 어떤 차이가 있는지, 그리고 소셜벤처 사업타당성 분석은 무엇인가에 대해 살펴보도록 하자.

1) 소셜벤처 사업타당성 분석의 정의

일반기업의 사업타당성 분석은 평가요소 및 가중치 등에 따라 달라질 수 있지만 일반적으로 창업의 사업수행 능력 및 적합성 분석, 해당 사업의 시장성 분석, 기술적 분석 등을 고려한다. 하지만 소셜벤처의 경우 기본적인 구조는 유사하지만 사회적 니즈 또는 문제 해결을 위한 명확한 니즈에서 출발해서 최종적으로 사회적 영향력을 통해 성과를 측정하기 때문에 다음과 같은 조건들이 성립되어야 한다.

- ◆ 경쟁시장/현실시장에서의 실패 혹은 사회적 문제
- ◆ 시장 실패 혹은 사회적 문제를 완화시키기 위한 명확한 전략
- ◆ 시장 잠재력
- ◆ 생존능력 설계
- ◆ 사회적 가치와 영향력을 창조하기 위한 잠재력

2) 소셜벤처 사업타당성 분석의 체크리스트

사업계획서를 작성하기 전 소셜벤처의 미션 및 사회적 가치 실현, 시장성, 실현가능성, 수익성 등 각 항목별 고려해야 하는 질문을 통해 소셜벤처 창업을 위한 준비정도를 가늠해보도록 하자.

1. 배경	
1) 소셜벤처기업의 사명과 목표는 무엇인가?	□
2) 당신의 고객은 누구인가?	□
3) 이해 관계자는 누구인가?	□
2. 소셜벤처기업에 의한 시장 실패/사회 니즈 또는 문제 해결	
1) 당신이 소셜벤처기업을 통해 다룰 사회 문제와 니즈/시장 실패는 무엇인가?	□
2) 당신이 추구하는 변화는 무엇인가?	□
3) 당신은 소셜벤처를 활용하여 이런 변화를 성취하기 위해 어떤 방법을 제안할 것인가?	□
3. 소셜벤처기업 설계 기준	
1) 당신은 소셜벤처기업을 설계하는데 고객의 특별한 특성과 니즈는 무엇인가?	□
2) 당신은 소셜벤처기업을 설계하는데 지역사회와 환경의 특별한 특성과 니즈는 무엇인가?	□
3) 소셜벤처기업를 실현하기 위한 추진일정은 무엇인가?	□
4) 손익분기 조건은 무엇인가?	□
5) 상위 조직에 보고할 창업 비용, 운영보조금 또는 이익의 금융 조건은 무엇인가?	□
6) 소셜벤처기업의 성공 기회를 높이기 위해 필요한 시장조건은무엇인가?	□
7) 당신은 이해 관계자(공공, 기증자, 보드, 직원 등)의 요구에 대해 어떤 기준을 고려해야하나?	□
8) 당신은 당신의 소셜벤처기업으로부터 어떻게 "거래를 깨는 사람 '을 확인 할 수 있는가?	□
9) 소셜벤처기업을 만들고 싶어 하지 않는 사람들을 어떻게 절충 또는 타협 할 것인가?	□
4. 소셜벤처기업의 개념	
1) 어떻게 소셜벤처기업은 사회 변화를 달성하고 해결하거나 식별한 사회 문제/필요 또는 시장 실패를 완화하는데 도움이 될 것인가? (이 기업의 일반적인 전략을 명확하게 해야 한다.)	□
2) 당신의 소셜벤처기업이 제공하는 제품 혹은 서비스는 무엇인가?	□
3) 당신의 제품 혹은 서비스를 이용하는 고객은 어떤 혜택을 누릴 수 있는가?	□
4) 당신의 고객은 누구인가? (설명: 인구 통계 학적, 지리적, 심리학적 특성)	□
5) 당신의 고객은 기증자 고객인가?	□
6) 누가 지불하고 사용하며, 영향을 받는가? (고객 수준)	□
7) 귀하의 비즈니스에 의해 작성 될 수 있고 그들이 원하는 것과 필요로 하는 요구는 무엇인가?	□
8) 그들은 기꺼이 지불 할 수 있는가?	□
9) 어떻게 당신의 고객을 세분화 할 것인가? (1차 고객, 2차, 3차 등)	□
5. 소셜벤처기업의 전략	
1) 국가 전략 : 사명과 가치를 구현하고, 기업이 의도하는 사회적 영향의 목적을 달성하는 변화의 중간 및 최종 결과를 분명히 하는 변화 이론은 무엇인가?	□
2) 지속 가능 경영 전략 : 어떻게 소셜벤처기업을 지속 될 수 있도록 할 것인가?	□
3) 당신의 자원 전략은 무엇이며, 어떻게 다섯 자본을 사용하거나 고용 할 것인가?	□
4) 사회적 영향력(social impact) 전략? 어떻게 당신의 조직은 사회적 영향력을 달성 할 것인가?	□

5) 전략의 결과를 관리하기 위한 운영 절충과 위험은 무엇인가?	□
6. 사회적 및 금융적 영향력	
1) 소셜벤처 기업에 있어 사회적 영향력(social impact)의 목적은 무엇인가? (국가별 / 측정 가능한 목표)	□
2) 재무 목표는 무엇인가? (국가별 / 측정 가능한 목표)	□
3) 소셜벤처 기업이 지역 사회에 미치는 영향은 무엇인가? (국가별 / 측정 가능한 목표)	□
4) 소셜벤처 기업에 대한 환경 영향의 목표는 무엇인가? (국가별 / 측정 가능한 목표)	□
7. 시장 분석	
1) 시장의 동향과 기회는 무엇인가?	□
2) 시장은 성장하고 있는가? 축소하고 있는가?	□
3) 소셜벤처기업을 충분히 지원할 수 있는가?	□
4) 타겟으로 하고 있는 고객의 프로필에 어떤 변화가 발생 할 수 있는가?	□
5) 이러한 변화에 영향을 줄 때, 또는 어떻게 고객이 제품이나 그것을 지불 할 수 있는 능력을 사용할 것인가?	□
6) 이 사업에 영향을 미칠 수 있는 전략적 환경(법률, 경제, 규제 등)에 어떤 변화를 예측할 수 있는가?	□
7) 이 기업이 개발할 수 있는 특정 틈새시장이 있는가?	□
8. 산업 분석	
1) 이 산업에서 어떤 방법으로 제어하고 규제할 수 있는가?	□
2) 해당 업계의 역동성이나 특징은 무엇인가?	□
3) 이 업계에서 기업의 일반적인 금융 벤치마크는 무엇인가?	□
4) 이 업계에서 성공을 위한 사회적 벤치마크는 무엇인가?	□
5) 이 기업/사회 부문에서 법적 또는 산업 규제를 위한 라이센스, 표준, 인가, 인증 등이 대상인가?	□
6) 중요한 다른 선수(경쟁 제외)는 누구이며, 그들은 어떻게 이 산업에 영향을 미칠 수 있는가?	□
7) 업계 구매자, 공급업체, 신규 진입자, 경쟁자들간의 역할은 무엇인가?	□
8) 새로운 사회적기업을 업계에서 시작하는 것이 얼마나 쉬울 수 있는가?	□
9) 장벽은 무엇인가?	□
10) 주요 이해 관계자들과 노동 조합, 정부 등은 어떤 관계가 있는가?	□
9. 경쟁	
1) 유사한 서비스 또는 제품을 제공하는 핵심 경쟁자는 누구인가?	□
2) 같은 시장에서 같은 제품 또는 서비스를 제공하고 있는 많은 경쟁업체가 있는가?	□
3) 경쟁업체의 수는 증가 또는 감소하고 있는가?	□
4) 제안 된 사업들과 경쟁사와의 크기/자원을 어떻게 비교하는가?	□
5) 경쟁자와 비교했을 때 당신은 어떤 장점이 있는가?	□
6) 이 간접적인 경쟁은 유사하거나 대체 제품을 제공하고, 또는 쉽게 직접적인 경쟁자가 될 수 있는가?	□
10. 소셜벤처기업 비즈니스 모델	
1) 당신의 소셜벤처기업 기본 운영 모델을 설명할 수 있는가?	□
2) 가치 제안은 무엇인가?	□
3) 가치가 어떻게 전달되며, 가치사슬의 구조는 무엇인가?	□
4) 우리는 어떻게 적절한 비용으로 가치를 제공 할 수 있는가?	□
5) 제품 및 서비스 클라이언트/고객 세분화에게 특별 요구사항 또는 고려사항을 제공 할 수 있는가?	□
6) 조직의 강력한 기능과 전략적 자산은 무엇인가?	□
7) 파트너/제휴는 누구이며, 이러한 관계는 어떻게 구성 되는가?	□

8) 비용은 얼마이며, 어떻게 비용을 나눌 수 있는가?	□
9) 이해 관계자와의 이익 반환을 어떻게 정량화 할 것인가?	□
10) 우리는 어떻게 이 사업을 수행하는 재무 목표를 달성 할 것이며, 우리의 비용을 어떻게 충당 할 것인가?	□
11) 누가 전략적 파트너이고, 당신이 그들과 함께 어떻게 일 할 것인가?	□
11. 운영 요구 사항	
1) 이 기업의 일상적인 운영 요구 사항은 무엇인가?	□
2) 기술/시스템, 생산 방법 , 특수 장비나 시설, 또는 이 기업과 관련된 기술 요구사항이 있는가?	□
3) 기술, 장비 등을 저렴한 비용으로 얻을 수 있는가?	□
4) 어떤 경우가 이 기업과 관련 된 책임 문제이며, 그것은 무엇인가?	□
5) 이 소셜벤처 기업에 대한 시설 요구 사항은 무엇이며, 그것은 합리적인 가격에 구매 할 수 있는가?	□
12. 관리 요구 사항	
1) 사업의 관리 구조로 무엇을 할 것인가?	□
2) 어떤 기술/경험/자격 증명이 관리 팀에 필요한가?	□
3) 당신이 구입하거나 외부 전문 지식을 고용해야 할 것인가?	□
4) 적절한 관리가 어려울 때, 필요한 관리 기술과 경험이 가능한 사람들을 모집하기 위한 충분한 pool이 있는가?	□
5) 사람들이 필요로 하는 전문 지식의 기술과 경험을 저렴한 비용으로 취득 할 수 있는가?	□
6) 이 사업을 실행하기 위한 인력 요구 사항(직원의 필요성, 기능, 기술 수준, 자격)은 무엇인가?	□
13. 금융 요구 사항	
1) 당신이 스타트업을 시작한다면 얼마의 자본이 필요한가?	□
2) 당신이 스타트업을 시작한다면 자본 투자에 사용할 수 있는 자본 준비금이 있는가?	□
3) 이 기업(이 답변을 유도하기 위해 특정 손익분기 공식에 대한 추정 손익분기 매출액은 얼마이며, 수익이 수준에 도달하기 위해 얼마나 기다려야 하며, 얼마나 우리는 매달 손실을 포함해야 하며, 손실을 커버하는 우리의 총 투자는 어떻게 될 것인가?	□
4) 생산이 가장 높을 때 상품의 비용을 어떻게 사용해야 하며, 이 업계에서 매출 총 이익은 얼마인가?	□
5) 기업은 이상한 오버 헤드 비용을 포함 하는가?	□
6) 조직은 기업의 금융 요구 사항 (자본, 새로운 장비, 급여, 작업 시작 등)을 충당하기 위해 충분한 자본에 액세스 할 수 있는가?	□
7) 당신은 벤처기업에 대한 자금 조달을 외부에서 추가로 액세스 할 수 있는가?	□
8) 그것은 당신의 기업을 위한 저금리 대출 또는 프로그램 관련 투자를 얻을 수 있는가?	□
9) 당신이 기업의 재무 위험을 공유하고 협조 할 수 있는 다른 조직이 있는가?	□
10) 상위 조직에 이 기업의 금융 혜택과 장단점은 무엇인가?	□
14. 중요한 위험과 기회	
1) 이 기업이 활용할 수 있는 기회는 무엇인가?	□
2) 이 기업을 실행하여 올릴 수 있는 어떤 조직의 이슈가 있는가?	□
3) 이 기업(비즈니스와 사회)에서 "붉은 깃발"을 나열 ; 위협 또는 약점이 시작하거나 유지하는데 당신의 성공을 제한 할 수 있는가?	□

활동 하기

비즈니스 모델 캔버스 활용
비즈니스 모델 검증하기

소셜벤처는 비즈니스모델 캔버스에서 제시한 9가지 요소 이외에 사회적 비용(social cost)과 사회적 효과(social benefit)를 포함하여 11가지 요소를 점검하여 소셜벤처 창업을 하기 위해 경쟁력을 갖춘 비즈니스 모델인지를 평가해보자.

Key Partners	Key Activities	Value Proposition	Customer Relationships	Customer Segments
	Key Resources		Channels	

Cost Structure	Revenne Streams
Social Cost	Social Benefits

학습 정리

◆ 비즈니스 모델 연구자로 잘 알려진 폴 티머스 박사는 비즈니스 모델을 제품, 서비스 및 정보의 흐름이며, 다양한 참여자들의 잠재적인 이익과 수익원천을 설명해 주는 청사진이라 정의하였다.

◆ 비즈니스 모델 관련 저서로 잘 알려진 오스터왈더는 비즈니스 모델의 정의를 한 조직체에서 어떻게 고객의 가치를 창출하고 전달하고 수익원을 확보하는지에 대한 합리적 방안이라 정의하였다.

◆ 많은 학자들이 비즈니스 모델에 대해서 연구를 하였는데 이를 종합하면 비즈니스 모델은 '사업 아이디어를 가지고, 어느 시장에서, 누구에게, 어떤 가치를 어떤 방법으로 전달하고 어떻게 수익을 창출할 것인지에 대한 전반적인 방향과 방법을 정의하는 것이다.

◆ 소셜벤처에서의 비즈니스 모델 원칙은 사회적 복지, 재무적 그리고 경제적 안정성, 환경적 이익, 기업이익, 사회적 발전을 이루는 동안의 느끼는 행복함 등을 포함한다.

◆ 기업 미션은 고객(이해관계자)에게 어떤 가치를 제공할 것인가를 묻고 소셜 미션은 주목하는 사회적 문제와 실현하고자 하는 사회적 가치의 명확화이다.

◆ 소셜벤처 비즈니스 모델의 가치제안은 목표고객의 설정, 가치 제공물, 전략적 포지셔닝이 있다.

◆ 소셜벤처 비즈니스 모델의 가치창출은 핵심역량, 내부 가치사슬, 외부가치 네트워크가 있다.

◆ 소셜벤처 비즈니스 모델의 검증은 비즈니스 모델 캔버스에서 제시한 9가지 요소 이외에 사회적 비용(social cost)과 사회적 효과(social benefit)를 포함하여 11가지 요소를 점검해 보아야 한다.

◆ 소셜벤처 사업타당성 분석은 소셜벤처기업을 창업하기 전 명확한 니즈에서 출발해서 최종적으로 사회적 영향력을 통해 성과를 측정하기 때문에 경쟁시장/현실시장에서의 실패 혹은 사회적 문제, 사회적 문제를 완화시키기 위한 명확한 전략, 시장 잠재력, 생존능력 설계, 사회적 가치와 영향력을 창조하기 위한 잠재력을 가지고 있다.

◆ 소셜벤처 사업타당성 분석의 체크리스트를 통해 사업 준비 정도를 가늠해 볼 수 있다.

참고문헌

- 미래창조과학부, "미래이슈 분석 보고서", 2015.
- European Union, "How to choose proper business model for social enterprise.", 2015.
- Arthur C. Brooks, "Social Entrepreneurship : A Modern Approach to Social Value Creation, 2007.
- Wolfgang Grassl, "Business Models of Social Enterprise: A Design Approach to Hybridity", ACRN Journal of Entrepreneurship Perspectives, 2012.
- Jerome A. Katz, Richard P. Green, "Entrepreneurial Small Business", Fourth Edition, 2013, McGraw-Hill Irwin
- Barringer, B. R. & Ireland, R. D. "Entrepreneurship: Successfully Launching New Ventures", Fourth Edition, 2012, NJ: Pearson Prentice Hall.
- Mizuho, "A Tookit for Developing a Social Purpose Busienss Plan.", 2004.
- Jill Kickul, "Hybrid Models for Social Enterprises.", NewYork University.

6장. 키워드 인덱스용

가치제안	사회적 비용	비즈니스 모델	가치창출
사회적 효과	사업타당성 분석		

"빈곤이란 게으름과 무능 때문이 아니라 스스로 독립할 수 있는
기회를 제공해 주지 않는 사회구조에 기인 한다".

그라민뱅크 창업자, 무하마드 유누스(Muhammad Yunus)

07

소셜벤처 **사업계획서**

학습 목표

1. 사업계획서의 일반적 개념을 이해한다.
2. 일반 사업계획서와 소셜벤처 사업계획서의 차이를 이해한다.
3. 소셜벤처 사업계획서의 목차를 이해하고 작성 방식을 이해한다.
4. 소셜벤처 사업계획서의 세부 항목별 작성 방법을 이해한다.
5. 소셜벤처 사업계획서의 활용 방안을 학습한다.

시 작
하 기

상장기업을 목전에 둔 사회적기업
제너럴바이오

제너럴바이오는 국내 인증 사회적기업 최초로 기업공개를 (IPO, Initial Public Offering) 앞두고 있으며, 미래에셋벤처투자, L&S벤처캐피탈, 쿨리지코너인베스트먼트, SJ투자파트너스 등 국내 대표적인 벤처캐피탈로부터 총 53억 원의 투자를 유치한 소셜벤처이다.

제너럴 바이오는 2007년도에 설립되어 천연 세탁세제, 천연 섬유유연제와 같은 천연 및 기능성원료, 미생물로부터 바이오 신소재 물질 개발에 힘쓰고 있는 바이오 R&D 전문기업이다.

또한, 제너럴바이오는 사회적기업펀드가 아닌 전문 벤처펀드로부터 투자를 받은 최초의 사회적기업으로 전체 임직원의 70%가 중증장애인을 포함한 사회적 취약계층이다. 그럼에도 불구하고 다수의 전문 투자기관이 제너럴바이오에 투자하게 된 데에는 기술력과 수익성, 경영능력에 있어서 일반 기업을 능가한다는 평가를 받았기 때문이다.

올해 7월에는 독자적인 유통망을 구축한 데 이어 이번 투자를 통해 전북 남원에 3만 평 공장 부지를 확보하고 CGMP 시설을 확장함에 따라 수출 규모도 큰 폭으로 증가할 것으로 예상된다. 지난 6월 사회적기업으로는 최초로 키움증권과 코스닥 상장을 위한 주간사 계약을 체결한 바 있으며 2017년 상반기 코스닥 진입을 목표로 하고 있다.

현재 신약 개발 단계 진입을 위해 기초 작업으로 회사가 원천특허를 보유하고 있는 주요 물질에 대한 독성 실험을 다수 진행하고 있으며 코스닥 상장 이후에는 본격적으로 천연물 신약으로 사업영역을 확대할 계획이다.

출처 : beSUCCESS(12.31). 기사 인용

생각해
보 기

01 사회적기업의 장점을 활용한 성공 요인은 무엇이라고 생각하는가?

02 제너럴 바이오가 추구하는 사회적 가치는 무엇인지 논의해 보자.

7.1 소셜벤처 사업계획서 개념

1) 소셜벤처 사업계획서의 정의

지금까지 비즈니스 모델에 대해 자세히 살펴보았다. 다시 한 번 간단하게 정의하면 비즈니스 모델은 '고객이 원하는 가치를 발견하고 이를 통해 수익을 창출하는 방법을 설계하는 것' 이다.

그렇다면 이번 장에서 배울 사업계획서와 비즈니스 모델은 어떠한 연관성이 있을까? 한 마디로 정리하면, 사업계획서는 비즈니스 모델의 구체적인 실행계획을 수립하는 것이다. 시장규모와 성장가능성은 충분한지, 팀은 어떻게 구성해야 하는지, 자금은 얼마나 필요한지, 생산은 어떻게 해야 하는지, 마케팅은 어떤 방법으로 할 것인지, 그리고 사업 추진 일정 등 모든 전반적인 내용들에 대해 구체적인 실행 계획을 수립하는 것이 사업계획서라고 할 수 있다.

우리가 창업을 준비하는 과정에 사업계획서가 과연 어떠한 도움을 줄 수 있는 지를 생각하여 보자. 첫째, 잘 작성된 사업계획서는 먼저 동업자나 투자자와 같은 이해관계자들의 사업에 대한 신뢰를 높이고, 그 결과 필요한 자금을 유치하는데 도움이 된다. 둘째, 투자자 등 외부의 이해관계자뿐만 아니라 내부 구성원들과도 비전을 공유하고 그들의 사업에 대한 이해를 높일 수 있도록 도와준다. 셋째, 사업진행시 신규 사업의 타당성을 다양한 각도에서 체계적으로 점검해볼 수 있으며, 신규 사업에서 나타나는 변수를 명확히 분석함으로써, 장애요인을 제거하고 위험요인을 사전에 방지할 수 있다. 넷째, 신규 사업을 진행하는 상황에서 추진 일정을 계획대로 진행할 수 있게 되어 비용을 절감할 수 있으며, 실제 프로젝트 진행 시 프로젝트 추진 상황을 관리하고 평가 할 수 있는 핵심 자료로 활용할 수 있다. 따라서 초기창업을 준비하는 예비 창업가뿐만 아니라 새로운 사업을 준비하는 모든 창업가에게 사업계획서 작성은 반드시 필요하다.

앞서 학습한 내용들은 소셜벤처 뿐만 아니라 일반 창업기업에도 적용되는 사업계획서의 내용이다. 그렇다면 소셜벤처 사업계획서와 일반 창업기업의 사업계획서와의 차이점은 무엇일까? 대부분의 내용에서는 큰 차이점이 없다. 다만, 사회적 가치를 실현한다는 소셜벤처의 특성상, 사회적 가치 창출을 위한 미션이 매우 중요하고 차별화되는 항목이라 할 수 있다. 따라서 소셜벤처 사업계획서가 제 역할을 하기 위해서는 그 의도에 맞게 사업의 시작부터 끝까지 전 과정을 이해하고 분석할 필요가 있다.

2) 소셜벤처 사업계획서 작성 원칙

본 장에서는 우선 소셜벤처 사업계획서 작성에 필요한 원칙에 대해 살펴보도록 하자. 소셜벤처 사업계획서(social venture business plan)는 사업 목표를 명확하게 제시하는 것이 가장 중요하다. 여기에서 사업 목표는 도달하고자 하는 목표로서 실행을 기본적인 전제로 하므로, 설정된 목표는 실행가능성, 실행 과정에서의 관리 및 통제와 밀접한 관련성을 지닌다.

사업목표수립의 원칙으로는 SMART 원칙이 일반적으로 적용된다. 이는 Specific, Measurable, Attainable, Realistic, 그리고 Time-base의 다섯 가지 원칙의 영문 앞글자를 딴 용어이다. 다음에서 각 원칙들을 차례대로 살펴보도록 하자.

(1) Specific(구체성)

사업계획서는 우선 사업 목표가 구체적으로 제시되어야 한다. 추상적인 목표는 실행과 통제가 매우 어려우며, 각 조직구성원의 이해에 따라 목표에 대한 해석이 다를 수 있고, 상호 공유되기도 힘들다. 따라서 다음의 질문에 대하여 명확한 답을 할 수 있도록 준비해야 한다.

- ◆ Who : 담당 책임자
- ◆ What : 구체적인 목표
- ◆ Where : 장소
- ◆ When : 기간, 시간적 구분
- ◆ Which : 필요한 요구 및 제약 사항
- ◆ Why : 목표 달성이 가져올 혜택, 이유, 목적

(2) Measurable(측정 가능성)

사업 목표 설정 시 측정 가능한 방식으로 목표가 설정되어야 사업에 대한 평가가 가능하다. 이는 진행 사항과 최종 결과를 비교할 수 있기 때문이다. 목표 자체를 계량화하게 되면 실행과정의 어느 시점에서도 진척사항이 계량적으로 측정이 가능하므로, 이를 통해 실행과 통제가 명확히 이루어져야 한다. 특히, 소셜벤처 사업계획서는 사회적 가치 창출이 중요하기 때문에 정성적인 목표에 비해 정량적인 목표를 제시하기가 다소 어려울 수 있지만, 가능하면 더욱 명확히 제시하는 것이 좋은 사업계획서가 될 수 있는 방법이라는 점은 잊지 않도록 하자.

(3) Attainable(달성 가능성)

아무리 좋은 목표라 할지라도 소셜벤처가 보유한 핵심 역량과 인적 · 물적 자원을 고려하여

달성 가능한 범위 안에 있는 목표여야 실현 가능성이 높다. 기업이 지닌 역량에 비해 지나치게 높게 설정된 목표는 이해관계자의 동의나 공감을 얻을 수 없다. 소셜벤처의 경우 때로는 열정적인 기업가정신으로 지니고 있는 역량 이상의 목표를 설정하고 그러한 목표를 추구할 가능성이 높다. 하지만 이러한 경우에도 노력의 결과에 따라 달성이 가능한 목표를 설정하는 것이 중요하다. 따라서 한 번에 높은 결과를 추구하기보다는, 단계적으로 달성 가능한 목표를 수립하고, 그 목표를 달성해 나가다 보면 점차 높은 수준의 목표를 다시 세우고 이를 향해 달려나갈 수 있게 될 것이다.

(4) Realistic & Relevent(현실성, 관련성)

사업계획서 작성 시 제시할 소셜벤처의 사업 목표는 현실적이어야 한다. 또한, 사업의 비전과 관련성이 있어야 하는데, 이는 사업 목표가 기업의 비전을 달성하기 위한 징검다리의 역할을 하기 때문이다. 소셜벤처가 해결하고자 하는 사회적 문제는 우리가 현재 직면하고 있는 지극히 현실적인 문제들이기 때문에, 소셜미션 역시 현장을 바탕으로 비전을 추구하여 수립되어야 한다. 비현실적인 목표는 시행과정에 무리가 따르고 사업 실행의 전반에 부정적인 영향을 미치며 집중력을 약화시킨다는 점을 명심하도록 하자.

(5) Time-based(기간적 구분성)

소셜벤처의 사업 목표는 달성 가능한 여러 실행 목표로 나누어지는데, 각각의 실행목표가 기간적으로 구분되어 실행과 통제가 가능해야 한다. 목표 달성에 대한 긴급성과 책임성을 강조하기 위해서는 각각의 실행목표가 기간적으로 구분되어 성취결과의 측정 및 평가가 이루어지는 시스템이 작동해야 한다.

사업계획의 성격에 따라 분기, 반기, 연간, 3년간 등 각 기간별로 달성해야할 목표가 명확히 주어져서 목표 달성에 대한 긴급성을 부여하고 통제를 가능하게 한다.

이상의 사업계획서 작성 원칙을 정리한 내용은 [표 7-1]을 참고하자.

표 7-1 사업계획서 작성 원칙

		목표수립의 원칙		내용
1	S	Specific	구체성	목표의 내용, 책임소재, 달성시점 등
2	M	Measurable	측정 가능성	수치화된 표현
3	A	Attainable	달성 가능성	달성의 결과치의 예상
4	R	Realistic & Relevant	현실성, 관련성	실현 가능성, 사업의 관련성
5	T	Time-based	기간적 구분성	장 · 단기 기간별 구분

7.2 사업계획서 작성

1) 사업계획서 작성 전 질문

런던 비즈니스 스쿨에서는 모든 소셜벤처 사업계획서는 아래와 같은 10가지 질문에 답해야 한다고 제시하고 있다. 본격적으로 사업계획서를 작성하기 전에 아래의 질문에 대한 적절한 답을 선택할 수 있다면 기본적으로 사업계획서를 작성할 준비가 되어 있는 것이다.

---

① 현재 당신(회사)의 위치는 어디인가?
② 당신의 생산품 또는 서비스는 무엇인가?
③ 당신이 진입하고자 하는 시장은?
④ 그 시장에 어떻게 진입할 것인가?
⑤ 당신의 경쟁자는 누구이고, 어떻게 극복할 것인가?
⑥ 어떻게 제품을 생산하고 서비스를 제공할 것인가?
⑦ 어떤 사람들과 함께 하는가?
⑧ 사업에 필요한 예산과 재무계획은?
⑨ 리스크 요인은?
⑩ 투자에 대한 사회적 보상은 무엇이며 어떻게 측정할 것인가?

---

2) 사업계획서 구성 요소

앞서 간략이 언급한 것처럼, 소셜벤처 사업계획서는 일반적인 창업기업의 사업계획서와는 조금 차이가 있다. 소셜벤처 사업계획서와 비교해볼 때 일반 사업계획서에는 변화에 대한 당위성이나 사회적 영향력(social impact)과 같은 내용이 포함되지 않는다. 또한, 일반 사업계획서에는 경쟁자 분석이 사업 타당성에 매우 중요한 요소가 되지만, 소셜벤처 사업계획서에는 경쟁자 분석과 더불어 파트너십 구축이 동시에 제시되어야 한다는 차이점이 있다. 따라서 이러한 차별화된 내용을 고려하여 소셜벤처에 특화된 사업계획서가 구성되어야 한다.

다음은 소셜벤처 사업계획서의 기본적인 구성요소로, 각 항목들을 중점적으로 하여 소셜벤처 사업계획서가 구성된다.

- ◆ 사회적 문제와 기회의 인지(The Problems/Opportunity)
- ◆ 미션, 비전, 핵심가치(Mission, Vision, Core Values)
- ◆ 변화의 당위성(Theory of Change)
- ◆ 해결 방법(The Solution)
- ◆ 사회적 영향력(Social impact)
- ◆ 경쟁자 분석과 파트너십(Competition Analysis – Partnership)
- ◆ 비즈니스 모델 (Business Model)
- ◆ 소셜 마케팅(Social Marketing)
- ◆ 팀 구성과 인력 계획(Team & HR Plan)
- ◆ 재무계획(Financial Plan)

(1) 사회적 문제와 기회의 인지(The Problems/Opportunity)

사업계획서의 첫 번째 부분은 바로 '사회적 문제와 기회의 인지' 이다. 여기에서는 본인이 인지하고 있는 사회적 문제와 해당 문제가 왜 소셜벤처가 되는지에 대한 내용을 담아야 한다. 이를 위해 우선 아래와 같은 질문에 명쾌하게 답을 할 수 있어야 한다.

- ◆ 이 문제는 어떠한 피해를 가져오고 있나?
- ◆ 이 문제의 원인은 무엇인가?
- ◆ 이 문제는 왜 중요한가?
- ◆ 이 문제는 어느 정도 크기인가?
- ◆ 어떻게 어디까지 변화시킬 수 있나?

(2) 미션, 비전, 핵심가치(Mission, Vision, Core Values)

소셜미션과 비전 및 핵심가치는 소셜벤처 사업계획서에서 가장 중요한 요소이다. 소셜벤처의 존재 이유와 목적을 나타내주기 때문이다.

이 부분에서는 왜 우리가 함께 해야 하는지, 어떠한 미션을 통해 비전을 달성할 것인지를 진솔하게 나타낼 줄 알아야 한다. 그렇다면 미션, 비전, 그리고 핵심가치는 무엇을 의미하는 것일까? 다음에 제시된 정의와 사례를 통해 각각의 내용을 이해해 보도록 하자.

① 비전

비전은 사업의 성공을 바탕으로 미래의 어느 시점에서 자신이 보이고 싶어 하는 모습을 의미한다. 비전에는 창업가나 기업이 추구하는 철학이나 가치관이 담겨있으므로 장기적으로 전략적인 제휴 관계를 맺기 원하는 상대방에게는 매우 중요한 정보이다.

각 기업들의 비전 선언문을 사례로 들면 다음과 같다.

- ◆ "가족과 어린이의 꿈을 실현 시킨다" (디즈니)
- ◆ "Global Top Green & Smart Energy Pioneer" (한국전력공사)

② 미션

미션은 기업의 존재 이유나 사회적 사명을 의미하며 기업 경영의 궁극적인 목적 및 추구하는 방향성이라고 할 수 있다. 소셜벤처에 있어 소셜미션은 기업이 존재하는 이유 그 자체이기도 하다.

다음은 주요 기업들이 제시하고 있는 미션의 사례들이다.

- ◆ "사람을 위한 가치창조" (LG)
- ◆ "이동성을 개선 한다." (미쉐린 타이어)

③ 핵심가치

핵심가치는 경영의 모든 프로세스에서 조직이나 구성원이 취하는 행동의 기준으로 삼는 신념으로서 조직문화 또는 조직의 정체성이다. 의사결정의 기로에서 만약 상호 모순되는 두 가지 이상의 선택 가능한 옵션이 있다면 바로 핵심가치에 가장 적합한 선택을 하게 된다.

다음은 핵심가치의 사례들이다.

- ◆ "Curious(호기심), Passionate(열정), Resourceful(대처능력), Accountable(책임감), Teamwork(팀워크), Committed(소명의식), Open(공개), Energizing(활력)" (GE)
- ◆ "긍정적 사고, 전문지식, 고객 감동, 실행 중시, 상호 신뢰" (aT)

(3) 변화의 당위성(Theory of Change)

이 항목에서는 창업가가 추구하는 사회적 영향력(social impact)을 최대화하기 위한 행동을 이끌어내는 변화의 방식에 대해 나타내야 한다. 즉, 이 사업의 결과로 나타나게 될 변화들을 제시해야 한다.

예를 들면 지역 공동체에서 그들의 수공예제품을 온라인 플랫폼에서 팔게 되었을 때 그들은 지역 공동체에 경제적 이익을 가져오게 된다. 하지만 소셜벤처의 경우는 그들의 열망이 행동을 만들어 내고, 그것이 주변에 영향을 주게 되고, 기회를 만나게 되고, 결국 발전으로 가는, 그 변화를 가져오게 되는 과정을 나타내도록 해야 한다.

소셜벤처를 지원하는 기관인 SVP(Social Venture Partners)에서는 변화의 당위성에 대해서 다음과 같은 질문에 답을 구하고 있다. 우리가 창업할 소셜벤처도 다음의 질문에 답할 수 있는지 한번 생각해 보자.

◆ 우리는 누구를 위한 변화를 추구하는가? ◆ 우리가 만들어 내고자 하는 영향력은 무엇인가?
◆ 우리는 어떻게 그 영향력을 만들어 낼 수 있는가? ◆ 우리는 어떻게 성공 여부를 측정할 것인가?

---

(4) 해결 방법(The Solution)

이 항목에서는 앞에서 제시했던 사회적 문제를 해결하고 변화를 이끌어 내기 위한 제품과 서비스를 제시해야 한다. 해결방법을 찾기 위해서는 아래의 질문에 답해야 한다.

◆ 우리가 제공하는 제품과 서비스는 무엇인가? ◆ 누가 우리의 고객인가?
◆ 솔루션의 중요한 구성 요소는 무엇이고 어떤 것부터 먼저 해야 하는가?

---

(5) 사회적 영향력(Social Impact)

사회적 영향력(social impact) 부분은 기본적으로 다음의 질문을 고려하여 사업계획서에 나타내면 된다.

◆ 궁극적으로 원하는 변화는 무엇인가?
◆ 계획한 사업으로 얻게 될 결과물은 무엇인가?

이 부분에서 창업가는 사회적 영향력(social impact)이 나타나기까지의 사업 과정에 유의해야 한다. 보통 일반 벤처기업의 경우 투입(inputs)은 활동에 영향을 주고, 산출(outputs)이 나타나며 산출의 가치는 수익으로 귀결된다. 이들은 수익이 최종 목표이기 때문에 더 이것을 성공의 측정치로 판단할 수 있다.

반면, 소셜벤처는 일반 벤처기업과는 다르게 수익과 더불어 사회적 영향력(social impact)을 추구하고 있다. 이 사회적 영향력은 한 조직의 성과뿐만 아니라 주변의 변화를 포괄하는 개념이기 때문에 수익 이후에 나타난다. 따라서 사업계획서를 작성할 때 다음의 과정을 이해한 후 최종적인 결과의 개념으로서 사회적 영향력(social impact)을 제시하여야 한다.

그림 7-1 사회적기업 활동의 과정

(6) 경쟁자 분석과 파트너십(Competition Analysis – Partnership)

① 경쟁자 분석

경쟁자는 동일한 고객층을 대상으로 비슷한 효능의 상품을 제공하는 조직이다. 경쟁자는 우리 기업이 해결하고자 하는 것과 동일한 고객의 문제를 풀고 있는 존재이다. 따라서 고객은 우리 기업과 경쟁자 중에서 자사에게 더 높은 가치를 제공하는 조직을 선택할 수 있다.

기본적으로 사업의 성공을 위해서는 고객을 목표로 경쟁자와 끊임없이 경쟁해야 한다. 따라서 지속적으로 고객의 니즈를 파악하는 것과 더불어 경쟁자와 경쟁 우위를 유지하는 것이 매우 중요하다.

경쟁 우위 요인은 일반적으로 원가 경쟁력과 차별화로 제시된다. 이 과정에서는 아래의 내용을 사업계획서에 제시하여야 한다.

◆ 당신의 경쟁자는 누구인가? ◆ 대체제는 있는가? ◆ 당신은 어떻게 그들과 차별화 할 수 있는가?

---

② 파트너십

소셜벤처 창업가가 그들이 추구하는 사회적 영향력(social impact)을 극대화하기 위해서는 파트너와 협력하는 것이 무엇보다도 중요하다. 파트너는 소셜미션을 존중하고 후원하는 개인이나 단체가 될 수 있으며, 사업 분야에서 창업가보다도 더 오랜 경험과 더 넓은 네트워크를 가지고 있는 경우도 많이 있다. 이들을 통해서 효과적이고 효율적으로 미션을 수행할 수 있기 때문에 소셜벤처는 파트너십을 활용해 큰 시너지효과를 낼 수 있다. 따라서 사업계획서에 파트너를 제시할 때는 그 파트너와 함께 하면 나타나게 될 시너지효과 등을 함께 제시해야 한다.

(7) 비즈니스 모델(Business Model)

최근에는 자신의 사업이나 아이디어의 비즈니스 모델을 일목요연하게 정리해 나타내는 방법으로 비즈니스 모델 캔버스 등이 많이 활용되고 있다. 비즈니스 모델 캔버스는 사업의 핵심적인 내용을 압축하여 한 페이지 정도로 간략하게 표현한다. 또한, 여러 마디의 말 보다는 하나의 그림으로 표현하여 누구든지 쉽게 기억할 수 있는 충분히 작은 개념으로 표현한다.

비즈니스 모델 캔버스와 관련하여 소셜 린 캔버스(social lean canvas)에 대한 자세한 내용은 앞장의 내용을 참조하기 바란다.

그림 7-2 Social Lean Canvas

소셜미션

비즈니스를 시작하게 된 문제의식은 무엇이며, 지향하는 궁극적인 가치는 무엇입니까?

주요 파트너

비즈니스를 성공적으로 수행하기 위해 꼭 필요한 파트너는 누구입니까?

핵심활동

비즈니스의 목표달성을 위해 행하는 주요 활동은 무엇입니까?
(제조, 서비스, 유통, 개발, 캠페인, 정책제안 등)

핵심자원

비즈니스를 시작하고 유지하며 계속 발전시키기 위해 필요한 자원은 무엇입니까?

가치제안

솔루션의 차별점은 무엇이며, 관심을 끌 가치는 무엇입니까?

이해관계자 관계

비즈니스의 주요 이해관계자들과 어떠한 관계를 구축하고 협업하고자 합니까?

채널

비즈니스의 주요 수혜자와 고객은 어떠한 방식과 지점에서 여러분의 솔루션을 인지하고 혜택을 누리게 됩니까?

이해관계자

비즈니스를 통해 영향을 받거나, 영향을 끼치는 이해관계자는 누구입니까?(파트너 제외)

비용

비즈니스를 진행하는데 소요되는 모든 비용 요소는 무엇입니까?
(인건비, 연구개발비, 사업운영비, 제품제작비, 홍보비 등)

수익모델

비즈니스를 지속가능하게 만드는 주요 수익의 원천(후원, 매출, 투자 등)은 무엇이며, 그 전략은 무엇입니까?

차별성

기존에 존재하는 경쟁자와의 차별성은 무엇이며, 어떤 점에서 더 경쟁력이 있습니까?

임팩트

비즈니스가 창출하는 임팩트는 무엇이며, 그 크기와 향후 확장 가능성(지역, 대상 등)은 어느 정도입니까?

출처: http://www.leancanvas.com

(8) 소셜 마케팅(Social Marketing)

소셜벤처의 마케팅은 크게 두 개의 그룹을 대상으로 하는데 첫 번째는 표적 그룹(target group) 마케팅이고 두 번째는 투자자나 후원그룹에 대한 마케팅이다.

그림 7-3 소셜 마케팅

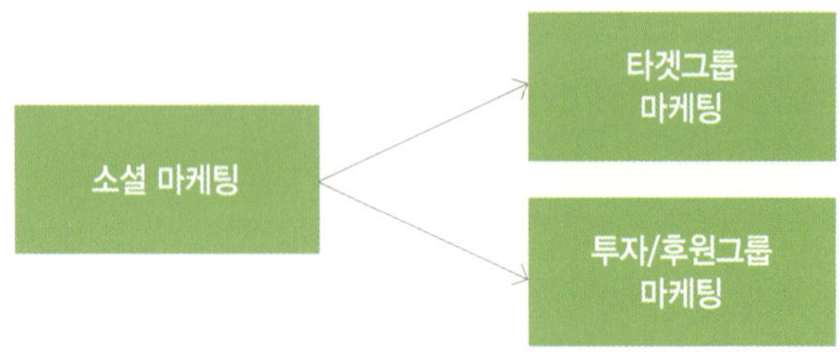

일반적으로 마케팅 전략은 사업을 펼쳐야할 표적시장의 결정과 그 표적시장에서 자신의 정체성, 제품이나 서비스의 이미지 및 위상을 고객이나 타인에게 어떻게 각인시킬 것인가에서 출발한다. 창업가들이 새로운 제품이나 서비스를 출시하는 상황에서 시장을 구체화하는 것은 매우 중요하며, 구체화하기 위해서는 어떠한 기준에 따라 먼저 고객과 시장을 분할(segmentation)하여야 한다. 시장이 분할되면 자신의 제품이나 서비스에 가장 적합한 시장을 목표로 삼아야 하는데 이를 표적시장 선정(targeting)이라고 한다. 또한 표적시장에서 대상 고객의 뇌리에 경쟁자와 차별되는 가치를 제안하는 것을 포지셔닝(positioning)이라고 한다. 이러한 과정들을 모두 합쳐 각 영문 앞 글자를 따 'STP 전략' 이라고 한다.

사업계획서의 마케팅 계획에서는 STP 전략을 수립한 후 마케팅믹스 전략을 제시하는데, 마케팅 믹스 전략은 제품(product), 가격(price), 유통(place), 마케팅 커뮤니케이션(promotion)이라는 4가지를 중심으로 하여 4P라는 4가지 요소를 적절히 배합함으로써 경쟁사의 제품이나 서비스의 차별적인 이미지를 구축한다.

마케팅 믹스의 구성 요소는 다음과 같다.

표 7-2 마케팅 믹스 구성 요소

마케팅믹스 요소	각 요소별 차별화 요소
Product	품질, 기능, 디자인, 브랜드, 제품의 혜택
Price	가격, 가격에 대비한 가치, 저가격
Place	직접 판매, 대리점, 백화점, 온라인, 방문 판매 등
Promotion	광고, 판매촉진활동, 입소문, 스토리텔링 등

또한, 소셜벤처는 투자 · 후원(invest & donor) 그룹의 관심을 모두 이끌어 내야 한다. 그들에게 만족감을 줄 수 있는 제안과 전략의 개발이 필요하다. 전혀 상반된 두 개의 그룹은 소셜벤처에 대해 기대하는 것이 명확히 다르다는 것을 소셜벤처 창업가는 명심하고 사업계획서를 작성할 필요가 있다.

(9) 팀 구성과 인력 계획(Team & HR Plan)

소셜벤처는 일반적으로 많은 설비를 가지고 시작하기 보다는 아이디어와 사회적 가치와 경제적 가치를 동시에 창출하고자 하는 강한 열정을 가지고 시작하기 때문에 '사람' 이 매우 중요하다. 따라서 소셜벤처를 시작할 때, 비전과 미션을 공유하면서 사업에 필요한 역량을 가진 인력으로 팀을 구성해야 한다. 아울러 사업이 성장함에 따라 인력 계획이 변화될 것을 예측하여 사업계획서를 작성해야 한다.

다음은 팀 구성과 인력 계획을 작성하는데 필요한 질문이다.

- ◆ 당신 사업에 필요한 인력 자원은 무엇인가?
- ◆ 누가 사업의 핵심 인물인가?
- ◆ 필요한 멘토와 자문가는 누구이며 확보했는가?
- ◆ 무엇이 동기 부여의 핵심 요인인가?

---

(10) 재무계획(Financial Plan)

재무계획은 사업의 목표를 재무적으로 달성해야 할 목표로 전환한 계획이 최종적으로 나타나는 결과이다. 그 결과는 거의 대부분 재무적인 숫자로서 정리되어 추정재무제표라는 형식으로 요약 정리된다. 재무계획은 사업 목표를 위한 사업전략 및 실행계획이 예정대로 추진되었을 경우 결과적으로 나타나는 주요 재무제표 및 재무적 지표의 추정계획이다. 또한 재무계획은 추정재무제표 외에도 자본적 지출 및 운영과 관련된 자금의 조달과 사용에 대한 계획이 포함한다.

재무계획은 다음의 사항을 중요한 과제로 다루어야 한다.

① 사업의 성공적인 실행이 초래할 보상의 크기

재무계획은 단순한 예측이 아니다. 재무적인 목표는 반드시 달성하고자 하는 약속이며 기간별로 사업 진척도의 목표물(target)을 정하는 것이다.

② 피드백과 통제의 제공

사업의 진행 중간에 나타나는 결과와 예측치의 차이는 조기에 발령되는 경보와 같은 것이다. 의미 있는 차이가 발생할 경우에는 이 차이를 시정하기 위한 툴(tool)을 제공한다.

③ 문제점의 사전 예측

만약 계획보다 급속한 성장이 이루어져서 현금 흐름에 문제가 생길 것으로 예상되면 재무 계획은 이를 반영하여 보완할 수 있는 틀을 제공할 필요가 있다.

재무계획의 수립과 추정재무제표를 작성하기 위해 필요한 주요 추정은 다음의 단계를 거친다.

표 7-3 추정재무제표를 위한 추정

순서	추정확인 항목	주요 내용
1	고정자산 투자	토지, 건물, 시설, 설비, 기계장치, 비용 등의 예상 취득 사항
2	창업비용	창업을 위하여 소요되는 제 비용
3	주요 손익항목	품목별 판매가, 매출 원가
4	매출액	기간별 매출 수량, 매출액
5	매출 원가	품목별 매출원가, 매출총이익
6	고정비용	판매 및 일반관리비 등
7	재고자산	예상 매출에 대응하는 재고자산 소요량
8	판매조건	판매정책, 외상 매출 조건, 신용공여기간
9	지불조건	외상 매입에 대한 지불 조건

추정재무제표는 사업의 성적표이면서 동시에 달성해야 할 재무적 약속이다. 소셜벤처 창업가가 수립한 사업목표에서 사업전략 실행까지의 모든 과정이 실행된 결과는 재무적 지표로서 그 결과를 나타낸다. 사업계획서에 포함되는 추정재무제표는 일반적으로 3~5년간의 추정손익계산서, 추정재무상태표, 그리고 현금흐름표 등 3가지이며 필요에 따라 추가적인 재무 정보를 제공한다. 정리하면 다음과 같은 정보들이 재무계획에 포함된다.

- ◆ 재무계획에 적용된 주요 가정들(Assumptions)
- ◆ 추정손익계산서 (Projected Income Statement)
- ◆ 추정재무상태표(Projected Balance Sheet)
- ◆ 추정현금 흐름표(Projected Cash Flow Statement)
- ◆ 손익분기점분석(Break-even point Analysis)

3) 사업계획서의 발표

(1) 피칭

소셜벤처는 여러 형태의 투자자로부터 창업에 필요한 자금을 조달할 수 있는데, 투자 유치의 관건은 기업이 가지고 있는 사업 아이템의 시장성, 성장 가능성 및 창업팀의 역량을 얼마나 설득력 있게 전달하느냐에 달려 있다.

투자자들이 듣고 싶은 말은 '우리의 아이디어는 정말 새롭고 신선한 것이다. 제품이나 서비스가 출시되면 분명 성공할 것이다' 라는 근거 없는 확신이 아니다. 그들은 '우리가 정의한 문제는 무엇이고, 그것을 해결할 아이디어는 무엇이다' 라는 명확한 사업의 미션과 비전, 그리고 그것을 어떻게 실천해 나갈 것인지에 대한 구체적인 계획을 듣고 싶어 한다.

따라서 창업가는 투자 설명회, 창업경진대회 또는 엘리베이터에서 우연히 마주친 투자자에게도 자신의 사업을 어필할 수 있는 충분한 준비가 되어 있어야 한다. 이를 위해 대표(CEO)는 1분, 5분, 7분, 15분짜리 발표 스크립트를 만들어서 충분히 연습하고, 상황에 따라 자유자재로 사업에 대해 설명할 수 있어야 한다.

그림 7-4 피칭 13단계

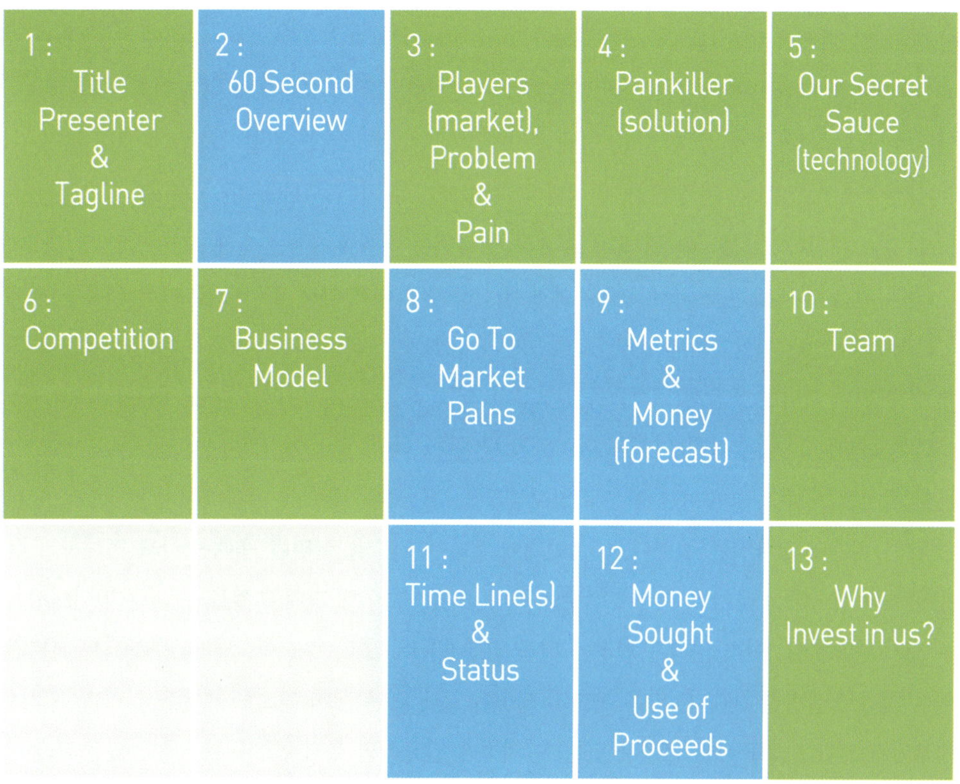

출처 : 전화성, '전화성의 스타트업 교과서', 2015.

위 그림은 요즘 실리콘밸리에서 가장 많이 사용하고 있는 13단계 발표 순서로, 사업계획서를 쓰고 발표 스크립트를 만드는 데 주로 활용되고 있다. 가장 간결하면서 설득력 있게 구성되어 있어 국내에서도 많이 쓰이고 있는 방법이기도 하다. 여기에서 가장 중요한 것은 '문제(고통)의 발견과 해결' 에 해당하는 3번과 4번이다. 주어진 시간이 짧을 때는 3번과 4번만 상대방에게 어필하면 된다. 13단계 전부를 설명하는 것은 15분을 기준으로 하고 있으며, 주어진 시간에 따라 몇 단계는 생략할 수도 있다.

표 7-4 주어진 시간에 따른 발표 항목

시간	발표해야 할 항목
1분	3번, 4번
5분	3번, 4번, 5번, 6번, 7번, 10번
7분	1번, 3번, 4번, 5번, 6번, 7번, 10번, 13번
15분	1번~13번

첫 번째는 발표자가 누구인지 간단히 소개하고, 발표 주제(제목)를 제시하는 단계다. 발표 주제는 어떤 사업을 할 것인가에 관한 것이다. 광고에서 한 줄의 카피가 사람의 마음을 움직이듯 여기에서도 평범한 제목보다는 직관적이고 감각 있는 제목으로 투자자의 관심을 끄는 것이 좋다. 두 번째는 주어진 시간동안 어떤 내용들을 발표할지 간략히 요약해서 보여주는 페이지이다. 일종의 예고편이라고 할 수 있는데, 크게 중요하지는 않으므로 1분을 넘기지 않는 것이 좋다.

가장 중요한 것은 세 번째와 네 번째이다. 누구에게서 어떤 문제(불편, 고통)를 발견했는지, 또 그것을 해결하기 위한 솔루션으로 무엇을 생각했는지 이야기하는 단계이다. 만약 엘리베이터 안과 같은 매우 짧은 시간에 투자자에게 자신을 어필해야 하는 자리라면, 다른 내용은 배제하고 3번과 4번만 이야기하면 된다. 또한, 3번과 4번을 발표할 때에는 대표자 본인이 현장을 직접 발로 뛰어 다니면서 잠재 고객들을 인터뷰한 자료가 첨부된다면 더욱 좋을 것이다.

다섯 번째는 자신이 가진 기술을 설명하는 단계다. 특히, CEO가 개발자 출신이라면 이들이 흔히 저지르는 실수 중 하나는 아무도 알아듣지 못하는 전문 용어를 남발하면서 5번 항목에 너무 많은 기간을 할애하는 것이다. 소셜벤처에 적용된 기술을 설명할 땐 누구라도 이해하기 쉽게 풀어서 설명하는 것이 중요하며 그것을 통해 고객들이 어떤 가치를 얻을 수 있는지 이해시키는 것이 중요하다. 여섯 번째는 시장에 어떤 경쟁자들이 있고, 자신이 그들과 구분되는 차별점이 무엇인지 설명할 차례다. 간혹 자신의 제품이 국내 혹은 세계 최초로 개발된 것이기 때문에 경쟁자가 없다고 발표하는 경우가 있는데, 이렇게 발표하면 투자자들로부터 외면 받을 가능성이 크다. 따라서 경쟁사는 유사제품, 대체재 영역까지 고려해서 폭넓게 생각해야 한다. 일곱 번째는 비즈니스 모델, 즉 어떤 방식으로 수익을 창출할 것인가를 보여주고, 여덟 번째에 목표 시장을 제시하면 된다. 목표 시장은 너무 넓은 시장을 목표로 하기 보다는 작은 시장에서 시작하여 점차 확장해 나가는 것이 중요하다.

열 번째로 소개할 것이 팀 구성원들이다. 투자자들은 그 팀이 어느 정도의 문제 해결 능력을 갖추고 있는지, 목표한 것을 진짜 달성할 수 있는 역량을 갖추고 있는지 매우 중요하게 생각한다.

이후에는 앞으로 어떻게 사업을 진행할 것인지 일정을 설명하고, 투자금을 받으면 그 자금을 어디에 사용할 것인지 설명하는 것이 좋다.

마지막으로 투자자가 왜 자신들에게 투자를 해야 하는지 다시 한 번 강력하게 어필하면서 마무리를 하면 된다.

(2) 엘리베이터 피치

전 세계의 유명한 배우와 감독이 모여서 최고의 영화를 제작하는 곳인 할리우드에서는 많은 무명작가들이 성공하기 위해 유명 감독 또는 배우들을 만나려 하고 설득하려 한다. 이들은 보통 엘리베이터에서 짧은 시간동안 만나 설득을 진행하는데 여기서 유래된 것이 엘리베이터 피치다. 즉, 엘리베이터 피치란, 말 그대로 엘리베이터를 타고서부터 내릴 때까지 약 60초 이내의 짧은 시간 안에 투자자의 마음을 사로잡을 수 있도록 이야기하는 것을 말한다. 여기에서 중요한 것은 시간과 장소에 구애받지 않고 1분 이내에 사업의 핵심을 설명하는 것이다.

1분의 시간은 실제 투자자들이나 관련 사업을 하고 있는 전문가들이 사업의 성공 여부를 판가름하기에 충분한 시간이다. 그렇기 때문에 무엇이 그들에게 매력적으로 다가갈지 포인트를 확실히 짚어서 짧은 시간 내에 핵심 아이디어를 전달하고 빠른 판단을 내릴 수 있도록 준비해야 한다. 소셜벤처 창업경진대회 등 각종 창업 경진대회나 아이디어 공모전에서도 충분한 시간을 배정받는 경우는 드물다. 먼저 60초 이내에 150~225개의 단어로 정리한 엘리베이터 피치를 기본으로 1분, 3분, 5분 등으로 늘려서 언제 어디서나 가장 필요한 핵심을 이야기할 수 있는 준비를 해 두어야 한다.

표 7-5 효과적인 엘리베이터 피치를 위한 방법

구분	내용
서론/주제	– 시간 : 10초 – 내용 : 주제에 대한 이야기를 한 문장으로 말하기
본론/화제	– 시간 : 40초 – 내용 : 주제에 대한 스토리를 첨가하여 이야기하기
결론	– 시간 : 10초 – 내용 : 마무리 요약하기

7.3 사업계획서 작성 사례

1) 'dot' 사업계획서 사례

"시각장애인이 더 많은 정보를 누릴 수 있는 권리를 위하여"라는 소셜미션을 가지고 있는 닷(dot)의 사업계획서를 사례로 살펴보며 사업계획서 작성 부분의 이해도를 조금 더 높여보자.

시각장애인을 위한 보조기구는 끊임없이 발전하고 있지만, 가격이나 실용적인 측면을 고려하면 실제적으로 그들의 생활이 개선되었다고 보기는 어려웠다. 이러한 문제를 해결하는 아이디어를 나타낸 사업계획서이다.

dot

점자 성경

Too big. No contents. No teachers

Only 1% of books are translated.

근 20년간 전세계적으로 똑같은 형태 , 기술, 가격의 디바이스

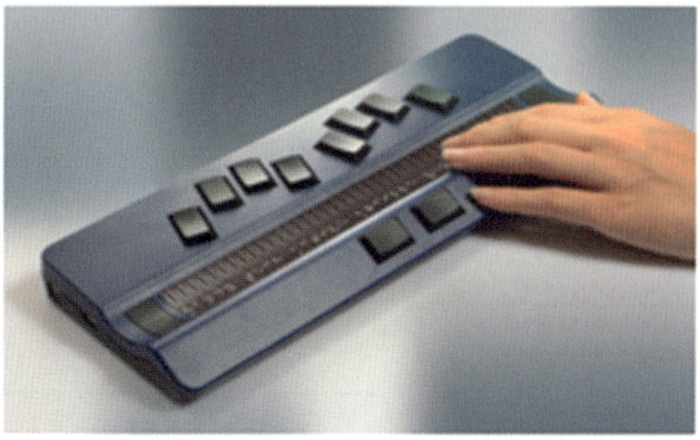

Average price $3000 - $15000

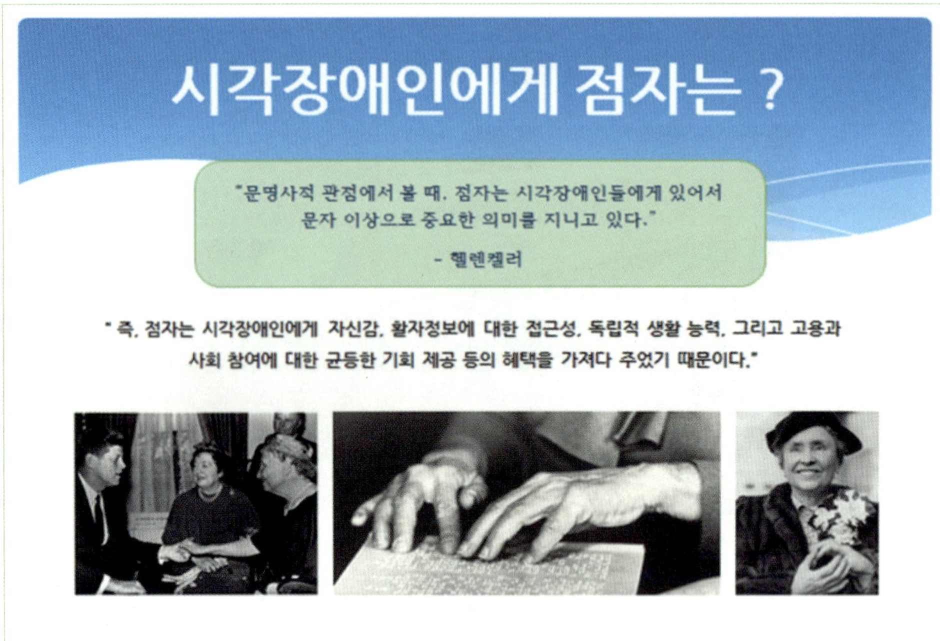
시각장애인에게 점자는 ?
"문명사적 관점에서 볼 때, 점자는 시각장애인들에게 있어서 문자 이상으로 중요한 의미를 지니고 있다."
- 헬렌켈러
" 즉, 점자는 시각장애인에게 자신감, 활자정보에 대한 접근성, 독립적 생활 능력, 그리고 고용과 사회 참여에 대한 균등한 기회 제공 등의 혜택을 가져다 주었기 때문이다."

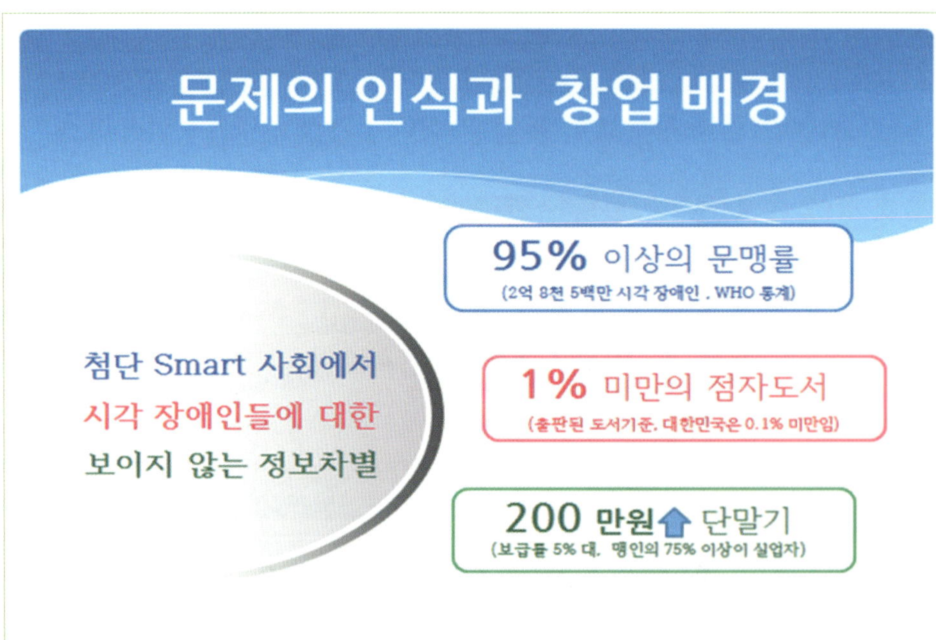
문제의 인식과 창업 배경
첨단 Smart 사회에서
시각 장애인들에 대한
보이지 않는 정보차별
95% 이상의 문맹률
(2억 8천 5백만 시각 장애인 , WHO 통계)
1% 미만의 점자도서
(출판된 도서기준. 대한민국은 0.1% 미만임)
200 만원 단말기
(보급률 5% 대. 맹인의 75% 이상이 실업자)

1.5B steady market

HIMS
$3,995

ALVA
$2,995

Human Ware
$2,595

20년간 가격 변동, 기술적 혁신이 없었던, 기업가 정신이 실종된 마켓. G20 국가 마다 1~4개 업체들이 로컬 마켓 독점.

First mobile device

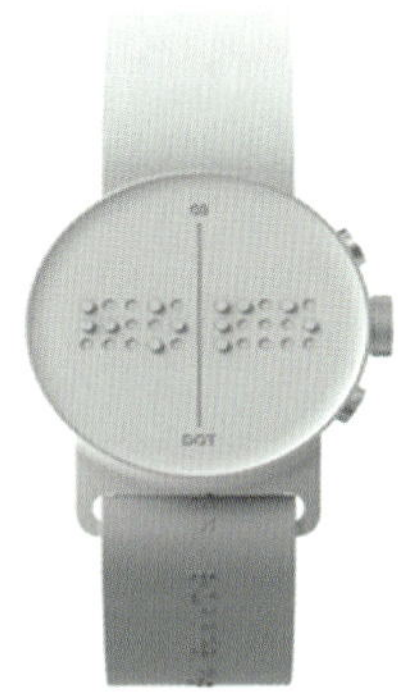

90% smaller, lighter
$290
Light support

Existing technology

dot technology

1/20 size
1/20 price

2) 금자동이 사업계획서 사례

서울시 은평구의 서울혁신파크에 자리한 금자동이는 장난감 재활용 사업을 하는 사회적기업이다. 장난감 재활용 사업에 대한 경제성을 키우고 폐장난감의 새로운 쓰임새(장난감학교 재료)를 개발해 발전시켜 폐장난감으로 인한 환경문제 해결을 미션으로 삼고 있다. 지난 1998년 국내에서 처음으로 장난감 재활용을 시작했다. 2000년에 중고 유아용품 장난감 재활용 인터넷 쇼핑몰을 개설했다. 2010년 법인으로 전환했고, 2013년 사회적기업 인증을 받았다. 아래의 사업계획서는 금자동이 초기에 소셜벤처경연대회를 위한 작성된 사업계획서의 일부이다.

"아이 사랑, 자연 사랑, 사람 사랑"

금자동이 재활용공장

목 차

'세상' 사회적 기업 경진대회

아이사랑 자연사랑 사람사랑
금자동이

1. 금자동이가 꿈꾸는 사회적 희망

3 Page

1-1. 해결하고자 하는 사회 문제

재활용 환경

금자동이 재활용 공장을 통해
더 많은 사람들이
아이들의 미래 환경을
함께 하기를 바랍니다.

연령별 민간 재활용
비즈니스 모델의 완성

건강한 일자리

전국에 금자동이
공정 가맹점을 통해
취약계층의 사람들이
함께 일하기 바랍니다.

취약계층의 지속 가능한
일자리 창출

환경 교육

금자동이 장난감 학교와
친환경 소비 커뮤니티를 통해
소비자 스스로 더 나은
환경을 배우기를 바랍니다.

소비자와 함께 만드는
친환경 소비 환경 교육

'세상' 사회적 기업 경진대회

아이사랑 자연사랑 사람사랑
금자동이

■ 2. 금자동이가 만드는 재활용 공장

4 Page

2-1. 사업 배경 - 왜? 금자동이 유아 재활용 공장인가?

환경 보존 | **유아용품의 재활용의 현저한 부족**

지난 12년간 운영 결과 유아용품 재활용의 수요에 비해 공급이 현저하게 부족한 시장환경.
유아용품, 완구 제조업체의 박스불량, 재고 등 활용 가능한 자원이 현재 폐기되고 있는 실정.
국내 최초 유아 전문 민간 재활용 공장 설립으로 재활용 시장의 확대가 필요한 시기.

일자리 창출 | **친환경, 노동 집약적 사업으로 소외계층 일자리 창출**

재활용 생산은 기계와 대량생산을 위한 장치가 필요한 것이 아니라 세심한 수작업과 시간이 필요.
대부분의 인력은 숙련된 전문가가 아닌 일을 할 수 있는 누구라도 재활용 생산작업에 참여할 수 있음.
친환경, 노동 집약적인 사업으로 장애인, 노인, 외국인 근로자, 주부 등 소외계층 일자리 창출.

시민 교육 | **전국 네트워크를 구축해 생활 속 환경교육 실천**

기존 서울, 경기 지역 일부에 한정된 재활용 사업을 전국 네트워크를 통해 확산
금자동이 장난감 학교와 함께 부모와 아이가 함께 배우는 창의적 환경 교육 실천
금자동이 온라인 친환경 소비 커뮤니티를 통해 친환경 생활 운동 확산

'세상' 사회적 기업 경진대회

아이사랑 자연사랑 사람사랑
금자동이

■ 2. 금자동이가 만드는 재활용 공장

5 Page

2-2. 사업 모델 개요

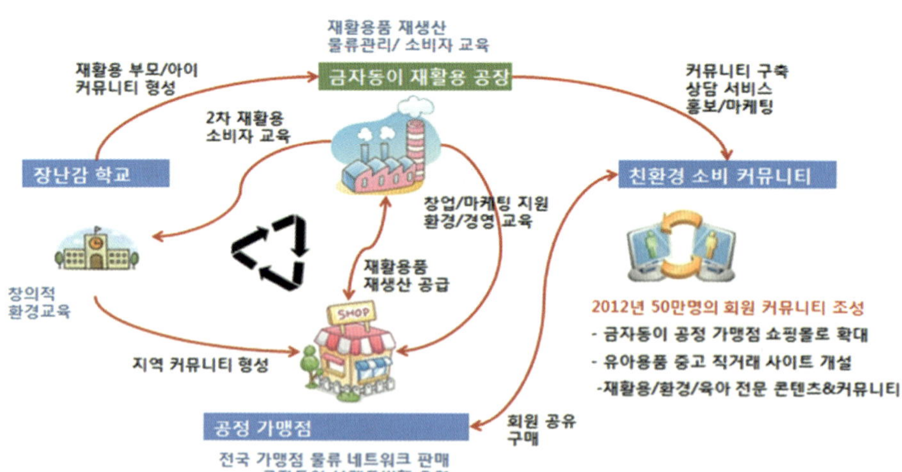

'세상' 사회적 기업 경진대회

아이사랑 자연사랑 사람사랑
금자동이

■ 2. 금자동이가 만드는 재활용 공장

6 Page

2-3. 사업 내역 – 금자동이 재활용 공장

재활용 구매	재활용 재생산	재활용 유통
•유아 제조사 구매(대량) - 반품, 재고, 불량 등 •유아 기관 구매 - 유치원, 놀이방 등 •가정/현장 구매 - 가정, 매장 등 방문	•재생산 R&D(연구개발) - 재생산 기술 개발 •재생산 처리 - 친환경 위생 처리 등 •보수 및 수리 - 수리, 도색, 재처리 등	•물류 관리 시스템 - 재활용품 물류 분류 •유통 시스템 - 전국 유통 (온라인) •포장 및 배송 시스템 - 브랜드 포장 및 배송

➡ 특장점

•유아 제조사 제휴 구매(B2B)로 대량 구매 인프라 구축으로 사업 확대
•기존 금자동이 사업의 노하우 및 네트워크를 통한 안정적인 운영
•유아용품 전문 재가공 R&D를 통한 경쟁력 확보

'세상' 사회적 기업 경진대회

아이사랑 자연사랑 사람사랑
금자동이

■ 2. 금자동이가 만드는 재활용 공장

9 Page

2-6. 사업 내역 – 금자동이 친환경 소비 커뮤니티

금자동이 고객을 중심으로 생활 속에서 친환경 소비를 실천하는 유아전문 온라인 커뮤니티 구축
관련 사이트와 제휴하고, 전문가 상담을 통해 재활용, 친환경, 육아, 교육 전문 커뮤니티 구축

➡ 특장점

•금자동이 인프라를 기반으로 3년 내에 50만 회원 유치 목표
•친환경 재활용을 통한 건강한 소비자 교육, 친환경 소비, 재활용, 유아 전문 커뮤니티
•향후 사회적 기업, 소외계층의 창업자들의 마케팅 및 판매 인프라 제공

'세상' 사회적 기업 경진대회

아이사랑 자연사랑 사람사랑 금자동이

3. 금자동이가 노력할 전략적 목표

10 Page

3-1. 전략적 목표

금자동이 재활용 공장

- 전략적 목표 : 전국 규모의 유아 재활용 시장 1위
  선진국 수준의 재활용 기술의 연구 개발
  연령별 재활용 비즈니스 모델 완성 및 확대
  (유아, 아동청소년, 장년, 주부, 실버 등)
- 사회적 가치 목표 : 매출 150억원(연간 500억원 재활용)
  재활용 국제 경쟁력 확보

금자동이 공정 가맹점

- 전략적 목표 : 전국 재활용 네트워크 구축 (온 · 오프라인 시스템)
- 사회적 가치 목표 : 전국 100개 가맹점 (450명 일자리)

금자동이 장난감 학교

- 전략적 목표 : 전국 장난감 학교 구축 (가맹점 연계)
- 사회적 가치 목표 : 100개의 장난감 학교(50만명 교육)

친환경 소비 커뮤니티

- 전략적 목표 : 친환경, 재활용, 유아, 커뮤니티 구축
- 사회적 가치 목표 : 50만명의 온라인 친환경실천 커뮤니티

'세상' 사회적 기업 경진대회

아이사랑 자연사랑 사람사랑 금자동이

4. 금자동이가 만나는 재활용 가족

11 Page

4-1. 소비자 분석

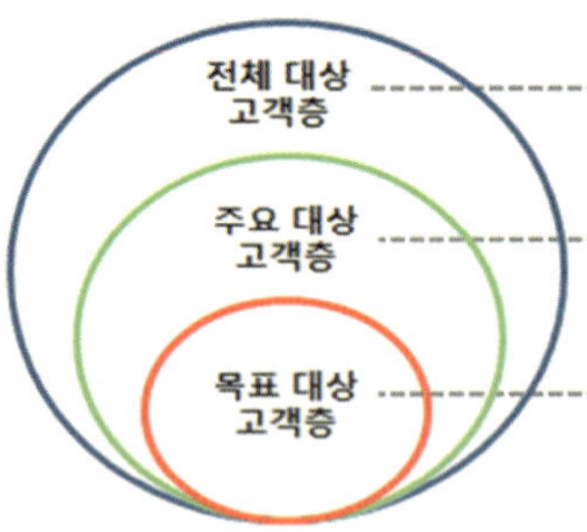

- 대상 : 0~10세 아이와 부모
- 인원 : 4,937,076명 (2009년)

- 대상 : 0~7세 아이와 부모
- 인원 : 2,745,026명 (2009년)

- 대상 : 0~7세 중 중산층 약 65%
- 인원 : 약 180만명
- 소득 : 월 평균 283만원

목표 대상 고객 특성

- 고가 유행 : 유아용품도 유행에 민감하며, 고가로 경제적 부담이 크게 작용함
- 1인 자녀 : 출산율 저하로 인해 1인 자녀가 많고, 중고용품 인척을 통해 구하기 어려워짐
- 교육 열정 : 자녀의 많은 교육의 기회를 위해 교육용 용품 및 교육용 완구의 선호

'세상' 사회적 기업 경진대회

아이사랑 자연사랑 사람사랑
금자동이

■ 5. 금자동이가 보유한 성공적 요소

12 Page

5-1. 차별적인 경쟁력

인지도
- 지난 12년간 금자동이 브랜드의 신뢰와 인지도(방송매체 20회)
- 유아관련 제조사, 유아 교육 기관 등과의 네트워크 형성

노하우
- 지난 12년간 금자동이 운영을 통한 재활용 사업 노하우
- 제품의 수급, 재생산, 물류, 판매 및 고객 서비스 노하우

B2B
- 현재 유아 완구 제조사 3개 업체와 제휴 대량 구매 시스템 확보
- 유아 관련 제조사 300여개 대상 제휴 추진 예정

'세상' 사회적 기업 경진대회

아이사랑 자연사랑 사람사랑
금자동이

■ 5. 금자동이가 보유한 성공적 요소

13 Page

5-2. SWOT 분석

강점(strength)	약점(weakness)
•11년 동안 유아 재활용 사업운영 •경쟁업체가 전무한 시장 독점적 위치 •축적된 노하우와 숙련된 직원의 포진 •고객의 회사에 대한 높은 인지도(신뢰도) •방송 및 매체의 지속적인 취재(평균 1달에 1번, 공영 매체 약 20회 취재)	•부담스러운 초기 투자 - 자본, 공간의 부족 (자기 자본 투자, 외부투자, 대여금으로 해결) •검증된 재활용생산 시스템의 부족 (친환경 재활용 R&D를 통한 시스템 구축) •노동 집약적 사업에서의 인건비 충당의 문제 (재활용 재생산을 통한 부가가치를 높여 해결)
기회(opportunity)	**위협(threat)**
•지속적인 유아 재활용 시장의 성장 •재활용 시장에 대한 전체 산업의 긍정적 동향 •유아관련 업계의 재고, 폐기에 대한 대안 •사회적 기업으로서의 재활용 공장의 성공 가능성 •경기침체 인한 재활용 시장의 활성화 가능성 •소외계층에 대한 실질적인 일자리 창출의 기회	•정부기관, 업체의 민간 재활용 사업 인식 부족 (환경부와 협력, 업계와 폐기 처리 협력으로 해결) •유아용품 재활용에 대한 국민적 인식 부족 (안정성과 신뢰성으로 지속적인 소비자 교육) •무분별한 유사업종의 난립 가능 (재생산 공정 기술 및 전국 유통으로 경쟁력 확보)

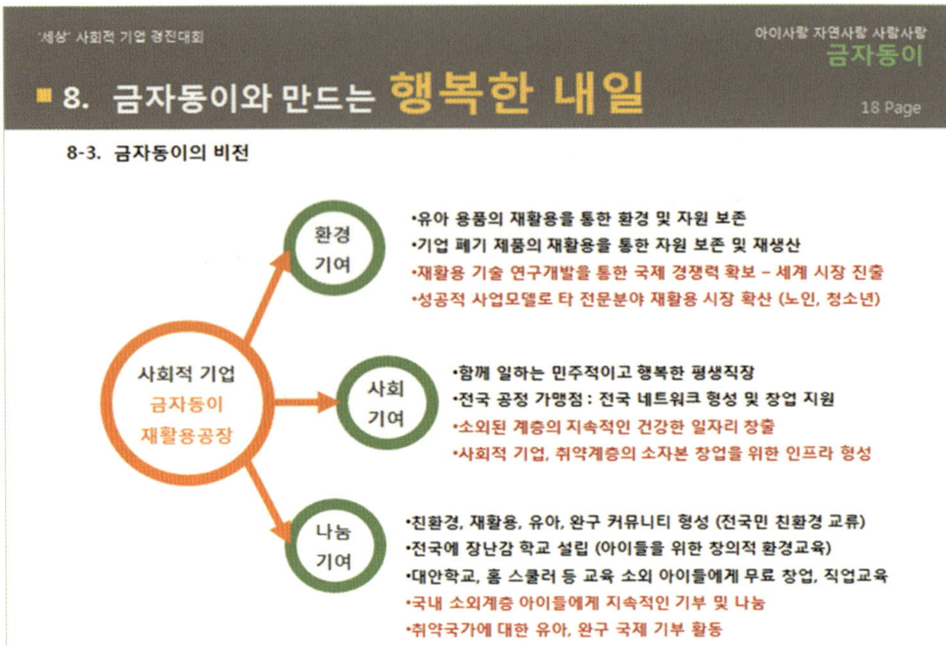

활동 하기

사업계획서 작성 해 보기

평소에 생활하면서 느꼈지만 개선이 되지 않고 있는 사회적 문제를 나열해보자. 이 문제가 해결되었을 때 혜택을 입게 되는 사람은 누구일지, 지역의 환경은 어떻게 개선이 되는지 토론해 보자.

① 당신이 느끼는 사회적 문제와 기회는 무엇인가?

② 당신의 미션과 비전 그리고 핵심 가치는?

미션 :

비전 :

핵심가치 :

③ 다음 항목을 작성하여 변화의 당위성을 나타내 보자.

변화대상 :

영향력 :

영향력을 만들어 내는 방법 :

성공여부의 측정 :

④ 당신이 제시하고자 하는 해결책은 무엇인가?

당신이 제공하는 제품과 서비스 :

누가 우리의 고객인가?

솔루션의 구성 요소는 무엇인가?

⑤ 당신이 기대하는 사회적 영향력(social impact)은 무엇인가?

궁극적으로 원하는 변화와 결과물은 무엇인가?

비전 :

핵심가치 :

⑥ 당신의 경쟁자는 누구이고 어떠한 비교우위를 가지고 있는가? 당신의 핵심 파트너는 누구인가?

궁극적으로 원하는 변화와 결과물은 무엇인가?

비전:

핵심가치:

⑦ 린 캔버스를 중심으로 당신의 소셜벤처 비즈니스 모델을 작성해 보시오.

⑧ 마케팅 전략은?

● STP 전략

SEGMENTATION	TARGET	POSITIONING

● 4P 전략

PRODUCT	
PRICE	
PLACE	
PROMOTION	

● 후원자그룹에게 제시할 가치는?

⑨ 팀 구성과 인력계획 전략은?

⑩ 재무계획

● 소요자금 및 자금확보 방안

● 추정 손익계산서

항 목 \ 연도별	1년차	2년차	3년차
1. 매출액			
1) 제품매출			
2. 매출원가			
1) 제품매출원가			
(1) 기초제품재고			
(2) 당기제조원가			
(3) 기말제품재고			
3. 매출총이익			
4. 판매관리비			
급 여			
상 여 수 당			
퇴 직 급 여			
복리후생비			
여비교통비			

접 대 비			
통 신 비			
수도광열비			
세금과공과			
차량유지비			
지급수수료			
운 반 비			
소모품비			
감가상각			
도서인쇄비			
광고선전비			
잡 비			
5. 영업이익			
6. 영업외 수익			
배당금 수익			
7. 영업외비용			
지급이자			
8. 경상이익			
9. 법 인 세			
10. 당기순이익			

학습 정리

- 소셜벤처 사업계획서(social venture business plan)는 당신 회사의 이야기(story)를 하는 매우 중요한 문서이며, 사업을 통하여 추구하는 사업 목표를 어떻게 달성할 것인가를 문서로서 검증하는 과정이며 아이디어를 실행에 옮기기 전에 앞으로 나아갈 방향을 계획하기 위한 안내서 역할을 한다.

- 사업계획서 작성은 Specific(구체성), Measurable(측정가능성), Attainable(달성가능성), Realistic & Relevant(현실성, 관련성), Time-based(기간적 구분성)의 5가지 원칙을 가지고 작성해야 한다.

- 소셜벤처 기업 활동의 과정은 기회인식, 개념개발, 자원의 결정과 확보, 출범과 성장, 목표성취의 5단계를 거친다.

◆ 사업계획서의 구성 요소는 다음과 같다.

- 사회적 문제와 기회의 인지(The Problems/Opportunity)
- 미션, 비전, 핵심가치(Mission, Vision, Core Values)
- 변화의 당위성(Theory of Change)
- 해결 방법(The Solution)
- 사회적 영향력(Social impact)
- 경쟁자 분석과 파트너십(Competition Analysis – Partnership)
- 비즈니스 모델(Business Model)
- 소셜 마케팅(Social Marketing)
- 팀 구성과 인력 계획(Team & HR Plan)
- 재무계획(Financial Plan)

◆ 소셜벤처의 사업계획서는 작성 목적이 명확해야 하며, 기회와 자원, 시장을 나타내어야 한다. 특히 사회적 문제의 인식과 소셜미션은 무엇보다 중요하다.

참고문헌

◆ 그로비스 매니지먼트 인스티튜드(2015). "비즈니스 플랜". 21세기북스.
◆ 김정식, 이승현(2015). "설득력 있는 사업계획서 작성". 코아비즈.
◆ 김진수, 이창영(2014). "기업가정신과 창업론". 문영사.
◆ 김진수 외(2015). "기술창업론". 탑북스.
◆ 데이비 본스타인, 수전 데이비스(2012). "사회적기업가정신". 지식공작소.
◆ 아더 브룩스(2009). "사회적기업을 디자인하라". 함께일하는재단.
◆ 전화성(2015). "전화성의 스타트업 교과서". 이콘.
◆ Andrew Wolk, & Kelley Kreitz(2008). " Businee Planning for Enduring Social Impact". Root Cause.
◆ Arthur C. Brooks(2006). " Social Entrepreneurship: A Morden Apporach To Social Value Creation. Prentice-Hall.
◆ Debi D. Brooks & Asoka's Global Academy(2008). "Social Entrepreneurship: Teaching Rsource Handbook.
◆ Jeffrey Robinson. " Writing Social Venture Business Plan". The Berkley Center for Entrepreneurial Studies.
◆ Rhonda Abrams(2009). " Business Plan In A Day"
◆ Shane, S(2003). "A general theory of entrepreneurship: The individual-opportunity nexus". Cheltenham, U.K.: Elgar.

- 린 캔버스 홈페이지(http://www.leancanvas.com)
- 슬라이드쉐어 홈페이지(http://www.slideshare.net)
- 사회적기업진흥원 홈페이지(http://www.kstartup.com)
- 삼성경제연구소 홈페이지(http://www.seri.org)

7장. 키워드 인덱스용

소셜벤처 사업계획서	린 캔버스	사업계획서 목차	소셜미션
비전 선언문	타당성 검토	피치	투자자

"기업가는 '창조적 파괴'를 통해 새롭고,
더 가치 있는 것을 추구한다"

경제학자, 조지프 슘페터(Schumpeter, Joseph)

08

소셜벤처 **성과와 사회적 가치 측정**

학습 목표

1. 사회적 가치 측정의 개념을 이해한다.
2. 사회적 가치 측정의 중요성을 이해한다.
3. 사회적 가치 측정 방법을 이해한다.
4. 사회적 가치 성과관리를 이해한다.

시작
하기

어린이 1명당 1개의 노트북을 제공합니다! 'One Laptop Per Child'

(이미지 출처: OLPC)

따뜻한 정보화 실현의 첫발 '100달러 노트북'

미국 매사추세츠공과대학(MIT) 부설 미디어랩의 공동 창설자인 니콜라스 네그로폰테 교수와 멤버들이 주축으로 설립해 개발 한 '100달러 노트북'은 '어린이 한 명 당 노트북 한 대씩을 제공 하자는, OLPC(One Laptop Per Child)' 에서 추진 중인 IT복지 운동의 도구다.

OLPC의 목표는 첨단 IT에 PC생산기술을 결합하여 100달러짜리 노트북을 만들어 일반적 시중 판매 없이 제3세계의 개발도상국 어린이들에게 현대적 정보와 교육 기회를 제공하기 위해 대량 보급하겠다는 구상이다. 네그로폰테는 리비아, 브라질, 아르헨티나, 나이지리아, 태국 다섯 나라에 100달러 노트북 시제품을 제출해 놓고 있으며, 이들 시제품의 실용성이 검증되면 OLPC는 남미, 아프리카, 동남아 최빈국 어린이들에게 PC 1천만대를 공급할 예정이라고 한다.

(이미지 출처: OLPC)

실제로 현재 인구 100명당 PC보유현황을 살펴봐도 정보화의 디지털 디바이드는 심각한 상황이다. 한국정보문화진흥원이 발간한 2005년 국가간 정보격차 해소 백서에 따르면, 오세아니아가 50.84대, 아메리카가 34대인데 반해 아시아는 6.37대, 아프리카는 1.76대에 불과할 정도로 정보사회에 대한 지역별 격차는 심각한 상태이다.

만약 100달러 노트북 운동이 성공한다면 IT를 통한 나눔과 복지 실현은 물론 기술적인 면에서도 일대 혁신이 일어나는 의미 있는 운동이 될 것이다.

[OLPC 유튜브 동영상]

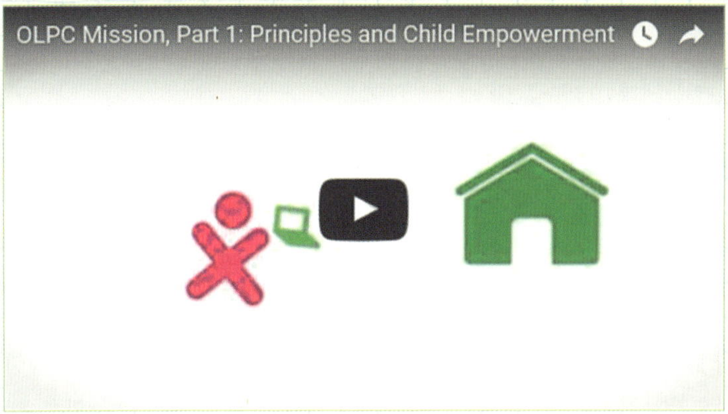

동영상 보기

출처 : 사이언스타임즈(한국과학창의재단) http://www.sciencetimes.co.kr/?p=41331&cat=134&post_type=news&paged=151

생각해 보기

01 OLPC(One Laptop Per Child)가 창출하는 사회적 가치는 무엇일까?

02 OLPC가 창출하는 사회적 가치는 어떻게 평가할 수 있을까?

03 소셜벤처의 아이템은 어떤 것까지 가능할지 생각의 폭을 확대해 보고 논의해 보자.

8.1 사회적 가치 측정 개념

1) 사회적 가치 측정의 개념과 중요성

소셜벤처가 추구하고 달성해야 할 성과는 두 가지가 있다. 하나는 경제적 성과이고 하나는 사회적 성과이다. 경제적 성과의 경우 재무적인 결과로 명쾌하게 드러나기 때문에 객관적인 측정이 쉽게 가능하다. 그러나 사회적으로 창출된 성과의 가치를 객관적인 지표로 평가하는 것은 다소 쉬운 일이 아닐 수도 있다. 사회적 영향력(social impact) 성과는 화폐가치로 쉽게 환산하기 힘든 사회적 가치나 무형가치, 그리고 공공서비스의 직접적인 수익자를 넘어선 사회적 파급효과가 혼재하기 때문이다.

(1) 사회적 가치 측정의 중요성

전통적인 비영리조직의 성과평가에 대해서는 조직의 목표가 사회적 가치의 실현에 있기 때문에 영리기업과 같은 매출액, 이익 등과 같은 재무적 · 정량적 평가는 친숙하지 않는 것으로 여겨졌다. 예를 들면 실업자를 지원하는 것을 사명으로 하는 비영리 민간사업법인(NPO; Non Profit Organization)의 경우, 매출액이나 이익률은 높지만 일자리를 구하는 사람들에게 고용가능성의 향상기회를 제공할 수 없다면 이 NPO는 성공했다고 말하기 어렵다. 즉, NPO의 사업성공은 그 사업이 창출한 경제적 가치뿐만 아니라 사회적 목적 달성도(outcomes)라는 사회적 가치에 의해서 평가되어야 한다. 이익 등에 관한 평가가 필요 없다는 것은 아니다. 다만 사회적 가치에 관한 평가가 우선순위이다.

그러나 비영리분야에서는 법적으로 의무화된 회계보고를 제외하고는 사회적 목적 달성도(outcomes)를 포함한 조직의 성과를 경상적으로 평가하고 공표하는 방법이 충분히 확립되어 있지 못하다. 또한, 비영리조직에서는 주주처럼 소유자이며 조직에 대해서 강력한 이해관계를 가진 이해관계자(stakeholder)가 존재하지 않기 때문에 무릇 책임을 져야할 이해관계자의 범위를 어떻게 정하고 그 속에서 우선순위를 어떻게 결정하면 좋을 것인지가 매우 모호하다.

그러나 최근 들어 비영리섹터에서도 그 성과에 관한 설명책임이나 투명성 확보에 대한 사회적 요구가 높아지는 경향이 있다.

사회적 목적 달성과 사업으로서의 영리성을 동시에 추구하는 소셜벤처에서도 그 조직이나 사업에 대한 평가가 중요한 것은 말할 필요가 없다. 평가는 소셜벤처의 이해관계자에게 의사결정을 위한 정보를 제공하며, 수행하는 미션의 지속성이나 유효성을 향상시키는 역할을 하기 때문이다.

1장에서 살펴본 소셜벤처의 개념과 영역을 다시 되짚어 보면, 소셜벤처는 이익의 최대화 자체만을 목적으로 삼지 않고 사회적 파급효과의 창출 역시 목적으로 활동하는 조직이라는 측면에서 일반 벤처기업과 구분된다. 그러나 지속성이나 파급효과의 향상을 위해 사업의 기법을 활용하여 이익의 획득을 명확히 추구하는 점에서 전통적인 비영리조직과도 다른 조직유형이라 하였다.

즉, 소셜벤처는 사회적 가치의 실현을 우선적인 목적으로 삼으면서 사회적 가치와 경제적 가치를 동시에 추구하는 이중 목표의 조직이고 사회관계자본을 포함하는 비시장적 자원과 시장적 자원을 모두 활용해서 활동하는 하이브리드(혼합) 조직이기 때문에 소셜벤처에서 성과로서 사회적 가치를 측정하는 것은 매우 중요하다 볼 수 있다.

읽어 보기

건강해지는 느낌
파머스페이스

파머스 페이스는 취약농가의 친환경 농산물을 카페와 온라인을 통해 판매하는 기업이다.

행복나눔재단은 파머스페이스의 건강하고 맛있는 과일을 활용한 카페의 확대와 유통업 진출을 통해 사회적 가치의 성장 잠재력이 높은 것으로 평가하여 투자하였다.

파머스페이스는 직접 발굴한 소농가의 친환경 농산물로 만든 신선하고 건강한 상품을 출시하여 빠른 속도로 소비자들에게 신뢰를 얻을 수 있었다. 생과일과 천연재료만으로 만든 디저트, 영양의 균형을 고려한 과일 꾸러미와 같은 건강한 상품들을 계속해서 출시하고 있다.

① 해남에서 호박고구마를 생산하는 양옥의님

② 발달장애 아동들의 그림으로 박스를 만들고 영양의 균형을 맞춘 '네이처박스'

③ '열매가 맛있다'의 대표 메뉴 '열매도시락'

④ 임팩트 투자를 통해 오픈한 '열매가 맛있다' 경성대점

농업이 국가 경제에서 중요한 비중을 차지하는 산업임에도 불구하고 상당수의 농가들이 소외되고 있는 경우가 많다. 파머스페이스에서는 농가를 발굴할 때, 취약농가의 기준에 부합하는지, 건강한 방식으로 재배되고 있는지 등에 대해 검증 과정을 거친다. 발굴한 농가에서 시장 가격보다 높은 가격으로 농산물을 구매하여 유통 마진에 대한 부담을 덜어주고 있다. 또한 영양 면에서는 문제가 없지만 규격 미달이나 작은 흠집으로 폐기 처분되거나 헐값으로 팔리던 과일을 적정한 가격으로 구매하여 농가에 추가적인 소득을 발생시킨다. 이로 인하여 농가의 소득 개선에 미치는 영향을 사회적 가치로 산정하고 있다.

SK 행복나눔재단은 파머스페이스의 경영 역량 강화를 위해 직접 컨설팅하여 관리회계 구축을 지원하고, 신규 사업을 위한 멘토링을 연계하였다. 향후, 프랜차이즈 사업과 과일 꾸러미 사업을 확대하여 매출과 사회적 가치 모두 성장할 것으로 기대하고 있다.

파머스페이스 서호정 대표
(이미지 출처 : SK행복나눔재단 홈페이지)

"임팩트 투자와 멘토링을 통해 전문성과 자신감이 향상되었고, '열매가맛있다'의 신규 매장 개점 및 프랜차이즈 등 새로운 도전과 성장의 기회를 갖게 되었습니다. 투자 이후에도 지속적인 사업 코칭을 통해 사업전략과 사회적 가치 향상에 도움을 받고 있습니다. 투자 이전과 비교에 소종가로부터 매입한 금액의 비율을 10배 이상 늘렸고, 매출 또한 2배 이상 성장시켰습니다."

– 파머스페이스, 서호정 대표

출처 : SK행복나눔재단 홈페이지(http://www.skhappiness.org)

(2) 소셜벤처의 사회적 가치 측정 기준

소셜벤처 기업은 영리 추구와 더불어 소셜미션을 수행해야 하는 조직이라 하였다. 따라서 이들은 이중 가치를 창출(double bottom line)해야 하기 때문에 사회적 영향력을 측정하는 일은 간단하지 않다. 앞 단원들에서 학습한 내용들을 다시 되짚어 보면서, 이미 시장에서 활발히 활동하고 있는 소셜벤처가 이윤 창출만을 목적으로 하는 일반 벤처기업과 어떻게 다른가를 잠시 생각해보자. 실제로 일반 벤처기업들의 성공은 그들이 만들어내는 수익, 납부하는 세금, 그리고 부양하는 조직의 경제적 성장을 통해 평가 받을 수 있으며, 그것을 측정하는 지표는 재무제표 등으로 충분히 표준화 및 보편화되어 있어서 평가가 어렵지 않다.

읽어 보기

Double bottom line

Double bottom line이란 표현은 영리 기업의 사회적 책임 활동을 평가할 때 사용되는 표현이다. 전통적인 주주 관점(Shareholder approach)에서 영리 기업의 성과는 재무적 이윤(Financial profit)으로 평가된다. 재무적 이윤은 재무제표의 맨 아래 칸에 위치하기 때문에 Bottom line(최종 결산 결과)이라 불리는데, 주주 관점에서 재무적 가치가 가장 중요한 고려 사항이므로 이를 Single bottom line이라 부르기도 한다.

하지만 기업의 사회적 책임이 강조되고, 기업에 대한 관점이 주주 관점에서 이해관계자 관점으로 변화되면서 재무적 가치 이외에 사회적 가치가 주목받기 시작했다. 즉 두 번째 Bottom line은 기업이 얼마만큼의 사회적 가치를 창출했는지(Performance in terms of positive social impact)를 고려하는 것이다. 이는 단기적이고, 회계연도별로 계상되는 재무적 가치와는 명백하게 구분되는 개념이다. 이해관계자 관점에서 기업의 성과를 재무적 가치와 사회적 가치 두 가지로 동시에 평가한다는 측면에서 이를 Double bottom line이라 부른다.

Double bottom line은 재무적 가치와 사회적 가치를 동시에 고려한다는 측면에서 사회적 기업의 속성을 정확하게 묘사하는 표현이다. 따라서 최근에 이 표현은 사회적 기업을 표현하는 데 널리 활용되고 있다. 예를 들어 Double bottom line 기업이라고 하면, 재무적 가치와 사회적 가치를 동시에 추구하는 사회적 기업을 의미한다. 이러한 표현은 글로벌 영리 기업은 물론 UN과 같은 국제기구, 록펠러 재단과 같은 영미권의 주류 사회적 투자기관에서 널리 사용되고 있다.

한편 1990년대에는 Triple bottom line이란 표현도 사용되기 시작했다. 두 번째 bottom line인 사회적 가치를 사회적 가치와 환경적 가치로 세분한 것이다. Triple borrom line은 '세계환경개발위원회(World Commission on Environment and Development, WCED)' 가 발표한 ' 지속가능한 개발(Sustanability Development)' 이라는 개념을 보다 구체화하기 위해 도입되었다. 기존의 지속가능한 개발의 개념이 환경적인 측면에 치우쳤던 반면, Triple bottom line은 환경만이 아닌 기업의 사회적 책임을 포함했다. 이후 많은 기업들이 지속가능 보고서를 Triple bottom line의 원리에 맞춰 작성하고 있다.

이처럼 Bottom line을 세분화하면서 기업의 가치를 평가하는 데 있어서 재무적 가치와는 명백하게 구분해 사회적 가치를 고려하게 되었다. 하지만 사회적 가치라는 개념이 추상적이고 측정하기가 매우 어렵기 때문에 현실적인 적용에 대한 고민은 여전히 남아 있다.

출처 : 최태원(2014). "새로운 모색, 사회적 기업", 이야기가있는집.

그러나 소셜벤처는 일반 벤처기업에 비해 성공을 측정하는데 훨씬 어려움을 겪는다. 전통적인 비영리조직이나 과거 사회적기업의 경우, 과거에는 일반적으로 그들의 영향에 대해 순전히 질적인 측면만을 강조했었다. "우리는 매년 수백만 명의 목숨을 구하고 있다"거나 "우리는 수천 명의 아이들의 교육의 질을 향상시켰다" 등이 바로 그 전형적이고 부정확한 주장의 예로, 이는 해당 조직의 영향이나 유효성을 수량화할 수도 없고 기업의 유효성이나 영향을 비교할 수도 없게 만든다.

부정확한 측정이 어떤 측면에서는 비영리조직에 이득이 된다고 주장하는 사례도 있다. 이는 후원자 그룹을 대상으로 하는 후원 마케팅에 필요한 부분을 생략하고 넘어가게 하기 때문이다. 예를 들어 후원자, 자선가, 자선재단 또는 정부가 정확한 근거를 입수할 수 없으므로 해당 조직의 사회적 영향력(social impact)에 대한 확실한 평가 자료를 제출하라고 요구할 수 없기 때문이다.

그러나 소셜벤처의 경우 과거 비영리조직에 적용되었던 부정확한 측정이 크게 이득이 되지는 않는다. 그동안 부정확한 측정과 평가는 지원을 받는 데에, 특히 소셜미션이 훌륭한 사업에 대한 지원을 받는 데에 걸림돌로 작용해 왔었기 때문이다. 후원자가 진정한 사회적 가치로 변환될 기부금을 제공하려는 경우, 기부금의 액수는 앞으로 기대되는 사회적 영향에 대한 이 자선가의 판단과 거의 일치할 것이다. 그러나 사회적 영향력(social impact)에 대한 기대는 부정확한 여러 가능성에 영향을 받을 것이기에 자선가는 자신이 기대하는 효과를 확신할 수 없고, 기관선정에도 어려움을 겪을 수 있다. 후원자와 조직 사이에 정보 비대칭이 발생하기 때문이다.

정리하자면, 사회적 가치, 조직의 건전성, 미션 수행의 효율성 및 전반적인 조직의 효과성을 측정함에 있어 가능한 정확한 것이 모든 좋은 소셜벤처 기업에게 이익이 된다. 그렇다면 소셜벤처 기업가가 사용할 수 있는 측정 도구로 어떤 것이 있을까?

사회적 가치의 측정은 책임성, 평가, 결과, 그리고 효과성이라는 네 가지 개념으로 구성된다.

① 책임성

책임성은 기업가의 암시적 또는 명시적인 사회적 책임을 의미한다. 예를 들어 소셜벤처 창업가가 소셜미션을 제시하고 이 사업을 위한 기업을 설립한 후 후원자들이 미션에 공감하여 후원을 제공한다면 기업가는 미션에서 약속한 임무를 다할, 또는 임무를 다하기 위해 노력할 책임이 있다.

② 평가

소셜벤처는 그들의 활동을 평가하여 이해관계자들에게 객관적 자료를 정기적으로 보여준다. 평가의 대상은 제품 및 서비스의 품질, 마케팅 및 재무적 성취, 또는 사회적 가치에 대한 평가를 정량화한 수치와 만족도, 평판 등 정성적인 부분까지 포함한다. 평가는 특별하다기 보다는 일상적인 활동으로 인식해야 한다. 사실 현실에서 우리들은 늘 평가를 주고받고 있는데 학생들의 성적, 직장인의 인사고과 등이 그렇다.

평가대상의 유형을 막론하고 올바른 평가를 위한 기본적인 기준은 유용성, 실행가능성, 타당성 및 정확성이라는 네 가지 자질을 갖추고 있는가이다. 한 마디로 평가는 유용하고 비용 효율이 높고, 적합한 항목을 정확하게 측정해야 한다.

③ 결과 및 영향

평가는 무엇을 측정해야 할까? 비영리 및 공공부문에서는 투입(예를 들어 프로젝트를 위해 조성된 자금의 양), 활동(운영되는 프로그램의 수), 산출(매달 제공하는 서비스의 양)을 측정하는 경향이 있다. 그리고 이는 사업계획 실행 전개과정과의 연관성에 기반하여 투입, 활동, 산출을 살펴보는 역할을 한다. 그러나 소셜벤처의 경우 최종 목표는 분명히 사회적 가치이다. 이는 활동의 결과 및 이러한 결과가 미치는 영향을 살펴보아야 한다는 것을 의미한다.

④ 효과성

적합한 방식으로 바람직한 결과와 영향을 이루어내는 조직은 '효과적'이다. 그러나 바람직하다는 것과 적합하다는 것이 무엇인지를 알아야 하기 때문에 효과성은 명확하기보다는 애매하게 정의내리기 쉽다. 일반적으로 효과적이라는 것은 옳은 일을 하는 것을 말하는데, 이는 어떤 일을 할 때 쓸데없는 일은 제외하고 꼭 해야만 하는 것을 한다는 것을 의미한다.

전체적으로 요약하면 소셜벤처는 소셜미션을 적절하게 실현하고 있다는 것을 증명하기 위해 그들이 이루어 낸 결과 또는 영향을 측정하는 평가에 대해 동의하고 투자한다. 평가는 고객, 후원자, 이해관계자 및 일반대중들에게 소셜벤처의 유효성에 대한 정보를 제공한다. 이러한 개념들은 [그림 8-1]에 정리되어 있다.

그림 8-1 소셜벤처의 측정 프로세스

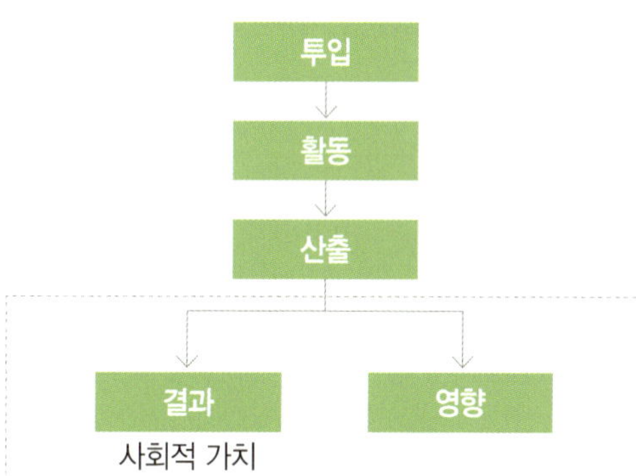

(3) 사회적 가치 측정 방법론

다음은 위에서 설명한 4가지 개념을 바탕으로, 소셜벤처가 이루어낸 결과 및 사회적 영향력(social impact)을 측정하는 방법론에 대해 살펴보자. 학자들은 소셜벤처의 성과 측정 방법을 연속 측정법, 평정척도 측정법, 그리고 이진 측정법의 세 가지 기본 유형으로 분류한다.

출처 : 전화성, '전화성의 스타트업 교과서', 2015.

① 연속(Continuous) 측정법

연속 측정법은 결과를 정확한 수치로 측정할 수 있는 방법이다. 예를 들어 조직이 얼마나 많은 자선모금을 했는지를 정확하게 파악하고자 하는 경우에 활용할 수 있다. 또는, 벤처의 지원을 받은 사람들의 수를 세어보고자 하는 경우도 여기에 해당된다. 연속 측정법은 숫자로 나타낼 수 있는 정확한 데이터를 필요로 한다.

② 평정척도(Ratting scale) 측정법

연속 측정법이 실행 불가능한 경우, 평정척도 측정법이 결과를 측정할 수 있는 유용한 해결책이 될 수 있다. 어느 환경보호 관련 소셜벤처가 유효성에 대한 사람들의 의견을 알아보고자 한다면, 사람들에게 '매우 효과적'에서 '매우 비효과적'까지 다섯 가지의 답 중 하나를 선택하게 해 해당 기업의 효율성을 조사할 수 있다.

③ 이진(Binary) 측정법

질문에 대해 '예' 혹은 '아니오'의 답변을 받아 측정하는 방법으로 성공적인 측정을 위해 분명한 출발점이 필요한 경우 적합하다. 유용하고 효과적인 이진 측정법을 위해서는 2개의 답변을 끌어내는 명확한 구분이 필요하다. '예' 혹은 '아니오'라고 답변하는데 있어 조금도 의심의 여지가 없도록 설문지를 만드는 것이 중요하다.

실제로 이루어지는 가치측정의 많은 부분은 위에서 나열한 기본적인 수치 측정법 및 이진 측정법의 변이, 개조 또는 조합을 통해 이루어진다.

발달(Developmental) 측정법

결과가 점진적으로 성취되는 경우도 종종 있다. 예를 들어 기업의 사업계획은 항상 그 기업의 발달과정에 대한 일정표를 특징으로 한다. 성공을 측정하는 중요한 방법들 중 하나는 해당 벤처가 제안된 시간 내에 제안된 각각의 목표에 도달했는지를 알아보는 것이다. 발달 측정법은 대개 일정한 측정치의 다단계적 버전이다.

벤치마크(Benchmark) 측정법

벤치마크 측정법은 해당 분야의 리더와 비교하는 것이다. 예를 들어, 빈곤층을 지원하는 새로운 기업은 지역 내에서 해당 기업보다 규모가 크고, 이미 성공을 거둔 바 있는 조직과 그 활동규모를 비교할 수 있다. 벤치마크 측정법은 일반적으로 연속 측정법 또는 평정척도 측정법을 활용한다.

<u>역사적(Historic) 측정법</u>

성공을 측정하는 일부 방법들은 본질적으로 동일한 조직의 과거 성과와 현재 성과를 비교한다. 역사적 측정법은 진보를 보여주기 위함이다. 예를 들어 한 기업의 성과가 첫 해보다 둘째 해에 몇 퍼센트 더 성공적이었는지를 살펴볼 수 있다.

읽어 보기

아큐먼 펀드의 사례

acumen FUND

사회적 투자를 전문으로 하는 중간 지원 기관인 아큐먼 펀드(Acumen Fund)는 비영리 조직의 자선 방식으로 해결했을 때와 사회적 기업에 대한 투자 방식으로 해결했을 때의 비용 대비 효과를 분석해보았다. 말라리아를 예방하기 위해 저소득층에게 모기장을 무료로 배포하는 자선 단체에 3억 원을 기부했을 때와, 모기장을 제조해 저소득층에게 판매하는 사회적 기업 A to Z Textile에 3억 원을 투자했을 때의 성과를 비교해본 것이다.

비영리 조직이 저소득층에게 모기장을 무료로 나눠주자, 받은 사람들은 공짜로 얻은 것이라 여겨 소중하게 사용하지 않는 바람에 모기장은 금세 무용지물이 되었다. 또 모기장을 배포하는 사람들도 오지 마을까지는 들어갈 엄두를 내지 못했다.

이에 반해 사회적 기업은 투자받은 3억 원으로 모기장을 생산해 저소득층에게 판매했다. 제품의 경쟁력을 확보해야 하는 사회적 기업은 질긴 모기장을 만들기 위해 노력했다. 그러한 품질 혁신으로 모기장의 내구성이 훨씬 더 좋아졌고, 이를 구입한 사람들도 모기장을 소중하게 사용했다. 또한 소매상들은 판매 지역을 확대해 수익을 높이고자 오지 마을까지 들어가 모기장을 판매했다.

아큐먼 펀드의 사례에서 보듯 사회적 기업은 더 적은 비용으로도 말라리아의 발병률을 낮출 수 있는 가능성이 있다. 사회적 기업은 비영리 조직에 비해 혁신이 가능하고 시장의 기능을 활용할 수 있어 새로운 방법으로 사회 문제에 접근할 수 있기 때문이다. 따라서 더 적은 비용으로도 더 지속가능하게 사회 문제를 해결 할 수 있다.

동영상 보기

출처 : 최태원(2014), "새로운 모색, 사회적 기업", 이야기가있는집.

8.2 사회적 가치 분석

1) 사회적투자분석 방법론

(1) 사회적투자분석(SROI)의 정의

유럽에서는 과거에 사회적 경제를 구성하는 공동체들과 같은 제3섹터 조직들의 활동이 활발해지면서 그들의 활동을 통해 어떠한 성과가 달성되었는지를 평가하여 그 사회적 성과를 대외적으로 제시해야 할 필요가 생겼다. 또한, 내부적으로도 활동의 방향을 결정하는 기준의 필요성이 꾸준하게 제기되기도 하였다.

이에 따라 영국에서는 1990년대 후반부터 정부 차원에서 성과(outcomes)에 중점을 둔 공공서비스 가치(performance)에 대한 평가를 추진했다. 사회적 가치의 정량적 평가(화폐화) 기법으로써 사회적투자수익률분석(SROI : Social Return on Investment)이 주목받는 배경에는 상기와 같은 공공 정책적 변화가 있었다.

Jeremy Nicholls(2009) 등의 정의에 따르면 SROI는 조직에 의해서 창출된 사회적 가치, 환경상의 가치, 그리고 경제적 가치에 대해서 이해하고 측정하고 보고하는 프로세스를 의미한다. SROI는 보다 넓은 의미에서의 가치를 측정하고 설명하기 위한 기법이라고 할 수 있다

사회적 가치 평가의 기법으로는 미국의 Jed Emerson과 샌프란시스코를 거점으로 하는 벤처 필랜소로피 펀드인 REDF(Robert Enterprise Development Foundation)가 처음 개발하고 현재 영국의 비영리 싱크탱크 NEF(New Economics Foundation)가 응용 · 발전시킨 SROI(social return on investment, 사회적투자수익분석)가 널리 알려져 있다.

SROI는 그 후 영국에도 보급되었지만, 비영리 연구기관인 NEF가 REDF의 SROI를 개량한 방법론을 개발한 후 이것이 다양한 사회적기업이나 공공서비스 관련 사업의 평가에 활용되기 시작하였다.

SROI의 의의는 단순한 비용편익기법도 회계수단이 아닌, 이해관계자를 둘러싼 사회적 가치 평가의 수단이며, 평가의 틀이 평가결과에 대한 공표 · 설명 등을 통해서 조직 밖의 이해관계자에게 알려짐과 동시에 관리수단으로써 내부화된다는 점에 있다.

특히, 소셜벤처가 그 자금 제공자인 공적부문이나 재단 · 기업의 사회공헌부문, 기타 사회적

투자자에 대해서 그 가치를 보여주고자 할 때 SROI가 유리하게 작동할 수 있다. 소셜벤처는 그 서비스 이해관계자에게 가져다주는 편익을 객관적으로 명시하는 것이 가능해지기 때문이다. 이처럼 소셜벤처에 의해 사회적 가치가 어떻게 창출되는지를 나타냄으로써 SROI는 영업수단이나 마케팅수단으로도 유용하게 활용될 수 있다(Ridley-Duff, Seanor and Bull, 2011).

(2) SROI 특징

SROI 방법론의 특징은 이 방법이 비용편익분석(CBA; cost -benefit analysis)을 제3섹터 구성 조직들이 그들의 성과 평가에 활용하기 쉽도록 응용하고 발전시킨 평가기법이라는 점이다.

본래 SROI는 응용경제학의 테크닉으로부터 도출되고 정부의 시책평가에서 널리 사용되고 있는 비용편익분석(cost-benefit analysis)에서 파생된 방법론이다(Worth, 2009). 따라서 비용편익분석은 먼저 화폐($, £, ₩)라는 단일 지표에 의해서 조직 또는 사업의 성과(performance)를 정량화하고 가시화할 수 있다는 점이 주요 특징이다. 즉, 창출된 가치의 화폐화(monetize)이다. 그리고 시책의 총비용(full cost)에 관한 정보를 수집하고 그 비용에 대해서 어느 정도의 화폐가치의 편익(benefit)이 창출되었는가를 계측한다. 시책의 순편익과 순 비용을 측정하고 비용에 대한 편익의 비율(사회적투자수익률)을 산정하는 것이다. 즉, SROI는 경제적인 평가 기법을 사용한다는 측면에서는 CBA와 매우 비슷하고, 또한 CBA의 기법을 바탕으로 하고 있다.

그러나 SROI의 보급을 추진하는 측에서는 단순한 CBA의 응용이 아니라 CBA와의 차이를 강조한다. 예를 들면 SROI의 주요 혁신은 산출(output)을 넘어서서 성과(outcomes)와 파급효과를 고려한 점이다(Ridley-Duff, Seanor and Bull, 2011). 하지만 이것은 다소 과대평가로, CBA에서도 파급효과를 넘어선 성과(outcomes)의 화폐화가 가능했고 그 분야에서 커다란 경험을 축적했다. 또한, SROI는 독자적인 평가이론을 개발했다기보다는 오히려 CBA에서 발전시킨 이론이나 기법에 많이 의존하고 있는 편이다.

SROI에서는 평가 프로세스에 있어서 이해관계자의 참가를 기본으로 변화의 가치화와 사회적 가치의 화폐화가 실천된다. 예를 들면 SROI에서는 먼저 기대되는 성과(outcomes)로써의 과제군의 틀이 설정되지만 이들 성과(Outcomes)의 정의에 대해서 이해관계자의 참가를 가능케 하는 유연성을 충분히 갖추고 있다(Ridley-Duff, Seanor and Bull, 2011).

그림 8-2 ROI와 SROI의 투자 회수 개념

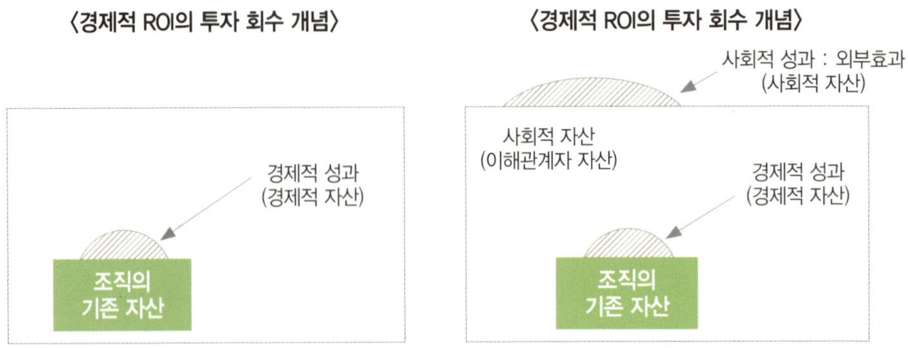

SROI의 또 다른 주요 특징 중 하나는 관리수단으로의 활용 가능성이다. SROI를 통해 도출된 성과평가에 의해, 프로젝트 실시조직에 있어서는 사업 · 경영개선을 위한 학습이 가능하며, 또한 파급효과도 강화하는 방향에서 자원관리가 가능하게 된다(Arvidson, Lyon, McKay and Moro 2010). 반면에 CBA의 접근법에서는 오로지 컨설턴트 등의 외부기관에 의해서만 평가가 이루어지는 경향이 있다. 더불어 평가결과가 조직에 환원되고 경영개선에 활용되는 프로세스가 중시되고 있는 것은 아니다.

즉, SROI의 기법이 관리수단으로 조직에 내부화되는 경향이 더 강하다. 또 이 측면도 CBA와의 본질적인 차이라기보다는 접근법의 차이라 할 수 있다(Arvidson,Lyon, McKay and Moro 2010).

그림 8-3 현재가치와 투자개념 기준의 SROI

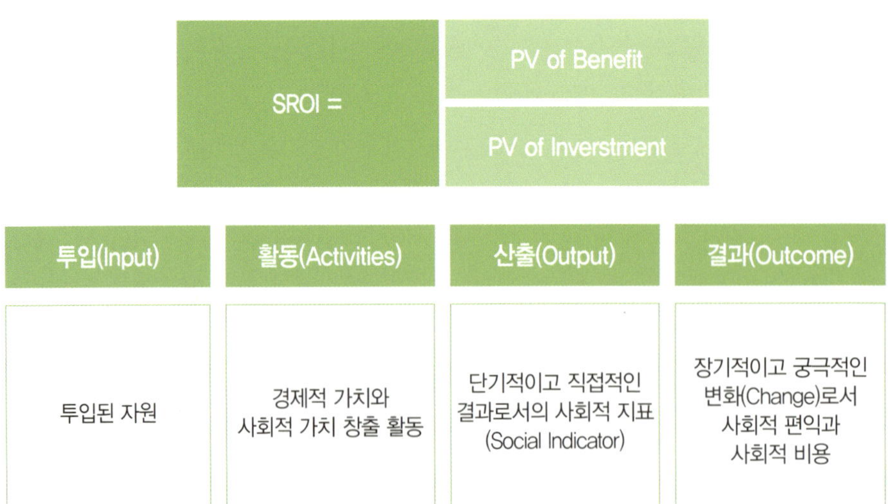

(3) 사회적투자분석(SROI)의 측정 방법

SROI는 사회적기업들의 경제적 · 사회적 영향을 수량화하기 위한 노력의 일환으로 개발되었다. SROI를 개발한 REDF는 사회적벤처의 혜택을 기업 가치와 사회적 목적 가치로 분류하고, 이 둘을 합하여 혼합된 가치라고 명명했다.

그림 8-4 소셜벤처 측정의 대상

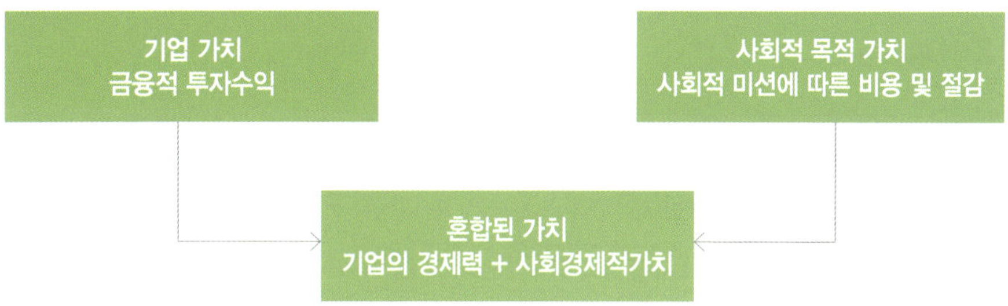

출처: 사회적기업을 디자인하라

기업 가치는 소셜벤처의 사업적 측면인 순 수입을 의미한다. 매출가치에서 재화와 용역이 들어간 비용 및 운영비용을 제외한 값이다. 이 가치는 일반 벤처기업의 큰 부분을 차지한다. 일반 벤처기업에 비해 영리 활동을 중시하는 비중이 다소 낮은 소셜벤처일 경우에는 간혹 이 기업 가치가 마이너스 상태일 수도 있다.

표 8-1 사회적투자수익률 산출방법

기업 가치
매출 가치
– 판매된 재화 및 용역비용
– 운영비용
사회적 목적 가치
+ 지원금 및 기부금
– 기금모금 비용 및 지원금 신청비용
+ 사회적 절감비용
– 사회적 운영비용
+ 증가된 세수
부채
– 사회적기업의 부채

= 혼합된 가치

반면에 사회적 목적 가치는 기업이 사회를 위해 창조하는 가치, 즉 적어도 사람들에게 영향을 준 결과로 조성된 수입이나 사회에서 절약된 비용의 측면에서 측정될 수 있는 부분이다. 사회적 비용 절감의 예로, 소셜벤처가 취약계층을 채용했을 때 국가가 그들에게 지원하던 지원금이 절감되는 것 등을 말할 수 있다. 또한, 그들이 내게 되는 세금은 국가 세수의 증가로 이어진다. 한편, 기부금 등의 수입은 기업의 사회적 미션에 대한 비용을 가리키기 때문에 역시 사회적 목적 가치에 속할 수 있다.

기업 가치에 사회적 가치를 더하고 부채를 빼면 REDF가 혼합가치라고 부르는 값이 산출된다. 사회적기업들을 이러한 가치로 비교 측정하기 위해 REDF는 다음과 같은 세 가지 자치지표를 정의했다.

- ◆ 기업 수익지수 : 자선사업을 통해 기업에 들어간 돈의 액수로 나눈 기업 가치
- ◆ 사회적 목적 수익지수 : 기업에 대한 자선 투자의 가치로 나눈 사회적 목적 가치
- ◆ 혼합 수익지수 : 기업에 대한 자선 투자의 가치로 나눈 혼합된 가치

상기 지수를 이용하여 비영리조직의 가치를 비교 분석할 수 있는 객관적인 기준의 기반을 마련했다.

그림 8-5 SROI 구성 예시

(4) 사회적투자분석(SROI)의 측정 과정

SROI의 측정과정은 활동의 결과로서 다양한 이해관계자들에 일어나거나 예측되는 변화의 관점에 집중하여야 하며, 다음과 같은 6단계로 구분할 수 있다.

첫째, '범위 설정과 핵심 이해관계자 확인' 단계로 SROI 분석을 수행할 범위와 그 분석과정에 참여할 이해관계자의 범위, 방법 등에 관한 명확한 정의를 설정하는 것이 중요하다.

둘째, '결과물 맵핑(mapping)' 단계로, 이해관계자의 참여를 통한 투입물(inputs), 산출물(outputs), 결과물(outcomes)의 관계를 확인시켜주는 영향력지도(impact map)나 변화이론(theory of change)을 개발한다.

셋째, '결과물 명시와 사회적 가치 부여' 단계로, 결과물이 실제로 일어났는지에 대한 증거를 확인하고 증거에 대한 사회적 가치를 부여하는 과정이다.

넷째, '영향력 확정' 단계로, 결과물에 대해 확인된 증거와 화폐화된 가치를 가지고 그러한 변화가 일어난 것으로 확정하거나 또는 다른 요인에 의한 결과로 인식하여 제외하는 과정이다.

다섯째, 'SROI 산출' 단계로, 확인된 모든 사회적 편익을 합하고 부정적인 사항을 공제하며, 투자에 대한 결과를 비교하는 과정을 수행한다. 또한 산출된 결과에 대해 민감도 분석을 통한 검토를 수행할 수도 있다.

여섯째, 간과하기 쉽지만 대단히 중요한 '보고 및 활용, 그리고 내재화' 단계로, SROI 측정 결과에 대해 이해관계자들과 공유하고, 그들의 질문에 응답하고 모범적인 결과물 처리 과정과 보고서의 검증을 통해 내재화하는 과정이다.

이러한 여섯 단계를 개략적으로 표시하면 다음의 [표 8-2] SROI 측정단계와 같다

표 8-2 SROI 측정 단계

단계	주요 수행 내용
1 단계 '범위설정과 핵심 이해관계자 확인'	- SROI 수행 범위와 과정에 참여할 이해 관계자와 방법에 관해 명확히 하는 것이 중요
2 단계 '결과물 맵핑(Mapping)'	- 이해관계자 참여를 통한 투입물, 산출물, 결과물의 관계를 보여주는 영향력 지도 또는 변화이론 개발
3 단계 '결과물 명시와 사회적 가치 부여'	- 결과물에 대한 증거를 확인하고 가치를 부여
4 단계 '영향력 확정'	- 결과물에 대한 증거와 화폐화된 가치를 가지고 변화를 확정하던지 또는 다른 요인의 결과로 고려대상에서 제외
5 단계 'SROI 산출'	- 모든 편익을 합하고, 부정적인 사항의 공제, 투자에 대한 결과를 비교하는 일을 수행 - 결과에 대한 민감도분석 수행 가능
6 단계 '보고 및 활용, 그리고 내재화'	- 이해관계자들과 결과 공유 및 질의응답 - 모범적인 결과물 처리과정과 보고서 검증을 통한 내재화

출처 : 조영복 외, 2010, 「SROI – 사회적 투자수익률 측정 가이드」 요약, 재인용

그림 8-6 SROI 프로세스

출처 : SVCA Guideline, Stoney field farm 사례

2) 기타 방법론 및 가치측정 도구

사회적 가치를 실현하는 또는 사회적 가치 산출을 위해 투자하는 다양한 기관들은 사회적투자수익률을 평가하기 위해 자신들의 진행 프로젝트 특성에 맞는 다양한 사회적 가치 측정 방법들을 사용한다. 예를 들어 영향력 보고와 투자 표준(IRIS), 비용효과분석(CEA), 비용편익분석(CBA) 등이 전 세계적으로 사용되고 있다.

미션 지향적인 조직에 대한 사회적, 환경적, 재무적 성과를 보고하는 '영향력보고와 투자표준(The Impact Reporting and Investment Standards, IRIS)' 는 Rockfeller재단의 아큐먼펀드와 B Lab에 의해 범세계적인 보고 형식으로 개발되어 제시된 프레임워크이다. 이는 소셜벤처 및 사회적기업의 경영성과 및 추구하는 목적 등에 관련해 이해하기 쉽고 단순하게 표준 항목을 정의하여 기업의 현황을 일목요연하게 제시할 수 있는 방법론의 하나로 인식되고 있다. 또한, 소셜벤처 및 사회적기업의 공시에 적합한 보고지표로서 활용될 가능성이 높다고 인식되고 있다.

1950년대 이후 후생경제학의 발전과 더불어 공공경제학의 이론이 본격적으로 개발되면서 투자에 대한 성과를 비교 검토하기 위해 개발된 비용효과분석(Cost Effectiveness Analysis, CEA)과 비용편익분석(Cost Benefit Analysis, CBA)은 여러 정책 대안 가운데 가장 효과적인 대안을 찾기 위한 방법론으로, 각 대안에 대한 성과를 화폐가치로 환산하여 측정할 수 있는 선택에는 CBA를, 화폐가치로 환산할 수 없고 다만 계량적(수량적)으로 측정할 수 있는 선택에서는 CEA를 적용하여 평가하고 있다.

1988년 뉴욕시 빈곤퇴치를 위해 헤지펀드 매니저가 설립한, 로빈후드재단의 투자 대안을 평가하는데 사용되는 편익비용비율(benefit cost ratio)은 경제적 효율성의 척도로서 편익이 비용보다 큰 대안에 대해 경제성 및 타당성이 있는 투자대안으로 평가하는 방법론이다.

가난한 사람들에게 효과를 줄 수 있는 비즈니스 모델을 수행하는 비영리단체인 아큐먼 펀드가 개발한 BACO ratio는 투자된 포트폴리오에 대해 투자기회의 유망한 혜택 대비 자선적인 보조금의 효과성을 측정하는 방법론이다.

소셜벤처나 사회적 가치를 창출하는 사회적 프로그램을 평가하는 tool은 기업 내부 및 사회적 가치를 창출하는 프로그램을 지원하는 기관들의 고유 목적에 따라 다양하게 개발되어져 왔다. 세계적으로 사회적 가치를 측정하고자 하는 목적을 지닌 평가 tool은 다음의 표에서 사회적 가치 측정 평가 체계로 정리될 수 있다.

표 8-3 사회적 가치 평가 툴

구분	주요내용
SROI (Social Return On Investment)	◆ SROI는 기업 경제활동의 사회적 성과를 화폐가치로 환산하여 측정할 수 있도록 하는 도구 ◆ SROI의 측정법은 관련된 사람이나 조직의 경험이나 공헌에 따라 변화하고 있음 ◆ 사회적 · 환경적 · 경제적 결과물을 측정함으로써 만들어진 변화에 대해 이야기하고 그것들을 상징하기 위해 금전적 가치를 사용하여 표현(예를 들어, 3:1의 비율은 £1을 투자하여 £3의 사회적 가치를 얻는 것을 의미함) ◆ SROI에는 두 가지 유형이 있음 – 평가성(Evaluative) SROI는 이미 일어난 실제 결과에 기반을 두고 소급하여 수행하는 것 – 예측성(Forecast) SROI는 실행하고자 하는 활동이 의도했던 결과를 달성했을 때 얼마나 많은 사회적 가치가 창출될 것인지를 예측하는 것
BSC (Balanced Scorecard)	◆ 재무적인 측면과 더불어 고객, 내부 프로세스, 학습과 성장 등 기업의 성과를 종합적으로 평가하는 균형 잡힌 성과측정기록표로써 4가지 관점의 성과지표를 도출하여 성과를 관리하는 성과관리 시스템 ◆ 단기적 성격의 재무적 목표 가치와 장기적 목표 가치들 간의 조화를 추구
IRIS(The Impact Reporting and Investment Standards)	◆ 미션 지향적인 조직에 대한 사회, 환경, 재무적 성과를 보고하는 범세계적인 Reporting 형식 ◆ 경영성과(사회적 성과 및 경제적 성과) 관련하여 이해하기 쉽고 단순하게 표준 항목을 정의
CEA (Cost-effectiveness Analysis) 비용효과분석	◆ 여러 정책대안 가운데 가장 효과적인 대안을 찾기 위해 각 대안이 초래할 비용과 산출 효과를 비교 · 분석하는 기법을 의미함 ◆ 특정 프로젝트에 투입되는 비용들은 금전적 가치로 환산하나, 그 프로젝트로부터 얻게 되는 편익 또는 산출은 금전적 가치로 환산하지 않고 산출물 그대로 분석에 활용하는 특징을 가지고 있음 ◆ 산출물을 금전적 가치로 환산하기 어렵거나, 산출물이 동일한 사업의 평가에 주로 이용됨
CBA (Cost-benefit Analysis) 비용편익분석	◆ 여러 정책대안 가운데 목표 달성에 가장 효과적인 대안을 찾기 위해 각 대안이 초래할 비용과 편익을 비교 · 분석하는 기법을 의미함. ◆ 즉, 어떤 프로젝트와 관련된 편익과 비용들을 모두 금전적 가치로 환산한 다음 이 결과를 토대로 프로젝트의 우수성을 평가하는 방법을 의미함. ◆ 각 대안의 비교에는 비용편익비(B/C ratio), 순현재가치(net present value), 내부수익률(IRR) 등의 기준이 사용됨.

출처 : 조영복 외, 2010, 「SROI – 사회적 투자수익률 측정 가이드」 요약, 재인용

Robin Hood Foundation Benefit-Cost Ratio 비용편익비율	◆ 비용의 현재가치에 대한 편익의 현재가치의 비율, 즉 편익을 비용으로 나누어 그 비율의 결과가 가장 큰 대안을 선택하는 방법. ◆ 가장 일반적으로 이용되는 경제적 능률성의 척도. ◆ 대안분석에서 적절한 사회적 할인율이 적용되었을 경우 편익-비용비가 1보다 큰 투자 사업은 타당성 있는 것으로 판단함. *현재가치는 미래에 발생할 편익과 비용을 할인한 현 시점의 시간적 가치를 의미함.
Acumen Fund BACO Ratio	◆ Acumen Fund는 가난한 사람들에게 효과를 줄 수 있는 비즈니스 모델을 수행하는 비영리단체, 중소기업, 대기업 등 다양한 단체들에게 투자를 하는 글로벌 벤처임. ◆ BACO(Best Available Charitable Option) Ratio의 목적은 투자된 포트폴리오에 대한 투자 기회의 유망한 혜택 대비 자선적인 보조금의 효과성 측정에 있음. ◆ 순비용 / 총사회적 임팩트 = BACO Ratio
William and Flora Hewlett Foundation Expected Return	◆ Global Development Program에 Expected Return 분석법을 사용. ◆ Expected Return 분석은 자선사업의 전반적인 전략을 시사함. ◆ Expected Return을 측정하는 것은 현존하는 아이디어와 지식을 일관적이고 수량화된 양식으로 이해하는 작업이며, 사업의 성공가능성과 잠재적 투자에 대한 영향력을 분석함. ◆ Benefits in a perfect world(세계적 차원의 편익) X Likelihood of success(성공 가능성) X The Philanthropy' s contribution(자선사업의 기여도) /Cost = Expected return
Center for High Impact Philanthropy Cost per Impact	◆ 자선적 기부 효과의 최대화 측정. 기부의 효과에 대해 자선가들에게 정보와 도구를 제공함으로써 자선의 효과적인 분야를 정의할 수 있음. ◆ 효과 당 비용을 측정하며, 효과 당 비용을 평가하기 위해서 자선가들은 가능한 2요소에 접근이 가능해야만 함 1) 사회적 효과 : 성공을 위해 객관적이고 구체적으로 측정되는 사회적 효과. 2) 비용 : 자선가나 효과를 실감하게 하는 다른 자원에 의해서 만들어지는 투자로써 측정되는 비용.
DEA (Data Envelopment Analysis)	◆ DEA 모형은 Chames et al(1978)이 Farrell의 상대적 효율성의 개념을 토대로 하여 의사결정단위(DMU: Decision Making Unit)의 효율성 평가를 위해 개발. ◆ 이는 다수의 투입 및 산출요소를 동시에 고려하여 효율적 DMU를 준거집단, 즉 기준으로 설정하고, 비효율적인 DMU의 상대적 효율성을 측정하는 방법임.

출처 : 조용복,신경철, 2013.

3) SROI의 한계와 새로운 개념 도입의 필요성

사회적 경제의 현장에서는 그 조직이 창출하고 있는 사회적 가치를 나타내고 평가하기 위하여 다양한 방법들을 사용하여 측정하려는 노력이 지속되고 있지만 여전히 부족한 점이 있다. 특히 많은 시도가 이루어진 SROI는 기 유용성에도 불구하고 실용적 측면에서는 비판적인 견해가 존재한다.

그 이유는 첫 번째로 사회적 가치를 측정하고 평가하는 수단인 SROI가 오히려 사회적 가치를 실제의 가치보다 축소화 시킬 수 있다는 점이다. SROI는 비용편익분석을 기초로 하고 있기 때문에 화폐환산을 위한 대용지표의 설정이 쉬운 사회적 가치(outcomes)만이 선택되고 계측의 대상으로 될 가능성도 있기 때문이다.

두 번째는 평가기법의 표준화가 어렵다는 것이다. SROI가 조직 간이나 정책 간 비교를 하지 않는다는 점에 동의한다고 해도 측정 지표의 설정이나 전체 평가 방법의 설정에 있어서 어느 정도 표준화는 필요하다는 점이다. 그러나 SROI의 경우는 외부기관에게 평가를 맡기는 것이 아니고 외부의 전문가를 활용한다 하더라도 당사자나 이해관계자가 기대되는 성과(outcomes)나 지표의 설정 등에 참가하고 이들 이해관계자의 합의를 거쳐서 평가 도구를 설정하는 점에 중요한 특징이 있다. 그런 점에서는 상당한 시간과 비용이 소요되고 평가실시를 위한 훈련도 필요하다. 설령 표준화를 위한 조건이 충족되었다 해도 가치에 관한 합의 형성은 그렇게 쉽지는 않다. 왜냐하면 이해관계자의 「사회적가치관」이 반영되기 때문이다(Mulgan 2010). 무엇을 원하는 성과로 간주할 것인가에 대해서도 가치관의 차이가 영향을 미치고 합의를 어렵게 만들 것이다.

세 번째는 SROI에는 종래 평가의 틀을 근본적으로 바꿀 만큼의 이론적인 배경이 약하다는 점이다. SROI는 CBA를 기초로 그것을 응용 · 수정한 것으로 평가되고 있다. CBA에 비해 이해관계자에 대한 접근을 강조하고 있다. 그러나 이것은 접근법의 차이에 불과하고 근본적인 차이는 아니다. 종래의 CBA도 이해관계자 접근법을 취하는 것은 가능하다.

SROI는 여전히 CBA에서 축적된 개념 · 지식에 의존하고 있고 상업적 세계나 정부 섹터 내에서 통용되는 가치관으로부터 영향을 받고 있는 것이다. 따라서 사회적 가치 측정을 위한 지표의 개발은 여전히 진행 중이며 과제로 남아 있다고 할 수 있다. 더구나 선진국과는 다른 특성을 보이며 발전하고 우리나라의 경우는 더욱 더 실정에 맞는 지표 개발이 더 시급한 과제라고 할 수 있다.

읽어 보기

투자 후보의 사회적 가치 측정 (화폐가치 산정)

[예] F사 (‘13년 임팩트 투자 유치)

◆ 사회적 미션
- 농산품 직거래를 통해 농가소득개선
- 취약계층 고용

◆ 사업 모델
소농가 등 취약 농가의 과일을 활용한 디저트 카페 운영 및 과일 상품 유통

◆ 신규사업 계획
디저트 카페 확대, 과일꾸러미 판매로 유통 사업 확대

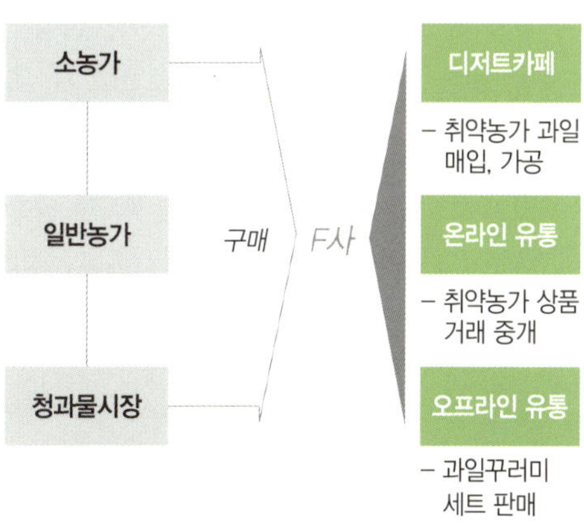

F사의 핵심 사회적 성과 지표 및 화폐가치 환산 규모

핵심 사회적 성과 지표	정의	화폐가치 산출식
취약 농가의 소득 증대	취약 농가의 농산물을 직접 매입하거나 유통/중개함으로써 늘어난 취약 농가 가처분 소득의 가치	취약 농가 매입액 및 거래 중개액 X 일반 유통 거래 대비 농가가 얻는 추가 마진율

*취약 농가 : 농림축산식품부 예비사회적기업 운영지침에 따른 전국 가구 월평균 소득 60& 이하의 농가 및 55세 이상 고령농

핵심 사회적 성과 지표	정의	화폐가치 산출식
취약계층 고용 창출	취약계층을 고용함으로써 창출된 취약계층의 가처분 소득 증대 및 사회적 순편익의 가치	F사에 신규 취업 또는 이직한 인원 X [소득의 증감액 + 사회적 순편익* 증감액] *사회적 순편익 : 고용으로 인한 정부 세수 증가 + 정부 일자리 창출 사업 비용 절감액

4) SROI 활용 사례

(1) 캐나다의의 벨트라인 유스센터(Beltline Youth Centre)에 대한 SROI 분석

벨트라인 유스센터(Beltline Youth Centre)는 이민 초기 방황의 시기를 겪는 청소년들이 긍정적인 삶을 살 수 있도록 지원하고 그 가족들을 지역사회와 연결시키는 가교 역할을 하는 등의 사회적 가치를 창조하고 있다. 프로그램을 통한 변화의 이론은 문화적 경험 차이를 이유로 소외된다는 느낌을 받는 위기의 청소년들이 사회적 보살핌과 교육 기회, 여가 활동의 기회, 그리고 직업을 가질 수 있는 기회를 가진다면 성공적인 성인의 삶을 살아가고자 하는 긍정적인 선택을 할 수 있다는 것에서 찾을 수 있다.

주요 이해관계자는 벨트라인 입소자로 전 세계에서 이주해 온 290명의 청소년이 측정에 참여하였으며 이들에게 다양한 여가활동 및 사회활동을 지원하였다. 프로그램을 통한 성과는 ① 경찰의 조사가 필요한 불량한 행동을 한 청소년이 월 평균 50명 감소 ② 경찰의 조사와 사법부의 심판이 필요한 청소년 범죄자가 매년 15명 감소 ③ 청소년 보호소에 수감되어 보호관찰이 필요한 청소년 범죄자 8명 감소로 나타났다. 이와 같은 프로그램의 결과를 바탕으로 FCSS가 측정한 벨트라인 유스센터의 SROI는 다음과 같다.

표 8-4 벨트라인 유스센터 SROI

SROI 측정지표	연간합계	산출근거
1. 경찰출동시간절감	$205,200	$342(1회 출동)*월50명
2. 청소년범죄사법부집행비용절감	$19,125	$1,275(1회 집행*연15명
3. 사법부경찰출두비용절감	$4,785	$319(1회 집행)*연15명
4. 청소년수감시간감소	$8,400	$150(1일 수감)*연8명*7일(회당평균수감일수)
5. 청소년학대시간감소	$10,758	$30(1시간당)*2시간(주당)*26주간* 8명
6. 청소년파트타임수입증가	$184,320	$8(1시간)*주당8시간*연간48주* 60명
7. 청소년정규근로수입증가	$672,000	$10(1시간)*주당40시간*연간48주*30명
A. 사회적 가치 창출(290명)	$1,104,588	1–7의 합계
B. 프로그램투자비용	$216,539	–
C. 1인당투자비용	$747	B/290명
D. SROI 비율	$5.10	A/B = 5.10 : 1

출처 : 조영복, 류정란, 인적자원관리연구제1권제 3호, 2014.

읽어 보기

옥중 저서 출간한 최태원 회장...
새로운 모색, 사회적 기업

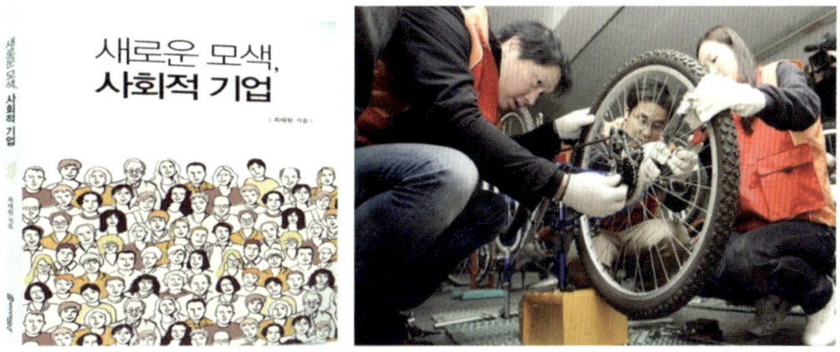

최태원 SK그룹 회장이 옥중 저서로 사회적 기업 전문서 〈새로운 모색, 사회적 기업〉을 출간해 화제다. 저서는 사회적 기업에 대한 그간의 고민을 정리해 직접 저술한 1권 〈새로운 모색, 사회적 기업〉과 SK 동반성장위원회가 저술한 2권 〈SK의 사회적 기업 운영 사례집…행복한 동행〉으로 구성되어 있다.

최 회장은 1권에서 사회적 기업 생태계 조성을 평생의 과업으로 삼겠다는 의지를 다시 한 번 밝혔으며, 사회적 기업 생태계 활성화의 새로운 방안으로 사회적 기업에 대한 가치평가를 기반으로 한 SPC(Social Progress Credit, 사회문제 해결 정도에 비례해 사회적 기업에게 제공하는 인센티브) 개념을 최초로 제안해 주목받고 있다.

229페이지 분량의 1권은 △사회문제 해결을 위한 사회적 기업의 필요성 △사회적 기업의 현실과 한계 △새로운 해법으로서의 SPC와 가치평가 △지속가능한 사회문제 해결 방안으로서의 사회적 기업 등의 내용을 담고 있다.

138페이지 분량의 2권은 행복도시락, 행복한 학교, 행복나래, KAIST 사회적 기업가 MBA, 글로벌 사회적 기업 액션 허브 등 SK그룹이 사회적 기업 활성화를 위해 그 동안 시도해왔던 노력 등이 사례 중심으로 제시돼 있어 사회적 기업 관련 전문 강좌나 실무 담당자들의 교재로 활용이 가능하다.

최 회장은 기업의 사회적 역할에 대한 기대가 커지는 상황에서 효율적인 사회공헌을 지속적으로 하는 방안을 찾던 중 2009년 한 대학교에서 열린 '사회적 기업 국제 포럼' 에서 사회적 기업이라는 가능성 있는 해결 방안을 만났으며, 사회문제를 해결하는데 특화된 조직인 사회적 기업이 사회 전반의 문제를 해결할 수 있는 잠재력이 있다고 확신하게 되었다고 밝히고 있다.

최 회장은 기존에 사회문제 해결을 담당했던 정부나 비영리 조직, 영리기업의 CSR 활동을 강화하는 방식으로는 사회문제 해결에 한계가 있다고 판단했다. 공공성과 효율성, 공공 영역과 시장 영역, 자선 방식과 비즈니스 방식이라는 이분법적 접근으로 우리 사회의 문제를 해결하기에는 역부족이라는 것이다. 반면, 사회적 기업은 두 가지 영역과 두 가지 방식을 하나로 융합할 수 있는 전문 해결사라고 최 회장은 확신하고 있다.

사회적 기업이 사회문제를 해결하는 데 더 효과적인 이유는 사회적 기업이 정부의 공공성과 영리기업의 효율성이란 장점을 두루 갖춘 조직이면서 정부 기능과 시장 기능이 제대로 작동하지 않는 영역의 문제에 유연하게 대응할 수 있기 때문이라고 최 회장은 말하고 있다. 다만 사회적 기업의 장점이 현실화되기 위해서는 장점을 잘 발휘할 수 있는 환경을 조성해야 하며 이를 위해서는 사회적 기업의 수가 충분히 많아져야 하고 다른 사회문제 해결의 주체들과 협력해야 한다고 최 회장은 강조하고 있다. 다시 말해 정부와 비영리 조직 등이 긴밀하게 협력하고 사회문제 해결을 전문으로 하는 사회적 기업이 합동 작전의 선봉에 선다면 사회문제가 더 효과적으로 해결될 수 있다는 말이다.

최 회장은 현 시점에서 가장 필요한 것은 최대한 많은 사회적 기업과 사회적 투자 자본이 사회문제 해결에 나서는, 사회적 기업 붐에 버금가는 성장을 위한 환경 조성이 필요하다며 SPC(Social Progress Credit, 사회문제 해결 정도에 비례해 사회적 기업에게 제공하는 인센티브)를 제안했다.

SPC를 활용해 사회적 기업이 투자를 유치하고 SPC가 기업의 자산으로 사회적 기업의 지속성을 높이는 데 기여하면 사회적 기업을 창업할 수 있는 공간도 지금보다 훨씬 넓어지고 창업을 두려워하거나 망설이던 예비 기업가들도 자신감을 갖고 사회적 기업 창업에 뛰어들 것이라고 최 회장은 예상했다. 하지만 SPC가 전부는 아니라며 주변 사람의 영향을 받아 사회의 공공선이 전이되는 긍정적 영향인 '백색효과' 의 확산이 필요하고 최 회장은 판단했다.

사회적 기업의 숫자가 많아지면 백색효과도 커질 것이고 사회적 기업의 등장은 사람들의 이타적인 행동의 선택지를 넓혀주게 되며, 사회적 기업의 숫자가 많아지면 사회적 기업 활동이 사회규범처럼 당연시 되어 백색효과가 더 확산될 수 있다는 것이다. 이런 양적, 질적 변화를 통해 사회 구성원들 역시 사회적 가치를 더 크게 만드는 사회적 기업 활동에 참여하거나 이를 지지할 것이며, 이를 통해 사회 문제를 해결하는 데 효율적인 자원의 배분이 가능하게 된다고 최 회장은 내다봤다.

SK는 사회적 기업의 직접 설립/지원/육성 등을 통해 사회적 기업 생태계 조성의 도우미 역할을 자처해왔고 경제적 형편이 어려운 저소득층 아이들에게 영양가 높은 도시락을 배달하는 '행복도시락', 초등 방과후 학교 프로그램을 개별 초등학교로부터 위탁받아 운영하는 '행복한 학교', 사회적 기업을 돕는 사회적 기업 '행복나래' 등을 통해 사회적 기업에 대한 희망과 확신을 얻게 됐다고 최 회장은 말한다.

행복도시락에서는 혁신의 필요성을, 행복한 학교는 혁신의 방향성을, 행복나래는 생태계 조성의 필요성과 백색효과의 확산 가능성에 눈을 뜨게 하며 우리 모두가 꿈꾸는 세상을 만들려는 작은 실천들이 모여 세상을 바꿀 수 있다고 메시지를 던지고 있다.

출처 : 월간CEO

(2) 소셜벤처 경진대회 적용

소셜벤처의 사회적 가치 측정은 매우 중요한 과정이지만 현실적으로는 많은 노력에도 불구하고 표준화된 방법론은 정착되지 못하고 있다. 따라서 사회적 가치 추구에 대한 공감 속에서 다양한 조직들이 그들의 시각으로 가치 측정을 위한 기준을 제시하고 있다.

국내에서도 그러한 사례가 있는데 본 교재에서는 SVCA(Social Venture Competition Asia)에서 제시하는 기준을 소개하고자 한다. 본 대회는 아시아의 우수한 소셜벤처 창업가를 선발하는 대회이며 한국에서는 SEN이 주관자이다.

우선 SVCA에서는 참가자를 대상으로 3가지의 기준을 충족하는 사업계획서를 제출할 것을 요구하고 있는데 첫 번째는 재무적 타당성이다. 두 번째는 확장성이며, 세 번째는 사회적 가치이다. 또한 사회적 영향력(social impact)의 평가기준을 다음과 같이 제시하고 있다.

① 제시된 사회적 가치의 정의 (Definition of the Social Value Proposition)

참가자는 변화 이론, 즉 해당 벤처가 목적하는바 사회적 outcomes(benefits)에서 핵심이 되는 강력한 사회적 가치의 제시(social value proposition)를 하나 또는 그 이상의 문장으로 기술한다.

② 세 개의 사회/환경 지표 리스트 (listing of the top three social/environmental indicators) 에 의한 사회적 영향력(Social impact)의 수량화(quantification)

참가자는 해당 벤처가 목격하는바 social outcome과 가장 연관성 있다고 여겨지는 가장 중요하며 측정 가능한 social indicators 세 가지를 제시해야 한다. 이러한 지표는 정상적인 사업 활동의 일부로서 추적 가능해야 한다.

③ 사회적 가치의 금전적 환산성 (Monetization)

SROI 참가자는 SROI분석을 사용하여 향후 10년간 해당 벤처가 창조하려는 사회적 영향력(social impact)의 가치를 금전적으로 환산(monetize)해야 한다.

또한, 사회적 영향력(social impact)을 평가하기 위한 SROI 분석을 다음의 5단계로 규정하고 사업계획서 제출자들에게 기준을 제시하고 있다. 더불어 social outcome과 사회적 영향력(social impact)을 명확히 구분하여 제시하고 있는데 social outcome은 SIA에서 그 벤처가 존재함으로써 창출가능 한 비재무적 social benefit을 이르는 말이며, 사회적 영향력(social impact)이란 social outcome에서 벤처의 활동과 상관 없이도 취해졌을 benefit을 뺀 것으로 정의하고 있다.

○ 1단계는 투입(inputs)으로 나타나게 될 산출 결과(outputs)에 대해 정의하는 것이다. 소셜벤처의 사업으로 나타나게 될 변화를 기술할 것을 제안하고 있다. 즉 투입과 활동 그리고 산출을 기술하면 되는 것이다.

SROI 1단계 : Outputs의 정의

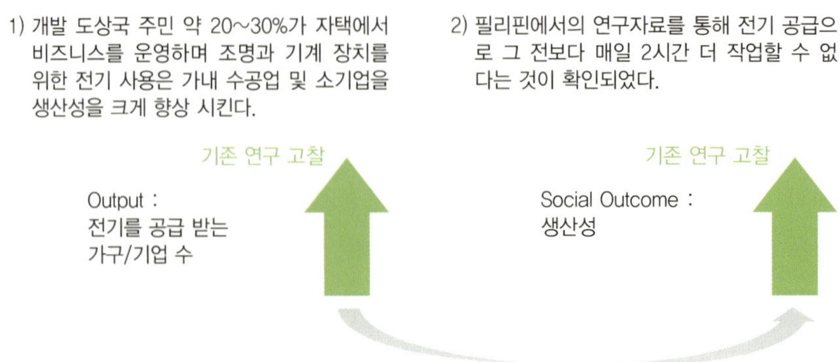

○ 2단계는 나타나게 될 산출 결과(outputs)를 화폐로 환산했을 액수를 나타내면 된다. 인건비, 물가 등을 참고하고, 사회문제 해결에 대한 보고서 등을 참고하여 작성할 것을 제안하고 있다.

SROI 2단계 : 금전적 환산(Monetize)

○ 3단계는 사업을 지속하면서 나타나게 될 산출 결과(outputs)를 연도별로 나타내는 것이다. 소셜벤처의 사업이 점차 본격화 되면서 수혜자가 늘어나고 프로젝트가 늘어나게 되면서 초기보다 더 많은 종류의 산출물들이 생기고 금액도 커지게 된다. 이러한 흐름을 나타낼 것을 제안하고 있다.

SROI 3단계 : 예상 사회적 현금 흐름도(cash flow)의 개발

Social Return on Investment
(in $1,000 USD)

	Year 1	Year 2	Year 3	Year 4	Year 5	...	Year 15
Number of Projects	1	2	3	5	8	...	85
Cumulative Number of Projects	1	3	6	11	19	...	456
Cumulative Number of Households Served	200	600	1,200	2,200	3,800	...	91,200
Social and Environmental Benefits							
Education and earning potential	$0	$0	$0	$0	$62	...	$11,294
Communication and entertainment	$12	$36	$72	$132	$228	...	$5,472
Productivity in home business	$15	$45	$91	$166	$287	...	$6,895
Productivity in households	$34	$101	$202	$370	$638	...	$15,322
Human health benefits	$0	$0	$180	$540	$1,080	...	$53,460
Environmental benefits	$0	$0	$1	$2	$3	...	$68
Total Social and Environmental Benefits	$61	$182	$544	$1,208	$2,296	...	$92,443
Operating and Capital Costs	$0	$0	$0	$0	$0	...	$0
Total operating expenses	($143)	($190)	($240)	($314)	($413)	...	($15,328)
Capital expenditures	($175)	($350)	($446)	($744)	($1,050)	...	($11,156)
Total Operating and Capital Costs	($318)	($540)	($687)	($1,058)	($1,463)	...	($26,484)
Social Purpose Benefit Flow	($257)	($358)	($143)	$150	$833		$65,959
Discount rate	11.71%						
NPV of Social and Environmental Benefits	$93,454,572						
NPV of Project Costs	$29,164,411						
Benefit-Cost Ratio	3.2						
Social Purpose Value	$64,290,161						

○ 4단계는 산출(outputs)의 결과로 나타나게 되는 성과(outcomes)와 그로 인해 나타나게 될 사회적 영향력(social impact)를 나타낼 것을 제안하고 있다. 5단계에서는 이러한 측정을 가능하게 하는 이론적 배경과 사전의 필요 가정에 대한 출처를 밝힐 것을 제안하고 있다.

SROI 4단계 : 정성적(Qualitative) 분석

정성적 outcomes 및 구체적 발생경로에 대한 설명/논의

안락함

평화

SROI 5단계 : 출처 인용 및 필요 가정에 대한 명확한 기술

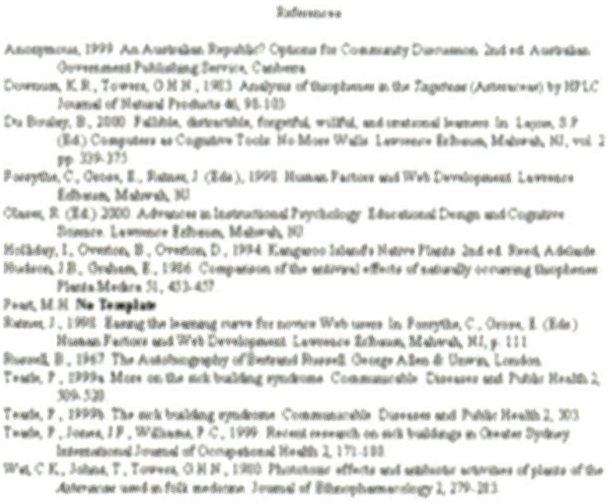

읽어 보기

젊음, 세상을 바꾸다
성수동 소셜벤처 밸리

요즘 사회적 가치를 중시하는 '소셜벤처'가 뜨고 있다. 이들 기업은 단기 수익성보다 공익과 지속가능한 경영을 추구한다. 최근 이들 소셜벤처들이 기름 냄새와 가죽냄새가
폴폴 풍기던 서울 성수동 공장지대에 모이면서 새로운 명소로 자리 잡고 있다.
사회에서 요구하는 스펙이나 대학교 졸업하고 대기업 취업하는 일반적인 과정을 거부하고 자신의 길을 찾아온 젊은 벤처사업가들이 모인 곳, 성수동 소셜벤처 밸리에는 약 20여 곳의 소셜벤처 기업들이 운영 중이다. 이곳에 모인 젊은 사회혁신가들은 그들만의 생각과 방식으로 크고 작은 사회적 문제를 대중에게 알리고 해결하고자 노력한다. 빈부차이와 상관없이 배움의 기회를 제공하는 교육 소셜벤처부터 위안부 할머니들이 손수 제작한 작품을 생활용품에 녹여 디자인을 입혀 판매하여 사회적 환기를 도모하는 업체, 옷걸리 공장을 운영하는데, 그 공장을 통해 소외계층들에게 일자리를 제공하기 위한 젊은이, 소셜벤처 지망생들과 현직에 종사중인 사람들이 함께 사는 소셜벤처의 요람격인 쉐어 하우스도 있다.
그들 모두는 '세상을 바꾸기' 위해 성수동으로 모였다. 오늘도 세상을 바꾸기 위해 당찬 발걸음을 내딛는 청춘들의 성수동 소셜벤처 밸리가 더 많은 젊은 소셜벤처사업가들을 부르고 있다. 단순한 창업이 아니라 사회적으로 기여할 수 있는 사업을 하기 위해서다.

출처 : KBS 다큐멘터리 3일(2015.03.29). "젊음, 세상을 바꾸다-성수동 소셜벤처 밸리" 재구성
http://www.kbs.co.kr/2tv/sisa/3days/view/preview/2352858_114141.html

활동
하기

사회적투자수익률 계산하기

1. 사회적 가치 계산해 보기

	항목	금액
기업가치	매출액	
	– 판매된 재화 및 용역비용	
	– 운영비용	
	소계	
사회적 목적 가치	+ 지원금 및 기부금	
	–기금 모음 비용	
	+ 사회적비용 절감	
	– 사회적 운영비용	
	+ 증가된 세수	
	소계	
부채	– 소셜벤처의 부채	
합계		

2. 각 항목별 산출 근거 제시하기

3. SROI 5단계 작성해 보기

1단계	– Outputs의 정의	
2단계	– 금전적 환산(Monetize)	
3단계	– 예상 사회적 현금 흐름도	
4단계	– 정성적(Qualitative) 분석	
5단계	– 출처 인용 및 필요 가정에 대한 명확한 기술	

학습 정리

◆ 소셜벤처가 추구하고 달성해야 할 성과는 두 가지가 있다. 하나는 경제적 성과이고 하나는 사회적 성과이다.

◆ 사회적 영향력(Social impact)의 성과에는 화폐가치로 쉽게 환산하기 힘든 사회적 가치나 무형가치, 공공서비스의 직접적인 수익자를 넘어선 사회적 파급효과가 혼재하기 때문에 사회적 가치를 평가하는 작업은 어려우면서 새로운 과제다.

◆ 사회적 가치, 조직의 건전성, 미션 수행의 효율성 및 전반적인 조직의 효과성을 측정함에 있어 가능하면 정확한 것이 모든 좋은 소셜벤처 기업에게 이익이 된다.

◆ 사회적 가치의 측정은 책임성, 평가, 결과 및 효과성이라는 네 가지 개념으로 구성된다.

◆ 사회적 가치의 정량적 평가(화폐화)기법으로써 사회적투자수익률분석(SROI : Social Return on Investment)이 주목받고 있다.

◆ REDF는 사회적벤처의 혜택을 기업 가치와 사회적 목적 가치로 분류하고, 이 둘을 합하여 혼합된 가치라고 명명했다.

◆ SROI 측정과정은 1. '범위 설정과 핵심 이해관계자 확인', 2. '결과물 맵핑(mapping)', 3. '결과물 명시와 사회적 가치 부여, 4. '영향력 확정', 5. 'SROI 산출', 6. '보고 및 활용 등 6단계로 나눌 수 있다.

◆ 소셜벤처 경진대회에서는 SROI를 다음의 5단계로 분석한다.
- SROI 1단계: Outputs의 정의
- SROI 2단계: 금전적 환산(Monetize)
- SROI 3단계: 예상 사회적 현금 흐름도
- SROI 4단계: 정성적(Qualitative) 분석
- SROI 5단계: 출처 인용 및 필요 가정에 대한 명확한 기술

참고문헌

◆ 문경년(2012). "사회적경제 평가에 있어서 사회적투자수익률의 활용 가능성에 관한 연구". 광주연구. 통권19호.

◆ 사이언스타임즈(2007.01.09). "따뜻한 정보화 실현의 첫발 ' 100달러 노트북' ".
◆ 사회적기업진흥원(2011), 사회적 가치 측정 도구를 활용한 사회적기업 경영공시제도의 도입 방안연구, 서울대학교 산학협력단.
◆ 이영범, 남승연(2011), 사회적기업의 성과에 관한 연구: 이론적 논쟁과 탐색적 실증분석.
◆ 조영복(2012). "사회적기업 성과 측정 도구로서의 사회적투자수익률(SROI)과 측정사례". 한국지식정보기술학회 논문지. 7권 6호.
◆ 조영복, 류정란(2014). "사회적기업의 사회적 가치 측정, 그 접근법과 발전방향의 모색:SROI우수성을 중심으로". 인적자원관리연구. 21권 3호.
◆ 조용복, 신경철(2013). " 사회적기업의 가치 측정을 위한 지표개발에 관한 연구". 사회적기업연구.
◆ 최태원(2014). "새로운 모색, 사회적 기업". 이야기가있는집.
◆ Arvidson,M., Lyon,F.,McKay,S.and Moro,D(2010). "The ambitions and challenges of SROI". Third Sector Research Centre Working Paper.
◆ Austin, Gutierrez, Ogliastri and Reficco(2006). "Effective Management of Social Enterprises: Lessons from Businesses and Civil Society Organizations in Iberoamerica". Cambridge. Mass: Harvard University Press.
◆ Cynthia Gair(2009). "SROI Act II: A Call to Action for Next Generation SROI". REDF.
◆ James Austin et al(2006). "Effective Management of Social Enterprises". Harvard University.
◆ Mulgan,G. Measuring Social Value. Stanford Social Innovation Review. Summer 2010.
◆ Ridley-Duff,R, Seasnor, P. and Bull, M(2011). "Measuring Social Outcome and Impacts".In Rory Ridley-Duff and Mike Bull (eds).Understanding Social Enterprise: Theory and Practice.
◆ Worth,M.J.(2009) Nonprofit Management: Principles and Practice.
◆ KBS 다큐멘터리 3일(2015.03.29). "젊음, 세상을 바꾸다-성수동 소셜벤처 밸리"
http://www.kbs.co.kr/2tv/sisa/3days/view/preview/2352858_114141.html
◆ http://www.proveandimprove.org
◆ http://www.thesroinetwork.org/vois-database
◆ http://www.socialevaluator.eu/Default.aspx

8장. 키워드 인덱스용

사회적 가치 평가	SROI	혼합된 가치	기업 가치
소셜벤처	SVCA	사회적투자수익률	가치측정

SOCIAL
VENTURE

SOCIAL VENTURE

PART 03

소셜벤처 실행하기

"사업 아이디어가 A급이고, 창업팀이 B급인 것보다는
사업 아이디어는 B급이고, 창업팀이 A급인 것이 낫다"

경영학 교수, 조지 도리어트(George Doriot)

09

소셜벤처 **팀 빌딩**

학습 목표

1. 창업팀 및 팀 빌딩의 개념을 이해한다.
2. 소셜벤처 창업팀 빌딩 프로세스에 대해서 알아본다.
3. 소셜벤처 창업팀 빌딩을 위한 단계별 특성을 이해하고 준비 사항을 학습한다.
4. 하이브리드 조직으로서의 소셜벤처 창업팀의 특성을 이해하고, 운영구조에 대해 학습한다.

시 작
하 기

어머니의 마음에서 시작된 **바이맘의 탄생 이야기**

기업의 목적은 이윤의 창출이다. 하지만 맹목적인 이윤 추구보다 취약계층에게 일자리나 서비스를 제공하는 사회적 목적을 수행하기 위해 운영되는 기업도 있다. 바로 '따뜻한 자본주의'를 실천하는 소셜벤처가 바로 그 주인공이다. 바이맘은 난방을 제대로 하지 못하는 에너지 빈곤층을 위한 룸 인 룸(Room in Room) 개념의 실내용 외풍차단 텐트를 생산하는 소셜벤처이다.

바이맘의 출발은 김민욱(35) 대표의 가정사에서 시작됐다. 김 대표는 "노후주택에 사는 누나 가족이 겨울철에 난방비 부담으로 외풍에 떨고 있는 모습을 본 어머니가 부산진 시장에서 누빔 이불 원단을 사서 모기장 형태의 외풍 차단막을 만들어 누나 가족 방에 실내 텐트를 설치하고 잠을 잤는데 너무 따뜻했다는 이야기를 들었다"면서 "겨울철 난방비 걱정 때문에 추위에 떠는 사람들에게 포근한 잠자리를 만들어 줘야 겠다는 생각에 본격적인 창업에 나섰다"고 말했다. 회사 이름이 '바이맘'(By Mom)인 이유이다. 그는 "엄마에 의해 탄생한 아이디어이면서 엄마의 마음을 담은 제품"이라고 설명했다.

2012년 한국사회적기업진흥원의 '사회적기업가 육성사업'의 창업팀으로 선발되어 본격적으로 사업을 시작한 김민욱 대표는 사업에 함께 참여할 공동 창업자를 모색하던 중에 친한 친구였던 장진권(現, 바이맘 본부장)씨를 찾아가 사업에 함께 참여해 줄 것을 설득했다. 당시, 부산의 꽤 규모 있는 기업에서 안정적으로 근무하던 장진권 본부장은 김민욱 대표의 끈질긴 설득과 진정성 있는 모습에 사업에 함께 참여할 것을 결정하고 사업초기부터 현재까지 생사고락을 함께 하고 있다. 김민욱 대표는 당시를 회상하면서, 스티브 잡스가 존 스컬리를 영입하면서 했던 '평생 설탕물만 팔 건가요?'의 말을 인용하면서, 안정되고 편안한 삶 보다는 '사람이 살만한 세상을 함께 만들어보자'는 말로 장진권 본부장을 설득했었다고 한다.

사업이 초기의 어려움을 극복하면서 안정화 단계에 접어들기 시작할 무렵, 실내 난방 텐트의 생산량이 크게 늘면서 품질관리의 어려움이 나타나기 시작했다. 김민욱 대표는 친구와 식사를 하면서 현재 겪고 있는 고충을 이야기 하다가 우연히 '텐트의 전설'이라 불리는 노장(現, 바이맘 노경석 이사)이 은퇴한다는 소식을 접하고, 바로 그를 찾아가 '삼계탕'을 대접하면서 무릎을 꿇고 '도와달라'고 부탁을 했다고 한다. 그렇게 해서 결합한 '텐트의 전설'이 바로 텐트 생산관리 경력 30년의 '노경석 이사'였다. 노경석 이사의 영업으로 바이맘은 대량 생산에 따른 품질관리의 문제를 단번에 해결할 수 있었고, 노경석 이사는 북한이탈주민 출신 청년, 장애인 청년 등에게 자신의 노하우를 전수하며 바이맘의 생산관리 전문 인력을 양성하고 있는 중이다.

바이맘에서 생산하는 실내 외풍차단 텐트 '포그니'는 2인 기준으로 가로 2m, 세로 1.5m 크기다. 모기장처럼 텐트에 연결된 줄을 벽에 고정시키는 방식이어서 설치와 철거가 간편하다. 하지만 열효율은 높다. 또 텐트가 채광을 방해하는 것을 막기 위해 천장 부분은 빛이 투과될 수 있는 특수 천을 사용해 형광등 아래서도 독서를 할 수 있는 정도의 조도를 유지할 수 있다.

김 대표는 "텐트가 설치된 실내 온도와 바깥방의 온도 차이가 4도 정도가 난다. 보일러를 가동한 것과 유사한 효과가 있다"면서 "텐트 천은 숙면에 적합한 면 소재에 특수 코팅을 한 것"이라고 밝혔다. 바이맘은 이 아이템으로 2014년 8월, 전국 912개 창업업체가 참가한 창업대회에서 당당히 4위에 입상했으며, 서울특별시에서 진행된 제1회 서울혁신상에서 대상을 수상하기도 했다. 부산 · 경남지역에서는 유일한 수상팀 이었으며, 수상을 계기로 엔젤 투자자들로부터 3억원의 투자 유치를 진행 중에 있다.

바이맘은 소셜벤처를 지향하는 만큼 고용에 제한을 두지 않고 노인 계층이나 퇴직자, 탈북 청년 등을 지속적으로 채용할 방침이다. 재봉 기술이 없다면 교육기관에서 실무를 익힐 수 있도록 지원한 뒤 고용할 생각도 가지고 있다. 또 제품을 생산할 수 있는 지역의 장애인 기업과 사회적기업과도 연계할 계획이다. 아직 본격적인 마케팅을 시작하지 않았는데도 지역 종교단체에서 1억5,000만원(2,500개) 상당의 주문이 들어왔고, 사회공헌 활동의 일환으로 빈곤층에 텐트를 제공하기 원하는 대기업과도 논의를 진행할 만큼 사업성도 검증받았다.

바이맘은 현재 기업 간 거래 형식을 뛰어넘어 직접 일반 소비자들에게도 제품을 판매할 프로젝트를 진행하고 있다. 김 대표는 "디자인과 성능을 좀 더 개선한 일반 가구용 제품도 내놓을 계획"이라면서 "에너지 가격의 인상으로 어려움을 겪고 있는 일반가정에서 난방비를 절약할 수 있는 제품"이라고 말했다. 김민욱 대표는 "국내 700만 일반주택 거주 가구와 홀몸 노인은 물론 북한과 전 세계 빈곤층을 대상으로 따뜻한 비즈니스를 하고 싶다"면서 "바이맘이 지역에 뿌리를 둔 소셜벤처로써 창업을 꿈꾸는 예비 청년창업가들에게 하나의 모델이 됐으면 좋겠다"는 포부를 밝혔다.

출처 : 국제신문 (2015. 12. 30)http://www.kookje.co.kr/news2011/asp/newsbody.asp?code=0200&key=20121010.22018195959

생각해 보기

01 바이맘이 소셜벤처로 출발하게 된 동기에 대해 생각해보고 논의해 보자.

02 바이맘이 지역에 뿌리를 둔 소셜벤처로 더 발전하고 성장하기 위해 필요한 것이 무엇인지 서로 논의 후 발표해 보자.

9.1 소셜벤처 팀 빌딩이란

창업을 준비 중인 예비 창업 기업이나 이제 비즈니스를 갓 시작한 기업들은 기존 기업과 비교할 때 상대적으로 부족한 자원을 갖고 있다. 이 같은 현상은 '신생 기업의 한계(liability of newness)' 라 불리기도 하는데, 소셜벤처를 비롯한 초기 창업 기업들은 태생적으로 자본, 인력, 네트워크 등의 보유 자원이 부족함에 따라 창업 활동에 한계가 있음을 의미한다.

'신생 기업의 한계' 를 극복하기 위한 가장 좋은 방법은 '역량 있고 다양한 경험을 가진 사람들로 창업팀을 구성' 하여 신생 기업이 갖고 있는 부족한 부분을 채워가는 것이며, 이 같은 사례는 예부터 지금까지 많은 곳에서 찾아볼 수 있다. 에디슨이 발명한 것으로 알려져 있는 전구 등의 발명품은 에디슨을 비롯하여 찰스 배철러, 존 애덤스 등 14명이 동업한 결과이며, 벨이 발명한 전화기는 또 다른 발명가 일라이셔 그레이가 있었기 때문에 가능했던 결과였다. 최근의 사례를 살펴보면, 애플의 스티브 잡스와 스티브 워즈니악, 구글의 래리 페이지와 세르게이 브린, HP의 휴렛과 팩커드 MS의 빌게이츠와 폴 앨런 등 대표적인 세계적 기업의 창업가들은 자신의 약점을 보완하고 시너지 효과를 낼 수 있는 파트너를 확보해 창업팀을 구성했기에 성공할 수 있었다. 또한, 이들처럼 완전한 창업팀을 꾸리기 어려운 기업은 외부 전문가를 활용하여 기존 팀의 부족한 기능을 보완하기도 한다.

이와 같이 창업팀을 결성하고 효율적인 팀 운영 구조를 설계하여 필요에 따라 새로운 구성원을 추가적으로 확보하거나 외부 인력을 활용하려는 노력을 통해 신생 기업이 보유하고 있는 자원 활용의 효율성을 극대화하여 신생 기업이 가지고 있는 한계를 극복해 나갈 수 있다. 초기 창업 기업에게 자금을 투자하는 투자자(엔젤 투자자, 엑셀러레이터, 소셜벤처캐피탈리스트)들은 아이디어 못지않게 팀을 중요하게 생각한다. 'A급 아이디어를 가진 B급 창업팀 보다, B급 아이디어를 가진 A급 창업팀' 을 선택 하겠다는 조지 도리어트의 언급처럼, 아이디어가 혁신적이어도 그것을 끌어낼 인력이 없다면 사업이 진행되지 못하지만, 그저 그런 아이디어도 팀이 좋으면 실제 제품이나 서비스로 만들어 내는 경우가 많기 때문이다. 그렇기 때문에 가지고 있거나 동원할 수 있는 자원에 한계와 제약이 많은 소셜벤처는 최적의 팀 구성 방안에 대해 심사숙고 하고, 사전에 충분하게 준비하는 것이 중요한 성공 요인이 될 수 있다.

이처럼 창업을 하는데 있어서 좋은 팀을 구성하는 것은 자본이나 아이디어 못지않게 중요한 역할을 한다. 이에 본 장에서는, 창업팀 및 팀 빌딩에 대한 간략한 정의 및 소셜벤처 창업팀을 구성하기 위한 단계별 프로세스에 대해 알아보고자 한다.

1) 창업팀이란

'팀(team)' 이란 어떤 특정한 공동의 목표를 달성하기 위해 모인 두 명 이상의 개인들로 이루어진 소규모 집단을 말한다. 일반적으로 경영학에서 팀은 조직 내에 소속되어 있는 집단을 의미하는 반면, '창업팀(entrepreneurial team)' 은 기존에 존재하지 않는 새로운 조직을 만들어 나가는 집단이라는 점에서 조직 내의 일반적 팀과 그 개념상의 차이가 있다. 즉, 창업팀은 '새로운 비즈니스를 공동으로 시작하기 위해 모인 두 명 이상의 개인들로 구성된 집단' 으로 정의할 수 있다. 창업 초기에는 1인 창업도 가능하지만 어느 정도 규모가 되었을 때 창업팀 구성은 창업에서 빼 놓을 수 없는 요소이다.

창업팀은 예비 창업단계에서부터 참여하는 개인들로 구성되어 있기 때문에 기업 설립 시점에 구성원 간 다양한 이해관계(리더십, 의사결정구조, 동기부여, 소유권 지분율 등)를 비롯하여 창업의 리스크와 미션과 비전에 대한 공유가 매우 중요하다. 소셜벤처는 경제적 가치와 사회적 가치를 함께 추구하는 과정에서 좀 더 많은 리스크를 부담해야 하기 때문에 내부 구성원간의 '소셜미션' 에 대한 합의와 공유가 더욱 중요하게 강조된다.

2) 팀 빌딩 정의 및 목적

Arnold Bateman은 '팀 빌딩(team building)' 이란, 하나의 팀이 서로 함께 일하는 과정을 배워가고 팀 구성원들이 조직에 좀 더 큰 공헌을 할 수 있도록 격려하고 가치를 부여하는 환경을 만들기 위해 들이는 노력이라고 하였다. 여기서 중요한 것은 팀이라는 것은 혼자 하는 것이 아니라 여럿이 함께 하는 것이고, 팀 멤버들의 가치를 인정하고 서로 격려하며, 결코 쉽지 않은 길을 걸어가야 하기 때문에 끊임없이 노력해야 한다는 것이다.

팀 빌딩의 목적은 응집성, 상호협력 및 조직과의 일체감을 높임으로써 팀의 효과성을 높이는데 있으며, 팀 빌딩을 통해 구성원이 가진 자원과 기여를 최대로 활용할 수 있게 되어 신생 기업이 직면하는 여러 가지 어려움을 극복하고 창업팀이 가지고 있는 미션을 달성할 수 있도록 도와준다.

효과적인 팀을 구축하는 것은 성공적인 조직을 만드는데 필수적이다. 효과적인 팀은 분명한 목표를 가지고 있으며, 구성원들은 자신의 역할과 부여된 임무를 잘 이해하고, 아이디어를 서로 공개적으로 토의한다. 또한, 구성원들이 공동 작업을 할 때 필연적으로 발생하는 팀 내부의 갈등을 잘 관리하고 해결하는 신뢰의 문화가 있다. 구체적으로, 효과적인 팀은 다음과 같은 특징을 가지고 있다.

◆ 목표와 가치가 분명하다. 모든 구성원들은 목표와 가치를 이해하고 수용한다.
◆ 구성원들은 목표와 결과 지향적으로 행동한다.
◆ 구성원들은 자신의 업무를 이해하고, 자신의 역할이 팀 전체의 업무에 어떻게 기여하는지 이해한다.
◆ 서로 신뢰하고 지원하는 문화를 가지고 있다.
◆ 의사소통이 개방적으로 이루어진다. 구성원들은 팀과 조직의 목표를 위해 관련된 모든 정보를 기꺼이 공유하려고 한다.
◆ 구성원들은 의사결정에 참여할 수 있다. 그들은 영향력을 가진 사람이 원하는 결정이 아니라, 자세한 정보에 입각해서 자유롭게 결정을 내린다.
◆ 모든 사람들이 결정을 헌신적으로 실행한다.
◆ 리더는 다른 사람들을 지원해주며, 개인적으로도 높은 수행 기준을 설정한다.
◆ 의견 차이를 인정하며, 무시하거나 가볍게 다투지 않는다.
◆ 팀 구조와 절차는 과제, 목표 및 사람과 일관된다.

그림 9-1 창업팀이 필요한 이유

출처 : 조영복, 류정란, 인적자원관리연구제1권제 3호, 2014.

3) 소셜벤처 팀 빌딩 프로세스

앞선 4장에서 소셜벤처의 창업 프로세스에 대해 학습 하였다. 소셜벤처의 창업 프로세스를 조금 더 자세하게 풀어서 설명하면 소셜벤처는 [그림 9-2]와 같이 사회문제 결정, 사업 아이템화, 사업모델 수립, 마케팅 및 브랜딩, 사업 런칭, 런칭 후 피봇의 6단계를 거쳐 사업화가 진행된다고 할 수 있다.

소셜벤처의 팀 빌딩은 이와 같은 사업화 과정에서 왜 이 문제에 집중하며 어떤 문제를 해결하려고 하는지(소셜미션), 어떤 방법으로 해결하려고 하는지(비즈니스 모델), 누구와 함께 할 것인가(구성원), 어떻게 운영할 것인가(운영구조)에 대한 답을 만들어 가는 것이다. 그렇기 때문에 소셜벤처 팀 빌딩은 '결과가 아니라 과정' 이라고 할 수 있으며, 기존의 창업팀이 '제품〉방법〉신념' 의 수순을 밟아가는 것과 달리 '신념〉방법〉제품' 의 접근 방식을 취하는 특징을 가지고 있다.

소셜벤처 팀 빌딩 프로세스 중, 소셜미션 및 비즈니스 모델에 대한 내용은 6장에서 다뤄졌기 때문에 본 장에서는 누구와 함께 할 것인가(구성원) 및 어떻게 운영할 것인가(운영구조)에 대한 부분을 자세하게 다루고자 한다.

그림 9-2 소셜벤처 창업화 6단계 프로세스

출처 : UNDERDOGS &Wisdom, 소셜벤처 가이드라인, 2015

9.2 누구와 함께 할 것인가?

1) 구성원 선정 시 사전 고려사항

앞서 창업팀에 대한 정의를 내리면서, 창업 초기에는 1인 창업도 가능하지만 어느 정도 규모가 되었을 때 창업팀 구성은 창업에서 빼 놓을 수 없는 요소라고 이야기 하였다. 창업팀은 기업의 성장에 따라 필수적인 요소가 된다. 그렇기 때문에 창업을 위해 가장 중요한 요소 중의 하나는 '누구와 함께 할 것인가' 이다. 공동 창업자가 있을 경우, 어려움을 함께 헤쳐 나가며, 또한 직원보다 더 열심히 헌신하고 자본이 부족할 경우에도 보상 없이 함께 버텨줄 수 있는 든든한 지원자가 된다. 창업팀을 구성하면 이처럼 초기에 투입되는 여러 비용을 절감하고, 부족한 자원을 끌어올 수 있는 계기가 되기도 하지만 결속력과 지속성이 없으면 오히려 역효과가 날 수 있기 때문에 신중하게 판단하고 선택해야 한다.

초기에 창업팀을 구성할 때 대부분의 창업팀들은 아이디어 개발과 사업화를 위해 필요한 역량을 고려하여 팀이 구성되기 보다는 친구나 친 · 인척, 이전 직장 동료 등과 같이 기존에 알고 지냈던 관계로부터 구성되는 경우가 많다. 하지만 소셜벤처는 창업자를 비롯한 핵심 인력들, 즉 인적 자원이 성공과 실패를 가름하는 핵심 요인이 되기 때문에 구성원들이 각자의 기능과 역량을 최대한 끌어내고 상호 보완할 수 있도록 구성 되어야 한다.

소셜벤처가 포함되어 있는 사회적 경제 분야는 섹터 간 통합과 융합, 협동을 필요로 하고 있으며, 구성원들은 1섹터(기업), 2섹터(정부) 및 3섹터(기업 및 공공기관이 아닌 비영리단체)에서 요구되는 역량이 통합적으로 요구되기 때문에 소셜미션에 대한 열정이 넘쳐야 하고, 끊임없는 혁신적 마인드와 실행력을 갖춰야 한다. 섹터간 통합을 위해 섹터를 넘나드는 소통 역량이 필요하고, 고객과 수혜자 및 내부 구성원을 동시에 고려할 수 있는 감각이 있어야 한다. '누구와 함께 할 것인가' 를 결정하기 위해서는 동기부여 정도, 창업팀의 규모는 어느 정도로 할 것인지 및 창업팀에 필요한 핵심 역량은 무엇인지에 대한 선행적인 검토가 이뤄져야 한다.

읽어 보기

히말라야에 "천사의 날개"...
드론으로 네팔 오지에 의약품 선물

드론으로 네팔 오지 마을에 의약품을 전달 한다고?"
다소 무모해 보이는 도전에 다들 고개를 갸우뚱거렸다. 하지만 기술을 연구하고, 드론을 만들고, 수백 번의 시험비행을 거쳐 네팔 상공에서 드론을 날렸다. 약품 상자는 2㎞ 떨어진 마을에 무사히 전달됐다. 각기 다른 전공의 대학생 8명이 만든 소셜벤처 '엔젤스윙'의 이야기다.
엔젤스윙의 프로젝트는 지난해 3월 서울대 벤처경영학과의 '창업실습론' 수업에서 시작됐다. 학생들이 팀을 이뤄 실제 창업을 구상하는 수업이었다. 미국 조지아공과대학에서 교환학생으로 왔던 박원녕(25)씨와 정치외교학부 전술이(25)씨를 수업에서 처음 만났다.
아이템을 고민하던 중 네팔에서 규모 7.8의 대지진이 발생했다. 그때 항공우주학을 전공한 박씨가 네팔을 도울 드론을 제작해 비정부기구(NGO) 등에 판매하자는 아이디어를 냈다. 카메라를 탑재해 피해 지역의 '정밀지도'를 그릴 수 있는 드론을 만들자는 것이었다. "물자공급이나 건물 재건 등을 위해선 지역의 피해 규모를 파악해야 하는데, 봉사자들이 직접 답사하는 방법은 위험하다는 이야기를 들었어요. 그때 아이디어가 떠올랐죠."
이후 둘은 본격적으로 드론 제작에 착수했다. 경영학 · 재료공학 · 디자인 등 여러 분야에서 인력을 모았다. 강유빈(25) · 김대현(23) · 김승주(23) · 모영화(23) · 서지숙(22) · 최성준(25)씨가 합류하면서 엔젤스윙 팀이 구성됐다. 하지만 드론 제작은 쉽지 않았다. 생소한 분야인 드론에 대해 직접 구글과 책을 뒤져가며 연구해야했고, 제작 비용을 줄이기 위해 인터넷을 뒤져 값싼 부품을 직접 수입해야했다.
3개월여를 꼬박 연구한 끝에 정해진 지역의 사진을 찍고, 이를 조합해 조감도 형식의 정밀지도를 만드는 드론을 만들었다. 이 드론은 지난해 7월 카트만두대 공과대학에 직접 전달돼 피해 복구에 사용됐다.
도전은 여기서 끝나지 않았다. 네팔 방문 당시 많은 주민들이 의약품을 제대로 보급받지 못해 고생하는 모습을 목격했기 때문이다. 강유빈씨는 "도로 사정이 열악하고 산지가 험해 병원이나 보건소를 가려면 5일을 걸어야하는 마을도 있었다"며 "백신 하나면 나을 병 때문에 죽는 사람들을 보고 오지에 의약품을 전달할 드론을 구상했다"고 말했다.
의약품의 무게도 견디고 정확한 위치에 상자를 떨어뜨릴 수 있도록 GPS와 고도를 측정할 수 있는 센서, 카메라 등을 장착했다. 오래 날도록 배터리와 프로펠러도 개선했다. 가로 · 세로 1m의 드론은 평균시속 20㎞에 1㎏상당의 의약품을 달고 30~40분간 날 수 있도록 만들어졌다. 비용은 서울대가 지원했다.
엔젤스윙은 지난 4일 의약품 배달용 드론(메디드론)을 들고 네팔 누와콧 지방의 나르자만답 마을로 시험 비행을 떠났다. 카트만두에서 버스와 트럭으로 7시간을 달려야 도착하는 마을이다. 엔젤스윙은 현지 경찰의 도움을 받아 드론을 날려 보건소로부터 2㎞ 떨어진 마을에 주사기 · 백신 · 진통제 등 주민 10~20여 명이 한 달간 사용할 수 있는 의약품 상자를 전달하는 데 성공했다. 모영화씨는 "오는 3월엔 네팔 정부와 협력해 더 먼 마을까지 드론을 날릴 계획"이라고 밝혔다.

김선미(2016.01.19). "히말라야에 '천사의 날개'..드론으로 네팔 오지에 의약품 선물". 중앙일보. http://news.joins.com/article/19434077

(1) 동기부여(motivation)

조직이 목적을 효율적으로 달성하고 높은 성과를 내기 위해서는 그 구성원이 지적 · 기술적 능력이 우수하고 구성원에게 적극적이고 자발적인 직무 수행 욕구가 있어야 하며, 보다 근본적으로는 그러한 욕구를 행동으로 옮기도록 하는 동기부여가 있어야 한다. 조직에서 동기부여란, 조직 구성원들이 조직의 목표 달성과 조직에서 자아실현을 위한 행동을 개발 혹은 유도하고, 그것이 바람직한 힘을 가지고 일정한 방향으로 나아가도록 유도하는 것이라고 할 수 있다.

자본, 인력, 네트워크 등의 자원을 조달함에 있어 어려움을 가지고 있는 소셜벤처에게 '사람'은 전부라고 할 수 있다. 모든 조직이 그렇지만, 소셜벤처의 성과는 특히 사람에게 크게 의존한다. 따라서 좋은 파트너와 구성원을 창의적으로 선발하고, 합리적으로 관리하는 과정은 소셜벤처의 차별성을 만들어 갈 수 있는 중요한 요인이 된다.

좋은 파트너와 구성원을 확보하려면 소셜벤처 창업팀이 가지고 있는 '소셜미션'이 명쾌하고 명확해야 한다. 그래서 소셜벤처에 관심을 갖는 사람들에게 소셜미션의 가치와 분명한 비전, 이를 통해 예상되는 사회적 영향력(social impact)을 제시할 수 있어야 하며, 이러한 소셜미션에 직원 개인이 어떻게 기여할 수 있는지에 대한 제안이 매력적이어야 한다. 소셜미션에서 동기부여를 받지 못하는 구성원과 파트너는 아무리 유능해도, 소셜벤처에는 적합하지 않다. 역량은 항상 필요하지만 소셜미션에 유인되는 분명한 동기부여가 없으면 역량은 제대로 발휘되지 못하기 때문이다.

(2) 창업팀의 규모

'사공이 많으면 배가 산으로 간다'는 우리 속담이 있는 반면, '일손이 많으면 일이 가벼워진다'는 외국 속담도 있다. 어떤 일을 수행함에 있어 인력의 수가 많고 적음에 따라 결과가 천차만별로 달라질 수도 있다는 말이다. 이를 창업팀 구성에 적용해 보면, '팀의 인원을 몇 명으로 구성할 것인가? 또는, 새로운 구성원이 필요하다면 몇 명을 더 추가적으로 충원해야 할 것인가?'에 대한 답변은 창업 기업의 성과와 관련하여 주요하게 고려해야 할 사항이다.

창업팀 규모의 적정선에 대한 의견들은 다양하지만, 창업 기업의 특성상 조직과 창업팀의 구성원은 간단할수록 좋다는 의견이 주도적이다. 특히, 일반적으로 4명 이상의 구성원으로 이루어진 창업팀은 실질적으로 그 규모가 크다고 여겨지기도 한다[14].

실제로 국내 소셜벤처들의 초기 창업팀 구성을 살펴보면 3명~5명 사이로 시작하는 경우가 대

14) 김진수, 이창영(2014). "기업가정신과 창업론". 문영사.

부분이며, '더 유니콘 클럽' 기업들의 창업팀 규모도 평균 3명으로 나타나고 있다. 창업팀의 규모가 클 경우, 구성원 간 커뮤니케이션 문제가 야기되거나 갈등이 일어날 가능성이 증가하기 때문에 업무 처리 속도가 지연되는 상황에 처할 수도 있다. 또한, 시장과 기술의 변화가 빠른 외부 환경에 속해 있는 창업 기업은 팀의 규모가 비대해 질수록 외부 환경 변화에 빠르게 대응하기 어려워진다.

그러나 창업팀의 규모는 해당 산업의 특성뿐만 아니라 구성원이 보유하고 있는 핵심 역량이 비즈니스 모델 개발과 사업화에 필요한 자원을 충분히 충족시킬 수 있는가의 여부 등 다양한 상황의 특정 요인에 따라 달라질 필요가 있다. 따라서 보편타당한 창업팀의 최적 규모는 정해져 있지 않지만 팀의 규모에 따라 성과에 영향을 미치는 상황적 요인들에 대해 세부적으로 파악해 둘 필요가 있다.

표 9-1 팀 규모별 성과 영향요인

팀의 규모가 클 때, 팀 성과를 향상시키는 요인	팀의 규모가 클 때, 팀 성과를 감소시키는 요인
- 더 많은 개인들이 보유하고 있는 기능별 노하우를 전략적 의사결정과 과업 수행에 활용 - 다양한 기술과 경험을 가진 개인들이 모여 예상치 못한 상황에 대해 발 빠른 대응이 가능 - 외부 자원(투자자본, 전문 기술 지식, 경영 노하우, 고객 관계 등)의 접근이 용이하고 효율적 활용이 가능 - 구성원 상호간의 사기 제고 - 작업량 증가로 인한 비용 지출 감소	- 커뮤니케이션 및 협력 비용의 증가 - 전략적 의사결정을 내릴 때, 구성원 간 갈등 발생 가능성 증가 - 동조 압력과 집단 사고 가능성 - 팀 내에 통제가 어려운 프리 라이더(무임승차자)가 발생하여 사회적 태만이나 익명성 증가 - 구성원 각자의 소유 지분율을 명확하게 확정해 놓지 않은 경우, 소유권에 따른 인센티브 감소

출처 : 김진수, 이창영(2014). "기업가정신과 창업론". 문영사.

(3) 창업팀의 핵심 역량

창업 기업의 초기 창립 멤버들은 비즈니스 컨셉을 만들어 나가는 중요한 역할을 한다. 즉, 구상된 비즈니스 계획을 잘 수행해 나갈 수 있는 핵심 인력이 있지 않으면 순조로운 출발이 어려워진다. 창업팀을 어떻게 구성하는가는 잠재적인 투자자, 비즈니스 파트너, 고객들에게 기업을 알리는 중요한 신호가 된다. 창업 기업은 현재 보유한 자산이나 매출 성과 보다는 잠재력, 즉 성장 가능성에 기초하여 평가를 받기 때문에 신생기업으로서 보유할 수 있는 가장 핵심적인 자원은 창업팀 구성원의 역량으로 여겨진다. 그렇기 때문에 창업팀을 구성할 때는 창업팀의 규모와 더불어 신생기업으로서 부족한 자원을 보완할 수 있는 구성원의 핵심 역량을 고려하여 선발하는 것이 매우 중요하다[15].

창업팀 구성원의 핵심 역량은 '적격성'과 '적합성'으로 구분할 수 있으며, 각 영역별 주요 요인들은 [표 9-2]와 같다.

표 9-2 창업팀의 핵심 역량

적격성(Eligibility)	적합성(Suitability)
–관련 자격증 및 경력 –전문 기술, 지식 –특정 스킬의 보유 –창업 경험 –네트워크 –자본투자 기여도	–공유된 소셜미션, 비전, 목표, 가치, 신념 –팀 구성원과의 개인적 적합성 –상호 신뢰 –융통성 –학습 및 적응 능력 –리더십

출처 : 김진수, 이창영(2014). "기업가정신과 창업론". 문영사.

구성원의 '적격성'은 창업 아이디어와 비즈니스 모델 개발에 필요한 전문적인 능력으로, 전문지식과 기술, 경험, 자본 등의 적격성 역량은 서로 다른 구성원이 다양하게 보유할 수 있기 때문에 개개인의 부족한 역량을 팀 구성원들이 서로 보완할 수 있도록 해야 한다. 그러나 서로 다른 배경을 가진 개인들이 한 조직 내에 있다 보면 업무 방식, 위험감수 성향, 비즈니스에 대한 열정, 경영 방식, 창업 아이디어 등에서 차이가 발생할 수밖에 없다. 이러한 차이는 비즈니스의 방향성을 형성해 가는 과정에서 구성원 간 의견차와 그에 따른 팀 내 부정적 갈등을 발생시킬 수 있다.

이런 경우에는 팀 구성원들 사이의 개인적인 '적합성', 즉 융통성, 학습과 변화에 대한 빠른 적응력 등과 같은 요인들이 팀의 조화에 중요한 기능을 하게 된다. 또한, 구성원 서로가 신뢰를 갖고 있고 소셜미션, 비전, 목표, 가치와 신념을 공유하고 있다면 창업팀의 결속력과 지속성은 더욱 증가하게 된다. 아이템이 특출하지 않은데도 불구하고 우수한 팀이 성공으로 이끈 사례는 많이 있지만 좋지 않은 팀이 정말 좋은 아이템을 가지고 있다고 해서 성공한 사례는 찾아보기 어렵다.

엔젤투자자나 엑셀러레이터의 입장에서 투자 판단의 기준으로 창업팀의 구성 여부 다음으로 중요하게 고려하는 것은 창업팀의 자질 또는 특성이다. '누구와 함께 할 것인가'와 관련된 동기부여, 창업팀의 규모 및 핵심 역량에 대한 검토가 이뤄졌다면, 다음으로는 어떤 분야의 사람들을 선발할 것인가, 구체적으로 어떤 일을 맡길 것인가, 어떻게 선발할 것인가에 대한 내용을 결정하여야 한다.

15) 김진수, 이창영(2014). "기업가정신과 창업론". 문영사.

2) 어떤 분야의 사람을 뽑을 것인가?

소셜벤처 창업가가 사업 기회를 포착하고, 사업 타당성 분석까지 마쳤다면 해당 사업 분야에 필요한 인력을 파악할 수 있다. 사업 분야에 필요한 인력을 결정하는 방법 중 하나는 사업 진행의 밸류 체인(value chain, 가치를 만들어 내는 과정), 즉 연구개발에서부터 제조, 유통, 판매, 사후 서비스에 이르는 전 과정에서 필요한 인력을 살펴보는 것이다.

그림 9-3 소셜벤처 '웰니스인텔리전스' 비즈니스모델 개요

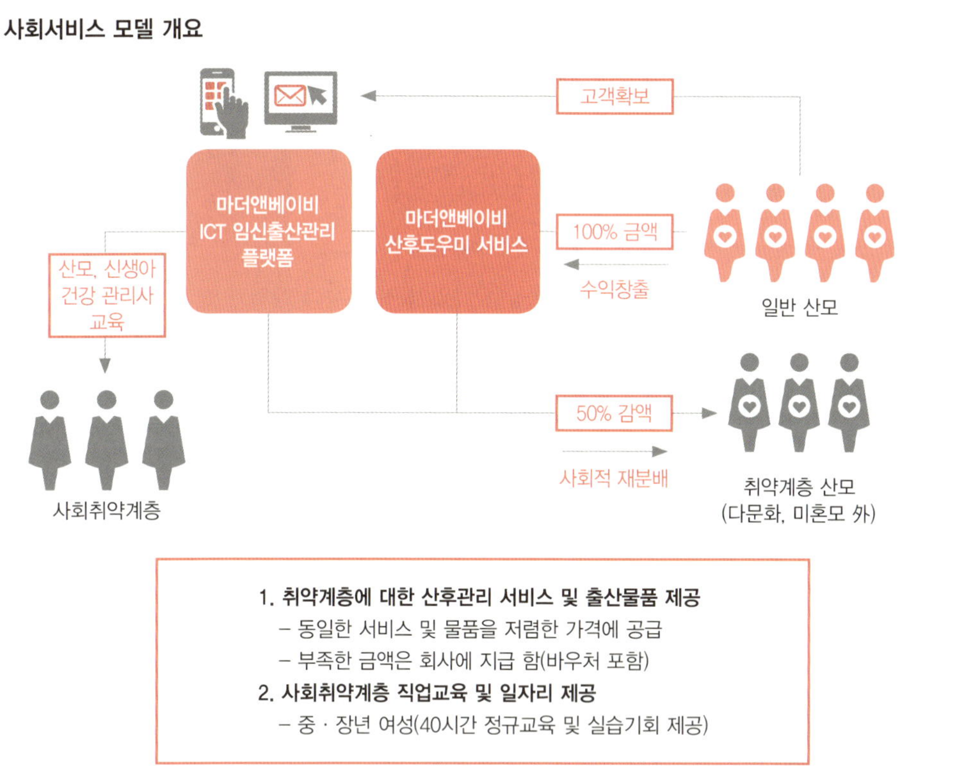

실례로, [그림 9-3]에서 보는 바와 같이 소셜벤처 '웰니스인텔리전스'에서는 사회 취약계층 산모를 위한 임신 · 출산 관리 서비스를 제공하는 플랫폼과 앱을 개발하고, 신생아 및 유아에게 필요한 물품을 유통하는 사업을 준비하여 진행하고 있다.

이 때 사업 분야에 필요한 인력은 [표 9-3]과 같이 연구개발 단계의 플랫폼 및 앱 기획자와 제조 단계의 플랫폼 및 앱 개발자, 디자이너, 그리고 유통, 판매, 사후관리 서비스 단계의 마케팅 전문가와 재무 전문가가 될 수 있다.

표 9-3 팀 빌딩 계획 사례 : 소셜벤처 '웰니스인텔리전스'

과정	필요 인력	팀 빌딩 계획(자체 또는 외부)
연구 개발 단계	플랫폼, 앱 기획자	창업자 직접 기획(자체)
제조단계	프로그래머, 디자이너	프로그래머(자체), 디자이너(자체)
유통단계	유통, 마케팅, 재무 전문가	유통 전문가(외부)
판매단계		마케팅 전문가(자체, 외부)
사후 서비스 단계		재무 전문가(자체, 외부)

3) 어떤 일을 맡길 것인가?

다음으로는 어떤 일을 맡길 것인가 하는 직무설계다. 이 결정은 '어떤 분야의 사람을 뽑을 것인가'와 동시에 이루어진다. 창업가가 잘 알지 못하는 분야의 직무설계에 대해서는 창업팀의 구성원 선발 과정을 마친 후 해당 구성원이 작성하는 작업 설명서가 직무 설계가 될 수 있다. 창업 초창기에는 모든 일을 창업가가 진행하여야 하나 창업가도 알지 못하는 분야의 직무에 대한 설계는 결국 해당 구성원이 작성한 자료가 창업 기업의 첫 직무 설계서가 될 수밖에 없다. 따라서 창업 초기에 창업 팀원을 구성한 이후에는 해당 팀원들에게 작업 설명서를 작업 매뉴얼 수준으로 작성하도록 독려하는 것이 필요하다.

이렇게 작성된 작업 설명서는 갑작스런 직원의 퇴사 등에 대처할 수 있는 좋은 사전 예방책이 될 수도 있다. 작업 설명서를 작성할 때는 월별 업무, 주별 업무, 일별 업무, 업무별 작업 매뉴얼이 포함되도록 해야 한다.

읽어 보기

사람은 변하지 않는다 **채용의 기술**

직원 채용은 신중해야 한다. 특히, 새로운 일을 개척할 사람을 채용할 때는 더욱 신중해야 한다. 과거에 검증된 성과가 있고, 비전과 능력이 '딱 이 사람이야' 할 정도의 사람을 만날 때까지, 계획하고 있는 사업의 추진을 보류하며 견딜 수 있는 뚝심이 있어야 한다. 그렇지 않고 적당히 무난한 사람을 채용하는 것으로 타협을 해 나가면 향후 기업이 본격적인 성장세에 접어들 시기에 어려움을 경험하게 될 수 있다.

스티브 잡스는 "A급 플레이어가 B급 플레이어를 채용하고, B급 플레이어는 C급 플레이어를 채용하고, C급 플레이어는 D급 플레이어를 채용한다. 이렇게 해서 조직의 인력이 Z급까지 가는데 그리 오래 걸리지 않는다"라고 했다. 이렇게 채용을 진행해 나가다보면 회사는 그렇고 그런 사람으로 채워지게 되면서 경쟁력과 성장 동력을 잃어 버리게 된다.

새롭게 직원을 채용한다는 것은 비용적인 측면 뿐만 아니라 조직관리 즉, 기업이 가지고 있는 문화에도 적지 않은 영향을 미치게 된다. 대표적 공유경제 기업인 '에어비앤비(Airbnb)'의 창업자들은 조직의 첫 번째 엔지니어를 선발하는 것은 DNA 칩(회사의 문화)을 회사에 심는 것이라고 생각하고 6개월에 걸쳐 수천명의 이력서를 검토하고, 수백명의 면접을 거쳐 첫 번째 직원을 선발하였다.

새롭게 채용한 직원에 대해서는 채용한 지 6개월 이내에 계속 일할 것인지를 결정하는 것이 좋다. 질질 끄는 것은 서로를 고문하는 것이 될 수 있다. 틀린 것이 아니라 목적지자 다른 승객을 버스에 태운 것을 발견한 것이다. 가까운 다음 정거장에 세워서 다음에는 어떤 버스를 탈지 친절하게 가르쳐 주고 내릴 수 있도록 배려하는 것이 필요하다.

출처 : 전자신문(2014.06.10.). "채용의 기술" 재구성 http://www.etnews.com/20140610000242

4) 어떻게 선발할 것인가?

공동 창업자 및 구성원을 확보하는 경로에는 여러 가지가 있다. 각종 창업 관련 교육, 포럼, 세미나 등에 참가하여 창업 아이디어를 소개하고 함께 할 구성원을 모집하는 것도 하나의 방법이다.

실제 창업 현장에서 초기 창업팀을 구성할 때는 주변의 소개, 또는 네트워크를 활용하여 선발하는 것이 더 효과적일 수 있다. 특히, 개발자나 디자이너 등 특별한 기능이나 기술이 필요한 분야의 사람을 선발할 때는 창업 초기의 열악한 급여 조건과 복리후생을 이해하고 함께 기업을 만들어 나갈 수 있는 신뢰와 추진력 및 지구력을 갖춘 '의리형' 인재를 찾아야 하기 때문이다.

또한, 네트워크는 팀원 구성뿐만 아니라 추후에 효과적인 정보나 자원에 접근을 쉽게 하며 기술개발, 비용절감, 시장 확대 등과 같은 기업의 전략적 목적 달성에도 도움이 된다. 최근에는 소셜벤처 및 사회적기업을 준비하고 있는 예비창업가를 위한 다양한 교육, 세미나 및 포럼 등이 개최되고 있으며, 실제 소셜벤처 창업을 지원하기 위한 '소셜벤처경연대회', '사회적기업가 육성사업', '아시아소셜벤처경진대회' 등에 매년 수 천개의 창업팀이 지원하고 있으며, 사회적기업 및 협동조합 주간 행사 등이 진행되고 있기 때문에 이러한 사업이나 프로그램에 대한 참여를 통해서 필요한 구성원을 확보해 나갈 수 있다.

어떤 경로로 구성원을 선발하더라도 선발 대상자에 대해 공식적 · 비공식적 면접을 보게 되는데, 짧은 시간 내에 구두 질문을 통해 면접 대상자의 본 모습을 알고자 노력할 것이다. 예나 지금이나 사람을 채용하는 것은 매우 어려운 일이다. 더군다나 짧은 대화를 통해 상대방의 속마음과 생활 태도, 무엇보다도 창업 기업을 위해 혼신을 다할 것인지를 파악하기란 더더욱 어렵다. 초보 면접관은 질문 속에 답이 들어 있는 폐쇄적인 질문을 하는 실수를 자주 하게 된다. 그러한 질문은 "예"라는 대답 이외에 다른 대답을 기대할 수 없다. 사람을 채용할 때 초보 CEO는 '뭘 할 수 있을지'를 묻고, 베테랑 CEO는 '뭘 했었는지'를 묻는다. 초보 CEO는 보이지 않는 미래의 잠재성을 찾으려 하고, 베테랑 CEO는 눈에 보이는 현재의 능력을 확인하려고 하는 것이다. 면접을 진행하면서 대표자가 경험해 보지 못했거나 전문 지식이 없는 분야의 면접에는 반드시 그 분야를 오래 경험한 사람을 면접자로 초청하는 것이 필요하다. 또한, 제한된 시간동안 면접이 진행되기 때문에 면접 질문서를 준비하여 확인하고 점검해야 할 부분들이 빠짐없이 체크될 수 있도록 하여야 한다.

GE의 회장이었던 잭 웰치는 '면접 볼 때 하나만 질문해야 한다면 무엇을 물어볼 것인가?' 라고 물었을 때, 그의 대답은 '왜 이전 직장을 그만두었는가?' 였다. 그 질문의 답을 파고 또 파고 또 질문하면 그의 직장 윤리, 능력, 지혜, 시장에 대한 안목 등 모든 것을 다 확인할 수 있기 때문이라고 하였다. 또한, 면접 대상자에게 '장점과 단점'에 대한 질문을 던져 봄으로써 단점을 어떻게 이야기 하는지 자세히 살펴볼 수 있고, '향후 5년 후 자신의 모습'에 대한 질문 등을 해 봄으로써 어떤 목표와 꿈을 가지고 있는지 등을 확인해 보아야 한다.

9.3 어떻게 운영 할 것인가?

소셜벤처를 비롯한 사회적기업, 협동조합 등의 사회적 경제 조직들이 운영되는 원칙을 살펴보면 궁극적 목적이 이윤 추구가 아닌 구성원과 지역사회에 대한 봉사, 운영(경영)의 자율성, 구성원에 의한 민주적 통제, 잉여(수익) 배분에 있어 사람과 사회적 목적이 자본에 우선한다는 운영 원칙을 가지고 있다.

이와 같은 내용을 기준으로 사회적 경제에 대한 정의를 내려 보면, '사회적 경제는 호혜, 연대성과 민주적 의사결정을 기본원칙으로 하면서 공동의 사회적 욕구를 가진 이해관계자들이 사회적 가치를 실현하기 위해 자발적으로 참여하여 화폐적, 비화폐적 자원을 생산, 교환, 분배, 소비하는 경제 활동'이라고 할 수 있다. 그렇기 때문에 소셜벤처 창업팀의 운영 방식은 사회적 경제 조직들이 가지고 있는 공통의 운영 원칙을 고려하여 논의되고 수립되어야 한다.

1) 협력적 리더십(Collaborative Leadership)

리더십(leadership)이란 간단히 말하면 조직이나 집단의 과업과 목표의 달성을 위해 어떤 행위자가 그 구성원들에게 영향을 미치는 행동 · 능력 및 과정이라고 할 수 있다. 리더십의 본질은 '영향력'이며 관리하는 것은 리더가 아니라고 할 수 있다. 리더십은 사람들로 하여금 따라오게 하는 것이고, 관리는 기존의 시스템과 프로세스를 유지하는데 중점을 두는 것이다.

그림 9-4 Leader와 Boss의 차이

리더가 된다는 것은 팀과 조직에 긍정적인 영향력을 주는 사람이 된다는 것이다. 그런 의미에서 협력적인 리더라면 팀과 조직이 협력을 통해서 긍정적이고 새로운 변화를 이끌어 낼 수 있도록 하는 사람이라고 할 수 있을 것이다.

표 9-4 관리자와 리더의 특성 차이

관리자		리더	
– 행정가	– 복사본(copy)	– 혁신자	– 원본(original)
– 현상 유지	– 시스템과 구조에 역점	– 발전	– 사람에 역점
– 통제 의존	– 단기적 시각	– 신뢰의 고취	– 장기적 전망
– 질문 : 언제, 어떻게	– 눈앞의 현실에 급급	– 질문 : 무엇을, 왜	– 지평선 먼 곳에 시선을 둠
– 모방, 현상을 수용	– 일을 올바로 함	– 창조, 현상에 도전	– 올바른 일을 함

출처 : 윤재풍, '조직론', 2014.

협력적 리더십에서 가장 중요한 것 중 하나는 '듣는 힘'에 관한 것이다. 말하는 능력이 아니라 들어주는 능력, 그로 인해서 구성원들이 자유롭게 이야기 할 수 있고 이를 통해 조직이 리더의 생각으로만 운영되는 것이 아니라 구성원들의 다양한 참여와 의사결정을 통해 더 나은 대안이 창출될 수 있고 나아가서 새로운 변화를 만들어 낼 수 있다. 협력적 리더십의 듣는 힘에서는 선입견과 편견 없이 정답을 가정하지 않고 구성원의 의견을 호기심 있게 집중하고 진정성 있게 경청하는 것이 중요하다. 협력적 리더가 가지는 영향력은 정보나 지식, 권력이 아니라 잘 들어주는 힘을 통해 구성원들이 다양한 의견과 아이디어를 통해 창의적으로 일할 수 있도록 지원하고 지지하며 자발적인 참여와 의사결정을 이끌어 내는 것이다.

또한, 협력적 리더십은 서로간의 능력이나 지향의 차이를 인정하고 이들을 서로 협력하게 함으로써 책임감을 높일 수 있다. 협력하는 문화 속에서 구성원들은 다른 구성원의 업무를 개선하기 위해 노력을 지원하고 문제의 해결과 그들의 결정을 수용함에 있어 책임성을 가질 수 있다. 또한, 협력의 문화 속에서는 구성원들이 다른 사람의 아이디어를 받아들여 새로운 시너지를 창출하고 함께 정한 조직의 목표가 성취될 수 있도록 할 수 있다. 반면, 상명하달식의 문화를 가지고 있는 조직에서는 어떤 상태를 개선하기 위한 도전을 꺼리며 구성원들은 리더의 해결 방식에 의존하거나 다른 사람과의 차이에 대해 비난하고 결정에 대한 불평을 늘어놓는 분위기가 만들어 질 수 있다. 이럴 경우 아이디어는 주로 한명의 개인에게 속한 것이기 때문에 팀이나 조직 발전에 한계로 작용하게 된다.

2) 민주적 의사결정구조

조직은 의사결정 행위자들의 집합체이다. 조직을 구성하는 모든 사람은 조직의 목적 달성을 위한 행위자들이다. 그들은 행동에 앞서 개인 단독으로 혹은 집단적으로 무엇을, 언제, 어떻게 할 것인가를 선택한다. 조직은 그러한 선택 행위를 하는 사람들로 이뤄져 있으므로 의사결정자들의 집합체라고 할 수 있다. 소셜벤처를 비롯한 사회적 경제 조직들은 운영의 자율성을 가지고 구성원에 의한 민주적 의사결정 구조를 지향하는 성격을 가지고 있다. 이것이 대표자나 지분의 소유자 위주로 의사결정을 하는 영리기업과 소셜벤처를 구분짓는 중요한 특징이 되기도 한다.

'민주적 의사결정구조' 라 함은 소셜벤처가 가지고 있는 사회적 목적을 달성하기 위해 근로자 대표, 서비스 수혜자 대표, 지역 관계자, 외부 전문가, 후원자, 연계기업 및 연계기업 인사 등 다양한 이해관계자가 실질적으로 의사결정 구조(총회, 주주총회, 이사회, 운영위원회, 운영협의회 등)에 참여할 수 있어야 한다는 것이다. 기업의 조직형태에 따라 의사결정 구조의 형태는 다를 수 있으나 정관이나 운영규정에 이와 관련된 내용을 반드시 명기하여 의사결정구조의 근거를 마련하고 이에 따라 실질적인 회의체가 운영될 수 있도록 하여야 한다. 다양한 이해관계자가 참여하는 의사결정구조는 의사결정의 유형 중 '집단적 의사결정' 의 한 유형으로 이것이 가지고 있는 장 · 단점은 [표 9-5]와 같다.

표 9-5 집단적 의사결정의 장 · 단점

관리자	리더
– 여러 사람의 경험 · 지식 · 정보 및 아이디어가 집합되고 교환되는 과정에서 객관성과 신뢰성을 가질 수 있음 – 폭 넓은 대안이 제시되고 다각도로 평가 – 결정이 신중하고 투명하게 이뤄짐 – 결정 과정에 많은 사람이 참여하기 때문에 참여감이 높고, 결과에 대해 폭 넓은 수용과 지지를 얻을 수 있음	– 의사결정에 여러 사람이 참여하기 때문에 결정의 속도가 느리고, 많은 비용과 비능율 초래할 가능성 – 집단 내부에서 목소리를 크게 내는 개인이나 소수의 사람들이 편파적으로 작용해 결과에 나쁜 영향 – 집단 내부 구성원간에 상호 이해관계의 대립으로 최적의 결정보다는 정치적인 타협 · 조정하는 결정 초래 – 집단 사고의 함정에 빠질 수 있음

출처 : 윤재풍, '조직론', 2014.

3) 지분율 및 보상체계

여러 명의 개인들이 모여 창업을 하면 현실적으로 이해관계에 의해 갈등이 생기거나 팀 멤버십이 끝까지 유지되는 경우가 드물다. 1인 창업의 경우에는 창업자 개인이 전적으로 과업을 책임지고 수익을 얻는 반면, 창업팀 구성원들은 각자가 보유한 핵심역량 정도, 초기 투자 자본금액 뿐만 아니라 서로간의 개인적 관계 등의 복합적인 요인들에 따라 역할 갈등과 소유권 배분 문제가 발생한다. 특히, 창업팀이 성장하면서 과업이 복잡해지고 수익이 창출됨에 따라 갈등의 발생 소지가 더욱 커질 수 있다.

이와 같은 역할 분담과 소유권 배분 문제를 미연에 방지하기 위해서는 구성원간의 상호 조건을 사전에 명확하게 정리하여 창업에 착수하는 것이 중요하다. 이를 위해 창업 준비단계부터 구성원 각자의 명확한 역할을 명시한 공식적인 조직도와 업무분담 차트를 작성하는 것이 하나의 방안이 될 수 있다. 또한, 지분 구조도 합리적인 방안을 미리 고안하여 사전에 협의해 두어야 한다. 대부분의 창업 기업에서 구성원들이 지분을 동등한 비율(1/n)로 정하는 경우를 많이 볼 수 있다. 하지만 구성원 개인마다 자본금을 출자한 금액이 상이할 수 있고, 각자가 보유한 아이디어와 핵심 기술, 경영 전략 및 관리, 영업 및 판로개척 역량 등에 차이가 있을 수 있다. 따라서 구성원별로 자금 조달 기여도와 보유한 핵심역량 정도 및 중요도의 차이를 반영한 문서를 작성하여 합리적인 지분 구조를 마련하여야 한다[16].

읽어 보기

지분 배분 시기와 지분 비율 문제

지분으로 인한 여러 가지 갈등은 미리 대처하는 것이 좋다. 그렇다면 지분을 배분하는 시기는 언제가 좋을까? 사업이 언제 자리 잡을지, 누가 어떤 일을 얼마나 담당하는지 등에 대한 것이 명확하지 않은 상태에서의 지분 배분은 오히려 무임승차를 양산할 수도 있다. Cognitive Investment의 이희우 대표가 이야기하는 지분 배분에 대해 살펴보자.

첫째, 지분 배분은 MVP(Minimum Viable Product : 최소한의 기능을 갖춘 제품) 테스트 후 사업 가능성이 확인될 때 하는 것이 좋다. 그 이유는 MVP 구축 과정에서 각자의 실력이 드러나고, 누가 더 이 프로젝트에 헌신 했으며 그런 것을 통해서 누가 지분을 더 많이 가져야 되는지 공감대를 형성할 수 있기 때문이다. 필요한 경우에는 MVP 구축에 기여도가 적거나 덜 참여한 인력을 지분 배분에서는 제외할 수도 있다. 즉, 린스타트업 방법론에 적합한 팀 빌딩 방법은 MVP를 먼저 구축해 보고 그에 대한 기여도에 따라 지분 배분을 하면서 최종적인 팀을 구성하는 것이다.

둘째, MVP를 구축하고 나서도 당장 법인을 설립할 필요가 없다면 굳이 까다롭고 힘든 지분 배분을 먼저 할 필요가 없다. 그러나 투자를 받는 경우에는 법인 설립이 필요하다. 통상 투자는 회사의 지분을 사는 형식으로 이루어지기 때문에 법인 설립은 필수적이다.

16) 김진수, 이창영(2014). "기업가정신과 창업론". 문영사.

셋째, 매출이 발생하거나 비용 지출이 본격화되어 어쩔 수 없이 법인 설립을 해야 할 필요가 있을 때 지분 배분을 하는 것이 좋다. 매출이 본격화된다는 것은 거래처가 다변화되고 각종 회계, 세무적으로 처리되어야 하는 것들이 많아짐을 의미한다. 비용 지출에서도 일정 수준에 도달하면 법인 비용으로 처리하는 것이 좋고, 그래야 세무적인 혜택도 받을 수 있다.

대부분의 스타트업들은 지분 비율을 창업자들 간 동일 지분율, 즉 1/n으로 정하는 경우가 많다. 하지만 엔젤투자자나 엑셀러레이터들은 예를 들어 4명의 창업자가 1/4씩 지분을 배분할 경우 경영권 위험의 이유로 투자를 피하게 된다. 주식회사의 지분 비율 문제가 발생하는 것은 상법상 이사의 선임 및 해임권의 의결권 지분 비율 때문이다.

초기 팀 분쟁의 가능성을 줄이기 위해서라도 최대주주가 50% 이상의 지분을 가지고 있는 것이 좋다. 그래야 문제가 생기더라도 구심점이 생겨서 그것을 극복하게 된다. 만약 사업이 안정되고 성공에 이르기 시작하면 창업자 간 또는 적대적 M&A로 지분 다툼이 발생할 수 있으며, 이때 핵심 기술을 가진 창업자의 지분 비율이 1/3 이상이 되지 못하면, 주주총회에서 특별 결의로 해임 및 경영권을 빼앗길 수도 있다. 따라서 대표이사(또는, 최대주주)는 최소한 1/3 이상의 의결권(지분)을 소유하고 있어야 한다.

출처 : 이희우(2014). 'Lean Life', 스타트업 미디어 플래텀 (http://platum.kr/archives/authou/mlee)

사람을 움직이게 하는 가장 큰 3가지 요소는 '업무에 대한 가치', '조직 내 관계', 그리고 마지막으로 일에 대한 '금전적 보상' 일 것이다. 창업 초기에 있는 기업은 사업 초기 안정적인 매출이 발생하기 어렵기 때문에 특별한 보상을 제공하기 보다는 구성원이 자신이 참여하고 있는 비즈니스에 대한 자부심을 느끼고 창업 활동에 도전하고 즐길 수 있는 환경을 조성하는 것이 중요하다. 창업팀에 대한 보상체계는 동기 유발에 효과적인 금전적 요인뿐만 아니라 비금전적 요인도 함께 고려해야 한다[17].

금전적 보상은 가장 기본적이고 직접적인 보상으로 기본급과 성과급으로 나눌 수 있다. 창업기업은 초기 성장단계에 고정적인 수익창출 구조를 갖추기 어렵기 때문에 기본급의 비중은 낮추고 보너스나 인센티브, 이익배분 등의 성과급 방식을 병행하는 것이 효율적이다. 비금전적 보상으로는 무엇보다 소셜벤처는 '창업 자체가 사회혁신의 시작' 이라고 하는 가치를 구성원들에게 줄 수 있어야 한다. 또한 인정, 칭찬, 포상, 특권, 권위, 관계 형성 등과 같이 개인적 성취감과 만족도를 높일 수 있는 정서적 보상과 더불어 유연한 근무시간, 휴가, 교육 등 창업 활동에 구성원이 집중할 수 있는 환경을 제공 및 조성하는 환경적 보상이 포함된다.

17) 김진수, 이창영(2014). "기업가정신과 창업론". 문영사.

읽어 보기

일에 대한 가치가 급여의 일부인 회사
덴마크 메르쿠르협동조합

1982년에 설립된 메르쿠르는 네덜란드에 네 군데 지점을 둔 작은 은행이다. 고객이 1만 7천 명 정도라고 한다. 이 은행은 친환경 농업, 대안학교, 지속가능한 에너지 프로젝트 등 더 나은 사회를 위한 프로젝트에 투자한다. 협동조합, 사회단체, 비영리단체 등과 거래를 많이 한다. 이 은행은 2010년에는 13.7퍼센트 성장했는데, 특히 예금이 18.5퍼센트 증가했다. 2010년 총 자산이 17억 크로네(약 3300억원)였고, 예금은 13억 8000만 크로네(2687억 원) 정도다.

은행 곳곳에는 친환경 농업과 관련된 사진이 걸려 있었다. 회의실에는 파푸아뉴기니 어린이의 사진이 걸려 있었다. 은행 자문역인 메테 튀센씨는 '우리 은행의 고객은 주로 협동조합 비즈니스를 하거나 사회에 기여하는 사업을 하는 이들입니다. 저 사진에 나오는 파푸아뉴기니 아이들을 돕는 시민단체가 우리 고객 가운데 한 곳이에요. 우리 고객들은 무슨 일을 하는지, 다른 고객에게 알리고 보여주는 게 중요합니다' 라고 말했다.

'메르쿠르 은행'은 이 사회의 구성원이 평등하게 대접받기를 원한다. 취약계층, 장애인, 가난한 아동 등은 그들에게 필요한 교육, 주택, 일자리를 얻을 수 있어야 한다. 우리는 이들을 위한 사회, 교육기관과 일자리에 투자한다. 고객은 이런 대출 내용을 보고 자신이 예금한 금액을 특정한 관심 분야에 투자해 달라고 요청할 수 있고, 은행은 이를 존중한다. 튀센씨는 '우리 은행의 돈이 대부분 사회에 기여하는 프로젝트에 쓰인다는 것을 알기에 고객들은 돈을 믿고 맡긴다' 라고 말했다. 때로 메르쿠르 은행은 고객과 고객을 직접 연결해 주기도 한다. 예를 들어, 지속가능한 에너지 산업에 관심을 둔 예금 고객이 있다면 풍력 에너지를 가정으로 공급하는 부품을 만드는 다른 고객과 연결해 주는 식이다.

메르쿠르 은행은 예금과 대출 업무만 한다. 예금 이자는 대략 2퍼센트 정도다. 주로 예금, 대출 마진에서 수익을 올린다. 튀센씨는 이를 두고 '투기가 아닌, 리얼 비즈니스'라고 표현했다. 위험성이 큰 투자를 하지 않아 일반 은행보다 안정적이었고 2008년 세계 금융위기 때도 별다른 어려움을 겪지 않았다고 한다.

대학에서 사회과학을 전공한 튀센씨는 이 은행에서 9년을 일했다. 월급은 다른 은행과 비슷한 수준이다. 튀센씨는 메르쿠르 은행에 들어오고 싶어하는 이들이 많다고 했다. 직원 가운데는 다른 은행에서 이직해온 이가 꽤 있다. 직원의 근속연수도 긴 편이다. 그녀는 "다른 은행과 달리 일하는 문화가 자유롭습니다. 기업 문화가 다르지요. 다른 은행은 상사가 지시하는 대로 일하지만, 우리는 고객의 가치를 위해 일합니다. "그 가치가 내 급여의 일부라고 생각합니다." 라고 말했다.

출처 : 김현대 외 2인, '협동조합 참 좋다', 2013.

4) 커뮤니케이션(의사소통)

커뮤니케이션이란, 어떤 사람이나 집단 혹은 조직이 언어, 문자, 상징, 혹은 비언어적 행동을 통해 다른 사람이나 집단 혹은 조직에 일정한 내용의 메시지나 정보를 전달 혹은 교환하는 과정이다. 조직 또는 팀에서 커뮤니케이션은 사람의 몸 안에 있는 혈액과 같은 것으로 그것이 있기 때문에 조직이 생존할 수 있으며, 모든 관리 기능이 통합 · 조정될 수 있고, 합리적인 의사결정과 효율적인 집행이 가능하며, 조직 구성원의 사기를 높여주고 조직 외적으로도 조직과 조직 환경을 연결시켜 주는 등 조직의 관리에서 필수적인 요소라 할 수 있다.

소셜벤처 조직의 커뮤니케이션은 앞서 언급한 '협력적 리더십'과 '민주적 의사결정구조'를 그 기반으로 한다. 조직 내에서 협력적 리더십과 민주적 의사결정구조가 잘 정착되고 운영 된다면 조직 내의 커뮤니케이션도 원활하게 이뤄질 수 있을 것이다.

원활한 커뮤니케이션을 위해서는 팀 내 소통은 어떻게 할 것인지, 팀 내 일별 스케쥴은 어떻게 공유할 것인지 및 팀 내 자료는 어떻게 공유할 것인지에 대한 주요 내용이 정리되어야 한다. 팀 내 소통은 여러 IT 업체들에서 제공하고 있는 커뮤니케이션 tool을 검토하여 우리 팀(조직)에 가장 알맞은 tool을 사용하여 의사소통을 해 나가면 된다. 일정 관리와 관련된 부분은 구글에서 제공하는 'Google calendar'를 활용하고, 자료 공유는 구글에서 제공하는 'Google Drive'를 활용하여 관리하면 특별한 비용을 들이지 않고 조직 내에서 원활하게 커뮤니케이션을 할 수 있는 시스템을 만들어 갈 수 있다.

5) 갈등관리

효과적인 창업팀이 되기 위해서는 반드시 팀워크가 전제 되어야 한다. 그러나 다양한 개인들이 함께 일하는 조직에서는 갈등이 필연적으로 발생하곤 한다. 특히, 소수의 개인들이 모여 창업 준비 단계부터 모든 업무를 함께 이끌어 나가는 창업팀은 구성원 서로간의 관계가 가깝고 상호 작용이 많기 때문에 갈등이 발생할 소지가 더욱 크다고 할 수 있다. 존 락펠러(John D. Rockefeller)는 '비즈니스 위에 세워진 우정은 찬란할 수 있지만, 우정 위에 세워진 비즈니스는 흉기가 될 수 있다'고 말한 것처럼, 실제로 내부 갈등 때문에 창업팀이 와해되고 사업이 실패로 이어지는 경우가 많이 발생하곤 한다[18].

일반적으로 조직 내에서 발생하는 어느 정도의 갈등은 구성원들에게 건설적인 긴장감을 주며 갈등으로 인한 문제 해결을 위해 다양하고 창의적인 사고를 유도하는 순기능을 가진다. 반면에, 갈등 수준이 과도함에도 불구하고 이를 방치하거나 갈등이 잘못 관리될 경우에는 구성원 간 팀워크가 악화되고 조직의 경쟁력이 저하되는 결과를 초래한다. 이러한 갈등의 역기능을 사전에 방지하고 갈등을 효과적으로 관리하기 위해서는 창업팀에서 발생할 수 있는 갈등의 특성과 해결 방안을 미리 숙지해 두는 것이 좋다.

조직 내에서 갈등이 발생하는 원인은 첫째, 상호간 달성하고자 하는 목표의 선호가 다르거

18) 김진수, 이창영(2014). "기업가정신과 창업론". 문영사.

나 설정된 목표를 수행하는 방법에 관해 의견이 불일치하기 때문이다. 둘째, 개인별로 지각·욕구·가치관 및 성격의 차이로 인해 행동 방안의 선택과 실제 행동을 수행할 때 대립과 마찰이 생길 수 있다. 셋째, 한정된 자원을 놓고 그것이 필요한 주체간의 '내 것이 아니면 네 것'이라는 식의 제로섬 게임을 벌이는 경우나, 한정된 자원을 여러 행위 주체들이 공동 이용하는 경우에 갈등이 발생할 수 있다. 넷째, 어떤 행위 단위 간 과업이 상호 의존된 경우, 공동의 목표를 선택하고 자원의 배분에 관한 계획을 공동으로 결정해야 하는데 자기에게 유리한 결정이 이뤄지도록 하는 과정에서 갈등이 벌어질 수 있다. 다섯째, 관련된 행위 단위들 간 의사소통의 부적절 및 불완전한 경우, 여섯째, 과업에 대한 평가 기준과 보상 체제가 불공평하거나 부적하다고 느낄 때, 일곱째, 조직의 분화에 따라 조직 내의 단위 간 또는 부서 간 경계가 높아지고 개인별 권한, 책임 및 역할에 대한 공식화가 높지 않은 조직에서는 갈등이 발생할 가능성이 높다.

갈등을 해결하기 위해 구성원 간의 관계나 특정한 상황에 따라 여러 가지 방식을 취할 수 있는데, 이 방식들의 유형은 '주장성'과 '협동성'의 두 가지 측면으로 나뉜다. 주장성은 자기 자신의 이익과 자신이 바라는 결과를 중시하는 반면, 협동성은 타인의 이익과 상호관계에 중점을 두는 경향이다. 주장성과 협동성은 서로 독립적인 요인으로 그 정도에 따라 [표 9-6]과 같이 경쟁, 협력, 타협, 회피, 순응의 5가지 해결방식이 도출된다.

표 9-6 갈등 해결방식의 유형 및 적용 상황

해결방식	특 징	적용 상황
경쟁	- I win-You lose 전략 - 상대방을 희생시키고 자신의 이익을우선하는 갈등해결 방식 - 협상의 여지가 없으므로 가장 빠른 결과가 도출됨	- 긴급한 상황 - 구성원 간 각자의 차이를 해결해야 할 경우
협력	- I win-You win 전략 - 자신과 상대방의 목표를 모두 수용하고 당사자 모두 최선의 결과를 위한 혁신적인 해결책을 찾는 방식 - 이상적인 갈등해결 방식이나 많은 시간과 자원의 투입, 당사자 간의 신뢰와 솔직함이 요구됨	- 상대방의 관점과 상황을 더 파악할 필요가 있을 경우 - 협의 할 안건이 생겼을 경우
타협	- I lose-Win some/You LOSE-Win some전략 - 전부 희생보다는 일부 희생이 낫다는 관점에서 당사자들이 자신의 목표를 일부 포기하는 갈등해결 방식	- 당사자 간의 신뢰가 있거나 해결 시간이 충분하지 않을 경우 - 역할 충돌에 따른 갈등이 있을 경우 - 임시적 해결책을 얻고자 할 때
회피	- I lose-You lose 전략 - 갈등의 존재 자체를 부정한 상태에서 갈등을 관리하려는 방식	- 과업의 마감 시한이 급박한 경우 - 커뮤니케이션이 단절되어 관계가 악화될 수 있으므로, 갈등이 사소하거나 미연에 방지가 가능한 경우
순응	- I lose-You win 전략 - 자신의 이익을 포기하고 상대방의 목표를 수용하는 방식	- 서로 간 정보의 차이가 큰 경우 - 직위, 권력의 차이가 있는 경우

출처 : THOMAS, K. W. , & Kilmann, R. H.(1974 ; 2000)

조직에서 발생하는 갈등을 해소하기 위해 이용할 수 있는 방법에는 상위목표의 설정, 추가적인 자원의 확충, 대면과 설득, 감수성 훈련(역지사지를 통한 타인의 입장에 대한 이해), 보상 체제의 확립, 조직과 직무의 재설계, 공동 노력을 통한 문제의 해결, 갈등 관계에 있는 당사자들이 직접 대화를 통해 서로 양보하고 서로 필요한 것을 교환함으로써 갈등에서 벗어날 수 있다.

6) 네트워크 관리

소셜벤처 창업팀이 사회에 순조로운 역할 수행 뿐 아니라 지속가능성을 강화하기 위해서는 전략적 측면에서 조직간 네트워크가 매우 중요한 요소라고 할 수 있다. 소셜벤처는 사업을 추진해 나가는 과정에서 만나게 되는 다양한 위기와 어려움을 전략적 네트워킹을 통해 돌파해 나갈 수 있는 힘을 가지게 될 수 있다. 일반적으로 네트워크란 일정 수의 행위자들 사이에 존재하는 관계 또는 특정의 목적을 달성하기 위해 관련 기관이나 조직들 사이의 협력적 관계를 형성하는 것으로 네트워크는 호혜성(상호 이익이나 편익을 나누는 것), 상호의존성, 느슨한 연계(거래 당사자간 자율성을 보장하며, 복수의 리더가 존재하면서 구성원의 진입과 퇴출이 자유로운 것) 및 파트너십처럼 완전히 조화된 협력으로 간주되지 않으며 네트워크 관계에서 개별 행위자가 맺는 관계는 협력뿐 아니라 갈등의 원천이 되기도 하는 특성을 지니고 있다.

소셜벤처가 네트워크를 형성하면서 고려해야 할 2가지 중요한 요소가 있다. 첫 번째는 네트워크를 형성함에 있어 소요되는 시간과 역량의 투여이다. 네트워크는 단시간에 형성되는 것이 아니라, 상호간의 신뢰가 쌓여가면서 상호간 협력할 수 있는 분야가 확대되어지는 것이다. 그렇기 때문에 단시간에 성과가 나타나지 않는다고 해서 조급해 할 것이 아니라 지속적으로 시간과 역량을 투입해 나가야 한다. 둘째는 앞에서 언급한 상호간의 호혜성이다. 네트워크는 일방적으로 한쪽만이 이익을 독차지하는 것이 아닌 상호간에 이익과 편익이 발생하는, 상호 win-win하는 방식이어야 한다. 그러기 위해서는 네트워크 운영에 대한 통합적인 기획과 우리 기업만의 독특하고 차별화된 역량을 보유하고 있어야 한다. 특히, 우리 기업만의 차별화된 역량을 가지고 있다면 사업의 확장과 더불어 네트워크도 지속적으로 확대시켜 나갈 수 있게 된다. 마지막으로 네트워크 및 협력이 가능한 조직이나 기관의 리스트는 늘 리스트업 하여 수시로 점검하여 협력의 시너지를 만들 수 있는 기회를 놓치지 않아야 한다.

활 동
하 기

팀 수행 수준 점검하기
GRPI

팀의 상태를 목적, 역할과 책임, 절차, 상호관계(GRPI : Goals, Roles&Responsibilities, Procedures, Interpersonal)로 구분하여 점검한 후, 가장 취약한 부분에 대해 팀의 생산성을 향상시키기 위한 개선 방향을 제시해보자.

	Goals(팀의 목표)	1	2	3	4	5
목적과 결과	1. 우리는 팀의 미션을 정확히 알고 있다.					
	2. 우리는 팀의 미션에 대해 모두 동의하고 있다.					
고객	3. 우리는 팀의 이해당사자가 누구인지를 알고 있다.					
	4. 우리는 팀의 당사자가 무엇을 원하는지 알고 있다.					
필요성	5. 우리는 이 팀이 진정으로 왜 필요한지를 이해하고 있다.					
목표와 결과물	6. 우리 팀의 목표는 우선순위가 정해져 있다.					
	7. 우리 팀은 목표를 성공적으로 실현하기 위한 전략이 있다.					
	8. 우리 팀의 목표는 구체적이며 측정 가능하다.					
합의	9. 우리는 팀 과제의 목표와 범위에 대해 상호합의를 형성하였다.					
팀과 개인의 역할 및 책임	10. 우리는 팀원 각자의 역할에 관해 의견의 일치를 보이고 있다.					
	11. 팀 구성원에게 규정된 역할과 책임의 근거는 매우 타당하다.					
	12. 팀 구성원 각자의 역할과 책임은 팀의 목표 달성을 뒷받침한다.					
	13. 팀 구성원들에게 과제를 수행하는데 필요한 재량권이 있다.					
	14. 우리 팀 구성원은 역할 완수에 필요한 역량을 가지고 있다.					
핵심 성공 요소	15. 우리는 팀의 목적과 사명을 달성하는데 요구되는 핵심 요소들을 알고 있다.					
	16. 우리는 팀의 활동을 목표 달성을 위한 핵심 요소에 집중하고 있다.					
계획과 실행	17. 우리의 실행 계획은 효과적으로 달성할 수 있도록 수립되어 있다.					
	18. 실행 계획 내에 명시된 과제들에 대한 역할 분업이 분명하다.					
모니터링과 측정	19. 우리는 과제 수행의 진척도를 지속적으로 모니터링 또는 피드백을 받고 있다					
	20. 우리는 지금까지 업무 달성도를 파악하기 위해 철저히 모니터링을 하고 있다.					

일정	21. 우리는 업무 수행 일정을 구체적으로 수립하였다.
구성원 간의 상호관계	22. 우리는 팀 구성원들이 서로 기대하는 것이 무엇인지를 공유하고 있다.
	23. 팀이 어떻게 운영될 것인지에 대한 기본 방침에 합의하였다.
	24. 우리는 그 운영 지침을 잘 준수하고 있다.
	25. 우리는 팀 운영을 효과적으로 하기 위한 신뢰감을 형성하였다.
	26. 우리는 팀 구성원간에 개방적인 태도를 가지고 있다.
	27. 우리는 팀 활동에 적극적인 태도를 가지고 있다.
	28. 우리는 팀의 운영에 대해 주기적으로 점검하고 있다.
	29. 우리는 구성원으로서의 소속감을 가지고 있다.
	30. 팀 구성원들은 팀 안에서 자신의 가치를 느끼고 있다..

*1: 전혀 그렇지 않다. 2:그렇지 않다. 3:보통이다. 4:그런 편이다. 5:매우 그렇다

◆ GRPI 점수 계산 방법

1. 각 문항별 점수를 더한다.
2. 더한 점수에 0.7을 곱한 후, 5를 뺀다(문항별 점수의 합×0.7−5)
3. 점수를 확인한 후에 아래 해당하는 팀 발달 수준을 확인한다.

◆ GRPI 점수대별 팀 발달 단계

1. Working Group(60점 미만) : 하나의 팀으로서 구성원들간에 시너지 퍼포먼스를 발휘하지 못하는 초급 수준의 조직 단계
2. Pseudo-Team(60점 이상~70점 미만) : 조직 구조상 팀 단위로 구성돼 있어 팀으로서의 역할 수행이 요구되기도 하지만 조직 차원에서의 팀 퍼포먼스에 대해 집중하지 않고, 또 팀의 공동 목표를 성취하기 위해 실제로 노력하지 않는 조직
3. Potential Team(70점 이상~80점 미만) : 잠재 역량을 갖추고 있는 팀 조직은 퍼포먼스를 증진시키려는 욕구가 있으며, 실제로 팀 퍼포먼스를 높이기 위해 효과적으로 노력하는 집단
4. Performing Team(80점 이상~90점 미만) : 팀으로서 요구되는 퍼포먼스를 보여주는 조직으로 이러한 업무 수행의 요구를 충족시켜 주는 조직
5. High-Performance Team(90점 이상) : 최고의 성과를 창출하는 단계에 와 있는 조직으로 진정한 팀으로서의 모든 조건들을 갖추고 있는 조직

학습 정리

◆ '창업팀' 이란 새로운 비즈니스를 공동으로 시작하기 위해 모인 두 명 이상의 개인들로 구성된 팀을 말하며, '신생 기업의 한계' 를 극복하기 위한 가장 좋은 방법은 역량 있고 다양한 경험을 가진 사람들로 창업팀을 구성하는 것이다.

◆ 소셜벤처 팀 빌딩은 왜 이 문제에 집중하며 어떤 문제를 해결하려고 하는지(소셜미션), 어떤 방법으로 해결하려고 하는지(비즈니스모델), 누구와 함께 할 것인가(구성원), 어떻게 운영할 것인가(운영구조)에 대한 답을 만들어 가는 과정이라고 할 수 있다.

◆ 일반적인 스타트업 기업이 제품>방법>신념의 수순을 밟아가는 것과 달리, 소셜벤처는 신념>방법>제품의 접근 방식을 취한다.

◆ 창업팀 구성이 적절하게 되었는가를 파악하기 위해서는 동기부여, 창업팀의 규모 및 핵심역량(적격성, 적합성)에 대한 충분한 사전 검토가 이뤄져야 한다.

◆ 협력적 리더십에서 가장 중요한 요소는 '듣는 힘' 과 서로간의 능력이나 지향의 차이를 인정하고 이들을 협력하게 함으로써 책임감을 높여가는 것이다.

◆ 민주적 의사결정구조는 소셜벤처가 가지고 있는 사회적 목적을 달성하기 위해 근로자 대표, 서비스 수혜자 대표, 지역 관계자, 외부 전문가, 후원자, 연계기업 등의 다양한 이해관계자가 실질적으로 의사결정 구조에 참여하는 것이다.

◆ 소유권 배분과 역할 분담에 따른 문제를 사전에 예방하기 위해서는 구성원별로 자금조달 기여도와 보유한 핵심역량 정도 및 중요도의 차이를 반영한 문서 작성을 통해 합리적인 지분 구조를 마련하여야 한다.

◆ 커뮤니케이션을 원활하게 하기 위해서는 팀 내 소통은 어떻게 할 것인지, 팀 내 일별 스케쥴은 어떻게 공유할 것인지 및 팀 내 자료는 어떻게 공유할 것인지에 대한 내용이 정리되어야 한다.

◆ 조직에서 발생하는 갈등을 해소하기 위해 이용할 수 있는 방법에는 상위목표의 설정, 추가적인 자원의 확충, 대면과 설득, 감수성 훈련, 보상 체제의 확립, 조직과 직무의 재설계, 공동 노력을 통한 문제의 해결, 갈등 관계에 있는 당사자들이 직접 대화를 통해 서로 양보하고 서로 필요한 것을 교환함으로써 갈등에서 벗어날 수 있다.

참고문헌

- 교육부(2015). "손에 잡히는 기업가정신"
- 국제신문(2015.12.30). "어머니의 마음에서 시작된 바이맘의 탄생 이야기"
- 권도균(2015). "권도균의 스타트업 경영수업". 로고폴리스.
- 김선미(2016.01.19). "히말라야에 '천사의 날개'..드론으로 네팔 오지에 의약품 선물". 중앙일보.
- 김진수 외 4인(2015). "기술창업론". 탑북스.
- 김진수, 이창영(2014). "기업가정신과 창업론". 문영사.
- 라준영(2010). "사회적기업의 비즈니스모델". 벤처경영연구.
- 류미란. "협력적 리더십". 푸른복지출판사.
- 민진(2012). "조직관리론". 대영문화사.
- 박동수, 구언회(2011). "사회적기업 설립과 경영". 영남대학교 출판부.
- 윤재풍(2014). "조직론". 대영문화사.
- 이희우(2014). 'Lean Life', 스타트업 미디어 플래텀.
- 장경원 외 2인(2013). "창의기초설계". 생능출판사.
- 한국사회적기업진흥원. "사회적기업 성공 방정식 Three Go". 2013, NEW LOOKS.
- Arthur C. Brooks(2006). " Social Entrepreneurship: A Morden Apporach To Social Value Creation. Prentice-Hall
- Susan Coleman & Dafna Kariv, "Creating the Social Venture", CPI Group
- UNDERDOGS(2015). "소셜벤처 가이드라인"

9장. 키워드 인덱스용

창업팀	팀빌딩	소셜미션	협력적 리더십
민주적 의사결정구조	창업팀 보상체계	커뮤니케이션	갈등관리

"투자자로서 가장 보답 받는 것은 창업가가 빛의 속도로 성장해야 할 때
그것을 할 수 있도록 도와주고, 그것을 지켜보는 일이다"

SV Angel 파트너, 론 콘웨이(Ron Conway)

10
소셜벤처 **창업자금 및 재무관리**

학습 목표

1. 창업 및 기업 운영에 필요한 초기 자금 조달의 중요성에 대해 이해한다.
2. 창업자금 조달 시 고려해야 할 요소들에 대해 파악한다.
3. 창업자금 조달 방법 및 성장 단계에 따른 정책자금 활용 방안에 대해 이해한다.
4. 재무관리의 중요성을 이해하고, 재무제표를 활용하여 각종 재무비율을 산출할 수 있다.

시작하기

새로운 아이디어로 '여행'의 패러다임을 바꾸다
'마이리얼트립'

해마다 해외 여행객이 꾸준히 늘고 있는 가운데, '현지인과 떠나는 진짜 여행'을 표방하고 있는 '마이리얼트립(myrealtrip)'은 기존 여행사와 달리 현지 생활 경험이 풍부한 한국인 가이드와 여행객을 직접 연결하는 서비스를 제공한다. 마이리얼트립은 중개 플랫폼을 제공할 뿐, 여행 상품을 만들고 판매하는 주체는 가이드로서 매력적인 여행 코스를 개발해 상품화하는 것 역시 가이드의 몫이다. 그렇기 때문에 마이리얼트립 홈페이지에서는 다른 여행사에서는 찾아볼 수 없는 색다른 여행 상품을 많이 만날 수 있다. 자유 여행을 꿈꾸지만 언어가 익숙치 않아 막막하거나 사전준비 시간이 충분치 않은 사람이 주요 고객으로 하고 있다.

마이리얼트립을 창업한 이동건 대표는 대학에 와서 진로에 대한 진지하게 고민하며, 기회가 되는 대로 이것저것 많은 일들을 경험하면서 '남들이 말하는 좋은 직장, 멋진 일이 아니라도 늘 내가 즐길 수 있는 일을 하자'는 생각으로 소셜펀딩 업체인 '크라우드펀딩' 회사를 창업했다. 일반인에게 십시일반 후원을 받아 창작에 어려움을 겪는 젊은 예술가들을 지원하겠다는 취지로 만든 소셜벤처 기업이었다. 하지만, 당시만 해도 개념 자체가 생소한 탓에 사업은 실패를 할 수 밖에 없었다. 비록 사업은 실패했지만 이동건 대표는 여기에서 사업에 대한 교훈, 그리고 기업가의 삶을 진정으로 즐길 수 있다는 확신을 얻었다고 한다.

이후, 멘토였던 권도균 프라이머 대표에게서 '소셜 여행 상품 모델을 한번 만들어보라'는 제안을 받고, 다시 한 번 비즈니스에 도전해 마이리얼트립을 창업했다. 마이리얼트립은 저렴한 비용으로 많은 곳을 둘러볼 수 있는 있지만 개별 행동에 제약이 따르고, 강매에 가까운 쇼핑과 옵션 투어 등을 감수해야 하는 패키지 여행의 단점을 자유 여행을 장점을 조합한 사업 모델(현지에서 생활하고 있는 한국인 가이드가 여행 일정과 비용을 책정하여 홈페이지에 올리면 여행객이 취향에 맞는 상품을 선택하는 방식)로 많은 고객들의 참여를 이끌어 내고 있다. 현지 가이드의 안내를 받으면서 가족이나 친구 등 지인들끼리 여행을 할 수 있고, 개인적인 요청에 따라 일정도 조정할 수 있다.

투어&액티비티(Tour & Activity) 전문 스타트업 마이리얼트립은 소셜벤처로는 드물게 다양한 Venture Capital로부터 투자를 유치하고 있다. 마이리얼트립은 2013년 4월, 본엔젤스벤처파트너스 및 개인투자자로부터 4억원의 투자를 받은데 이어, 2014년 6월에는 스마일게이트인베스트먼트와 캡스톤파트너스로부터 총 10억원 투자를 유치했으며, 2015년에는 미국 실리콘밸리의 벤처투자사인 알토스벤처스로부터 추가 투자를 유치하여 글로벌 진출을 위한 교두보를 마련할 수 있었다.

출처 : 최선희(2014.06.30). "새로운 아이디어로 '여행' 의 패러다임을 바꾸다.. '마이리얼트립' ". 내용 재구성, 톱클래스
http://blog.naver.com/PostView.nhn?blogId=201media&logNo=220046077246

생각해 보기

01 투자자들이 마이리얼트립을 매력적인 투자처로 인식하게 된 요인들은 무엇인가?

02 소셜벤처로서 마이리얼트립의 사회적 가치와 실현하고 있는 임팩트는 무엇인가?

10.1 창업자금 조달의 중요성

소셜벤처를 비롯한 대부분의 창업 초기 단계의 창업가들에게 사업을 준비하고 진행하는데 있어 가장 큰 어려움이 어떤 것인가를 물어보면 항상 가장 큰 어려움으로 언급하는 것이 자금조달에 대한 부분이다.

[그림 10-1]에서 보는 바와 같이 '자금'은 창업과정 뿐만 아니라 기업의 운영과정에서도 가장 큰 어려움을 겪고 있는 요소로 조사 되었다. 그렇기 때문에 창업을 준비함에 있어 아이디어와 같이 구체적이고 세밀한 계획이 필요한 것이 바로 자금조달이다. 아이디어가 창의적이고 성공 가능성이 높더라도 적절한 시기에 자금이 조달되지 않으면 창업은 실행이 불가능해지고, 사업은 성장에 어려움을 겪을 수밖에 없다. 실제로 많은 창업 전문가들은 창업가(정신), 아이디어, 창업자금 3가지를 성공 창업의 필수요소라고 언급한다.

그림 10-1 창업과정 및 기업 운영과정의 애로사항

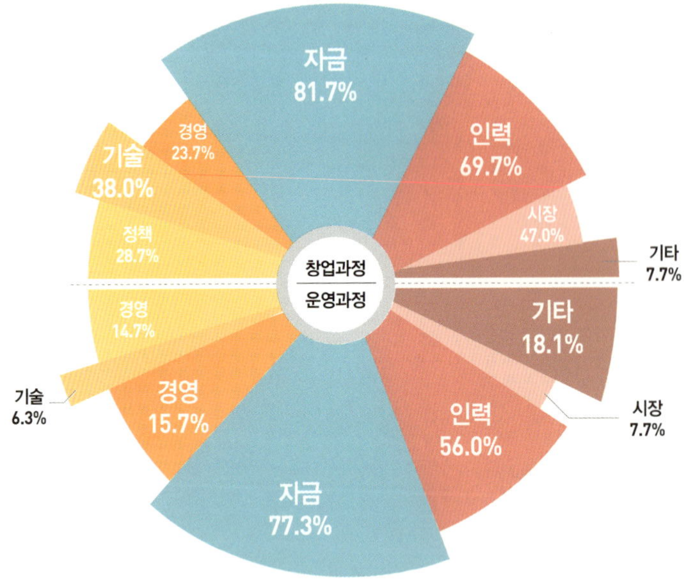

출처 : 머니투데이(2014. 12. 30), '정부 지원에도 자금 해결 어려움은 여전' 기사

대부분의 창업가들은 창업 초기에 안정적인 현금 흐름, 자본 투자, 장기간의 제품 및 서비스 개발 기간의 문제로 인해 많은 창업자금 조달을 필요로 한다. 초기에 충분한 창업자금 확보를 통해 안정적인 현금 흐름과 성장을 위한 자본, 제품 및 서비스 개발을 위해 적시에 투자가 이루어져야만 창업 기업이 빠르게 안정을 찾아갈 수 있다. 만약, 초기 창업 기업이 사업에 필요한 충분한 자금의 조달이 어려워지면 운영비용의 지출 속도는 갈수록 증가하게 되고, 이는 부정적인 결과를 초래하는 상황으로 이어지는 악순환의 시발점이 될 수 있다.

또한, 초기 창업 기업들에게 장비 구입, 공장 설립, 직원 교육 · 훈련 등의 비용이 많이 드는 것이 당연할 것일 수 있으나 예산과 지출 경비의 비율을 적절하게 조정하지 못한다면 아무리 좋은 아이템과 역량을 가지고 있는 창업가라도 실패할 수 밖에 없다.

따라서 소셜벤처를 창업하고자 한다면 자금 조달의 어려움을 극복하기 위해 사업 초기에 필요한 자금을 정확하게 예측하고, 자신이 보유하고 있는 현금이나 예금을 기본으로 하면서 부족한 자금을 정부 및 공공기관의 지원제도 또는 외부 투자자를 활용하여 자금을 조달할 계획을 수립하는 등 어디에서 어느 정도의 자본을 조달할 것인지 구체적인 자금 조달 계획을 수립할 줄 알아야 한다.

이에 본 장에서는 창업자금의 이해와 조달방법, 투자 유치 및 재무관리에 대해서 알아보고자 한다.

10.2 창업자금 조달 시 고려사항

1) 사전 자금 조달 계획 수립

초기 창업자금은 사업의 시작과 기회를 얻기 위해 사용된다. 그렇기 때문에 창업 자금을 마련하기 전에 철저한 자금조달 계획을 수립하는 것은 매우 중요하다. 창업 자금 조달 시 확인해야 할 사항으로는 사업형태, 자기자금 보유 형태, 대출 가능 여부 확인, 각종 창업 관련 정책자금 조달 가능 여부, 매출 추정을 통한 추정 재무제표 작성 등에 관한 사항이다. 사업 아이템에 따라 제조업, 서비스업, 유통업 등의 업태와 소기업, 중기업, 대기업 등의 사업 규모가 결정될 것이며, 이후 필요한 자금이 어느 정도 일지 소요자금 추정을 통해 예측할 수 있어야 한다.

소요자금 추정이란, 창업 시 필요한 소요자금이 얼마인지 추정해보는 것으로 크게 고정자금(초기 투자자금, 시설자금)과 운전자금으로 나누어지며, 초기 투자자금은 사무집기, 비품, 사무실 임차료, 통신비 등이며, 시설자금은 고정자산을 구입하는데 필요한 자금이다. 운전자금은 재료비, 인건비, 운반비, 유지보수비 등으로 구성되어 있다. 소요자금이 추정되면 필요한 자금을 어떻게 조달할 것인가에 대한 계획을 수립해야 한다. 일반적으로 자금조달 계획표에 의해 조달 계획을 수립하는데, 자금조달 계획표란 일정기간동안 필요한 자금에 대한 구체적인 조달 방법을 나타낸 것으로 [표 10-1]과 같다.

표 10-1 자금조달 계획서(샘플)

구분	소요자금 내역			자금조달 계획			
	항목	금액	산출근거	조달방법	조달시기	기 조달액	추가 조달액
초기 투자금							
	소계						
시설 자금							
	소계						
운전 자금							
	소계						

창업자금 조달 계획 수립 시 유의할 점은, 부채가 유용한 자금 조달 방법임에는 분명하지만 이자라는 고정비 때문에 감당할 수 있는 수준의 부채를 유지할 수 있도록 자금조달 계획을 수립하여야 한다. 또한, 많은 창업자가 사업 채무에 대한 보증을 서면서도 그 위험을 깨닫지 못하는 경우가 있는데, 가능한 사업 채무에 대한 보증을 서지 않도록 노력해야 한다.

2) 부채와 자기자본

자금을 조달하는 방법에는 어떤 것이 있을까? 이론적인 관점에서 보면 크게 2가지로 분류될 수 있다. 첫 번째, 금융기관에서 대출을 받거나 채권을 발행하는 등 부채의 형태로 조달하는 것이고 두 번째, 주식을 발행하여 자금을 조달하는 것이다. 부채의 형태로 자금을 조달하는 형태의 가장 큰 특징은 자금을 사용한 대가로 지불하는 보상인 이자가 고정비의 성격을 갖는다는 것이다. 고정비는 매출이나 영업이익과 상관없이 지불되어야 하는 비용으로, 부채의 비율이 높아지면 그만큼 매달 감당해야 하는 이자비용의 부담이 늘어가게 된다. 만약, 기업의 영업이익을 통해 이자를 상환하지 못하면 추가로 부채를 져야하고 늘어난 부채는 이자비용을 늘리게 되는 악순환을 가져오게 된다. 문제는 영업이익을 결정하는 매출이 창업자가 통제할 수 없는 위험인 경기 상황에 따라 크게 변동된다는 점이다. 따라서 자금 조달 시 적정 수준의 부채를 유지할 수 있도록 자금 조달 계획을 수립해야 한다.

읽어 보기

한계기업(좀비기업)

이자보상배율(기업 채무상환능력 지표)이 1미만으로 영업이익으로 이자도 못 갚는 한계 기업(좀비기업)의 비중은 2009년 12.8%(2698개)에서 2014년 15.2%(3295개)로 증가했다. 한계 기업(좀비기업)이란 지속 가능한 수익을 창출하지 못하고 정부나 은행의 도움을 받아 유지되는, 즉 자생 능력이 없어 정부나 은행의 도움을 받아 유지하는 기업이다. 정식 명칭은 '한계기업'으로 회생 가능성이 없는 파산 직전의 회사를 일컫는다. '다시 살아난 시체'를 뜻하는 좀비(Zombie)에 기업을 비유하여 '좀비기업'이라 부른다. 생명력이 없는 좀비처럼 지속 가능한 수익을 창출하지 못하고 빚에 의존해 연명하는 것이 특징이다.

좀비기업은 일반적으로 '이자보상배율'을 기준으로 판단한다. 이자보상배율은 기업의 재무건전성을 판단하는 기준의 하나로, 부채에 대한 이자 지급이 가능한지를 파악하는 지표다. 기업이 한 해 동안 벌어들인 영업이익을 그해에 갚아야 할 지급이자로 나눠 산출한다. 이자보상배율이 1 미만이라면 이자비용보다 영업이익이 적었다는 뜻이다. 따라서 이자보상배율이 1 미만인 기업은 잠재적 부실기업으로 본다. 사실상 금융비용을 영업비용으로 감당할 수 없는 기업이기 때문이다. 좀비기업은 그중에서도 3년 연속 이자보상배율 1 미만인 기업을 일컫는다.

한국의 경우 최근 몇 년 동안 좀비기업이 늘어나고 있는 추세다. 한국은행이 2015년 6월 발간한 「금융안정보고서」에 따르면 한계기업 비중은 2009년 12.8%(2,698개)에서 2014년 말 15.2%(3,295개)로 증가했다. 특히 한계기업 중 73% 이상을 차지하는 기업들이 2005년 이후 한계기업 경험이 있는 만성적 한계기업으로 나타났다. 또한, 대기업의 한계기업 비중도 2009년 9.3%에서 2014년 14.8%로 빠르게 증가한 것으로 확인됐다.

출처 : Daum 백과사전

주식발행과 관련하여 주주들에게 지불하는 보상인 배당은 채권과 달리 변동비의 성격을 갖는다. 기업의 매출이 늘어나서 순이익이 발생하면 배당을 시행하거나 내부 유보금으로 적립할 수 있으며, 매출이 저조하여 순이익이 발생하지 않을 경우에는 배당을 하지 않아도 되기 때문에 부채와 비교하여 기업의 부담이 상대적으로 적은 자금 조달 방법이라고 할 수 있다. 주식 발행을 통한 자금 조달이 중요한 이유는 향후 기업의 신용 평가와 관련하여 부채 및 자기자본비율에 큰 영향을 미치기 때문이다.

주식 발행을 통해 자금을 조달함에 있어 누가 얼마만큼의 지분을 갖는가에 대한 지분 구조도 신중하게 고려해야 한다. 여러 사람이 공동으로 투자해 주식회사를 세우게 되면 누가 회사의 최대 주주가 될 것인지 이견이 생기게 된다. 공동 창업멤버 각자가 자신이 회사의 오너십을 갖고 있어야 한다고 생각하고 있다면, 특히 사업이 잘 성장하고 있는 경우에는 경영권을 갖기 위한 분쟁이 발생할 수 있다. 극단적인 경우에는 동업자와 갈등을 겪은 이후 사업을 포기하는 사례도 적지 않기 때문에 지분율에 대해서는 신중하게 검토해야 한다. 한편, 사업이 확장되는 과정에서 중요한 파트너에게 지분을 분배해야 할 필요성이 생기게 되는데 이런 상황을 고려한다면 창업기업의 경우 대표자가 60%~70% 정도의 지분을 보유하고 있는 것이 바람직하다.

읽어 보기

공동창업자 간에 협의하고 명시해야 할 사항

벤처업계 속설이 있다. 사업이 잘 안되면 모든 게 괜찮다. 공동 창업자들도 서로가 서로를 격려하며 더 친밀하고 친숙해진다. 서로 돕는다. 아이러니하게도 사업이 잘되거나, 잘 될 것 같은 징조만 보여도 문제가 생기곤 한다.

처음엔 순수한 마음으로 지분에 대한 욕심을 내지 않지만, 돈을 벌기 시작하고 투자가 이뤄지면서 갈등의 골이 생기는 것이다. 2013년 말 페이스북의 3조원짜리 인수 제의를 거절해 화제가 된 "스냅챕"은 공동 창업자 간 거액의 소송으로도 유명하며, "페이스북"으로 큰 성공을 거둔 마크 주커버그 역시 사업에 대한 소유권 분쟁으로 소송에 휘말렸다가 거액의 보상으로 합의한 경험을 가지고 있다.

이러한 이유로 창업 초기에 대표이사가 확실하게 대주주 지위를 확보하거나, 지분에 대해 공동 창업자 간에 문서로 명확하게 합의된 문서를 작성하여 향후 문제가 발생하지 않도록 다음과 같은 부분에 대해 사전에 철저하게 준비하고 염두에 두고 있어야 한다.

---

① 확신한 신뢰와 믿음으로 결합하라
② 원칙을 분명히 하고, 투자와 업무실행 및 분배의 기준을 정확히 하라
③ 사업자등록 시 공동 사업자로 반드시 하라
④ 동업 관계에 있는 관련 사항 모든 것을 서류화하고 문서화 하라
⑤ 친분에 얽매이지 말고 확실하고 분명한 비즈니스 관계로 시작을 하라
⑥ 사업을 정리할 때를 대비하여 정리단계의 내용을 정확히 명시하라
⑦ 금전적인 문제를 확실하고, 분명하게 처리하라(세무상 관계도 정확히 하라)
⑧ 사적인 내용이 첨부되지 않도록 하며 인맥을 요구하는 인사 관계에 분명한 기준을 수립하라
⑨ 업무 관장을 정확히 하고 서로의 책임있는 일을 수행할 수 있도록 하라
⑩ 수시 업무집행에 관한 브레인스토밍 시간을 통해 업무의 공유를 이뤄라

특히, ④번의 문서에 반드시 넣어야 하는 내용은 역할과 지분, 지적재산권에 대한 소유 ,의무사항, 근무기간, 전임근무 및 파트타임 근무 여부와 기간, 소유 주식의 매매 제한, 위반 시 반환 조건과 절차, 회사의 최종 의사결정 방법, 경업금지, 계약의 종료 시점 등에 관한 것이다.

출처 : 전자신문(2014.03.16). "공동 창업자 협약" 기사 재구성(http://www.etnews.com/20140316000015)

10.3 창업기업 자금 조달 방법

대부분 아이디어를 시행하기 위해 준비하는 단계인 창업 초기 단계에서는 자금 조달이 매우 어렵다. 창업가가 고안한 아이디어를 바탕으로 개발 단계에 접어든 창업 아이템에 대해 투자할 사람을 찾는 것은 쉽지 않다. 창업 초기 기업의 투자금 회수의 보장이 확실하지 않고, 성과가 눈에 보이지 않는 단계이기 때문이다.

창업 초기에 부족한 자금을 조달하는 방법은 크게 세 가지로 나눌 수 있다. 개인이 보유한 자금을 활용하는 것, 가족 또는 친구와 같은 지인을 통한 자금조달, 그리고 정부정책자금 및 금융시장을 통한 방법이 있다. 이러한 자금 조달 유형에는 항상 장점과 더불어 단점도 함께 수반되기 때문에 현재의 상황을 잘 파악하고 검토한 후, 자금조달 방법을 선택하여 실행하는 것이 중요하다.

표 10-2 창업자금 출처(복수 응답)

구분	비율(%)	구분	비율(%)
본인 자금	26.4	주식 발행	4.8
정부 · 공공자금	16.4	제2 금융권	4.5
제1 금융권	11.1	기관(증권사) 투자	3.6
엔젤투자	10.5	사채	2.3
벤처캐피탈	8.5	기타	4
기업투자	7.9		

출처 : 미래글로벌창업지원센터

1) 개인자본 및 지인을 통한 자금 조달

창업가가 소유하고 있는 재산으로 창업 자금을 조달하는 것이 자기자본 창업이다. 자기 소유 자본으로 창업을 한 경우 외부로부터 자금을 조달해야 하는 경우와 비교하여 몇 가지 장점이 있다. 무엇보다, 이자 부담과 원리금 상환에 대한 부담이 없기 때문에 사업을 안정적으로 운영할 수 있는 이점이 생길 수 있다. 이러한 환경이 조성되면 창업가는 사업에 전력투구를 할 수 있게 되고, 지출에 있어 신중을 기하게 된다. 그러나 실제로 창업가의 자기 자본만으로는 창업자금 전체를 조달하는 것이 쉽지 않은 것이 현실이며, 자금 사용이 제한적이어서 사업 성장률이 감소할 수 있는 단점을 가지고 있다.

개인자본에는 재무적인 개인자본도 있지만, 창업자의 노력과 시간도 개인자본에 속한다고 할 수 있다. 창업가가 아이템을 개발하고 발전시키는 과정에 투여되는 시간과 창업가의 노력은 돈으로 계산하기 어려운 것이지만, 이러한 것들이 창업 기업의 재무적 성과로 이어질 수 있도록 하는 요소라고 할 수 있다. 대부분의 성공한 창업가들을 살펴보면 초기에 필요한 최소의 자본을 활용하여 지속적인 노력과 시간을 쏟아 부었음을 알 수 있다. 그렇기 때문에 창업 초기에 창업가가 쏟아 부은 노력과 시간은 그 어떤 재무적인 자본보다 가치 있는 것이라고 할 수 있다.

창업가의 또 다른 주요 자금 조달원은 가족이나 친구 등의 지인이라고 할 수 있다. 그들은 창업가에게 융자를 해주거나 또는 투자를 통해 주식을 매입하기도 한다. 가족이나 친구의 경우 제품이나 서비스보다는 창업가를 보고 투자하는 경우가 많은데 이러한 자금 조달 방법은 공식적인 기관을 통한 자금 조달보다 비용 측면에서 저렴한 장점을 가지고 있다. 하지만 가족 및 지인을 통한 자금 조달은 창업초기 기업이 필요한 자금의 규모에 턱없이 모자란 경우가 대부분이다. 또한 창업 초기 기업은 위험성이 매우 높기 때문에 많은 자금을 가족 및 지인을 통해 조달할 경우 가족 전체가 금전적인 어려움에 빠질 수 있다는 것을 유의하여 투자 금액을 결정하도록 해야 한다.

2) 정책자금을 통한 자금 조달

정책자금은 추후 자금 상환 유무에 따라 창업에 필요한 자금을 무상으로 지원하는 방식과 이자가 낮은 저리로 대출해 주는 2가지 형태로 구분할 수 있다. 무상 자금 지원은 일반적으로 2천만 원~5천만 원 정도의 자금을 엄격한 심사를 통해 선발된 기업을 대상으로 지원하는 방식이다. 무상으로 자금을 지원하는 사업은 사업 시기가 일정치 않고, 몇 단계에 걸친 심사도 병행되기 때문에 최종 자금지원 대상 기업으로 선정되는 것이 쉽진 않지만, 추후 자금 상환에 대한 부담이 없어 초기 창업 기업에게는 큰 도움이 될 수 있기 때문에 기업의 사업과 연관된 분야라면 적극적으로 참여해 볼 필요가 있다. 정부 정책자금을 활용하여 창업에 도전하고자 한다면 '한국사회적기업진흥원', '창업진흥원' 등의 홈페이지를 통해서 다양한 정보를 얻을 수 있다.

표 10-3 정책자금의 세부 유형

구분	내용
보조	–판로, 마케팅, 컨설팅, 인력 확보 등 다양한 서비스 지원 –코트라, 고용노동부, 중소기업청 등
출연	–회수하지 않는 자금으로 담보, 보증, 이자가 없음 –R&D 개발 지원금
보증	–기업의 낮은 신용도를 보완하는 목적으로 보증서를 통해 은행 대출가능 –신용보증기금, 기술보증기금
융자	–시중 은행보다 저렴한 금리로 대출 –중소기업진흥공단의 정책자금, 지방자치단체 지원금, 국책은행 지원금

이자가 낮은 저리 대출 방식은 보통 신용보증기금이나 기술보증기금에서 일정한 평가 후 보증서를 발급받아 시중에 있는 금융기관을 통해 자금을 조달하는 방식으로 지원되는 자금의 규모는 몇 천만 원~몇 억 원 정도로 사업의 규모나 내용에 따라 편차가 있다. 대출에 대한 이자는 정부에서 일정 부분 지원을 해 주기 때문에 시중 금융기관의 대출 금리와 비교하면 상당히 저렴한 편에 속한다. 한 가지 꼭 기억해야 할 점은, 이자가 낮긴 해도 이것도 대출이라는 것이다. 정부에서 지원해 주는 것은 원금이 아니라 이자 부분이기 때문에 낭비되는 자금이 발생하지 않도록 조달된 자금을 어느 분야에 어떻게 사용할 것인지 꼼꼼하게 계획을 수립하여 자금을 집행하여야 한다.

10.4 성장단계별 정책자금 활용 방안

중소기업청과 미래창조과학부에서는 매년 1조원 이상의 예산을 창업자 및 1인 창조기업과 중소벤처기업을 위해 지원하고 있는데, 창업가들에게는 '창업지원금', 중소벤처기업들에게는 '기술개발지원금(R&D 지원금)' 이라고 구분하여 지원하고 있다. 이렇게 지원되는 자금은 창업기업의 성장단계별(창업 준비 및 실행단계, 성장단계, 성숙 및 회수 단계)로 적절하게 활용할 수 있기 때문에 매년 연초에 일괄적으로 공고되는 지원 사업을 주의 깊게 살펴보아야 한다.

소셜벤처 창업 기업들도 이러한 정책 자금 지원 사업 참여를 통해 창업에 필요한 자금을 조달할 수 있으며, 앞서 언급한 정책자금 이외에도 정부, 공공기관, 기업, 민간 재단과의 협력을 통해 소셜벤처를 지향하는 창업 기업들만 참여하여 활용할 수 있는 자금과 지원 사업들이 있기 때문에 창업 초기에는 이 부분을 더욱 눈여겨 살펴본다면 자금 조달에 도움이 될 수 있을 것이다.

소셜벤처 창업 준비 및 실행단계에서 참여 가능한 지원 사업은 소셜벤처경연대회, 사회적기업가육성사업, H-온드림 오디션, 세상 임팩트투자 공모전, 아시아소셜벤처경진대회, 모태펀드, LG Social Fund 등의 사업이 있으며 자세한 내용은 [표 10-4]와 같다.

표 10-4 소셜벤처 창업 준비 및 실행단계 지원 사업

구분	구분
	- (개요) 창의적이고 도전적인 정신으로 사회문제의 솔루션을 제공하는 소셜벤처를 발굴하기 위한 아이디어 경진대회, 창업/솔루션/글로벌/청소년 분야로 구분하여 = 운영 - (지원내용) 총 상금 2억 원, 창업부문 입상자의 경우 차년도 사회적기업가 육성사업 우선 선발권 부여 - (사업시기) 매년 5월 전후 공고하여, 10월 전후 최종 수상자 결정
	- (개요) 혁신적인 사회적기업 창업 아이디어를 가지고 사회문제를 해결하는 사회적기업가를 발굴 · 육성하여 사회적기업 창업 아이템의 사업화를 지원하는 사업 - (지원내용) 사업비(1천만 원~5천만 원까지 차등 지원), 창업 공간, 멘토링 제공, 교육 프로그램, 자원 연계 및 사후관리 지원 - (사업시기) 매년 1월 전후 공고하여, 2월 중 최종 창업팀 선정
	- (개요) SK 행복나눔재단이 소셜벤처(사회적기업)의 지속가능한 성장을 위해 임팩트 투자 대상을 발굴하는 사업, Start-up과 성장기 분야로 구분하여 운영 - (지원규모) 시드머니로 최대 2000만원 지원 후, IR 캠프 등 엑셀러레이팅 프로그램을 운영하여 투자평가 후 추가 투자 여부 결정

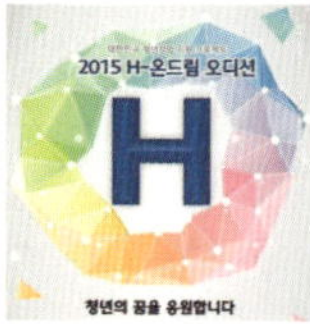

- (개요) 현대차정몽구재단에서 시행하는 사회적기업가 육성사업 창업팀을 대상으로 성공 창업과 지속 가능한 성장을 위한 지원 사업, 인큐베이팅 그룹과 디벨로핑그룹으로 구분하여 운영
- (지원내용) 인큐베이팅 그룹 5천만 원~1억 원, 디벨로핑그룹 1천만 원~2천만 원 지원, 심화멘토링 및 교육프로그램 제공
- (사업시기) 매년 2월 전후 공고하여, 1차 업종별 심사/2차 심층심사/3차 전국대회를 통해 지원팀 선발

2015-16 LG SF START-UP GROWTH EDUCATION SUSTAINABLE INNOVATION SOCIAL FUND
LG Social Fund Festival

- (개요) LG전자 및 LG화학에서 시행하는 친환경 분야의 사회적 경제 조직을 발굴, 육성, 동반성장 할 수 있도록 지원, Starting 그룹과 Growing 그룹으로 구분하여 운영
- (지원대상) 소셜벤처, (예비)사회적기업, (사회적)협동조합, 자활기업 등
- (지원내용) Starting 그룹 최대 5천만원, Growing 그룹 최대 1억 원(무이자 대출)

- (개요) KDB 대우증권이 사회적 경제 조직의 역량강화를 목적으로 CSR 사업 파트너를 모집하여 지원하는 사업
- (지원대상) 소셜벤처, (예비)사회적기업, (사회적)협동조합, 자활기업 등
- (공모분야) 다문화사업, 글로벌 사회공헌사업, 저소득 청소년 교육지원
- (지원규모) 기업당 최대 3500만원 지원

KVIC 한국벤처투자(주) Korea Venture Investment Corp

- (개요) 모태펀드를 통해 사회적기업 투자펀드를 조성하여 자본력과 담보력이 약한 사회적기업이 민간자본 시장의 투자를 통하여 R&D, 시설비 등 초기자금을 조달받을 수 있는 기반을 조성하기 위한 사업
- (펀드 규모) 1호 투자조합 42억 원, 2호 투자조합 40억 원, 3호 투자조합 60억원, 4호 투자조합 40억 원 규모로 조성
- (투자대상) 조성총액 중 60% 소셜벤처 및 (예비)사회적기업/조성총액 중 40% 일자리 창출 등 사회공헌도가 높은 중소기업

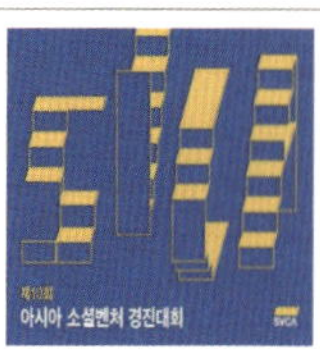

- (개요)아시아소셜벤처경진대회는 소셜벤처의 아이디어가 창출하는 소셜임팩트를 정량화하고 확장 가능한 모델로 발전시키는 것을 지원, 본 대회의 수상자는 GSVC(Global Social Venture Competition) 진출 자격 부여
- (지원내용) 글로벌 경쟁부문 입상자에게 상금 및 GSVC 대회 경비 · 왕복항공료 지원 (최대 2인)

읽어 보기

SK 행복나눔재단을 아시나요??

(이미지 출처: SK행복나눔재단)

SK행복나눔재단은 창의적이고 지속가능한 사업 모델을 개발 · 확산하는 사회공헌 전문재단을 비전으로 나눔의 방법을 혁신한다.

행복나눔재단은 SK그룹의 사회공헌 전문조직으로 취약계층의 삶의 질 향상을 위해 2006년 설립되었다. '지속 가능한 행복'을 추구하는 SK 경영 철학을 바탕으로 지속가능하고 혁신적인 나눔의 모델을 발굴하고 육성할 뿐 아니라 사회 전체로 확산 될 수 있도록 나눔의 생태계를 넓혀가고 있다. 이를 위해 일회성의 금전적 · 물질적 지원보다는 삶의 기반을 만들 수 있는 여건을 마련하는 것이 사회문제 해결의 근본적인 방법이라고 판단하고, 사회적 가치와 경제적 가치를 동시에 추구하는 소셜벤처 및 사회적 기업을 통해 사회공헌의 패러다임을 새롭게 바꾸는 비전을 이뤄나가고 있다.

행복나눔재단은 사회적 기업 설립 및 지원, 사회적 기업 생태계 활성화, 연구 · 지식 인프라 구축을 통해 사회적 기업을 위한 디딤돌이자 동반자의 역할을 해 나가고 있다. 사회적 기업 생태계 활성화의 일환으로 사회적 기업 성장단계에 따른 '발굴–육성–투자' 플랫폼을 구축하고, 사회적기업이 경제적 가치와 사회적 가치를 균형 있게 추구하여 성장 · 자립할 수 있도록 효과적으로 지원하고 있다.

인큐베이팅

발굴된 사회적 기업 및 소셜벤처의 지속 가능한 성장을 위해 성장 단계에 맞는 인큐베이팅(육성)을 지원합니다.

투자 전후 과정에서 우수한 멘토, 컨설팅사와의 연계 및 SK 그룹이 보유한 비즈니스 노하우를 기반으로 기업별 맞춤형 육성 프로그램을 제공합니다.

KAIST 사회적기업가 MBA

출처 : SK행복나눔 홈페이지(http://www.skhappiness.org)

소셜벤처의 성장 및 성숙단계에서 참여 가능한 사업으로는 임팩트투자, 소셜벤처캐피탈, 사회적기업 나눔보증, 서울시 혁신형 사업, 서울시 사회투자기금, 미소금융, 함께일하는재단 대출사업, 현대백화점그룹 PASSIONISTA 지원 프로젝트, 한국수출입은행 지원사업, 국민체육진흥공단 스포츠 사회적기업 육성사업 등의 사업이 있으며 자세한 내용은 [표 10–5]와 같다.

표 10-5 소셜벤처 창업초기 성장단계 지원 사업

구분	구분
SK 행복나눔재단	– (개요) 임팩트 투자는 SK 행복나눔재단에서 현재 사업을 하고 있는 소셜벤처 및 사회적기업의 다음 단계 성장을 지원하기 위한 투자로, 기업의 재무적 가치와 사회적 가치를 평가하여 투자하는 인내자본(Patient Capital) – (지원규모) 기업별 평가를 통한 자금 지원/2013년~2015.4월까지 총 20억 원 투자 – (심사과정) 인터뷰, 사업계획서 평가, 재무자료 분석, 현장실사 등
Social Venture Capital	– (개요) 소셜벤처캐피탈은 장래성은 있으나 자본과 경영기반이 취약한 초기 단계의 소셜벤처 지원을 통해 리스크를 공동 부담하고, 자금 · 경영관리 등의 서비스 지원 – (지원규모) 기업별 평가를 통한 자금 지원, 크레비스파트너스/D3쥬빌리/sopoong/mysc/행복나눔재단 등에서 사업 시행
KOREA SOCIAL INVESTMENT	– (개요) 사회투자기금은 서울지역에 위치한 사회적 경제 조직(소셜벤처, 사회적기업, 협동조합, 마을기업, 자활기업 등)을 대상으로 소셜하우징 및 중간지원기관을 활용하여 자금 지원(대출) – (지원규모) 소셜하우징 총 60억 원, 사회적 경제 조직 융자사업 총 45억원, 중간지원조직 융자사업 총 30억 원 규모 사업 운영
미소금융중앙재단 SMILE MICROCREDIT BANK	– (개요) 미소금융은 휴면예금을 활용하여 취약계층 일자리 제공 및 사회서비스를 제공하는 (예비)사회적기업 및 사회적협동조합을 대상으로 시설 및 운영자금 지원(대출) – (지원규모) 업체별 최대 1억 원/이자율 3%~4%/5년간 원리금균등분할상환
KODIT 신용보증기금	– (지원대상) 인증 사회적기업 및 (예비)사회적기업 – (지원규모) 시설자금 및 운전자금으로 최대 1억 원 보증 – (지원조건) 보증료 0.5%/보증비율 100%
서울특별시	– (개요) 서울시 혁신형 사업은 서울지역에 위치한 사회적 경제 조직 중 사회문제 해결을 위한 실질적인 모델을 제시하는 지정 공모 분야 모델 집중 발굴 및 육성 – (지원대상) 소셜벤처, (예비)사회적기업, 사회적기업 컨소시엄 – (지원내용) 기업별 최대 1억 원(컨소시엄 구성 시 최대 2억 원)
WT 함께일하는재단 Work Together Foundation	– (개요) 함께일하는재단에서 시설투자 및 운영 등에 필요한 자금을 저리로 융자하여 (예비)사회적기업의 성장과 발전 지원 – (지원대상) 영업활동 3년 이상 인증 사회적기업 – (지원규모) 기업당 최대 1억 원 – (지원조건) 1년 거치, 3년 원리금균등분할상환/이자율 2.5%
H HYUNDAI DEPARTMENT STORE	– (개요) 현대백화점 그룹에서 사회적 기여도가 높고 성장 가능성이 있는 유망한 사회적기업을 대상으로 자립기반 조성을 위한 종합 지원 프로그램 제공 – (지원대상) 사회적기업가 육성사업 참여 창업팀, 인증 사회적기업 – (지원내용) 최대 3년간 재정지원, 경영자문, 판로개척 지원
한국수출입은행	– (개요) 한국수출입은행에서 특수 취약계층, 개도국 자립발전지원 관련 사업을 진행하는 (예비)사회적기업을 대상으로 시설자금 지원 – (지원대상) 다문화, 북한이탈주민 일자리 창출, 공정무역 및 공정여행 등을 주요 사업으로 수행하는 (예비)사회적기업 – (지원규모) 기업 당 최대 1천만 원, 경영지원 및 프로보노 서비스 지원
KSPO 국민체육진흥공단	– (개요) 국민체육진흥공단에서 생활체육, 스포츠 저변 확대와 활성화를 위해 희망 ReSTART 프로젝트 사업 운영 – (지원대상) 스포츠 분야 소셜벤처, (예비)사회적기업, 사회적협동조합 – (지원규모) 기업 당 최대 5천만 원, 멘토링 및 프로보노 서비스 지원

KOICA
한국국제협력단

- (개요) 코이카 CTS 사업은 창의적 혁신 기술을 기반으로 하여 개발도상국의 사회 문제 해결에 기여할 수 있는 아이디어를 발굴하여 시제품 제작 및 실용화와 사업화를 지원하는 프로그램
- (지원대상) 예비창업자, 스타트업, 소셜벤처, 사회적기업 등
- (지원내용) 혁신적 아이디어 개발 지원사업 최대 3억 원, 비즈니스모델개발 지원사업 최대 5억 원

읽어 보기

정부 정책자금 및 공모전 참여 시 유의할 점

소셜벤처에 대한 지향을 가지고 창업을 준비해 보면 소셜벤처 발굴 및 지원과 관련된 정부의 정책자금, 기업과 연계한 CSR · CSV 사업 및 다양한 공모전이 있음을 알 수 있다. 본격적인 소셜벤처 창업 준비를 위해 공모전이나 경진대회를 준비할 때 가장 중요한 점은 '소셜미션'에 대한 '자기 확신'이다. 공모전이나 경진대회에 참여하는 수많은 창업팀들이 정말로 본인이 가지고 있는 역량을 활용하여 사회를 변화시키고, 사회 구성원들의 삶의 질을 높이고자 하는지, 그래서 쉽지 않는 길이지만 의지와 인내를 가지고 이 사업을 해내려고 하는지, 아니면 단순히 본인의 스펙을 더 알차게 만들기 위해 참여한 것인지는 소셜미션에 대한 단순한 몇 가지 질문 또는 창업팀이 작성한 한 줄의 소셜미션 선언문만으로도 확인이 가능하다. 그렇기 때문에 사업에 대한 깊은 고민과 준비를 통해 소셜미션에 대한 자기 확신을 갖지 못하면 공모전이나 경진대회에서 좋은 결과를 가져오기는 어렵다.

소셜벤처에 대한 정부의 정책자금, 기업 및 공공기관의 다양한 공모전과 경진대회, 그리고 소셜벤처 인큐베이팅 기관이나, 엑셀러레이터들이 소셜벤처를 주목하고 자본과 다양한 지원을 하는 것은 소셜벤처 창업팀이 가지고 있는 소셜미션의 사회적 영향력(social impact)을 기대하며 현재의 리스크를 감수하면서 미래에 대한 투자를 진행하는 것이다. 그렇기 때문에 소셜벤처 창업가는 사회적 사명감을 가지고 사업에 참여해야 하며, 다양한 지원 사업을 통해 제공되는 자본은 분명한 목적을 가지고 투명하게 집행하여 창업팀이 지향하고 있는 소셜미션을 달성하는데 필요한 Seed Money로서의 역할을 할 수 있도록 해야 한다.

또한, 창업 준비를 위해 처음에 목표로 했던 공모전이나 경진대회에 입상을 하게 되면 창업팀이 가지고 있는 소셜미션이나 비즈니스모델에 대해 대외적으로 가능성이 있다는 평가를 받게 되는 것이기 때문에 또 다른 공모전에 참여할 경우 이전보다 입상할 확률이 더 높아지게 된다. 아직 국내에서는 소셜벤처 창업이 활성화되지 않은 상황이고, 주목할 만한 성공 모델이 많이 등장하지 않았기 때문에 그러한 경향이 더욱 두드러지게 나타나고 있는데, 이때 주의해야 할 점은 준비하고 있는 공모전이 현재 창업팀의 사업 및 운영과 관련하여 반드시 필요한 부분인지를 반드시 고려해 보아야 한다는 것이다. 그렇지 않고, 발표되는 공모전마다 참여하게 되면 자칫 공모전의 상금만을 노리고 참여하게 되면서 사업의 방향성을 잃고 지원금만을 헌팅하는 업체로 전락하는 경우가 발생할 수도 있다. 그리고, 외부 공모전을 준비하다 보면 생각보다 많은 시간과 역량이 투여되기 때문에 소셜벤처 본연의 사업에 소홀하게

되는 경우가 생기기도 한다. 실례로, 인큐베이팅 기간부터 두각을 나타내면서 여러 공모전에 입상하고 언론에 소개되면서 단시간에 급성장한 했던 소셜벤처가 사업의 방향을 잃고 더 성장하지 못하고 주저앉은 사례가 있는데, 이러한 것을 예방하기 위해서 주기적으로 소셜미션과 사업의 방향성에 대해 점검할 수 있는 운영 체계를 가지고 있어야 한다.

마지막으로 나는 왜 이 일을 하려고 하는지, 이 일을 통해서 내가 변화시키고자 하는 것은 무엇인지에 대한 마음가짐을 늘 점검해 보아야 한다. 소셜벤처 창업을 준비하고, 진행하면서 사업에 대해 외부적으로 인정을 받고, 사업 자체도 안정을 찾아가기 시작하면 자기도 모르게 우쭐해지는 마음이 생기기 마련이다. 오히려 사업은 이러한 때에 예상치 못한 위기가 찾아오기 때문에 "성공속에 패망의 인자가 있다"는 말을 기억하면서 조그마한 성공에 도취되어 실패에 빠지는 어리석음을 경험하지 않도록 늘 경계해야 한다.

10.5 투자유치

1) 투자자와의 관계 설정

투자 유치를 위해서는 투자자와의 지속적인 관계 설정, 즉 IR(Investor Relations)이 중요하다. IR 활동은 2가지 관점에서 접근해 볼 수 있다.

첫째, 의무로서의 커뮤니케이션 활동이다. 기업은 지배구조 측면에서 볼 때 주주의 위임을 받아 기업을 경영하는 경영진이 어떻게 기업을 경영하고 있으며, 앞으로 기업을 어떻게 경영해 나갈지를 주주와 함께 공유해 나가는 것이며, 또한 기업은 법인격체로 사회 속에 존재하며 기업과 관계를 맺고 있는 모든 이해관계자와 원활한 커뮤니케이션을 해 나갈 책무가 있다.

둘째, 마케팅 커뮤니케이션이다. IR은 기업의 시장 가치에 영향을 줄 수 있는 모든 정보의 효과적 커뮤니케이션으로 기업 활동에 대한 이해도를 높여 기업을 매력적인 투자 대상으로 부각시키고 기업의 가치가 적정하게 유지되도록 하는 기업 가치 마케팅 활동이라고 할 수 있다.

기업에서 IR 활동이 중요한 이유는 자금 조달의 수월성을 높이고, 경영 투명성 요구의 증대 및 지배 구조의 개선과 기업 가치를 홍보할 수 있기 때문이다. 기업의 커뮤니케이션 활동은 IR과 PR로 구분할 수 있는데, 일반적으로 PR이 IR보다 대상 범위도 넓고 영향력도 크기 때문에 IR을 PR의 한 형태로 보는 견해도 있지만 [표 10-6]에서 보는 바와 같이 IR과 PR은 차이가 존재한다.

표 10-6 IR과 PR의 차이

구분	IR(Investor Relations)	PR(Public Realtions)
대상	주주, 투자자	불특정 다수의 대중
목적	기업 가치의 적정한 평가 투자 매력 어필(appeal)	기업 이미지 제고 제품과 서비스 프로모션(promotion)
내용	가치 견인(나쁜 정보도 포함)	회사의 특징 및 장점
방법	자발적 쌍방향(Push and Pull)	전략적 일방적(Push)
기간	지속적	목적에 따라 특정기간 선택

출처 : 김진수 외, '기술창업론', 2015.

2) 투자유치 방안

(1) 비즈니스 엔젤(Business Angel)

창업 기업은 위험이 높은 기업이다. 연구개발의 제안 및 성과가 획기적인 제품으로 이어져 성공할 수 있는지의 여부가 불확실하기 때문에, 초기 단계에서는 특히 자금 조달이 어렵다. 이런 어려움을 해결해 줄 천사 같은 존재가 바로 비즈니스 엔젤이다. 비즈니스 엔젤(business angel)은 신생 기업의 초기 단계에서 필요한 자금을 지원하고 경영을 지도하여 주는 개인 투자자들을 말한다. 예술 공연의 메카인 뉴욕의 브로드웨이에서 많은 자금이 소요되는 오페라 등의 공연에 천사처럼 나타나 자금을 공급하는 사람들로부터 유래하였다. 벤처캐피탈이 후기 성장 단계의 창업 기업을 중심으로 투자를 한다면, 엔젤은 초기 성장 단계의 창업 기업을 중심으로 투자하기 때문에, 경영자에게 다양한 전문 지식과 노하우를 제공하면서 경영에 대한 참여 비중이 벤처캐피탈보다는 크다고 할 수 있다.

엔젤은 창업 경험이 있는 성공한 은퇴 경영자로서 창업 기업에게 자금, 경영 경험 등을 제공하는 리드엔젤(lead angel)과 법률, 회계, 마케팅 등의 전문 지식을 가지고 지원하는 서포트 엔젤(support angel)로 구분한다. 리드엔젤은 비상근 이사로 창업 기업에 참여하기도 하며 멘토로서의 역할을 수행하기도 한다. 서포트 엔젤은 전문 지식을 통해 자문의 역할을 수행하기도 하고 직접 자금을 투자하기도 한다. 엔젤투자자들이 투자 자금을 회수하는 방법으로는 주식 상장을 통한 수익창출, 상장 전 지분 양도, M&A 등의 방법이 있다.

국내에서는 (사)한국엔젤투자협회가 엔젤투자자와 엔젤투자 유치를 희망하는 기업을 연결시켜 주는 것을 목적으로 엔젤투자자 실무교육, 엔젤투자지원센터, 엔젤네트워크, 글로벌시장형 창업 사업화 연구개발 등의 사업을 통해 지원하고 있다. 특히, 엔젤투자마트라는 사업을 통해서 창업 기업에 투자 유치 기회 제공과 엔젤투자자의 기업 발굴 통로 역할을 하고 있고, 이를 통해 벤처캐피탈이 초기 창업 기업을 대상으로 투자할 수 있는 기회를 확대시키고 있다.

(2) 엑셀러레이터

소셜벤처는 비즈니스를 통해 사회적 문제를 해결하면서 '기업의 성장' 도 목표로 가지고 있다. 하지만 필요한 자금을 투자 유치하는 일, 아이템을 개발하고 발전시키는 일, 법률, 세무, 회계 등 기업의 성장을 위해 창업자가 해야 할 일은 너무 많고 쉽지 않은 것이 현실이다. 이렇듯 창업 초기에 슈퍼맨이 되어야 하는 창업가를 도와 기업의 성장을 가속시키는 역할을 하는 것이 바로 엑셀러레이터(Accelerator)이다. 이들은 투자자와 기업간의 네트워크, 외부 인프라 요소들을 결합하여 새로운 유형의 창업 지원 프로그램을 통해 단기간에 집중적으로 초기 창업 기업을 성장시키는 것을 목적으로 하고 있다.

창업 기업의 성장과 창업가를 슈퍼맨이 되도록 도와준 엑셀러레이터는 성장을 도왔다는 보람과 함께 투자 및 멘토링의 대가로 일정 수준의 지분(대부분 10% 내외)을 받게 된다. 이를 통해 추후 지분 매각 시 수익을 창출하여 다음 창업 기업을 도울 수 있는 준비를 하게 된다. 현재 국내에서는 소셜벤처만을 전문적으로 지원하는 엑셀러레이터가 많지는 않지만, 최근에는 행복나눔재단, sopoong, 크레비스파트너스, MYSC, SVP(Social Venture Partners), UnderDogs, Root Impact, 임팩트스퀘어 등과 같은 전문적인 엑셀러레이터가 등장하면서 창업 초기 소셜벤처들의 성장을 지원하는 일을 하고 있다. 또한, 한국사회적기업진흥원의 사회적기업가 육성사업을 운영하고 있는 전국의 20개 내외의 운영기관들도 넓은 의미에서 소셜벤처를 육성하는 엑셀러레이터의 역할을 담당하고 있다고 할 수 있다.

표 10-7 소셜벤처 주요 엑셀러레이터 현황

구분	구분
SK 행복나눔재단	– 행복나눔재단은 '나눔의 방법을 혁신한다'는 가치를 중심으로, '행복을 나누는 도시락'과 '행복한 학교' 등 소셜벤처 인큐베이팅 – 세상 사회적기업 콘테스트는 소셜벤처 검증의 장으로서, 행복나눔재단 인큐베이팅의 핵심 프로그램 – 소셜 임팩트 강화 및 사회적기업/소셜 벤처가 일반 영리기업과의 경쟁에 서도 우위에 설 수 있도록 집중 육성(피칭과 IR 중심) – 기업재단인 만큼, 소셜미션 만큼이나 지속가능성을 중시하여 비즈니스 역량 강화에 초점
sopoong	– sopoong는 투자한 회사만 인큐베이팅하기 때문에, 엄밀히 말하면 소셜벤처 투자회사로 볼 수 있음 – 가급적 초기 단계의 소셜벤처들의 성장지원(초기란, 설립 기준으로 1년 미만으로 '위험을 같이 감수할 수 있는' 기간 의미)에 중점 – 투자 방식은 지분을 소유하는 방식으로 운영. 투자 및 인큐베이팅은 발굴 → 사업계획서 검토 → 투자심의 및 결정 → 인큐베이팅의 총 4단계 운영 – 소셜벤처를 평가하는 지표는, 1) 구체적인 사회적 가치가 있는, 즉 해결하려는 사회적 문제가 구체적인 팀 2) 비교적 사업 초기인 팀 3) 지속가능한 사업계획이 있는 팀, 즉 기부나 후원이 아닌 '사업'을 통해서 살아갈 '기업' 인지의 여부 4) IT나 정보 기술을 잘 활용하는 팀
crevisse	– 크레비스는 임팩트 투자 및 인큐베이팅 회사로 환경, 기부, 문화예술 등 다양한 분야의 혁신적인 소셜 벤처들을 발굴하여 투자하고 육성 – 액셀레러이팅 프로그램은 거리를 두어 지켜보고 멘토링하기 보다는, '우리와 사업을 함께한다'는 생각으로 강한 관여(engage-ment)를 보이며 동등한 관계에서 비즈니스 지향점을 위해 최선의 역량으로 함께 협업 – 인큐베이팅 기업에 관해서는 '이기는 것', '끝까지 하는 것'에 관심을 가지고 가능한 모든 자원을 동원하여 창업팀의 임팩트 부스터 역할

mysc merry year social company	– '사회 양극화 해소를 위한 사회혁신'을 미션으로 하는 MYSC는 사회혁신을 위한 임팩트 투자와 컨설팅 중심으로 운영 – 취약계층이나 배려계층 스스로가 주인의식을 가질 수 있는 포용적 비즈니스 모델(inclusive business model)을 지향 – MYSC의 투자 포트폴리오는 실제 지분 투자가 들어가거나, 그렇지 않으면(임팩트가 있다고 판단되는 전제 하에) 기업이나 일반 투자자들에게 포트폴리오를 세일즈할 수 있도록 투자 포트폴리오에 편입
Social Venture Partners Seoul	– SVP 서울은 비즈니스 사회 분야에서 전문성을 가진 개인이나 기업이 출자금(기부금)을 모아 펀드를 만들어 사회적인 기업(起業)을 지원 – 소셜벤처파트너스 서울은 참여 · 책임 · 예측가능성 · 투명성 등을 원칙으로, 사회 혁신가들의 좋은 의지와 역량을 결집하는 한편, 소셜벤처를 지원하는 전략적이며 가치 지향적인 투자활동 진행 – 투자 협력처인 소셜 벤처의 미션 달성에 기여하는 동시에, 지역과 사회의 혁신에 기여하는 것을 목표로 함
seed:s	– 씨즈는 '소셜벤처의 혁신모델을 만들고 미래를 연구하는' 비영리 사단법인으로 소셜벤처 인큐베이팅의 요람으로 불림 – 공공 영역과 밀접하게 사업을 진행하며 지역사회, 기업, 공공, 학계 등의 다양한 네트워크를 통해 창업팀과 외부와의 연결고리를 만들고 이를 사업 기회로 연계

읽어 보기

임팩트 투자란?

임팩트 투자는 자선과 투자의 중간 영역에서 수익 추구와 더불어 사회에 긍정적인 영향을 미치는 사업이나 기업에 대해 제도권 금융보다 우호적인 조건을 제공하는 장기적 관점의 인내자본(Patient Capital) 투자입니다. 행복나눔재단은 사회적 성과와 연계한 임팩트 투자를 통해 성장잠재력이 높은 사회적 기업이 사회적 가치와 경제적 가치를 균형 있게 추구하며 양적 · 질적인 성장을 이룰 수 있도록 임팩트 투자를 추진하고 있습니다.

임팩트 투자의 목적

건강한 자본 공급으로 사회적 기업의 의미 있는 성장을 견인합니다.

사회적 기업이 규모 확장 등의 성장을 위해서는 자금이 필요합니다. 국내 사회적 기업 생태계에는 사업 지원금, 상금 등 지원 형태의 일시적 자금이 대부분입니다.
행복나눔재단은 임팩트 투자를 통해 사회적 기업 생태계에 건강한 자본을 공급하여 잠재력 있는 사회적 기업의 성장을 촉진합니다.

사회적 기업 생태계의 자본시장 활성화에 앞장섭니다.

사회적 기업 생태계에 자본시장의 활성화를 위해 임팩트 투자를 실행하고 이를 통한 성과가 다시 투자로 이어지는 선순환 구조를 만드는 것이 중요합니다.
행복나눔재단은 임팩트 투자 성공 사례를 확보하여 더 많은 투자자 및 자본이 사회적 기업 생태계로 유입되고, 이를 통한 사회적 경제의 확대에 기여합니다.

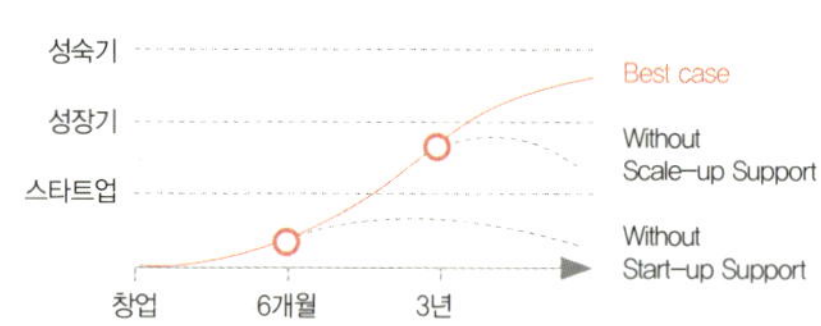

[임팩트 투자를 통한 기업의 성장곡선]

[사회적 자본의 선순환 구조]

투자 프로세스

기업의 성장 가능성과 회수 가능성을 실사 및 평가, 재무 분석, 트자안 협상 등의 단계를 거치게 됩니다.

행복나눔재단에서는 기업의 경제적 가치뿐만 아니라 사회적 가치까지 분석하고, 투자금에 대한 사회적 임팩트를 예측합니다. 이러한 과정은 기업의 성장단계와 준비도에 따라 4개월~6개월 정도 소요됩니다.

투자대상 선정기준

사회적 기업의 역량을 종합적으로 평가하여 투자 후보를 선정합니다.

행복나눔재단의 임팩트 투자대상 기업은 명확한 소셜미션을 바탕으로 사업을 통해 사회를 긍정적으로 변화시켜나가는 기업입니다. 공정한 선정을 위해 기업 경영, 재무, 사회적 가치 평가 등 분야별 전문가가 평가에 참여합니다.

사회적 기업가 정신
- 소셜미션(사회 문제의 명확성, 시급성, 규모 등)
- 대표 및 구성원의 진정성

사회적 가치
- 사회적 가치 창출 수준(과거 3년 성과, 향후 3년 예측)
- 사회적 가치 창출 모델의 혁신성

경제적 가치
- 경영성과 및 성장성(매출, 영업이익 등 과거 3년 성과, 향후 3년 예측)
- 재무구조의 건전성
- 시장 매력도

경영 역량
- 대표 및 구성원의 역량(전문성, 실행력, 소통능력)
- 조직문화

(3) 크라우드 펀딩(Crowd Funding)

크라우드 펀딩(crowd funding)은 '소규모 후원이나 투자 등의 목적으로 웹이나 모바일 네트워크, 특히 소셜네트워크서비스(SNS)를 기반으로 다수의 개인 후원자로부터 자금을 모으는 행위' 를 지칭한다. 이처럼 일종의 크라우드 소싱(crowd sourcing, 기업 활동의 전 과정에 소비자 또는 대중이 참여할 수 있도록 일부를 개방하고 참여자의 기여로 기업 활동 능력이 향상되면 그

수익을 참여자와 공유하는 방법) 형태로 투자금을 모으는 크라우드 펀딩 개념은 이미 수년 전에 등장했었다. 하지만 프로젝트 제안자와 후원자의 원활한 소통을 지원하는 SNS의 활성화 및 후원의 편의성을 향상시킨 디지털 결제 기술의 발전과 더불어 해외의 Kickstarter, Indiegogo와 같은 크라우드 펀딩 서비스 업체가 등장하면서 최근 들어 확산되고 있는 추세이다.

국내에서 소셜벤처들이 주로 활용하고 있는 크라우드 펀딩 플랫폼으로 와디즈(www.wsdiz.kr), 오마이컴퍼니(www.ohmycompany.com), 개미스폰서(www.socialants.org), 텀블벅(www.tumblbug.com) 굿펀딩(www.goodfunding.net), 팝펀딩(www.popfunding.com), 위제너레이션(www.wegeneration.co.kr), 펀듀(www.fundu.co.kr), 인큐젝터(www.incujector.com) 등이 운영되고 있다.

그림 10-2 크라우드 펀딩 운영 구조도

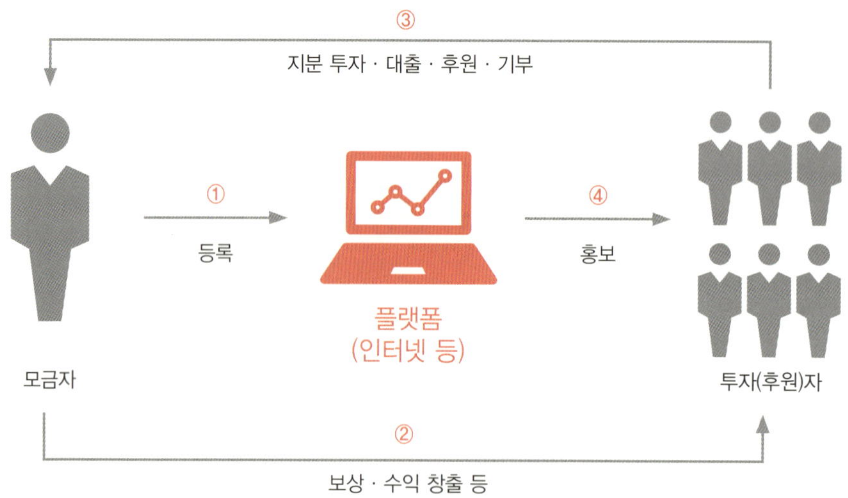

출처 : KB 금융지주경영연구소, '크라우드 펀딩 현황 및 파급효과'

크라우드 펀딩은 프로젝트 제안자가 크라우드 펀딩 플랫폼에 프로젝트를 제안하면 크라우드 펀딩 플랫폼은 프로젝트 매니저와 함께 프로젝트를 기획 및 디자인하고 필요한 경우 컨설팅까지 프로젝트 전반을 설계하는 서비스를 제공받게 된다. 이후, 플랫폼에 게시된 프로젝트는 다수의 후원자와 투자자를 통해 투자를 받게 되고, 펀딩 종료 이후 예정일에 프로젝트 제안자는 '리워드(reward)' 또는 수익을 투자자에게 돌려주게 되며, 수수료는 프로젝트의 성격과 사용하는 플랫폼에 따라 상이하게 책정되어진다.

크라우드 펀딩의 유형은 크게 기부후원형, 보상형, 대출형, 지분투자형으로 분류되며 크라우드 펀딩의 형식은 목표 금액이 채워지지 않으면 투자자에게 자금을 돌려주는 'All or nothing'과 목표 금액이 채워지지 않아도 모아진 금액만큼 제안자에게 전달하는 'Keep it all or flexible' 방식으로 구분되어 운영되고 있다.

여기에서 기부형은 금전 이외의 현물이나 서비스로 보상받을 수 있는 투자방법으로 Kickstarter, Indiegogo와 같은 플랫폼들이 활동하고 있다. 보상형은 소비자가 원하는 제품, 서비스 생산에 참여함으로써 원하는 제품을 가장 먼저 얻을 수 있는 형태이다. 프로슈머(prosumer)의 개념과 유사한데 기업은 소비자의 참여가 이익이 된다고 믿고, 소비자는 생산에 참여함으로써 원하는 제품을 얻을 수 있는 장점이 있다. 대출형은 자금이 필요한 개인이 펀딩 포털을 통해 자신의 재무상태, 자금의 목적과 상환계획 등을 정리하여 등록하면 펀딩 포털은 진위 여부를 확인한 후 등록을 허가하고, 투자자들은 예치된 금액 내에서 신청금의 일부를 역경매 방식으로 투자하는 형태를 말한다. 지분투자형(수익배분형)은 창업 기업의 투자유치 후 안정적으로 성장한 뒤 주가 배당 및 상장 이익 등의 수익을 받는 것을 말한다.

읽어 보기

증권형 크라우드 펀딩 2016년부터 본격 스타트

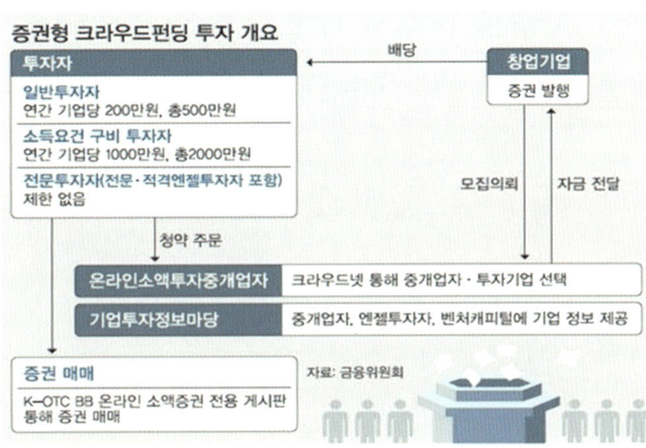

후원 · 기부형 및 대출형 중심으로 운영되고 있는 국내 크라우드 펀딩 시장에 2016년 1월 25일부터 증권형 크라우드 펀딩이 도입되면서 펀딩 중개업에 참가하고 있는 업체들이 고객을 사로잡기 위해 각각의 차별화된 전략으로 승부수를 띄우고 있다. '증권형 크라우드 펀딩'은 온라인 펀딩 포털을 통해 다수의 투자자를 대상으로 자금을 조달하는 제도를 말하는데, 크라우드 펀딩 중개 역할을 하는 온라인 소액투자 중개업자를 신설하고, 크라우드 펀딩으로 증권을 모집할 경우 증권신고서 제출을 면제 받

을 수 있도록 공시규제가 완화되었다. 공시 규제가 선의의 피해자를 막기 위한 장치였던 점을 고려하여 공시규제 완화에 따르는 정보비대칭으로 투자자가 피해를 보지 않도록 하기 위해 발행인의 재무상황, 사업계획서 게재 및 최신화, 발행한도 설정, 발행인의 배상책임, 적극적 청약 권유 금지, 투자 한도 설정 등 투자자 보호를 위한 장치도 마련되었다.

증권형 크라우드 펀딩의 제도화를 가장 기대했던 이들은 신생 창업기업이라고 할 수 있다. 신생 창업기업은 유망한 사업계획이나 아이디어를 가지고 있더라도 성공 여부의 불확실성이 높고 담보자산이 부족하여 전통적인 자본시장에서 자금조달이 쉽지 않았다. 증권형 크라우드 펀딩은 바로 이러한 신생 창업기업들을 지원하기 위해 도입된 제도라고 할 수 있다.

관련 업계에 따르면 고려대학교 명물 '영철버거' 재개업을 위한 크라우드 펀딩을 성공적으로 추진하면서 유명세를 탄 와디즈가 기존 보상형 크라우드 펀딩(투자시 금전을 제외한 현물 등으로 보상)에서 증권형 크라우드 펀딩으로 영역을 넓히기 위해 적극 나서고 있다. 이 회사는 투자 정보 투명성 강화 부문에 가장 역점을 두고 있다. 투자를 받고자 하는 신생기업에 대해서 중개업체가 직접 실사까지 나가야 하는 만큼 회계사나 심사역 등 금융전문인력을 대거 확충했다. 또 신생 기업에 대한 투자 판단에 실질적인 도움을 주기 위해 투자자간 커뮤니티 구축에 공을 들이고 있다. 커뮤니티에는 해당 기업이 투자할 만한 가치가 있는지 판단의 기준을 제시하기 위해 오피니언 리더를 중심으로 한 배심원 제도를 만들었다. 신혜성 와디즈 대표는 "크라우드 펀딩에 참여하는 투자자들은 경제적 이익과 더불어 개인의 관심사에 투자를 하는 특성이 있기 때문에 이들의 집단지성을 활용할 수 있도록 커뮤니티 구축에 신경을 쓰고 있다"고 말했다.

그밖에 증권형 크라우드 펀딩에 참여하고 있는 주요 중개업체들의 특화 전략은 다음과 같다.

기업명	주요 시장 전략
인크	전문 투자자 투자 뒤, 후속 투자 유치하는 '투자자 주도형' 모델 도입
오픈트레이드	KB금융과 협업을 통해 추가 매창 투자 등 연계 서비스 제공
유캔스타트	기업 연구개발 프로젝트 자금 모집 주선 및 문화 컨텐트 적극 발굴
신화웰스펀딩	전문가로 구성된 자문위원회를 통해 기업성장 · 판로개척 자문 제공

출처 : 서울경제신문(2016. 1. 24)."증권형 크라우드펀딩 본격 스타트" 재구성
http://economy.hankooki.com/lpage/industry/201601/e20160124170516142400.htm

(4) 소셜벤처캐피탈리스트

소셜벤처캐피탈은 성장 가능성은 있지만 자본과 경영 기반이 취약하고 금융기관을 통한 자금조달에 어려움을 겪고 있는 창업 초기단계의 소셜벤처에 자본을 투자하여 소셜벤처의 위험을 공

동으로 부담하고, 자금 · 경영관리 등을 종합적으로 지원함으로써 사회적 미션뿐만 아니라 재무적 성과도 함께 달성할 수 있도록 지원하는 역할을 하고 있다. 소셜벤처캐피탈이 의미가 있는 것은 사회투자 시장 분야에 민간의 투자금이 참여할 수 있는 접점이 되기 때문이다.

대표적인 국내 소셜벤처캐피탈에서는 소셜벤처 인큐베이팅 또는 엑셀러레이팅 프로그램을 중심으로 임팩트 인베스트먼트 네트워크(impact investment network)를 형성하고 있고, 소셜벤처의 발굴 · 육성 · 투자에 활발한 협력관계를 구축하고 있다. 대표적인 소셜벤처캐피탈은 아래 [표 10-8]과 같으며, 앞서 설명한 엑셀러레이터 기관에서 소셜벤처캐피탈로서의 역할도 함께 진행하고 있는 경우가 많다.

표 10-8 국내 주요 소셜벤처캐피탈 현황

기관명	투자대상 및 선정과정	지원내용
crevisse	– 투자대상 기업 심사는 매년 상반기와 하반기에 이루어지며 후보 발굴은 심사 3개월 전 홈페이지 공고를 통해 안내 – 사업계획, 임팩트 창출 계획, 재무투자계획 등의 사업계획 자료들과 수차례의 기업가 팀 인터뷰 등을 통해 대상 기업의 사회적 · 재무적 임팩트 평가	– 선정된 기업은 투자방법, 조건, 목표성과 등 구체적인 조건을 협의하며, 6개월~1년 사이의 현실적인 현금흐름을 예측하여 최대 5억 원까지의 투자금액 결정 – 투자위원회 승인을 통한 최종 확정을 하고 투자 계약 후 자금 집행
D3	– D3 쥬빌리는 재무적 수익과 사회적 임팩트를 동시에 추구하는 Action-Oriented 된 임팩트 엔젤투자클럽의 성격을 가지고 있음 – 주목하는 사업 분야는 공유경제, 신재생에너지, 헬스케어 등의 분야임	– D3 쥬빌리는 재무적인 투자 가능성을 측정함과 동시에 기업의 사회적 · 환경적 가치를 측정 – 글로벌 임팩트평가 기관인 BLab과의 파트너십을 통해 투자받은 기업의 임팩트를 평가하고 투자자에게 정보 제공
sopoong	– 사회적 가치, 사업의 수익성 · 대중적 · 확장성 · 혁신성 등을 평가하여 지원	– 회사 설립, 사업계획, 투자, 이사회 참여, 사업 성공을 위한 멘토링
mysc merry year social company	– 사회이슈 연계 비즈니스 모델의 확산성, 대표를 포함한 팀원의 기업가정신 중심으로 선정 – 다양한 네트워크를 통해 투자 의향을 묻고 비즈니스 모델을 소개하는 IR 진행	– 기업과 사회 부문의 중간에서 균형 있는 중재자로 규모 있는 비즈니스 모델을 개발하고, 그러한 모델이 지속가능하도록 전문적인 경영 자문과 임팩트 투자 제공

읽어 보기

KAIST 청년창업투자지주

KAIST 청년창업투자지주'는 최태원 SK그룹 회장이 개인적으로 기부한 100억원을 시드머니로 설립된 소셜벤처캐피탈이라고 할 수 있다. KAIST는 '청년창업투자지주(대표 : 이병태 경영대학 교수)'를 자회사로 창립하여 혁신적인 사업 모델과 사업화 역량을 갖춘 사회적기업가를 발굴하고, 사업화 자금을 지원하는 사업을 진행하고 있다. 주 투자대상은 혁신기술이나 사업모델을 보유한 소셜벤처로 상용화 및 성공 가능성을 따져 투자하게 된다. 기관이나 지자체 인증 여부에 관계없이 사회문제 해결이나 사회 가치를 실현하는 기업이면 어디든 투자할 계획을 가지고 사업이 진행되고 있다.

기존의 지원제도는 대부분 단발성 자금 지원에 그치는데다 행정 편이 중심의 육성 방식이어서 사회적기업의 자생력을 키우는데 한계가 있다는 지적을 받아 왔다. 카이스트청년창업투자지주는 이 같은 문제를 해결하기 위해 지적자산 관리대행 및 특허전략 수립 자문, 종합 경영 진단을 통한 성장 전략 모색, 회계 · 법률 · 인사 · 마케팅 등 경영 활동 전 분야에 걸친 인큐베이팅 서비스 등을 제공하고 있다.

2015년 초에는 에이컴퍼니, 리아프, 터치포굿, 자락당, 연금술사 등 5개의 소셜벤처를 첫 투자대상으로 선정해 투자를 진행했다. 투자 대상 기업 가운데 연금술사를 제외한 에이컴퍼니 등 4개 기업이 SK그룹이 2012년 KAIST와 개설한 '사회적기업가 MBA 1기' 졸업생으로 소셜벤처를 창업하기 위한 사전 교육과 실전 창업, 그리고 창업에 필요한 자본이 유기적으로 연계된 모범 사례라고 할 수 있다. 또한, KAIST 청년창업투자지주는 중소기업청의 신기술창업투자회사 및 TIPS 운영사로 등록되어 사업의 영역을 넓혀가고 있다.

10.6 소셜벤처 재무관리

1) 재무관리의 필요성

재무관리는 기업이 필요로 하는 자금을 합리적으로 조달하고 조달된 자금을 효율적으로 경영하는 관리 기능으로 궁극적인 목표는 기업의 가치를 극대화하는 것이다. 따라서 재무관리에서는 투자결정, 자본조달결정, 배당결정 등의 재무활동과 아울러 이러한 의사결정에 필요한 기초적인 정보를 제공하는 재무분석, 재무예측, 재무계획 및 통제기능 등이 필요하다. 이러한 종합적인 활동을 하지 못한다면 무리한 차입에 의한 부채비율 증가, 과소투자 또는 과잉투자로 인한 투자 수익의 감소, 운영자금 부족 등의 문제로 인해 창업이 실패로 이어지게 될 가능성이 높아지게 된다. 그러나 소셜벤처를 비롯한 창업 초기 기업들은 재무분석의 중요성을 인식하지 못하거나 경시하는 경향이 있는데 주요 원인은 다음과 같다.

- ◆ 소셜벤처 및 창업 초기 기업의 경영자는 분석적 방법보다는 경험과 직관으로 업무 처리를 하는 경향
- ◆ 기업의 규모가 작은 경우에 생산, 판매 등 기업 경영과 직접 관련되어 있는 분야에 중점을 두고 재무, 인사 등 간접적인 부분은 경시하는 경향
- ◆ 단기적인 자본의 조달과 운용에 중점을 두지만 이러한 단기적 의사결정의 기초가 되는 정보를 제공하는 재무분석의 업무는 간과하는 경향
- ◆ 재무분석을 위해서는 이와 관련된 회계 정보, 특히 재무제표가 구비되어야 하나 소셜벤처 및 창업 초기 기업의 경우 회계 제도의 정비가 충실하지 못한 경향
- ◆ 재무분석을 수행할 수 있는 전문적 지식을 갖춘 인력이 확보되지 못함

소셜벤처 및 창업 초기 기업들이 사업의 경쟁력을 확보하기 위해서는 기술과 연구개발 뿐만 아니라 재무관리에 대한 이해가 필요하며 사업의 규모가 아직은 작다 하더라도 재무 기능을 포함한 여러 기능부문에서 관리의 중요성을 인식하고 실제 업무로 연결시켜야 창업가가 현실적으로 기업을 운영할 수 있게 된다.

2) 재무계획 단계 및 재무제표

대학을 졸업하고 취업을 하게 되면 가장 먼저 해야 할 일이 바로 경제 계획을 세우는 일이다.

한 달에 들어오는 수입이 얼마이며, 고정적으로 나가는 비용과 저축할 금액 등을 고려하여 계획을 세워야 한다. 한 달 단위의 단기적인 계획이 세워졌다면, 분기 또는 1년 등의 중기적인 계획도 세워야 하며, 3년, 5년, 10년과 같이 장기적인 계획도 세워야 한다. 개인과 마찬가지로 기업도 목표를 이루기 위해서는 단기, 장기 계획을 세워 자금을 집행하여야 한다. 자금 계획을 세울 때는 [그림 10-3]과 같은 순서로 한다.

그림 10-3 재무계획의 단계

목표설정 ▶ 조건예측 ▶ 예산편성 ▶ 예산집행 ▶ 평가

재무계획이란, 기업의 단기 및 장기 계획을 완성하는데 필요한 자금의 조달, 자금의 지출에 대한 통제 및 지출로 얻어진 결과에 대한 평가 등에 관하여 결정하는 것을 말한다. 재무계획은 재무관리를 위한 첫 출발점으로 재무계획을 바탕으로 기업의 재무활동 집행을 통제하기 때문에 매우 중요하다고 할 수 있다. 특히, 창업 초기의 기업에게는 기업 성장의 목표를 이루기 위해 어렵게 조달한 자금을 효과적으로 잘 사용해야 하기 때문에 이를 위한 철저한 계획이 필요하다.

재무제표는 기업을 둘러싼 다양한 이해관계자들에게 의사결정에 도움이 되는 정보를 제공해주는 역할을 수행한다. 기업을 둘러싼 이해관계자로는 고객, 공급자, 종업원, 투자자, 정부 등이 있으며 각각의 필요성에 의하여 give&take를 통해서 거래를 하게 된다. 이때 공급자는 납품한 원재료 값을 제대로 받을 수 있을 것인지, 종업원은 급여를 제때 받을 수 있을 것인지, 투자자들은 이 기업에 투자를 해도 되는 것인지, 투자는 한다면 몇 %의 이자를 받아야 하며, 한 주당 얼마에 투자해야 할 것인가 등이 궁금할 것이다. 기업을 둘러싼 다양한 이해관계자들의 의사결정에 도움을 주는 재무제표 중 창업가가 반드시 알고 있어야 하는 것으로는 재무상태표, 손익계산서, 현금흐름표가 있다.

표 10-9 재무제표의 구성

재무상태표	일정시점 / 재무상태	자산, 부채, 자본으로 구성
손익계산서	일정기간 / 재무성과	수익과 비용으로 구성
자본변동표	일정기간 / 자본변동	자본금 및 이익잉여금 등의 자본변동
현금흐름표	일정기간 / 현금흐름	영업 · 투자 · 재무활동 현금흐름
이익잉여금 처분계산서	이익의 처분	사내 유보, 배당

3) 재무상태표

재무상태표는 일정시점에서 기업의 자산, 부채, 자본의 규모를 보여주는 보고서이다. 재무상

태표는 창업을 한 후 기업의 재무상태를 '자금의 운영' 측면인 자산과 '자금의 조달' 측면인 부채와 자본으로 구분하여 볼 수 있다. 자산은 크게 유동자산과 비유동자산으로 나뉘는데, 유동자산은 보유한 자산을 1년 이내에 현금화 할 수 있는 자산을 의미한다. 반대로 비유동자산은 1년 이내에 현금화 할 수 없는 자산을 의미한다. 창업 기업의 입장에서 자산은 매년 많아질수록 성장하고 있다는 증거가 되긴 하지만, 어떤 업종에서 사업을 하는지에 따라서 어떤 자산의 규모가 늘어야 하는지가 달라진다.

부채는 외부에서 자금을 얼마나 조달했는지에 대해 알려주는 항목이다. 자산과 마찬가지로 1년을 기준으로 유동부채와 비유동부채로 나눌 수 있다. 유동부채 총계가 많을수록 1년 내에 갚아야 할 부채가 많다는 의미인데, 이 항목과 함께 유동자산의 규모를 같이 비교해 보아야 한다. 1년 내에 돌아오는 부채보다 유동자산이 많다면 기업 운영에 있어 위험은 그만큼 줄어든다는 의미이기 때문이다.

재무상태표에서 자본은 기업을 운영하면서 발생하는 이익을 의미하는 지표이다. 창업 후 일정기간동안 얼마만큼 이익을 냈는지를 나타내는 항목이기 때문에 부채총계보다 많아야 한다. 특히, 이익잉여금은 기업이 매년 벌어들이는 수익에서 지출해야 할 모든 비용과 배당을 마치고 난 후의 자금이기 때문에 차지하는 비율이 높을수록 기업의 성장가능성은 높다고 할 수 있다.

표 10-10 재무상태표 예시

회사명 : K기업　　　　단위 : 천원

구분	실적		예측		
	2012	2013	2014	2015	2016
유동자산	210,000	231,000	254,100	279,510	307,461
당좌자산	130,000	143,000	157,300	173,030	190,333
재고자산	80,000	88,000	96,800	106,480	117,128
비유동자산	290,000	319,000	350,900	385,990	424,589
투자자산	75,000	82,500	90,750	99,825	109,808
유형자산	190,000	209,000	229,900	252,890	278,179
무형자산	25,000	27,500	30,250	33,275	36,603
자산총계	500,000	550,000	605,000	665,500	732,050
유동부채	155,000	170,500	187,550	206,305	226,936
비유동부채	45,000	49,500	54,450	59,895	65,885
부채총계	200,000	220,000	242,000	266,200	292,820
자본금	210,000	231,000	254,100	279,510	307,461
이익잉여금	90,000	99,000	108,900	119,790	131,769
자본총계	300,000	330,000	363,000	399,300	439,230

4) 손익계산서

재무상태표는 일정시점에서 창업 기업의 재무상태를 나타낸 것이기 때문에 일정기간 동안의 이익에 대한 정보나, 올해의 이익이 내년이나 가까운 장래에도 지속이 가능할지에 대한 판단을 할 수 없다. 따라서 기업이 일정기간 동안 벌어들인 수익과 지출한 비용에 대한 정보를 제공하는 재무제표인 손익계산서가 필요하다. 손익계산서에서 창업가가 중점으로 보아야 할 항목은 매출액, 매출원가, 매출총이익, 영업이익, 당기순이익에 대한 것이다.

표 10-11 손익계산서 예시

회사명 : K기업 단위 : 천원

구분	실적		예측		
	2012	2013	2014	2015	2016
Ⅰ. 매출액	790,000	869,000	955,900	1,051,490	1,156,639
Ⅱ. 매출원가	(600,000)	(660,000)	(726,000)	(798,600)	(878,460)
매출총이익	190,000	209,000	229,900	252,890	278,179
Ⅲ. 판매비와관리비	(110,000)	(121,000)	(133,100)	(146,410)	(161,051)
영업이익	80,000	88,000	96,800	106,480	117,128
Ⅳ. 금융수익	10,000	11,000	12,100	13,310	14,641
Ⅴ. 금융비용	(30,000)	(33,000)	(36,300)	(39,930)	(43,923)
법인세차감전순이익	60,000	66,000	72,600	79,860	87,846
Ⅵ. 법인세	(20,000)	(20,000)	(20,000)	(20,000)	(20,000)
Ⅶ. 당기순이익	40,000	46,000	52,600	59,860	67,846

창업 한 후 기업 매출의 증가 여부를 판단할 수 있는 항목이 바로 매출액이다. 매년 매출액을 놓고 비교해 보면 기업의 매출 증가 또는 감소 추이를 확인할 수 있다. 매출원가는 제품 또는 서비스를 생산하는데 투입한 비용으로 특히 제조업의 경우가 중요하다고 할 수 있다. 매출액에서 매출원가를 뺀 나머지가 매출총이익이 되는데, 제품 또는 서비스를 판매하여 얻은 이익을 나타낸다고 할 수 있다. 매출총이익에서 판매를 위한 각종 비용, 즉 인건비, 판매수수료, 광고선전비 등의 비용을 뺀 나머지가 영업이익으로 기업의 본업에서 생기는 이익이기 때문에 기업의 진정한 가치를 평가할 수 있는 지표라고 할 수 있다. 영업이익에서 영업외로 발생하는 수익과 비용을 더하고 차감한 나머지가 경상이익이며, 경상이익에서 기업을 경영하면서 자금을 빌리거나 투자하는 일, 건물을 임대해주는 재테크 활동 등이 발생하는데 이를 더하고 차감한 금액이 법인세차감전이익이다.

살펴본 내용들은 창업초기에는 크게 중요한 항목은 아닐 수 있지만 기업이 성장해 갈수록 중요해 지는 항목이 바로 당기순이익이다. 이는 기업에서 발생하는 모든 이익과 비용을 계산해서 나온 기업의 최종 이익으로 기업에 투자한 주주가 배당을 받거나 기업에 다시 재투자할 수 있는 자금을 말하는 것이다. 창업 초기의 기업은 당기순이익을 통해 기업 성장을 위한 재투자 자금을 마련할 수 있기 때문에 많은 이익이 생길수록 성과가 뚜렷한 기업이 되는 것이다.

5) 현금흐름표

사람의 신체에 있어 중요한 역할을 하는 것이 바로 혈액으로 신체의 원활한 활동을 위해 장기와 신체 여러 부위에 산소를 전달해 주는 역할을 한다. 기업을 신체에 비유한다면, 혈액과 같이 원활한 경영 활동을 위해 꼭 필요한 것이 바로 현금이다. 원자재를 구입하고, 인건비를 지급하고, 기업 운영에 소요되는 각종 비용을 지급하고, 자본을 확보하는데 사용하는 현금이 기업 전체에 어떻게 흐르고 있는지를 나타내주는 재무제표가 현금흐름표이다.

현금흐름표에서는 재무상태표와 손익계산서에서 알 수 없는 것을 파악할 수 있는데, 바로 현금의 유입과 유출을 알 수 있게 해준다. 특히, 영업활동으로 인한 현금흐름이 부족한 경우에 손익계산서 상에서 영업이익이 많다 하더라도 자산을 매각하거나, 자금을 차입하여 회사를 운영해야 하는 경우가 생길 수 있다. 따라서 기업의 재무제표는 손익계산서, 현금흐름표 및 재무상태표의 항목들을 비교하여 기업의 재무상태를 분석할 수 있어야 한다.

표 10-12 현금흐름표 예시

회사명 : K기업 단위 : 천원

구분	실적		예측		
	2012	2013	2014	2015	2016
Ⅰ.영업활동으로 인한 현금흐름	45,000	54,500	64,950	76,455	89,090
매출로부터의 유입액	600,000	660,000	726,000	798,600	878,460
매입에 대한 유출액	(440,000)	(484,000)	(532,400)	(585,640)	(644,204)
영업비의 지급	(65,000)	(71,500)	(78,650)	(86,515)	(95,167)
이자지급	(30,000)	(30,000)	(30,000)	(30,000)	(30,000)
법인세 지급	(20,000)	(20,000)	(20,000)	(20,000)	(20,000)
Ⅱ.투자활동으로 인한 현금흐름	(80,000)	(88,000)	(96,800)	(106,480)	(117,128)
Ⅲ.재무활동으로 인한 현금흐름	55,000	60,500	66,550	73,205	80,526
Ⅳ.현금의 증가	20,000	22,000	24,200	26,620	29,282
Ⅴ.기초의 현금	40,000	44,000	48,400	53,240	58,564
Ⅵ기말의 현금	60,000	66,000	72,600	79,860	87,846

6) 재무제표의 분석 및 활용

지금까지 재무상태표, 손익계산서, 현금흐름표의 각 항목에 대한 특징과 이것이 의미하는 바를 살펴보았다. 이제는 이들 항목들 간의 관계를 비교하여 산출하는 재무비율을 분석하는 것을 알아보고자 한다. 재무비율 분석은 재무제표를 구성하고 있는 항목을 가지고 계산하고 이를 해당하는 산업의 평균 비율과 비교하여 기업의 재무 상태를 평가하고 미래를 예측하기도 한다.

표 10-13 재무비율의 종류와 주요 측정지표

구분	주요 측정지표	비율 계산식
수익성 비율	매출액 순이익율	순이익/ 매출액
	매출 이익율	(매출액–매출원가) / 매출액
	총자산 순이익율	순이익 / 총자산
	자기자본 순이익율	순이익 / 자기자본
활동성 비율	매출채권 회전율	매출액 / 매출채권
	재고자산 회전율	매출액 / 재고자산
	총자산 회전율	매출액 / 총자산
유동성 비율	유동비율	유동자산 / 유동부채
	당좌비율	당좌자산 / 유동부채
	현금포지션 비율	(현금+시장성유가증권) / 유동부채
안정성 비율	부채비율	부채 / 자기자본
	자기자본비율	자기자본 / 총자산
	이자보상비율	이자외법인세차감전순이익 / 이자비용
성장성 비율	총자산 증가율	(기말총자산–기초총자산) / 기초총자산
	매출액 증가율	(당기매출액–전기매출액) / 전기매출액
	자기자본 증가율	(당기자기자본–전기자기자본) / 전기자기자본

앞서 예시로 들었던 K기업의 재무상태표, 손익계산서의 항목을 사용하여 재무비율 분석의 예를 살펴보자. 다른 재무비율 분석 지표들 가운데 창업 기업이 주요하게 살펴보아야 할 수익성 비율, 유동성 비율, 안정성 비율이며 이 분석을 통해 초기 창업 기업인 K기업의 현재 기업 상태를 확인할 수 있다.

표 10-14 재무비율 분석 예시

회사명 : K기업

비율 분석	실적		예측		
	2012	2013	2014	2015	2016
수익성 비율					
총자산순이익율	8.0%	8.4%	8.7%	9.0%	9.3%
자기자본순이익율	13.3%	13.9%	14.5%	15.0%	15.4%
매출액순이익율	5.1%	5.3%	5.5%	5.7%	5.9%
유동성 비율					
유동비율	1.35	1.35	1.35	1.35	1.35
당좌비율	0.84	0.84	0.84	0.84	0.84
안정성 비율					
부채비율	66.7%	66.7%	66.7%	66.7%	66.7%
자기자본비율	60.0%	60.0%	60.0%	60.0%	60.0%

수익성 비율은 기업 활동의 최종적인 성과를 나타내는 비율이므로 재무제표의 내·외부 사용자들이 가장 많이 사용하고 있다. 위 표에서 제시된 K기업의 경우, 창업 첫 해인 2012년 총자산순이익율이 8.0%, 자기자본이익율이 13.3%, 매출액순이익율이 5.1%로 전반적인 수익성 비율이 좋다고 볼 수 있다. 초기 창업 기업의 경우, 일반 기업에 비해 수익성 비율이 당연히 낮을 수 밖에 없지만 예시된 K기업의 수익성 비율은 5%~13%로 비교적 양호한 수준이라고 할 수 있다.

유동성 비율은 창업 기업이 단기에 상환해야 하는 부채에 대한 상환 능력을 평가하는 지표로 유동비율과 당좌비율로 나타낼 수 있다. 특히, 당좌비율은 유동자산 중에서도 더 현금화하기 쉬운 자산(현금, 유가증권, 예금, 외상매출금)들의 비율을 의미하기 때문에 기업의 단기간 채무상환 능력을 판단하는 중요한 지표로 사용된다. K기업의 경우 유동비율 1.35로 나타나고 있으며, 현금화하기 쉬운 당좌비율은 0.84로 나타나고 있다.

안정성 비율은 기업의 장기 지급능력을 평가하는 지표로써 부채비율과 자기자본비율로 나타낼 수 있다. 보통 부채비율은 100% 이하, 자기자본비율은 50% 이상이면 건전한 기업 상태라 할 수 있는데, K기업의 경우 부채비율이 40% 자기자본비율이 60%로 나타났으므로, 창업 초기 기업의 입장에서 매우 건전한 상태라 할 수 있다.

7) 손익분기점(BEP) 분석

창업가라면 초기 투자한 비용을 회수하는 시점이 언제인지가 궁금할 것이다. 이 시점을 손익분기점이라고 하는데 매출액과 그 매출액을 실현하기 위해 지출된 총비용이 일치하는 시점의 매출액을 의미한다. 손익분기점 분석을 위해서는 기업 매출의 변동에 관계없이 일정하게 발생하는 고정비와 기업 매출의 변동에 비례하여 발생하는 변동비를 구분해야 한다.

고정비는 임대료, 감가상각비, 이자비용, 정규직 인건비와 같이 매출과 상관없이 고정적으로 발생하는 비용이다. 반면, 변동비는 매출액과 변동하여 발생하는 비용으로 원재료비, 포장 및 운반비 등이 대표적이다. 상당수의 비용들은 고정비와 변동비가 혼재되어 있어 실제로 정확하게 분류하기는 어렵다. 이 부분이 손익분기점 분석의 한계이기도 하다. 이러한 어려움에도 불구하고 창업가들은 보다 안정적인 경영 계획의 수립을 위해 최대한 정교하게 손익분기점 분석을 수행하여야 한다. 손익분기점은 다음과 같은 공식에 의해 계산된다.

손익분기점 매출액 = 고정비 / 1-(변동비율)

여기에서 변동비율은 하나의 제품에서 변동비가 차지하는 비중을 의미하며, 변동비를 가격으로 나누어 계산한다. 예를 들어, 자장면 가격은 5,000원이고 고정비는 200만원이고, 하나의 제품의 생산을 위해 투입되는 변동비는 2,000원이라고 가정할 경우, 손익분기점 매출액은 3,333,333원이 된다.

3,333,333 = 2,000,000 / 1-(2,000 / 5,000)

그렇다면 손익분기점을 달성하기 위해서는 월 몇 개를 팔아야 할까? 대략 667개(3,333,333/5,000원)를 팔아야 한다. 자장면 집에서 월 667개를 팔면 이익은 '0' 이지만 667개를 팔지 못하면 손실을 보게 된다. 사업하는 사람들이 종종 '이번 달에는 반드시 얼마를 벌겠다' 와 같은 목표를 세운다. 위에서 제시한 공식을 활용하면 목표 매출액을 계산할 수 있게 된다. 예를 들어, 이번 달에 200만원을 벌기로 목표를 세웠다면 다음의 공식을 활용할 수 있다. 즉, 6,666,667원의 매출을 달성해야 하고, 이를 위해서는 대략 1,333개의 자장면을 팔아야 한다.

손익분기점 매출액 = (고정비+목표이익) / 1-(변동비율)

6,666,667 = (2,000,000+2,000,000) / 1-(2,000/5,000)

10.7 매출과 비용의 추정

1) 매출 추정

창업 기업이 사업에 대한 경제성 분석을 진행할 때 가장 어려운 부분이 매출을 추정하는 것인데, 이는 기존 기업과 달리 창업 기업은 미래의 매출을 추정할만한 과거의 실적이 존재하지 않기 때문이다. 더욱이 기존의 제품과 차별화되는 신제품의 경우에는 더더욱 매출을 추정하기가 더욱 어렵다. 그렇기 때문에 매출 추정에 대한 정답은 없지만 시장환경분석, 비즈니스 모델 및 마케팅 전략을 철저하게 수립하여 사업과 관련된 이해관계자들도 납득할만한 추정치를 제시할 수 있어야 한다. 매출은 price(가격)×quantity(수량)으로 계산하면 되는데, 가격은 마케팅 전략 수립에서 결정된 가격을 가져오며 되지만, 몇 개가 팔릴 것인가에 대한 부분은 예측하기 어렵다. 판매 수량을 추정하기 위해서 전체 시장 규모와 시장 점유율을 추정하고 신규 진입을 고려한 보정계수(일반적으로 추정된 매출액의 70%~90% 적용)를 사용하여 추정하는 것이 일반적이다.

(1) 기존 시장에 진입하는 경우의 판매수량 예측 1

창업가가 생산하고자 하는 제품과 유사한 효용을 제공하는 제품을 생산하는 기업들을 벤치마킹 할 수 있다면 판매 수량 추정은 상대적으로 수월할 수 있다. 그러나 이 경우에도 제품 및 서비스의 특징에 따라 벤치마킹이 어려운 경우가 발생할 수 있다. 시장의 경쟁 업체가 제공하는 제품의 효용과 가격, 그리고 판매 수량을 근거로 활용하면서 자사 제품이 가진 경쟁력을 기반으로 판매 수량을 예측하되, 보수적으로 접근하여 추정되는 매출액의 70%~80% 정도로 산정한다.

생각해 보기 **매출액 추청 01**

우리 기업과 유사한 아이템으로 사업을 하는 기업이 3개 기업이 있다. A기업은 100개를 판매하고, B기업과 C기업은 50개를 판매하고 있다. A기업에 비해서는 디자인이 차별화되어 있고, B와 C기업에 비해서는 일부 가격 경쟁력이 있다고 판단된다. 이 경우 몇 개로 매출을 추정하는 것이 투자자들을 설득할 수 있을 것인가 생각해 보자. 정답이 있는 것은 아니며, 논리적 근거가 중요하다.

(2) 기존 시장에 진입하는 경우의 판매수량 예측 2

전체 시장 규모를 예측하고 시장 점유율을 추정하여 매출액을 추정할 수 있다. 시장 규모는 해당 아이템이 속한 협회 및 정부기관 사이트를 방문해서 자료를 확인해 볼 수 있다. 문제는 시장 점유율을 예측하는 것인데, 가능한 시장 세분화를 통해 목표 시장을 정확히 정의하고 가격 경쟁력과 차별화 전략을 통해 논리적으로 설명되어야 한다. 마찬가지로 보수적으로 접근하여 추정되는 매출액의 70%~80% 정도로 산정한다.

생각해 보기 | **매출액 추정 02**

창업가 A씨는 기존의 제품에 하나의 차별화된 기능을 추가하여 창업을 하고자 한다. 전체 시장규모는 10억 원이고, 경쟁사는 10개 정도의 기업이 있다. 1개 기업이 40%의 점유율을 갖고 있고, 나머지 9개 기업이 대동소이하게 시장 점유율을 나타내고 있다. 이 경우 몇 개로 매출을 추정하는 것이 투자자들을 설득할 수 있을 것인가 생각해 보자. 정답이 있는 것은 아니며, 논리적 근거가 중요하다.

(3) 신규 시장에 진출하는 경우

신규 시장에 진출하는 경우에는 벤치마킹 할 경쟁사도 없고, 시장 규모도 파악이 어렵기 때문에 매출을 추정하기는 더욱 어렵다. 설문 조사를 통해 우리 기업이 제공하는 제품의 정확한 효용과 가격을 명시하고 제품을 구매하겠는가에 대한 의사를 파악해 보는 것도 매출 추정에 도움이 될 수 있다. 이 부분은 상당히 전문적인 스킬이 요구되는 분야이기 때문에 세밀한 작업이 필요하며, 가능하다면 전문기관에 의뢰하는 것도 하나의 방법이 될 수 있다. 마찬가지로 우리 기업의 주장이 설득력을 얻기 위해서는 목표 시장을 최대한 세분화하는 것이 필요하다.

생각해 보기 | **매출액 추정 03**

우리 기업은 기존이 제품과 전혀 다른 신제품을 개발하여 창업을 하고자 한다. 전문기관에 의뢰한 결과, 목표고객(서울, 30대 남성, 미결혼자, 자동차 보유, 연소득 5000만 원 이상)을 대상으로 설문조사를 한 결과 응답자의 10%가 적극 구매로, 15%가 구매의사가 있다고 응답하였다. 이 경우, 몇 개로 매출을 추정하는 것이 투자자들을 설득할 수 있을 것인가 생각해 보자. 정답이 있는 것은 아니며, 논리적 근거가 중요하다.

2) 비용 추정

매출 추정의 어려움에 비하면 비용 추정은 상대적으로 용이하다. 비용 추정은 반드시 사업계획서의 내용을 바탕으로 추정되어야 한다. 예를 들어, 매출원가는 생산전략에 따라, 광고비는 마케팅 전략에 따라, 인건비는 인사 · 조직 전략에 따라, 감가상각비는 투자계획 등에 근거하여 구체적인 수치로 도출되어야 한다.

(1) 매출원가

매출원가는 매출을 발생시키기 위해 제품 생산에 직접적으로 투입되는 원재료 또는 상품 가격과 부대비용을 의미한다. 매출원가는 변동비의 성격을 갖고 있기 때문에 기업 매출액의 일정 비율로 나타낼 수 있다. 예를 들어, 첫해년도 매출이 1억이고 매출원가가 6,000만원이라면 매출원가는 60%로, 2차년도 매출이 1억2천만 원으로 추정되면 매출원가는 1억2천만 원×60%인 7,200만원으로 산출할 수 있다.

(2) 인건비

제조업의 경우, 제품 생산에 투입되는 인력에 대한 급여는 매출원가에서 산정되지만, 상품을 판매하거나 서비스를 제공하는 등의 업종은 인건비가 판매비와 관리비 항목에서 산정되어진다. 또한, 세부적으로 각종 수당, 복리후생비, 퇴직급여충당금 등 다양한 항목이 존재하지만 인건비 항목으로 묶어서 산정하는 것이 편리하다. 인건비는 사업계획서의 인사·조직 전략에 의해 계산되며 2차년도 이후의 인건비는 해당 업종의 과거 3개년 평균 임금 상승률을 고려하여 산정하는 것이 일반적이다. 여기서 많은 창업가들이 실수하는 부분이 본인의 인건비를 비용으로 인식하지 않는 실수를 범하는데, 본인의 인건비도 반드시 포함하여 산정하여야 한다.

(3) 기타비용

기타비용으로 주요하게 고려해야 하는 것이 지급 임대료, 지급 이자, 감가상각비 등이다. 사업장 임차에 따라 지급되는 임대료도 정교한 계산이 필요하며, 2차년도 이후에는 상승분을 고려하는 것이 필요하다. 지급 이자는 자금 조달 원천 중 부채금액에 차입비용(이자율)을 곱해서 계산한다. 예를 들어, 5,000만원을 은행에서 3%로 대출한 경우는 150만원이 해당연도의 이자비용이 된다.

감가상각비는 자산으로 기재되는 항목에 대해 현재 나간 현금의 유출에 상관없이, 앞으로 해당 재화의 사용 기간 동안 그 비용을 나누어 산정하는 것을 말한다. 감가상각비는 회계 기준에 따라 내용연수라는 것이 있어 그 기간 동안 회사가 선택한 방식에 따라 감가상각 하지만, 창업기업은 추정손익계산서 작성기간 동안 일정 금액을 배분해도 무방하다. 예를 들어, 1억 원짜리 기계를 구입하고 기계의 내용연수가 5년 이라고 가정할 경우, 매년 2,000만원씩 감가상각비를 책정하면 된다.

3) 추정 손익계산서

추정 손익계산서란, 창업을 시작하는 경우 예상되는 미래의 손익계산서를 작성하는 것이다. 사업계획서를 통해 매출과 비용에 대한 추정이 이뤄졌다면, 추정 손익계산서의 작성은 상대적으로 쉬운 일이다. 다음의 예를 통해 주어진 자료를 바탕으로 추정 손익계산서를 작성해 보는 연습을 해보자.

창업 프로젝트 X

당신은 컬러 인쇄가 가능한 저가형 3D 프린터를 개발하여 창업을 계획 중에 있다.

- ◆ 가격은 경쟁사 제품을 고려하여 200만원으로 책정하였고, 생산 후 1차년도 판매량은 1,000대로 예상되며, 전문가들은 3D 프린터 시장은 매년 10%만큼 성장할 것으로 예상한다.
- ◆ 3D 프린터의 생산에 필요한 매출원가는 판매 가격의 55% 수준으로 예상하고 있다.
- ◆ 3D 프린터의 생산을 위해서 창업 1차년도에는 10명의 직원을 채용할 예정이며, 평균 인건비는 4,000만원으로 예상된다. 인력계획에 따라 3차년도에 신규 인력을 2명 추가 채용할 예정이며, 임금은 매년 5%만큼 인상될 것으로 예상된다.
- ◆ 임대료를 월 400만원으로 예상되며, 매년 3%정도 인상될 것으로 예상된다.
- ◆ 제품의 인지도 제고를 위하여 창업 첫해년도에는 매출액의 10%를 광고비로 지출할 예정이며, 이후에는 5% 수준을 유지하려고 한다.
- ◆ 제품의 성능 개선을 위해 매년 매출액의 3%를 연구개발비로 투자할 예정이다.
- ◆ 관리비는 매달 150만원이 발생할 것으로 예상되며, 매년 5%만큼 상승할 것으로 예상된다.
- ◆ 감가상각비는 내용연수에 따라 동일한 금액으로 책정하려고 한다.
- ◆ 기타 비용은 매출액의 3%로 책정할 예정이다.
- ◆ 제품의 생산을 위한 기계 등의 장비구입 및 시설투자에 2억원의 자금이 필요하며, 초기 운영자금으로 5,000만원이 필요하고, 운영자금은 사업 종료시점에 전액 회수될 것으로 가정한다. 기계의 내용연수는 5년이며, 잔존가치는 없다고 가정한다.
- ◆ 2억5천만 원 중 1억5천만 원은 기술신용보증기금을 통해 연 3%로 차입할 예정이고, 1억 원은 지인 및 친척들에게 주식 발행을 통해 조달할 예정이다.

표 10-15 추정 손익계산서 작성 양식

구분	1차년도	2차년도	3차년도	4차년도	5차년도
매출액					
매출원가					
매출총이익					
인건비					
지급 임대료					
광고선전비					
연구개발비					
관리비					
감가상각비					
기타비용					
영업이익					
이자비용					
세전이익					
세금					
당기순이익					

위의 빈칸을 다 채웠다면 다음의 정답과 비교해 보기로 하자. 창업 프로젝트에 대한 매출과 각종 비용을 추정하여 산출하는 것은 무척 어려운 일이다. 그렇지만, 사업에 대해 끊임없이 고민하고, 시장에 대한 분석이 정교하게 이뤄졌다면 사업에 대한 경제성 분석은 그 만큼 쉬워질 것이고, 성공에 한걸음 더 다가서는 계기가 될 수 있을 것이다.

표 10-16 창업 프로젝트 X의 추정손익계산서

구분	1차년도	2차년도	3차년도	4차년도	5차년도
매출액	2,000,000	2,200,000	2,420,000	2,662,000	2,928,200
매출원가	1,100,000	1,210,000	1,331,000	1,464,100	1,610,510
매출총이익	900,000	990,000	1,089,000	1,197,900	1,317,690
인건비	400,000	420,000	529,200	555,660	583,440
지급 임대료	48,000	49,440	50,920	52,450	54,020
광고선전비	200,000	110,000	121,000	133,100	146,410
연구개발비	60,000	66,000	72,600	79,860	87,850
관리비	18,000	18,900	19,850	20,840	21,880
감가상각비	40,000	40,000	40,000	40,000	40,000
기타비용	60,000	66,000	72,600	79,860	87,850
영업이익	74,000	219,660	182,830	236,130	296,240
이자비용	4,500	4,500	4,500	4,500	4,500
세전이익	69,500	215,160	178,330	231,630	291,740
세금	6,950	23,030	15,670	26,330	38,350
당기순이익	62,550	192,130	162,670	205,310	253,390

활 동
하 기

5달러 프로젝트 실행하기

'스탠퍼드대학교 5달러 프로젝트'는 스탠퍼드대 티나 실리그 교수가 강연 중 14개 팀에 5달러가 든 봉투를 나눠주고 개봉 후 2시간 이내에 최대한 수익을 올릴만한 아이디어를 내라'는 미션을 주면서 화제를 모았던 대학생 벤처 프로그램 사례이다. 4인 1조로 팀을 편성하여 5달러를 가지고 투자자들을 설득할 수 있는 아이템을 제안해 보자. 제안하는 아이템은 반드시 경제적 가치와 더불어 사회적 가치도 함께 가지고 있어야 한다.

◆ 기본사항

팀명	
팀장/팀원	
연락처	
소속	

◆ 사업 아이템 제안내용

핵심 키워드	
간략 설명	

◆ 아이디어 제안배경

제안배경	

◆ 실행 계획안

간략설명	

◆ 기대효과

기대효과 1	
기대효과 2	

학습 정리

◆ 창업 초기 기업들은 안정적인 현금흐름, 자본투자, 장기간의 제품 및 서비스 개발 기간의 문제로 인해 많은 창업자금이 필요하며, 적시에 투자가 이루어져야 창업 기업이 빠르게 안정을 찾을 수 있다.

◆ 창업 기업이 자금을 조달하는 방법에는 개인자본 및 지인을 통한 자본 조달과 정책자금을 통해 조달하는 방법이 있다.

◆ 소셜벤처는 정부의 정책자금뿐만 아니라 기업과 연계한 CSR, CSV 사업들을 통해 창업 초기 시제품이 만들어진 이후에 제품이나 서비스의 판로 개척과 관련된 다양한 지원을 받을 수 있다.

◆ 투자 유치를 위해서는 투자자와의 지속적인 관계 설정(IR)이 중요하며, 투자를 유치하는 방법으로는 비즈니스엔젤, 소셜벤처 엑셀러레이터, 크라우드펀딩, 소셜벤처캐피탈을 활용할 수 있다.

◆ 초기 창업 기업의 재무관리는 기업 경영을 하는데 필요한 자금을 합리적으로 조달하고, 효율적으로 운용하는 의사결정을 하고, 기업 가치를 극대화하는 것을 목적으로 한다.

◆ 재무상태표는 일정 시점에서 기업의 자산, 부채, 자본의 규모를 보여주며, 손익계산서는 일정기간 동안의 이익에 대한 정보를 제공해 주며, 현금흐름표는 기업 전체에서 현금이 어떻게 흐르고 있는지를 보여주는 재무제표이다.

◆ 손익분기점은 매출액과 그 매출액을 실현하기 위해 지출된 총 비용이 일치하는 지점을 말하며, "손익분기점 매출액 = 고정비 / 1–(변동비율)"공식을 활용하여 산출할 수 있다.

◆ 추정손익계산서는 창업을 시작하는 경우 미래의 손익계산서로 사업계획서에 근거한 매출과 비용의 추정치를 산정하여 작성한다.

참고문헌

◆ 권도균(2015). "권도균의 스타트업 경영 수업"
◆ 고용노동부(2015). "사회적기업 자금조달 길라잡이"
◆ 김진수 외 4인(2015). "기술창업론". 탑북스.
◆ 김진수, 이창영(2014). "기업가정신과 창업론". 문영사.
◆ 머니투데이(2014.12.30). "정부 지원에도 자금 해결 어려움은 여전"

◆ 매일경제(2015.12.23). "전체 기업 중 15%가 좀비기업이라는 한은보고서"
◆ 박동수, 구언회(2011). "사회적기업 설립과 경영", 영남대학교 출판부.
◆ 서울경제신문(2016. 1. 24). "증권형 크라우드펀딩 본격 스타트"
◆ 전자신문(2014.03.16). "공동 창업자 협약"
◆ 최선희(2014.06.30). "새로운 아이디어로 '여행'의 패러다임을 바꾸다.. '마이리얼트립'". 톱클래스
◆ KB 금융지주경영연구소. "크라우드 펀딩 현황 및 파급효과"
◆ Daum 백과사전
◆ SK행복나눔 홈페이지(http://www.skhappiness.org)

10장. 키워드 인덱스용

창업자금	투자유치	비즈니스엔젤	엑셀러레이터
크라우드펀딩	벤처캐피탈리스트	재무관리	손익분기점(BEP)

"마케팅은 가치에 관한 것이다,
우리는 고객이 우리에 대해 어떻게 기억할지를 분명히 정해야한다."

전 애플 CEO, 스티브 잡스(Steve Jobs)

11

소셜벤처 **마케팅**

학습 목표

1. 마케팅의 정의와 필요성을 이해한다.
2. 일반 기업의 전통적인 마케팅과 소셜벤처 마케팅의 차이를 파악한다.
3. 마케팅 전략 수립을 위한 STP, SWOT분석, 3C분석, 마케팅믹스 전략에 대해 이해한다.
4. 소셜벤처만을 위한 마케팅 방법들은 무엇이 있는지 알아본다
5. 소셜벤처만의 효과적인 소통 방법에 대해 알아본다.

시작
하기

슛포러브(Shoot For Love)를 아시나요?

숏포러브 캠페인에 참여한 축구 스타들. (왼쪽 아래부터 시계방향으로) 박지성, 카를레스 푸욜, 이청용, 위르겐 클롭, 기성용, 손흥민

이름만으로도 축구팬들을 설레게 하는 스타들이 양궁 과녁을 향해 공을 차올렸다. 세계적 축구스타들의 동참으로 온라인에서 화제를 모으고 있는 기부 캠페인 '슛포러브(shoot for love)' 다. 소아암환자를 돕기 위한 이 캠페인은 한국의 젊은 청년들 손에서 탄생했기에 더욱 특별하게 다가온다.

슛포러브는 양궁 과녁에 총 10번의 슛을 차 1점당 1만원씩 소아암환자 치료비로 기부하는 릴레이 캠페인이다. 지난 4월 안정환 선수를 시작으로 송종국 · 기성용 선수가 바톤을 이어받은 후, 손흥민 · 박지성 · 지소연 등 한국의 축구스타들과 존조셀비 · 훔멜스 · 필립코쿠 등 유럽 리그 선수들로까지 참여의 폭을 넓혔다.

골대 안에 패널티킥을 차 넣으면 1골당 5000원의 후원금이 적립되는 것이었는데 삼성카드가 후원사로 참여, 총 5000여만원의 기부금을 한국백혈병소아암협회에 전달할 수 있었다.

캠페인을 기획, 진행하는 주체는 지난 2012년 6월 출범한 소셜벤처 비카인드다. "기부하면 무엇이 떠오르세요? 아프리카, 난민, 기아, 불쌍함과 같은 무거운 단어 아닌가요? 저희는 이러한 기부에 대한 생각을 바꾸고 싶었습니다. 우리가 좋아하고 즐거워하는 일을 하면서 말이에요." 이 회사 김동준 대표가 유쾌한 기부 캠페인을 펼치는 이유다.

시즌1 성공 이후 다음 스텝을 준비하면서 앞선 계획들을 되돌아보게 됐어요. 가장 마음을 흔든 것이 바로 세계로 나가자는 것이었습니다. 그렇게 목표를 정하고 슛포러브의 시즌2를 어떻게 진행할지 머리를 맞댔죠."

월드투어라는 큰 꿈 아래 새로운 후원사를 물색하고 캠페인 방식에도 몇 가지 변화를 줬다. 2015년 전 세계를 강타한 아이스 버킷 챌린지(Ice Bucket Challenge)에서 영감을 얻어 참여자가 다음주자 3명을 지목하는 형태로, 또 패널티킥에서 양궁 방식으로 룰을 바꿨다. 그리고 가능하면 많은 이들의 관심을 끌 수 있게 유명 선수들을 동참시키기로 했다.

비카인드가 기부 캠페인에 유명인을 끌어들인 건 이번이 처음은 아니다. 지난 2013년에는 생일을 맞은 이들이 주변인들에 기부를 유도하는 '생일모금 캠페인' 을 진행했는데, 그때 처음으로 유명인의 힘을 절실히 느꼈다.

생각을 굳힌 즉시 유명인들에게 '들이대기' 시작했다. 우선 연예인들의 생일리스트를 만들고 인터넷을 통해 그들의 행적을 추적했다. 그리고는 연예인들의 일정에 맞춰 만날 수 있는 장소에서 슈퍼맨과 배트맨 복장을 하고 '지금 동료를 찾습니다'란 문구를 들고 기다렸다. 그렇게 미친 척(?) 들이대는 모습에 호기심을 느낀 연예인들이 말을 걸어오면, '당신의 생일에 기부로 영웅이 되어 달라'는 부탁의 메시지를 전했다. 배우 신소율은 팬들에게 생일선물 대신 기부를 해달라고 해 엄청난 홍보 효과를 안겨주기도 했다. 그의 이야기가 온라인 기사로 전해지면서 생일모금 캠페인이 실시간 검색어 1위에 오르게 된 것.

그 자체가 또 다른 성과들로 이어져 이외수 · 김민정 · 옥주현 등의 유명인들이 캠페인에 동참, 결과적으로 총 1억2000만원의 모금액을 달성할 수 있었다. 그렇게 쌓인 노하우와 인맥을 바탕으로 슛포러브 코리아에서는 보다 수월하게 션 · 유지태 · 박원순 시장 등의 참여를 이끌어냈다.

현재 진행되고 있는 슛포러브 월드는 초심으로 돌아가 다시 한 번 '맨땅에 헤딩' 중이다. 안정환 선수를 시작으로 기성용 · 손흥민 등 해외 리그에서 활약하는 선수들이 지목되며, 피구 · 제라드 · 존테리 등의 세계적 축구스타들도 슛포러브 공을 차게 만들어야 하는 숙제가 생긴 것이다.

"지금 당장 성공하지 못했다고 실망하진 않아요. 슛포러브의 공을 찬 것이 아니기에 그도 언제나 가능성이 열려 있다고 생각해요. 알지도 못하는 동양인들이 무작정 찾아와 공을 차달라는 이야기에 선뜻 응해준 스타들도 많잖아요. 희망을 갖고 호날두와 메시가 캠페인에 참여할 때까지 도전해볼 생각이에요.(웃음)" 비카인드는 현재 유럽 투어에서 얻은 성과를 바탕으로 구단을 통해 선수들과의 접촉을 시도하고 있다.

비카인드가 소아암환자를 위한 모금에 집중하게 된 것은 한국백혈병소아암협회에서 비카인드가 도움을 주던 환아 6명에 대한 리포트를 분기별로 제출했기 때문이다. 여러 기부처 중 유일하게 기부자의 마음을 배려해주는 그 마음이 고마워 더욱 관심을 쏟게 됐다는 것이다. 그리고 소아암환자들을 도움으로써 그들 또한 슛포러브라는 근사한 프로젝트를 탄생시킬 수 있었다.

많은 팬들이 지켜봐주는 만큼 비카인드는 앞으로 더 다양한 일들을 추진하려 한다. "저희가 가장 잘한다고 자부하는 일이 바로 콘텐츠를 제작하는 것입니다. 사람들이 좋아할만한 콘텐츠를 이용해 관심이 필요한 곳을 연결하는 일들을 하는 거죠. 이러한 활동의 끝에는 기부를 재미있게 느낄 수 있도록 하자는 목표가 있습니다."바운드 서비스를 제공해 왔지만, 올 하반기부터는 국내에 들어오는 외국인을 위한 인바운드 서비스를 선보일 계획이다.

출처: 〈더피알〉 2015년 10월호 http://www.the-pr.co.kr/news/articleView.html?idxno=13766

생각해 보기

01 '비카인드'가 실행했던 SNS 게릴라 마케팅에 어떤 것들이 있는지 알아보고, 토론해보자.

02 소셜벤처만의 차별화된 마케팅 성공사례를 추가로 찾아보고, 발표 해보자.

11.1 마케팅의 개념

1) 마케팅의 정의와 그 필요성

(1) 마케팅의 정의

'마케팅' 은 일반적으로 회사의 광고 혹은 홍보 활동으로 알려져 있지만, 실제로 마케팅의 정의는 훨씬 광범위하고 심오하다. 마케팅이라는 단어를 그대로 해석하자면, Market(시장)을 만들어가는 행위(Marketing)로 볼 수 있다. 시장을 만든다는 것은, 목표로 하는 고객이 있는 시장을 나누어서 그들 고객에게 가치 있는 재화나 서비스, 즉 제공물을 만들어서 자사만의 차별화된 방법으로 판매하기로 결정하는 것이다.

마케팅 정의에 가장 널리 인용되는 미국마케팅학회(American Marketing Association)에서 규정한 마케팅의 정의는 다음과 같다.

'마케팅' 이란 고객, 의뢰인(클라이언트), 협력사, 그리고 넓게는 사회를 대상으로 가치 있는 제공물을 창조하고, 소통하고, 제공하고, 교환하는 활동과 제도 및 과정을 말한다.

Marketing is the activity, set of institutions, and processes for creating, communicating, delivering, and exchanging offerings that have value for customers, clients, partners, and society at large

위의 마케팅의 정의에서 주의 깊게 살펴볼 두 가지는 다음과 같다. 첫째, 마케팅이란 목표로 정한 고객에게 그들의 니즈(needs)를 충족시킬 수 있는 가치 있는 제품이나 서비스(본 장에서는 '제공물' 이라 정한다)를 창출하고 제공하는 것이다. 즉, 마케팅은 창업가의 아이디어에서 비롯하는 것이 아니라 고객의 니즈에서 시작한다. 둘째, 마케팅은 고객과 지속적으로 소통하는 활동이자 과정이다. 일방적 또는 한시적으로 기업의 제공물을 선전하는 것이 아니라 끊임없이 고객의 의견에 귀를 기울이고, 이를 우리의 제공물에 반영하도록 노력하는 과정이 필요하다.

읽어 보기

필요한 것(needs)과 원하는 것(want)의 차이

니즈(needs)는 결핍에서 오는 막연한 불편함을 반영하는 데 반해, 원트(want)는 다소 구체적인 욕구를 말한다. 예를 들어, '배가 고프니 뭔가 맛있는 것으로 배를 채우고 싶다'는 니즈이고, '자장면이 먹고 싶다'라는 구체적인 욕구가 원트이다.

필요(needs)	1. 어떤 기본적인 만족감이 결핍됨을 느끼는 상태
	2. 의식주, 안전, 소속감, 존경 등에 대한 욕구
욕구(want)	1. 기본적 필요를 충족시킬 수 있는 구체적인 것에 대한 바램
	2. 식(食) : 버거킹 와퍼, 의(衣) : 빈폴 셔츠, 안전 : 세콤
수요(demand)	1. 상품을 구입할 능력과 의지에 의해서 뒷받침되는 특정 상품에 대한 욕구
	2. 욕구에 구매력이 뒷받침될 때 수요가 됨

필요에서 특정상표에 대한 바람이 생기면 욕구가 되며, 거기에 구매력이 더해지면 수요가 된다.
마케팅 담당자는 필요를 만드는 것이 아니라 이미 존재하고 있는 필요를 찾아 소비자가 이를 인식하도록 유도하는 역할을 한다.

출처 : 기획과 마케팅을 하는 사람들(http://cafe.naver.com/newplanmarketing/40576)

마케팅의 정의를 통해 이해하게 된 두 가지 중요한 사항을 염두에 두고, 마케팅에 대해 좀 더 알아보기로 하자.

표 11-1 마케팅의 정의

한국마케팅학회(KMA)	미국마케팅학회(AMA)
"마케팅은 조직이나 개인이 자신의 목적을 달성시키는 교환을 창출하고 유지할 수 있도록 시장을 정의하고 관리하는 과정이다."	'마케팅'이란 고객, 의뢰인(클라이언트), 협력사, 그리고 넓게는 사회를 대상으로 가치 있는 제공물을 창조하고, 소통하고, 제공하고, 교환하는 활동과 제도 및 과정을 말한다.
Marketing is the process of defining and managing markets to create and retain exchanges by which organizations or individuals achieve their goals.	Marketing is the activity, set of institutions, and processes for creating, communicating, delivering, and exchanging offerings that have value for customers, clients, partners, and society at large.

출처 : 한국 마케팅학회, 미국 마케팅학회 홈페이지

(2) 기업에게 마케팅이 필요한 이유

마케팅은 고객이 필요로 하는 것, 즉 니즈(needs)를 찾아내어 이를 충족시키는 기업의 핵심 활동이다. 기업의 제공물은 물질적 가치를 받고 고객에게 이전이 되는데, 이를 '판매' 라고 한다. 과거에는 생산만 잘하면 팔리는 '생산자중심시대(seller' s market) '였기에 마케팅이 큰 의미가 없었고 판매조직만 잘 구축하면 되었다. 반면, 현대사회는 산업이 발달하면서 모든 분야에서 상품과 서비스의 공급이 늘어나고, 심화된 경쟁구도 속에 구매자의 요구가 더 중요한 '소비자중심시대(buyer' s market)' 이다. 이제는 과거의 방식대로 생산자의 판단과 편의에 따라 만들어서 판매해서는 시장에서 도태되기 쉽다. 따라서 고객에게 필요한 것이 무엇인지를 제대로 파악하고 이를 만족시킬 제공물을 생산하여 제공하는 마케팅 역량이 기업 생존과 직결된다고 할 수 있다.

"그렇다면, 소셜벤처에도 마케팅이 필요한가?"

마케팅의 개념과 필요성을 정확하게 이해한다면, 영리 목적 기업뿐만 아니라, 소셜벤처에도 마케팅이 반드시 필요함을 알 수 있다. 왜냐하면, 고객의 니즈를 정확하게 파악하고 그것을 충족시키는데 초점을 두고 조직을 관리하는 것은 조직의 생존과 성장을 위해 꼭 필요한 것이며, 이는 소셜벤처에게도 예외가 될 수 없기 때문이다.

소셜벤처의 창업가들이 하는 가장 큰 착각 중 하나는, 본인들은 세상을 위해 가치 있는 일을 하고 있기 때문에 굳이 알리려 하지 않아도 저절로 사람들이 자사 제품을 알아주고 구매해 줄 것이라고 믿는 것이다. 심지어, 소셜벤처를 운영함에 있어서 '좋은 일을 할 때는 오른손이 하는 일을 왼손이 모르게 하라' 는 격언에 충실하여 사업을 묵묵하게 진행하는 것이 정석이라고 여기는 기업가들도 있다.

그러나 이는 소셜벤처 사업을 큰 위험에 빠뜨릴 수 있는 매우 잘못된 생각이다. 일반 대중은 소셜벤처가 무엇인지, 무슨 일을 하는지 알지 못할 뿐만 아니라, 관심조차 없기 때문이다. 이미 충분한 업력을 쌓아 브랜드 인지도가 높은 글로벌 대기업들도 자사를 알리기 위해 막대한 자원을 꾸준하게 마케팅에 투입하고 있다는 점을 고려한다면, 소셜벤처에서 마케팅 활동은 기업이 추구하는 사업 가치만큼 중요한 일이며, 지속가능한 성장과 가장 밀접한 관계가 있다고 해도 과언이 아니다.

2) 마케팅의 주요 개념과 전략

(1) 마케팅의 주요 개념들

① 고객가치(Customer Value)

고객은 기업에 비용을 지불하고 그 대가로 재화나 서비스를 누린다. 지불한 비용에 비해 재화 및 서비스의 질이 좋을수록 고객가치가 높은 것이며, 고객은 자연히 상대적으로 고객가치가 높은 제품이나 서비스를 선호하게 된다. 따라서 기업의 마케팅 전략은 고객가치를 높이는데 집중되어야 한다. [그림11-1]에서 'V-P'는 고객이 인식하는 고객가치로, 이를 극대화하는데 총력을 기울여야한다.

그림 11-1 고객가치

V = 평균적인 소비자가 느끼는 제품의 가치
P = 단위당 판매가격
C = 단위당 생산원가

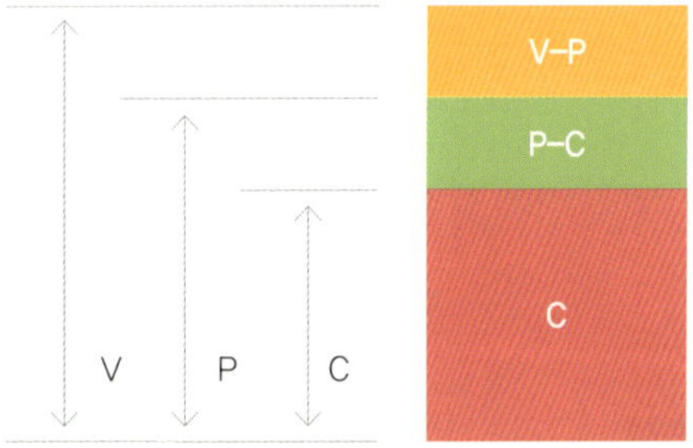

출처 : 찰스 힐(2014), 국제경영

② 고객만족(Customer Satisfaction)

고객은 기업이 제공하는 재화나 서비스에 대해 어느 정도의 기대수준을 가지고 있는데, 고객만족을 위해서는 두 가지 조건이 충족되어야 한다. 첫째, 문제에 대한 해결(solution)이다. 즉, 고객이 비용을 지불하고 구매하는 본연의 목적에 부합해야 한다는 것이다. 식당에 가서 돈을 내고 밥을 사먹는 것은 배고프다는 문제에 대한 해결책이 되어야 한다. 두 번째는 뜻밖의 놀라움(serendipity)이다. 즉, 구매한 재화나 서비스가 고객의 기대수준을 초과할 때, 고객은 만족을 넘어서 감동한다.

흔히 말하는 '가성비가 좋다' 는 표현은 투입한 비용에 비해 가치가 높다는 뜻이다. TV에 나오는 소위 '대박났다' 는 식당의 손님들은 자주 "이 가격에 이렇게 푸짐한 음식이...게다가 맛도 좋다!" 라고 이야기한다. 자신의 문제가 해결될 뿐만 아니라, 기대수준을 뛰어넘는 뜻밖의 놀라움을 경험한 고객은 큰 만족을 준 상품과 기업을 잊지 않고 재구매를 할 뿐 아니라, 다른 사람에게 입소문까지 내주며 기업의 마케팅 활동에 일조하게 된다. 바로 이렇게 '감동한 고객의 자발적인 홍보활동' 을 '구전 마케팅' 이라고 하는데, 이는 뒤에서 더 자세히 살펴보기로 한다.

③ 관계구축(Customer Relations)

기업은 소비자들과 긍정적이고 장기적인 관계를 구축하여 지속적인 구매가 이루어지도록 해야 한다. 기존고객을 유지하는 비용은 새로운 고객을 유치하는 비용의 1/5에 불과하다는 조사 결과에 주목할 필요가 있다. 그러므로 생산자와 소비자 간에 긍정적인 파트너십이 형성되면 그만큼 비용이 감소된다. 이는 뒤에 나오는 소셜벤처의 마케팅과도 매우 밀접한 내용으로, 소셜벤처에게는 일반적으로 '고객'이라 불리는 자사의 제공물을 직접 구매하는 소비자 고객뿐 아니라, 기부자, 투자자, 행정기관 등의 이해관계자도 고객으로 간주된다. 후자인 고객들과의 관계는 일명 '네트워킹' 이라는 용어로 구분되며, 소셜벤처에게는 이들 고객과의 관계를 잘 구축하는 것이 소비자 고객과의 관계만큼 중요하다. 이는 뒤에서 살펴볼 소셜벤처 마케팅의 5단계 '소통(Communication)' 에서 자세히 다루어진다.

(2) 마케팅 전략

마케팅 전략이란, 마케팅 목표를 달성하기 위해 생각할 수 있는 다양한 마케팅 활동 중 가장 적합한 방법을 찾아 실천하는 일이다. 한마디로, "누구에게, 무엇을, 어떤 방식으로 팔 것인가"를 결정하는 과정이다.

표 11-2 일반회사 vs. 소셜벤처 마케팅 전략 수립 비교

구분	1단계	2단계	3단계	4단계	5단계
일반기업	시장조사	STP	4P Mix		
	시장/소비자 수요 조사	Segmentation Targeting Positioning	Product Price Promotion Placement		
소셜벤처	외부 분석	내부 분석	확장	전략선택	소통
	고객분석 경쟁사분석 산업분석	가치제안 사회적 영향력	시장의 확장 제품의 확장	마케팅전략 브랜딩	소셜벤처만의 고객소통

11.2 소셜벤처의 마케팅 전략

1) 소셜벤처 마케팅의 특징과 시사점

소셜벤처의 마케팅은 '창업마케팅(Entrepreneurial Marketing)' 이라는 용어로 설명되며, 이는 아래와 같이 정의된다.

'리스크 관리, 자원 활용 극대화 및 가치 창출을 위한 혁신적 접근 방법을 통하여, 수익을 제공하는 고객들을 확보하고 유지할 기회를 상황에 앞서 주도적으로 확인하고 활용하는 활동'

The proactive identification and exploitation of opportunities for acquiring and retaining profitable customers through innovative approaches to risk management, resource leveraging and value creation
(Morris et al.)

상기 창업마케팅의 정의에는, 일반 기업의 마케팅의 정의와 구별되는 두 가지 중요한 문구가 있다.

첫째, '리스크 관리와 자원 활용의 극대화 '이다. 신생 소셜벤처는 인적, 물적 자원이 한정되어 있기에 마케팅에 자원을 투입할 여력이 부족하다. 아직 브랜드 파워가 없는 소셜벤처는 마케팅 활동을 통해 시장에 그 존재를 알려야 하는데, 한정된 자원을 다른 곳에서 빼내어 마케팅에 투입하다가 자칫 과도한 마케팅 비용 증가로 회사가 재정적인 위기에 봉착할 수 있다. 그렇기 때문에 마케팅 전략을 수립할 때 리스크 관리는 반드시 동반되어야 한다.

둘째, '혁신적인 접근 방법' 이다. 한정된 자원의 활용을 극대화하기 위해서는 차별화된 혁신적인 방법을 사용해야만 한다. 기억해야할 점은 일반 기업과 대기업들에서도 자원 활용을 극대화하기 위한 매우 조직적이고 효율적인 방법들을 사용하고 있다는 사실이다. 소셜벤처의 사업 영역이 이들 대기업들과 다른 영역이기에 경쟁에서 비켜나 있을 것이라는 안일한 생각은 버려야 한다. 더욱이 소셜벤처는 이익을 추구하는 경제적 활동과 함께, 여기서 만들어지는 이익을 사회의 이익으로 전환시키는 매우 어려운 일을 하는 기업 형태이다. 일상속에서 대기업의 다양하고 혁신적인 제공물을 경험하고 있는 일반 대중이 '사회적 이익' 이라는 생소한 소셜벤처의 가치를 이해하고, 개인의 이익과 직결되지도 않는 소셜벤처의 제공물을 선뜻 구매할 것이라고 기대한다면 이는 큰 오산이다. 소셜벤처는 대기업보다 훨씬 더 혁신적이고, 새롭고, 세련된 방법으로 대중에게 접근해야 목표로 하는 관심을 얻을 수 있다.

2) 소셜벤처의 마케팅 전략 수립

소셜벤처의 마케팅 전략은 총 5단계를 거쳐서 수립되는데, 아래 [표 11-3]를 참조하여 단계별로 살펴보기로 하자.

표 11-3 소셜벤처 마케팅 전략 수립 5단계

단 계		내 용	방 법
1단계	외부 분석 (External Analysis)	– 고객, 경쟁자, 산업분석 – 시장/소비자조사 및 STP 분석	– 시장분석 – STP분석
2단계	내부 분석 (Internal Analysis)	– 가치제안 – 사회적 영향력(Social Impact)	– SWOT분석 – 3C 분석
3단계	확장 (Firm Development)	– 시장의 확장 – 제품의 확장	– 제품/시장 확장 그리드
4단계	전략의 선택 (Strategy Selection)	– 마케팅 믹스 등 전략 수립 – 브랜딩	– 4P Mix
5단계	소통 (Communication)	– 소셜 벤처만의 고객 소통 방법 개발 – 투자자, 후원자, 행정기관 등의 고객에게 투명성과 진정성 전달	– Direct Marketing – Newsletter/각종보고서

(1) 1단계 : 외부 분석(External Analysis)

① 시장조사

소셜벤처 창업가가 마케팅 전략을 수립할 때 우선적으로 해야 할 일은 소셜벤처의 주요 사업 분야를 둘러싼 주변의 상황을 진단하고 분석하는 일이다. 즉, 소셜벤처도 목표로 하는 시장과 그 시장 내 고객과 경쟁자에 대해 분명하게 파악해야 한다. 그러나 직관적 판단이 아닌, 신뢰할 수 있는 데이터 분석과 실제 시장조사를 통해서 진행해야 한다. 사업을 시작하기 전에 목표 시장에 대한 체계적 분석을 기반으로 사업을 준비할 경우, 사업의 실패율을 60%까지 낮출 수 있다는 연구결과도 있다. 이러한 시장조사를 바탕으로 경쟁사와는 차별화되며 소비자 욕구를 충족시킬만한, 기업의 핵심 역량을 만들 수 있는 초석을 세우게 되는 것이다. 시장 조사의 방법과 내용에 대해서는 아래 [표 11-4]를 참고하면 된다.

표 11-4 시장/고객/경쟁사 조사

조사분야	조사방법	조사내용
시장	– 방문, 관찰, 문의 – 시장 참여자 면담 – 관련 통계 및 문헌 조사 – 성공/실패 경험 사례 분석	– 시장규모, 성장가능성 – 경쟁, 기회요소 파악 – 이해관계자 파악 – 대체시장 유무 – 시장진입장벽(규제, 법 등)
고객	– 고객 정의 – 현장 및 고객 면담 – 고객 설문	– 인구통계학적, 지역적 특성 – 고객규모, 구매수준/구매량 – 의사결정요인 – 기존시장, 경쟁상품 만족도
경쟁사	– 홍보, 보도자료 확인 – 이용자 면담, 직접 이용 – 세무/경영자료 공시 확인	– 핵심 경쟁사 분석(벤치마킹) : 제품구성, 브랜드 인지도, 핵심역량, 경영 상황, 예상대응 등

출처: 희망제작소 사회적기업 마스터클라스(http://www.makehope.org/wp-content/uploads/old/1104873394.jpg)

② 시장세분화, 목표시장선정, 포지셔닝 (STP분석)

STP분석이란, 마케팅 전략 중 하나로 Segmentation, Targeting, Positioning을 일컫는다. 시장을 세분화하고, 목표시장을 선정하고, 회사의 이미지를 고객에게 어떻게 구축하는가의 문제를 다루는 것이다.

시장세분화(segmentation)는 목표시장을 몇 개로 잘게 구분(segment)하여 각 구분의 니즈에 맞도록 제공물의 다각화를 도모하는 기법이다. 예컨대, '슛포러브'의 비카인드는 남성과 여성 중에서 축구에 상대적으로 관심이 많은 남성을, 남성 중에서도 SNS활용에 익숙하며 해외 축구와 유명인 등에 관심이 많은 10대~20대 남성을 주요 타겟으로 세분화하였다.

시장세분화를 위한 대표적인 기준은 [표 11-5]로 정리할 수 있다.

표 11-5 시장세분화 기준

구분	내용
지리적 세분화	국가, 지방, 도, 도시, 군, 주거지, 기후, 입지조건 등
인구통계학적 세분화	연령, 성별, 직업, 소득, 교육, 종교, 인종 등
사회심리학적 세분화	라이프스타일, 개성, 태도, 유행민감도 등
행동분석적 세분화	추구하는 편익, 사용량, 상표충성도 등

출처 : 네이버 지식백과 NEW 경제용어사전

목표시장의 선정(targeting)은 지향하는 시장을 선택하는 것으로, 자사가 가지고 있는 역량과 장기적 목표를 반영하여 수익성과 성장성을 가지고 있는 시장으로 결정해야 한다.

표 11-6 목표 시장 선정의 3가지 주요 기준

기준 1	– 시장규모가 크고, 성장성이 좋아야 함. – 자사의 강점, 정책/제도를 이용하여 공략할 틈새시장이 존재함
기준 2	– 선택한 시장내 경쟁기업과의 경쟁에서 우위를 점할 수 있어야 함
기준 3	– 해당 기업 및 창업자의 비전과 목표가 시장에서 달성될 수 있어야 함

출처 : 최중석, "실무에서 바로 활용하는 비즈니스 경영전략"

시장 포지셔닝(positioning)은 문자 그대로 해석하면 시장에서 위치를 잡는다는 뜻인데, 이는 물리적인 위치라기보다는 소비자의 인식 구조 내에 브랜드의 이미지를 자리매김하는 것과 관련이 있다. 즉, 소비자로 하여금 자사와 자사 제품을 어떻게 인식하게 할 것인가를 결정하는 것이 시장 포지셔닝이다. 예를 들어, 어떤 브랜드의 이름을 들었을 때 소비자들이 떠올리는 분위기, 가격, 품질, 주소비자층 등이 바로 시장 포지셔닝의 결과물이다. [그림 11-2]를 통해 국내 공유경제 산업의 브랜드 포지셔닝 사례를 살펴보자.

그림 11-2 국내 공유경제 산업의 포지셔닝 맵

출처 : http://www.slideshare.net/crowdri/20130704-23939123

③ 공공 수요 분석

소셜벤처는 경제적인 이익을 위해서 일반 경쟁 시장에서 일반 기업과 유사한 방식으로 마케팅 활동을 진행하는 것이 일반적이다. 그런데, 소셜벤처의 사업 영역이 사회적 문제의 해결이나 공익적 가치의 창출과 관련된 경우가 많으므로 소셜벤처는 다원적 경제 영역에 대응하기 위

해 전략적으로 B2G(정부/지자체/공공기관)과 B2B(일반 기업)등의 공공 수요를 분석하는 것이 중요하다. 왜냐하면, 이들 기관들은 일반 소비자와 달리 브랜드 인지도에 구애받지 않고 품질만 보증된다면 소셜벤처의 제공물을 구매할 경향이 크기 때문이다. 따라서 B2G의 영역에서는 소셜벤처의 제품을 구매하는 지자체 등 행정기관의 공공조달이나 민간위탁을, B2B의 영역에서는 일반 기업의 우선구매정책을 목표 수요로 하는 전략을 세우는 것도 바람직하다.

대기업의 사업부를 인수한 것으로도 유명한 소셜벤처인 '함께 일하는 세상(함세상)' 은 공공건물 등을 청소하고 관리하는 서비스를 제공하는 사회적 기업으로, 주요 고객은 공공기관이나 지방자치단체이다. 공공 수요를 개척하기 위해 '함세상' 은 지방자치단체의 예산서를 분석한다. 예산서에는 시책 사업의 목록과 담당 부서, 관련 비용 등이 제시되어 있어 공공시장에 대한 정보를 알 수 있다. 이러한 시장 분석을 기반으로 '함세상' 은 차별화된 시장을 지속적으로 개척하고 있다.

읽어 보기

공공 수요 조사 방법

소셜벤처가 공공기관 예산분석 방법론을 통해서 알아볼 내용은 다음과 같다.

- ◆ 공공기관의 구매담당자(고객)는 누구인가?
- ◆ 공공기관의 구매담당자(고객)는 어떤 품목을 얼마나 구매할 계획을 갖고 있는가?
- ◆ 공공기관의 구매담당자는 경쟁자가 아니라 우리의 상품과 서비스를 구매하는가? 과연 그들이 사회적 가치 창출과 사회혁신에 지불할 의사가 있는가?

위의 질문에 답하기 위해서 공공기관의 예산서를 분석하는 방법을 활용해 볼 수 있는데, 정부의 정책목표는 예산을 반영하여 사업으로 실행되기 때문이다. 따라서 해당사업이 포함된 공공기관의 예산을 분석하면, 그 시장의 잠재수요를 확인하면서 시장진입의 기회를 탐색할 수 있다.

① 수요분석 : 예산서 분석을 통해서 사회적 기업가는 어떤 품목(제품 또는 서비스)이 어느 정도(구매량)로 어디에(구매부서) 존재하는지 확인

② 공급분석 : 공공기관의 구매자가 언제(구매 시기), 어떤 방식으로(단순구매, 입찰구매, 민간위탁 등 공공기관이 선택하는 구매시장의 종류) 구매하는지, 또한 기존 공급자가 누구인지(경쟁업체) 확인하면서 시장 진입가능성 탐색

③ 액션플랜 수립 : 수요분석과 공급분석의 결과를 바탕으로 공공시장에 대한 타깃(target)을 설정하고, 여러 마케팅 기법을 활용하여 실제 수행할 판로개척 방안 수립.

출처 : 김성기 외(2015), "사회적경제기업을 위한 공공시장 마케팅".

(2) 2단계 : 내부 분석(Internal Analysis)

① 소셜벤처의 가치제안

소셜벤처는 고객에게 어떤 가치를 제안하기 위해 존재하는가? 서두에서 인용한 스티브잡스의 말처럼 마케팅은 가치에 관한 것이다. 고객이 자사에 대해 어떻게 기억하길 바라는지를 분명히 정해야 마케팅의 목표가 분명해진다. '우리의 우리다움이 무엇인가'의 답을 찾기 위해서는 내부 구성원과 이해관계자가 모두 진실된 커뮤니케이션을 통해서 조직이 추구하는 가치와 비전이 무엇인지에 대한 이해와 동의가 필수적이다.

성공적인 소셜벤처 마케팅을 위해 가장 중요한 것은 "당신 조직이 하는 일은 무엇이며, 어떤 가치가 있는가?"라는 질문을 받았을 때 구성원 모두가 간결하고 정확한 답을 제시할 수 있어야 한다는 점이다. 진정성 있는 '명분'은 부족한 자원과 어려운 상황을 극복해야 하는 소셜벤처에게 가장 큰 브랜드 파워이자, 조직을 움직이게 하는 힘이기 때문이다.

② 사회적 영향력 분석(Social Impact Analysis)

사회적 영향력은, 앞서 "당신 조직이 하는 일은 무엇이며, 어떤 가치가 있는가?"라는 질문에 이어서, "그렇다면 그러한 가치가 사회에 어떤 영향력을 미칠 것인가"에 대해서도 답을 정립하는 것이다. 가령, 설립 목적이 장애인 인적 자원 낭비를 경감시키는데 있다면, 조직이 시도하는 혁신적 방법과 예상되는 결과가 경제적으로는 매출액 000만원, 사회적으로는 장애인 고용 000명, 장애인 자립 시설 예산 절감 000만 원 등의 방식으로 어느 정도 영향력을 끼칠 수 있을지를 미리 고려하고 있는 것이 중요하다. 이를 위해서는 자사에 대한 철저한 분석이 우선되어야 하는데, SWOT분석과 3C분석이 주로 사용된다.

읽어 보기

SWOT 분석 / 3C 분석

SWOT분석 : SWOT분석은 강점(Strength), 약점(Weakness), 기회(Opportunity), 위협(Threat)이라는 4개의 축을 통해 자사를 분석하는 방법이다. 한편, 4가지를 분석한 다음 연결해서 각 요소를 조합하여 분석하는 과정이 더 중요하다.

3C 분석 : 3C분석 프레임은 한 기업의 미시적 경영 환경의 세 가지 요소인 고객(Customer), 경쟁사(Competitor), 그리고 자사(Company)를 살펴보는 방법이다.

이 두 가지 분석 방법을 사용하면, 자사의 제공물에 니즈를 가지고 있는 고객(잠재고객 포함)에 대해 이해하며, 시장 내 경쟁구도와 경쟁사의 특징을 파악하고, 외부/내부 환경 속 자사의 상대적인 강점과 약점, 기회와 위협요소 등을 알 수 있게 된다. 그리고 결론적으로 자사의 핵심역량과 고객에게 제공하는 가치제안을 정립할 수 있다.

		외부환경	
		Opportunity 외부의 기회요인	Threat 외부의 위협요인
내부환경	Strength 내부의 강점요인	SO 강점을 살리고, 기회들을 활용하기 위해 할 일	ST 위협에 대해 강점을 살려서 회피/극복하기 위해 할 일
	Weakness 내부의 약점요인	WO 약점으로 인해 기회를 잃지 않기 위해 보완/개선할 일	WT 예상되는 최악의 상황을 회피하기 위해 할 일

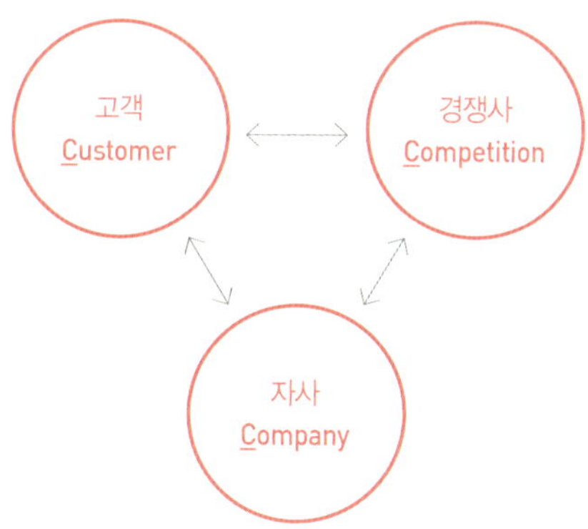

이 두 분석을 통해 파악한 사항들을 토대로, 자사가 가지고 있는 역량은 어떻게 더 발전시킬 것이며, 가지고 있지 않은 역량은 어떻게 확보하여 기업의 역량으로 활용할 것인지를 계획해야 한다.

출처: 나가타 도요시, "100가지 프레임워크로 배우는 최강의 업무기술".

(3) 3단계 : 확장 (Firm Development)

소셜벤처에게 있어서 확장이란 일반 기업과 마찬가지로 크게 두 가지 종류로 나누어질 수 있다. 첫째는 시장의 확장이며, 둘째는 제품의 확장이다. 시장의 확장은 핵심 사업을 유지하면서 새로운 고객을 계속해서 확보하는 과정이며, 제품의 확장은 자사의 제공물의 범위(scope)를 확대하는 것을 의미한다. 이 둘은 상호보완적으로 결합되는데 이를 4가지 가설과 방향으로 비교

분석한 것이 [그림 11-3]의 '앤소프 매트릭스' 라고 불리는 제품/시장 확장 그리드이다.

그림 11-3 제품/시장 확장 그리드

출처 : https://en.wikipedia.org/wiki/Ansoff_Matrix

상기 제품/시장 확장 그리드를 전 세계적으로 가장 활발하게 성인 대상 문맹 퇴치 캠페인을 펼치고 있는 'Proliteracy' 의 실제 사례에 대입해서 설명하면 다음과 같다.

출처: Wikipedia, Proliteracy 홈페이지

① 시장침투전략

시장침투전략은 기존에 나와 있는 제품으로 기존 시장에 침투하여 현재의 시장에서 점유율을 높이는 전략을 말한다. 미국의 Ruth Colving 여사는 1962년에 본인이 살고 있는 시라큐스(Syracuse) 지역에 성인 문맹자가 11,000명이나 있다는 사실을 발견하고, 자원봉사자 조직을 결성하여 지역단체와 힘을 합쳐서 시라큐스 지역의 성인 문맹 퇴치를 목표로 'Literacy Volunteers of America' 를 설립하여 지역 문맹 퇴치 운동을 펼치기 시작하였다.

② 시장개발전략

이는 기존에 있는 제품으로 새로운 시장과 새로운 고객층에게 접근하는 전략을 말하는 것이

다. ‘Literacy Volunteers of America’ 는 시라큐스 지역의 성인 문맹 퇴치가 성공적으로 진행되자, 미국 전역으로 이를 확대하였다. 또한, 2002년에 남미, 아시아, 아프리카 등지에서 활동하는 ‘Laubach Literacy International’ 과 합병하여 ‘Proliteracy’ 라는 이름으로 회사 명칭을 변경하고 문맹퇴치 프로그램을 전 세계로 확대하기로 하였다.

③ 제품개발전략

기존 시장에서 신제품을 투입해 성장을 도모하는 전략으로 기존제품의 보완재나 추가 기능 탑재 제품의 판매도 포함하는 전략을 말한다. ‘Proliteracy’ 는 기존의 성인 남성 위주의 문맹 퇴치 프로그램을 응용하여, 성인 여성의 문맹 퇴치를 위한 ‘Women in Literacy International’ 으로 사업을 확장하였다.

④ 다각화전략

신제품으로 새로운 시장에 침투하는 다각화는 수평적 다각화, 수직적 다각화, 집중적 다각화, 복합적 다각화의 4 가지 방법으로 구성되어 있으며, ‘High Risk, High Return’ 의 전략이다. ‘Proliteracy’ 는 성인 남녀 문맹 퇴치 프로그램을 제공하는 사업을 확대 · 발전시켜서 청소년이상 성인의 문맹 퇴치를 위한 교재와 교구재를 개발하여 이를 정부기관과 연관 단체에 판매하는 ‘New Readers Press’ 를 사업에 새롭게 포함시켰다. 현재 ‘Proliteracy’ 의 운영 예산의 60%는 ‘New Readers Press’ 에서 조달되고 있기 때문에 이 다각화는 성공한 전략이었다.

(4) 4단계 : 전략의 선택 (Strategy Selection)

① 소셜벤처의 마케팅 믹스

전통적인 마케팅에서와 마찬가지로 소셜벤처도 경쟁우위를 유지하기 위해서 4P의 마케팅 믹스를 활용한다.

즉, 소셜벤처도 고객의 관점에서 매력적이고 확실한 품질의 제공물을 생산하여 시장에 공급하고(product), 지속가능한 성장을 위해 원가기반의 시장가격을 채택하되, 구매력이 다른 소비자층에게 각기 차별화된 가격 정책을 현명하게 활용해야 한다(price). 또한, 영리기업과의 경쟁을 위해 유통에 대한 이해도를 높이고 소셜벤처만의 유통경로를 확보하여 안정적인 판로구축에 노력해야 할 것이다(placement). 소셜벤처의 특징인 사회적 미션을 브랜드로 잘 활용하여 확실하고 구체적인 문구로 자신의 존재와 제공물을 알려야 한다(promotion). 특히, 소셜벤처만의 특별한 방식을 활용하여 고객과의 소통에 힘써야 한다. 이를 표로 정리하면 다음과 같다.

표 11-7 소셜벤처의 마케팅 믹스 전략

Product	- 의미 : 고객을 이해하여, 그들의 니즈를 충족시켜주는 우리의 제공물 - '제공물의 품질은 구매의 기준' - 그 어떤 사회적 명분도 만족스런 품질을 대신할 수 없다
Price	- 의미 : 고객과 우리에게 적합한 제공물의 가격을 결정하는 것 - 경제적 자립이 우선 순위 - 스마트한 가격 차별화 정책 시행
Placement	- 의미 : 고객이 우리의 제공물을 어디에서 구할 수 있는지 결정하는 것 - 영리기업과의 경쟁에 대비하여 유통에 대한 이해를 통해 판로 구축 - 소셜벤처 전문 포털 등의 유통채널 전략적 활용
Promotion	- 의미 : 고객에게 우리가 누구이며 무엇을 제공하는지 알려주는 것 - 사회적 미션 메시지를 구체적/홍보용(Concrete/Promotional)문구로 전파 - 소셜벤처만의 특별한 소통방식 채택

출처 : Arthur Brooks, Social Entrepreneurship(2008) 재구성

<u>제공물 (Product)</u>

소셜벤처라고 해서 일반 기업에 비해서 다소 뒤떨어지는 품질과 디자인이 용납될 것이라고 착각해서는 안 된다. 소셜벤처 창업가는 앞서 설명한 3C분석을 통해서 자사의 핵심성공요소(Key Success Factors)를 정리하여, 경쟁사의 성공한 제공물이 지닌 성공요소를 명확하게 벤치마킹하고 이를 자사의 제공물에 반영해야 한다. 착한 소비를 지향하는 착한 소비자도 많이 있지만, 이들 역시 제공물의 품질이 뒷받침되지 않으면 결국은 외면한다는 사실을 잊지 말아야 한다.

1장에서 학습한 사례로 빈다파 벤카다스와미(G.Venkataswamy) 박사가 인도의 가난한 사람들의 '피할 수 있는 실명을 막겠다' 는 사명으로 출발한 아라빈드 안과 병원은 부자와 가난한 자 모두에게 사랑받는 소셜벤처 병원이다. 이 병원의 성공 요인은 유효한 사회적 명분은 물론, 소위 '맥도날드식 경영방식' 으로 저렴하고 질높은 의료서비스를 제공한 품질상의 확고한 경쟁우위 때문으로 분석된다.

읽어 보기

소셜벤처, 착한 이미지 넘어 품질로 승부해야

"사회적기업이 사회적인 가치를 전달하고 있다는 사실만으로 살아남을 수 있는지를 연구한 결과, 윤리성만을 내세워서는 경쟁력을 갖기 힘들다는 결론에 도달했다"

사회적기업을 지원하는 비영리법인 '커뮤니티와 경제'의 박철훈 경영지원팀장이 지난 5월 30일 열린 사회적기업학회 학술대회에서 이 같은 내용을 담아 발표한 '사회적기업의 시장 여건과 경영성과 분석'이라는 논문은 우수 논문으로 선정됐다.

논문은 지난해 대구 · 경북 지역 주민 500명을 대상으로 조사한 사회적기업에 대한 대중 소비자들의 인식을 다루고 있다. 조사 결과, 응답자의 41%가 '사회적기업에 대한 뚜렷한 인식을 갖고 있지 않다'고 답했다. 또 '사회적기업에 대한 이미지가 어떻냐'는 질문에 '사회 환원을 하는 기업'(24.2%)이라는 응답이 가장 많았고, '취약계층을 고용하는 기업'(19.8%), '착한기업'(18.2%)이라는 이미지가 강하다는 응답이 뒤를 이었다.

박 팀장은 "많은 사회적기업들이 제품에서 사회적기업 로고를 뗄까 말까 고민하고 있고, 실제로 로고를 떼고 나면 더 많은 소비자들에게 선택을 받는 경우가 많다"며 "이는 사회적기업을 좋은 일만 하는 집단으로 생각하지 경쟁력 있는 기업으로 인식하지 못하고 있다는 의미"라고 지적했다.

박 팀장에 따르면 전체 사회적기업의 경영성과를 분석한 결과, 사회적기업은 100원을 벌기 위해 117원을 쓰는 영업손실 구조를 갖고 있다. 그는 "사회적기업이 지속가능하냐는 비판을 받을 수 있지만 모든 사업이 그렇듯 초기 단계에서 열악하고 갈수록 사업이 안정되면서 손익분기점을 넘을 수 있다고 본다"며 "그러기 위해서는 기존의 착한 기업의 이미지를 넘어 훌륭한 제품을 만드는 기업이라는 인식을 확산시키고 적극적으로 기업 경쟁력 강화에 나서야 한다"고 말했다.

출처 : 문화일보 기사 (2014.6.9) http://www.munhwa.com/news/view.html?no=2014060901031927097004

가격전략 (Price)

소셜벤처는 일반 기업과 달리 이익의 극대화가 목적이 아니기 때문에 가격 정책을 어떻게 결정할 것인가가 매우 어려운 경영상의 이슈가 된다. 그런데 사회적 가치가 아무리 중요하다고 할지라도, 반드시 지켜져야 할 원칙은 소셜벤처도 기업이기에, 기업으로서의 경제적인 자립이 그 어떤 것보다 중요한 것임을 잊지 말아야한다는 점이다. 따라서 가격정책은 시장가격과 소비자 요청 가격을 충분히 감안하되, 생산 원가를 바탕으로 책정하여야 할 것이다.

그러나 가격차등화(Sliding Scale of Price) 전략을 사용하여 구매 수준이 각기 다른 소비자를 대상으로 스마트한 가격 정책을 시행하여 사회적 약자를 보호해야 한다. 이 방법은 구매력이 높은 일부 고객에게는 높은 가격을 부과하여 많은 이익을 도모하고, 다른 이들에게는 구매력에 따라 단계별로 가격을 낮춰서 부과하는 것으로, 일반 영리기업에서도 흔히 쓰이는 가격 정책이다.

한편, 예술분야의 소셜벤처들이 자주 사용하는 '자발적인 가격 차별화' 정책은 입장료를 저렴한 가격으로 제시하여 많은 사람들이 방문하도록 한 후, 입장객들에게 자사의 미션과 가치, 기여할 수 있는 방법 등을 추가적으로 설명하여 입장객 중에 경제적으로 여유 있는 사람들이 자발적으로 기부금을 내거나 약정하도록 유도하는 것으로 매우 유용한 방법 중 하나이다.

유통전략 (Placement)

유통은 우리의 제공물을 필요로 하는 고객과 효과적으로 만날 수 있도록 하는 과정이다. 소셜벤처의 창업가들은 사회적 가치를 위해 좋은 일을 하고 있다는 명분만으로 고객이 찾아올 것이라는 기대를 버리고, 영리기업과의 경쟁을 염두에 두어야 한다. 또한, 판로 확보를 위해서는 유통 채널에 대한 이해는 물론이고, 자사만의 혁신적인 방법을 연구해야 한다.

소셜벤처에게는 소셜벤처만을 위한 전문 유통 채널을 적극 활용하는 전략도 유용하다. 예를 들어, 성남지역에는 '행복한 가치가게' 라는 SK주식회사 C&C가 성남시와 손을 잡고 오픈한 소셜벤처 기업의 공동판매장이 있다. 이러한 형태의 유통 채널은 소셜벤처들에게 판로확보 및 접근성을 향상시켜 소비자들이 더 많은 관심을 갖도록 하고 구매를 촉진시켜 소셜벤처의 성장을 돕는다. 또한, 한국사회적기업진흥원과 같은 관계 기관과 각 지자체 등에서 소셜벤처 전문 온라인 판매사이트(ex.함께누리몰)와 오프라인 공동판매장 및 공공구매 지원센터 등을 설립, 운영하고 있기 때문에 이를 적극적으로 활용하는 것이 필요하다. 무엇보다 중요한 것은 소셜벤처들끼리 서로의 단점을 보완할 수 있는 협력하는 네트워크를 만들어서 지속가능한 성장의 뼈대를 공동으로 만드는 것이다.

읽어 보기

소셜벤처의 **유통 채널 확장**

전국에서는 처음으로 어려움을 겪고 있는 사회적기업을 지원하기 위한 '경북도 사회적기업 종합상사'가 출범했다. 그동안 사회적기업은 품질 경쟁력은 갖췄지만 판로와 시장개척, 홍보 등에서 어려움을 겪어왔다.

경북도는 13일 경주 힐튼호텔에서 '사회적기업 종합상사 업무협약 및 창립총회'를 열고 이들 기업의 경쟁력강화를 위한 민관협력 네트워크를 구성하고 재정지원에 나섰다.

이 사업은 고용노동부가 주관한 2014년 일자리경진대회 사회적기업부문 대상을 받았고 정부 3.0 선도과제로 뽑혔다. 이날 창립총회에는 이인선 경북도 경제부지사, 권남규 경북도사회적기업협의회장, 강대성 SK행복나래 대표이사, 홍덕률 대구대 총장, 정홍규 커뮤니티와 경제 이사장, 종합상사 조합원 등 100여명이 참석했다.

종합상사는 도내 사회적기업 40여 곳이 일정 금액을 출자해 만들었다.

사회적기업 종합상사는 △공공기관과 민간시장 판로개척 지원 △사회적기업 상품기획 · 구성(MD) · 홍보 · 판촉 프로모션 △관련지원서비스 제공 등을 통해 사회적기업을 지원하게 된다.

또 종합상사는 판로개척팀과 경영업무팀을 구성해 사회적기업이 조기에 수익을 창출해 자립할 수 있도록 돕는다.

이날 행사에 참석한 참여기관들은 종합상사가 조기에 자리를 잡을 수 있도록 사업계획을 구체화하고 일자리를 창출하기 위해 서로 협력하기로 했다.

도는 종합상사 설립과 운영에 필요한 재정을 지원하고 협의회는 사업 제안과 기획운영협의 등을 책임진다.

SK행복나래는 판로 및 물류 지원, 대구대학교는 사회적기업 인력 육성, 커뮤니티와경제는 실무 및 네트워크 구축을 담당한다.

경상북도는 품질 경쟁력을 갖춘 사회적기업이 시장환경에 대한 대응력과 홍보 등에 어려움을 겪자 전문적인 판로 개척 지원시스템을 구축하기 위한 종합상사 출범을 추진해 왔다.

이인선 경북도 경제부지사는 "사회적기업은 신규 일자리 창출과 사회공헌 활동에 기여하고 있다"며 "종합상사는 사회적기업의 애로사항인 시장개척과 판로 지원에 대한 민관협력 네트워크 모델이다" 고 밝혔다.

출처: 대구일보 기사 (2015.10.14), http://www.idaegu.com/?c=3&uid=326566

홍보전략 (Promotion)

마케팅 과정의 핵심은 고객의 의견에 귀를 기울이는 것과 이를 잘 반영하여 그들의 니즈를 만족시키는 방안을 자사가 보유하고 있음을 고객에게 알리는 것이다. 따라서 어떤 가치를 고객에게 전달할 것인지, 그리고 고객으로 하여금 어떤 행동을 해주기를 원하는지를 담은 구체적인 홍보용 메시지를 만들어서 고객에게 전달하고, 이에 대한 피드백을 경청할 수 있는 구조를 만들어서 충분한 소통이 이루어지도록 최선의 노력을 기울여야 한다. 일방적인 주장을 고객에게 전달하는 것은 절대적으로 지양해야한다.

전통적으로 사용되는 고객과의 소통방식은 브로셔, DM, 특별 행사, 미디어 광고 및 홍보 활동 등이 있는데, 이러한 전통적인 방식의 마케팅 캠페인은 원하는 효과를 내기 위해 많은 예산이 소요된다는 단점이 있다.

현대 모바일 시대에서는 앞서 서두에서 살펴본 '숫포러브'의 사례와 같이 SNS등을 활용한 비전통적인 게릴라 방식의 마케팅이 적은 예산으로도 큰 효과를 기대할 수 있기에, 소셜벤처를 위한 고객 중심 마케팅의 새로운 대안으로 부각되고 있다. 게릴라 마케팅 방식의 대표적인 3가지 종류를 소개하면 다음과 같다.

◆ 구전마케팅 (Word-of-mouth marketing)
사람들이 대화하는 과정에서 자연스럽게 자사의 제품과 서비스의 효과, 구매 이유와 목적에 대해 이야기할 만한 계기와 소재를 주어서 사람들의 입에 오르내리면서 인식되고 유포되도록 하는 마케팅. '입소문 마케팅' 으로도 불린다.

◆ 버즈마케팅 (Buzz marketing)
유명인이나 영향력 있는 사람, 혹은 유명 TV쇼나 뉴스 등에 노출시켜 사람들에게 전달하는 방식으로 브랜드 인지도를 높이는 마케팅으로, '숫포러브' 는 유명인을 섭외하여 큰 효과를 거두었다. 한 배우가 팬들에게 생일선물 대신 기부를 해달라고 한 이야기가 온라인 기사로 전해지면서 생일모금 캠페인이 실시간 검색어 1위에 오르게 된 것과 이 때문에 다른 유명 연예인들과 지역 시장의 참여까지 이끌어내면서 인지도를 비약적으로 끌어 올렸다.

◆ 바이럴마케팅 (Viral marketing)

SNS 혹은 블로그 등의 여러 가지 매체를 통해서 상품이나 광고를 본 네티즌들이 '공유하기' 등을 통해 서로 정보 및 의견을 전달하면서 자연스럽게 인터넷상에서 화제를 불러일으키도록 하는 마케팅. 컴퓨터 바이러스처럼 확산된다고 해서 바이럴(viral) 마케팅 혹은 바이러스(virus) 마케팅이라고 부른다.

그림 11-4 구전마케팅 · 버즈마케팅 · 바이럴마케팅

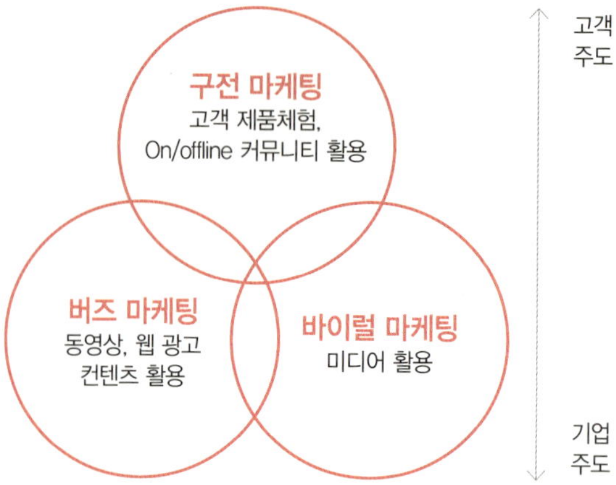

출처: Mr.WOM(www.mrwom.com)

② 소셜벤처의 브랜딩

미국마케팅학회(AMA)에 따르면, 브랜드란 기업이 자사의 제공물을 다른 경쟁사의 제공물과 차별화하기 위해 사용하는 이름이나, 용어, 디자인, 상징, 또는 기타 다른 요소들을 말한다. 현대 기업의 브랜드 가치는 곧 기업의 가치를 나타내는 기준이 되는데, 그 이유는 산업화로 인해 회사들마다의 제공물의 질적인 차이가 많이 사라졌기 때문이다. 소비자로 하여금 브랜드의 가치를 인지하게 해 브랜드의 충성도와 신뢰를 유지하는 과정을 브랜딩(branding)이라 하며, 이는 경험을 창조하고 고객과 진실한 관계를 발전시켜 나가는 과정과 관계의 구축을 통해 형성된다.

소비자로 하여금 브랜드의 가치를 인지하게 해 브랜드의 충성도와 신뢰를 유지하는 과정을 브랜딩(branding)이라 하며, 이는 경험을 창조하고 고객과 진실한 관계를 발전시켜 나가는 과정과 관계의 구축을 통해 형성된다.

소셜벤처 창업가는 브랜딩을 위한 관계의 구축이 어느 정도 규모가 되는 기업에만 해당되는 일이라고 생각할 수 있다. 하지만 동네 마트도 '만원이상 배달되는 가장 저렴하고 친절한 마트'라는 한 줄의 문구로 브랜드 자산을 만들어 갈 수 있기 때문에 소셜벤처 역시 비록 작은 규모이지만, 시작하는 단계에서부터 브랜드 자산을 만들어 가는데 노력해야 한다. '왜냐하면, 마케팅

은마케팅은 세일즈를 필요 없게 하고, 브랜딩은 마케팅을 필요 없게 한다' 는 말처럼 브랜드 자산이 마케팅에 큰 힘이 되기 때문이다.

(5) 5단계 : 소통 (Communication)

앞서 마케팅의 정의 부분에서 마케팅은 고객과의 소통의 과정이라고 하였다. 그런데, 소셜벤처에게는 자사의 제공물을 구매하는 일반 소비자 고객 뿐 아니라, B2G, B2B의 전략적 측면에서 기부자, 투자자, 행정기관, 연구기관, 일반기업 등 다양한 외부 이해관계자 고객과도 효과적인 소통을 유지하는 것이 매우 중요하다. 왜냐하면, 일반적으로 브랜드파워와 자금력이 부족한 소셜벤처에게 일반 고객보다는 이들이 자사의 제공물을 구입할 뿐 아니라, 판로를 열어주거나 자금을 조달하는데 더 큰 도움을 줄 수 있기 때문이다. 이들과의 협력적 관계를 형성하는 것을 '네트워킹 구축' 이라고도 표현한다.

마케팅 전략의 유통(placement)과 관련하여 앞서 언급된 성남시에 위치한 '행복한 가치가게' 는 성남시와 SK그룹라는 이해관계자와의 네트워크를 구축하고 있는 소셜벤처에게는 직접적으로 판로구축, 간접적으로는 고객과의 접점에서 새로운 니즈 파악 등과 같이 매우 유용한 마케팅 기회로 사용되지만, 이러한 네트워크가 없는 소셜벤처에게는 아예 모르고 지나칠 수 있는 정보가 되는 것이다.

소통의 최우선 고려 요소는 투명성과 진정성의 확보다. 네트워크는 단시간에 형성되는 것이 아니라, 이해관계자 당사자 간의 인간적인 신뢰가 쌓여가면서 상호간 협력할 수 있는 분야가 확대되는 것이다. 그렇기 때문에 소셜벤처가 가지고 있는 사회적 명분이 진정성이 있다는 것과, 사업이 투명한 자금집행과 의사결정 과정을 통해 진행되고 있음을 보여주어서 신뢰를 쌓아야 한다.

'숫포러브' 의 비카인드의 경우, 소아암환자를 위한 모금에 집중하게 된 것은 한국백혈병소아암협회에서 분기별로 비카인드가 도움을 주던 환아 6명에 대한 리포트를 제공했기 때문이라고 밝혔다. 여러 기부처 중 유일하게 기부자의 마음을 배려하여 정성스런 리포트를 보내준 한국백혈병소아암협회의 마케팅 활동에 있어 진정성과 투명성이 뒷받침된 소통이 큰 힘을 발휘한 것이다.

이렇듯, 소셜벤처는 여러 가지 커뮤니케이션 방식을 통해 이해관계자 고객과의 소통에도 노력해야 한다. 정기적으로는 월간 뉴스레터와 연간보고서(annual report), 분기보고서(quarterly report)등을 자세하게 작성하여 송부하고, 비정기적으로는 이사회, 신제품출시, 직원채용 등의 주요 이벤트가 있을 때마다 추진배경, 결과, 향후 계획 등을 상세하게 문서로 작성하여 공유해야 한다. 필요에 따라서는 대면하여 직접 설명해야한다. 또한, 페이스북, 블로그, 인스타그램, 트위터, 팟캐스트 등의 SNS를 활용하여 정보의 차별화 없이 상시적인 소통이 가능하게 하는 것도 중요하다.

활동 하기

SWOT 분석 / 3C 분석 / STP분석 / 4P전략 / 브랜딩

◆ SWOT 분석

Strength (강점)	Weakness (약점)
경쟁기업과 비교해서 자사의 강점	경쟁기업과 비교해서 자사의 약점

Opportunity (기회)	Threat (위협)
외부환경에서 유리한 기회 요인	외부환경에서 불리한 위협 요인

SO (강점과 기회)	WO (약점과 기회)
강점을 살리고, 기회를 활용하기 위해 할 일	약점으로 인해 기회를 잃지 않기 위해 보완/개선해야 할 일

ST (강점 및 위협)	WT (약점 및 위협)
위협에 대해 강점을 살려서 회피하기 위해 할 일	예상되는 최악의 상황을 피하기 위해 할 일

◆ 3C 분석 (고객 Customer, 경쟁사 Competitor, 자사 Company)

구분	질문	분석
고객	–우리의 현재와 미래의 고객은 누구인가? –고객은 어떤 니즈를 가지고 있는가? –무엇이 구매를 결정하는가? –시장은 어떻게 구성되어 있는가? –시장규모 및 장래성은?	
경쟁사	– 우리의 경쟁사는 누구인가? – 경쟁사의 강점과 약점은? – 경쟁사는 업계를 어떻게 보고 있는가? – 고객은 경쟁사를 어떻게 생각하는가? – 새로운 위협의 잠재적인 경쟁사가 있는가?	
자사	– 우리는 무엇을 목표로 하는가? – 우리의 강점과 약점은 무엇인가? – 충분한 비즈니스 자원을 보유하고 있는가? – 사업을 추진하는데 적합한 조직인가?	

사업 아이템의 시장 분석

◆ STP분석 (Segmentation, Targeting, Positioning)

Segmentation	Targeting	Positioning

소비자 분석 (수요 계층)

국내외 시장분석을 통해 예상되는 시장 규모, 수요 분석, 시장 진입 가능성, 목표 고객 등을 자세히 서술

4P 전략

Product	Price
차별화 수단으로 제공물의 특징 제품생애주기 고려	가격책정이유 및 시장 진입 가능성 주요 경쟁자와의 가격 비교

Placement	Promotion
제공물의 판매를 촉진하기 위해 동원할 수 있는 유통경로 열거	매체광고, DM, 메일, 텔레마케팅, 카탈로그, 판촉, 인쇄물, 홍보대행사, 게릴라마케팅 등 계획

브랜딩

자사 혹은 자사의 대표적인 제공물의 광고 문구를 5단어 내외로 표현하기

학습 정리

◆ 마케팅은 기업이 고객과의 소통을 통해 고객의 니즈를 파악하고 이를 충족시켜줄 수 있는 제품이나 서비스를 창출하고 제공하는 활동이자 과정이다.

◆ 소셜벤처의 마케팅 전략은 외부분석-내부분석-확장-전략의 선택-소통의 5단계 과정을 통해 수립된다.

◆ STP분석은 전체 시장을 일정한 기준에 따라 나누고(segmentation), 자사에게 적합한 시장을 목표로 하여(targeting), 고객의 마음속에 어떤 이미지로 자리매김할지(positioning)를 결정하는 전략이다. 소셜벤처는 착한소비를 추구하는 일반소비자, 그리고 공공구매나 우선구매정책을 시행하는 공공기관이나 일반기업을 목표로 설정한다.

◆ SWOT분석과 3C분석은 자사의 전략적 목표를 결정하기 위해 기업 혹은 제공물의 강점, 약점, 기회, 위협을 분석하고, 이를 고객분석, 경쟁사 분석과 병행하여 고객의 니즈를 충족시키기 위해 필요한 역량을 파악하여 자사의 사회적 영향력을 미리 설정하는데 그 목적이 있다

◆ 4P믹스는 STP분석을 통해 선정한 목표 시장에서 실질적인 마케팅 활동을 수행하고 기대하는 성과를 달성할 수 있도록 제품전략(product), 가격전략(price), 유통전략(placement), 홍보전략(promotion)을 적절히 배합하여 전략을 도출하는 마케팅 이론이다.

◆ 소셜벤처는 한정된 자원으로 유용한 효과를 거둘 수 있도록 구전 마케팅, 버즈 마케팅, 바이럴 마케팅 등의 게릴라 마케팅을 적극 활용해야 한다.

◆ 강력한 브랜드 인지도를 보유하고 있을 때 마케팅 활동의 결과가 더 효과적이기 때문에, 소셜벤처는 사업 초기부터 브랜드 자산을 구축하려는 노력을 기울여야 한다.

◆ 소셜벤처는 자사의 제공물을 구입하는 일반 고객뿐 아니라, 기부자, 공공기관, 일반기업의 이해관계자들도 중요한 고객이므로 이들과의 원활한 소통에 힘써야 한다.

참고문헌

◆ 김민주(2011). "성공하는 경제법칙 101". 위즈덤하우스.
◆ 김성기 외(2015), "사회적경제기업을 위한 공공시장 마케팅", 아르케.
◆ 김성기, 김현정 외 (2014), "사회적기업 창업 길라잡이", 에딧더월드/MYSC
◆ 김진수 외(2015). "기술창업론". 탑북스.

◆ 나가타 도요시(2011). "100가지 프레임워크로 배우는 최강의 업무기술". 스펙트럼북스.
◆ 박철 외(2013). "SNS를 활용한 사회적 기업의 마케팅 전략: 래그랜느 사례를 중심으로". 고려대학교 대학원
◆ 빌올렛(2014). "MIT 스타트업 바이블". 비즈니스 북스.
◆ 사회적기업진흥원(2013). "소셜벤처사례집"
◆ 신철호 외(2004). "Brand Building". 산업정책연구원.
◆ 서용구(2006), "시장에서 승리하는 마케팅 기술", 시대의 창.
◆ 알 리스, 로라 리스(2005). "브랜드 창조의 법칙". 넥서스 BIZ.
◆ 임창희(2015). "조직론 이해". 학현사.
◆ 찰스 힐(2014). "글로벌시대의 국제경영". 맥그로힐.
◆ 최창문(2015). "인터넷쇼핑몰을 브랜드 전략". 앱북스.
◆ 최중석(2012). "실무에서 바로 활용하는 비즈니스 경영전략". 두남.
◆ 호리 기미토시(2015). "비즈니스 프레임워크 69". 위키미디어.
◆ 한국능률협회컨설팅(2008). "고객중심형 기업으로 가는 길", 한국능률협회컨설팅.
◆ Arthur Brooks(2008). "Social Entrepreneurship: A Modern Approach to Social Value Creation", 2008, Prentice Hall
◆ William D. Bygrave & Andrew Zacharakis(2014). "Entrepreneurship", third Edition. John Wiley & Sons, Inc.
◆ Michael Morris, et al.(Fall, 2002) "Entrepreneurial Marketing: a construct for integrating emerging entrepreneurship and marketing perspectives, Journal of Marketing theory and practice
◆ 기획과 마케팅을 하는 사람들(http://cafe.naver.com/newplanmarketing/40576)
◆ 미국 마케팅학회 홈페이지(https://www.ama.org/AboutAMA/Pages/Definition-of-Marketing.aspx)
◆ 이명현의 경영스쿨 http://www.emh.co.kr/content.pl?what_is_marketing
◆ 제품시장 확장 그리드, 위키피디아 (https://en.wikipedia.org/wiki/Ansoff_Matrix)
◆ 한국 마케팅학회 홈페이지(http://www.kma.re.kr)
◆ 희망제작소 사회적기업 마스터클라스(http://www.makehope.org/wp-content/uploads/old/1104873394.jpg)
◆ 포지셔닝 맵(http://cfile228.uf.daum.net/image/2706643F514083DE1727AB)
◆ Mr.WOM 홈페이지(http://www.mrwom.com)
◆ 네이버지식백과 브랜딩 (http://terms.naver.com/entry.nhn?docId=2274819&cid=42266&categoryId=51098)
◆ 네이버지식백과 STP분석
(http://terms.naver.com/entry.nhn?docId=783686&cid=42111&categoryId=42111)
◆ Proliteracy 홈페이지(https://en.wikipedia.org/wiki/ProLiteracy_Worldwide)
◆ http://www.worldweb.co.kr/articles/articles_view.html?idno=15734

11장. 키워드 인덱스용

마케팅의 정의	마케팅의 주요 개념	EM 마케팅	공공 수요 분석
마케팅 전략 수립	제품시장확장그리드	마케팅 믹스	게릴라 마케팅

SOCIAL VENTURE

SOCIAL VENTURE PART 04

소셜벤처 성장하기

제12장 | 소셜벤처 창업의 지속가능성장

"우리는 내일을 위한 교훈을 얻기 위해서 오늘의 위험을 감수해야 한다.
우리는 시작 단계에 있으며 우리가 시도한 많은 것들이 실패할 지라도
계속 듣고 배우고 발전해 나가야 한다."

facebook 창립자, 마크 저커버그(Mark Elliot Zuckerberg)

12

소셜벤처 창업의 **지속가능성장**

학습 목표

1. 기업의 성장은 어떤 단계로 이루어지는지 살펴본다.
2. 성장을 위해 필요한 4가지 원동력이 무엇인지 이해한다.
3. 소셜벤처 성공의 위협 요인에 대해 알아본다.
4. 조직 역량과 리더십에 대해 이해한다.
5. 네트워크의 중요성과 전략에 대해 이해한다.
6. 현금흐름을 포함한 자원의 활용에 대해 알아본다.

시 작
하 기

Working Not Begging!
노숙자 자활 지원을 위한 잡지 빅이슈

동영상 보기

'Working Not Begging! 노숙자 자활지원을 위한 잡지, 빅이슈'

1991년 영국의 친환경 기업인 더 보디숍(The Bodyshop)의 창업자 아니타 로딕의 남편 고든 로딕이 노숙자의 자활을 돕기 위해 창간한 '빅이슈'는 홈리스(Homeless, 노숙인)들을 고용하여 그들이 '구걸'하지 않고 잡지를 팔게 함으로써 '일'을 하도록 만들었다. 사회구조로 인한 빈곤 문제를 비즈니스 모델을 통해 해결하는 것을 목표로, 홈리스(노숙인 등 주거취약계층)에게만 잡지를 판매할 수 있는 권한을 주어 자활의 계기를 제공하는 것이다.

'빅이슈코리아'는 2010년 7월, 18년 동안 홈리스 자활을 지원해온 노숙인봉사단체 '거리의천사들'이 사회적 기업의 형태로 재탄생하여 출범하였다. 한국판 '빅이슈'는 격주간지로 호당 1만 5천부가 발행되고, 5,000원의 판매대금 중에서 2,500원이 판매원에게 돌아간다. 2015년 9월까지 35명이 임대주택에 입주했고, 20여명의 빅이슈 판매원이 재취업에 성공했다. 영국에서는 지금까지 약 5,500명의 노숙자들이 '빅이슈'를 통해 자활에 성공했다.

해외에서는 마돈나, 안젤리나졸리, 데이비드베컴 등이 무료로 표지모델로 나서기도 하고, 판타지 소설 '해리포터'의 작가 조앤 롤링이 글을 기부하는 등 유명인의 재능기부로 화제가 된 바 있으며, 한국에서는 안성기, 이서진, 이승기, 아이유 등 여러 유명인들이 표지모델 재능기부와 일일 판매도우미로 활동하였다.

'빅이슈' 의 비즈니스 모델은 빈부의 격차가 갈수록 심해지는 현대사회에서 모두에게 생산적인 도움을 줄 수 있는 대안으로 제시되고 있다.

10부 무료 제공& 교육	모두 팔면 50,000원의 수입, 이를 원금으로 잡지를 구입하여 판매	2,500원으로 구입하여 5,000원에 판매 1부당 2,500원이 빅판의 수익	2주간 성실히 판매하면 정식 빅이슈 판매원이 된다.	임대주택을 통해 안정적인 주거 확보

출처 : 빅이슈코리아 홈페이지

생각해 보기

01 동영상을 보고, 한국판 '빅이슈' 를 활성화할 수 있는 방안에 대해 토론 해 보자.

02 소셜벤처 관점에서, 노숙자 문제를 해결하기 위한 다양한 방법에 대해 토론 해 보자.

12.1 기업의 성장과 실패

인간은 생애주기에 따라서 신장, 체중, 장기 등의 물리적 요소가 발달 · 쇠퇴하고, 이에 따라 성격 등의 내면적인 요소도 변화한다. 갓난아기가 건강한 성인으로 성장하기 위해서는 신체 발달 단계별로 적절한 음식, 교육, 환경이 준비되어야 하듯이 기업도 성장 단계별로 다른 전략과 조직 구조를 마련해야 지속적인 성장을 통해 설립 목적을 달성할 수 있다.

한 기업을 창업하고 성장시키는데 있어서, 치밀한 성장 전략 없이 패기만으로는 턱없이 부족하다. 숲을 여행할 때 숲 전체를 미리 머리에 그려보고 가야 길을 잃지 않듯이, 창업을 준비하는 소셜벤처 창업가 역시 지속적인 기업의 성장을 위해서 성장 전략에 대해 미리 숙지하고 대비하는 것이 매우 중요하다.

1) 신생 기업의 성장

소셜벤처 사업이 지속적인 성장을 이루기 위해서는 기회를 실행할 수 있는 전략과 조직구조가 미리 준비되어 있어야 한다.

조직의 성장 단계 이론에 따르면, 조직의 성장은 창업 단계, 집단공동체 단계, 공식화 단계, 정교화 단계의 4단계에 걸쳐 성장기와 변혁기의 순환을 통해 이루어진다. 기업은 [그림 12-1]에서 보듯, 성장기에는 창의성, 명확한 업무지시, 외적 조정, 통제 시스템의 정교화, 팀워크의 형성 등의 순기능을 통해 성장하게 된다. 한편 각 성장기마다 뒤따르는 변혁기에는 두드러지게 나타나는 경영상의 이슈들이 있는데, 예를 들어, 리더십의 필요성, 권한 이양과 통제의 필요성, 지나친 관료주의 등의 문제들을 제대로 해결하지 못하면 몰락의 과정을 겪게 된다.

그림 12-1 조직의 성장 단계

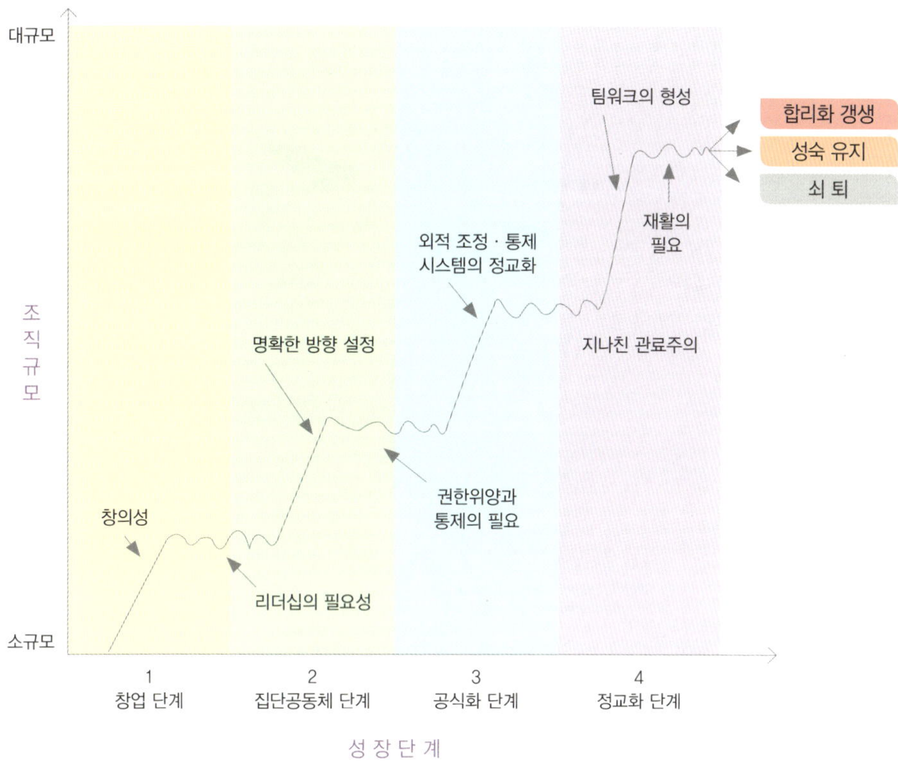

출처: 임창희(2015). 조직론이해.

조직은 시간에 따라 저절로 성장하는 것이 아니다. 초기에는 통합된 형태를 유지하다가, 점차 전문화된 단위로 분화되고 기능별로 정교화 되는 단계로 발전해 나가는 양상을 보인다.

읽어 보기

죽음의 계곡

신생 창업 기업은 각 성장의 단계를 넘어가면서 원천기술의 개발, 시제품의 개발, 제품의 양산 등을 위해 대규모 자금을 필요로 한다. 이때마다 심각한 자금의 부족을 경험하게 되는데, 이렇게 각 단계별로 신생 기업이 경험하게 되는 재원 부족을 흔히 '악마의 강', '죽음의 계곡', '다윈의 바다'로 부른다. 신생 기업은 이 시기들을 현명하게 극복해야 '성장의 사다리'를 탈 수 있다.

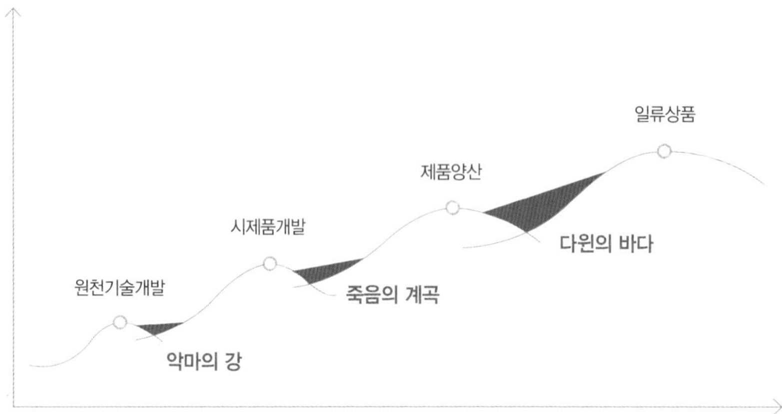

출처: 김길해(2013.04.25), "기술 사업화 단계별 장애 유형"

2) 신생 기업의 실패

(1) 신생 기업의 실패

통계청 발표에 의하면, 창업 기업의 39.9%는 창업 후 1년 만에 문을 닫으며, 활동기업의 5년 생존율은 29%밖에 안 된다. 성장을 위한 전략을 짜기에 앞서서 왜 이렇게 많은 수의 창업 기업들이 실패하는지 주된 이유를 살펴 볼 필요가 있다.

(2) 신생 기업 실패의 원인

기업이 흥하고 망하는 것은 마치 모든 생명체가 태어나고 죽는 것처럼 자연스러운 일이라고 볼 수도 있다. 그러나 이는 막대한 물적, 인적 자원과 시간을 투입하여 사활을 걸었던 창업가에게는 무척이나 매정한 소리로 들릴 것이다. 기업의 실패 이유는 무엇이었을까? 여러 가지 이유가 있지만, 신생 기업 실패의 대표적인 이유는 다음과 같다.

① 기회 활용의 실패

사업 기회를 제대로 만들지 못하여 시장의 니즈를 충족시키지 못하는 것은 가장 흔한 경우에 해당한다. 이는 시장이 원하는 것이 아니라 창업가가 원하는 것을 시장에 제시한 것으로 사업

기회를 제대로 만들지 못하는 데에는 크게 두 가지 경우가 있다. 첫째, 초기에 사업 기회 설정이 잘못된 경우다. 마케팅의 기본 원칙인 외/내부 분석이 제대로 이루어지지 않은 탓에 시장조사에 실패했고, 이로 인해 제공물이 목표 고객에게 강력하게 어필할 만한 차별성을 갖추지 못한 것이라고 볼 수 있다. 둘째는 새로운 기회 창출에 실패한 경우다. 사업 초기에는 충분한 차별성을 가지고 있었지만, 끊임없이 변하는 소비자의 니즈와 강력한 경쟁자의 출현에 적절히 대응하지 못해 새로운 기회를 만들어내지 못한 것이 실패의 원인이다.

② 조직 구조와 문화의 문제

사업 조직의 구조와 문화가 환경 변화에 적응하는데 실패하면 기업은 실패한다. 이러한 실패 요인 역시 두 가지로 나누어 볼 수 있는데 첫 번째는, 경직화된 조직 구조로 인한 전략의 실패다. 조직의 권력이 창업자(최고경영진) 혹은 특정 부서에 편중되면 조직 전체의 전략이 흔들린다.

예를 들어, 영업부의 권한이 막대하면, 기술 투자나 자금 회전에 문제가 생겨서 조직이 어려워졌을 때에 조직 간 원활한 소통이 이루어지지 않아 의사결정에서 치명적 실수를 범할 수 있다. 두 번째는 조직이 타성(inertia)에 빠지는 경우다. 초기에 큰 어려움 없이 성공을 맛보게 되면, 주변 환경이 변하더라도 좀처럼 과거의 습관을 바꾸려 하지 않는다. 이 경우 조직 문화의 획일화/관료화로 인해 조직은 점차 쇠퇴하게 된다.

조직 관리의 권위자인 밀러(D.Miller) 박사는 '이카루스 패러독스' 라는 개념을 제시하면서 기업은 연속된 성공을 경계해야 한다고 주장하였다. 이는 연속된 성공이 사고를 고착화시켜서 약간의 환경 변화만 있어도 적응하지 못하고 곧바로 흔들리는 단세포 조직처럼 변하는 것을 경계해야 한다는 의미이다.

③ 리더십 실패

리더로 인한 실패는 사업을 시작한 창업가에게는 도전적인 '기업가적 역량' 뿐 아니라 체계적인 '관리자적 역량' 도 필요로 한다는 점을 간과한데서 비롯된다. 대부분의 경우, 창업가 자신이 시작 단계에서부터 모든 일의 결정에 관여하면서 개인적인 성격이나 관점, 경험에 따라 조직의 전략을 좌지우지하는 경향을 보인다. 그러다보니 창업가의 관심 사항이 항상 최우선 경영 과제가 된다. 예를 들어, 영업 출신의 창업가가 자금이나 기술을 등한시한다거나, 엔지니어 출신의 창업가가 마케팅에 무관심한다거나 하는 경우다.

창업가는 본인의 관심사뿐 아니라, 조직 전체의 효율적인 운영을 위해 관리자적 역량을 발휘해야 하는데 이것이 부족할 때 조직의 위기가 찾아온다. 결국 창업가의 과거 경험과 성격, 가치관과 능력, 그리고 리더십 스타일과 인격이 조직 흥망에 직접적인 영향을 미친다고 할 수 있다.

읽어 보기

스타트업이 실패하는 이유 20가지

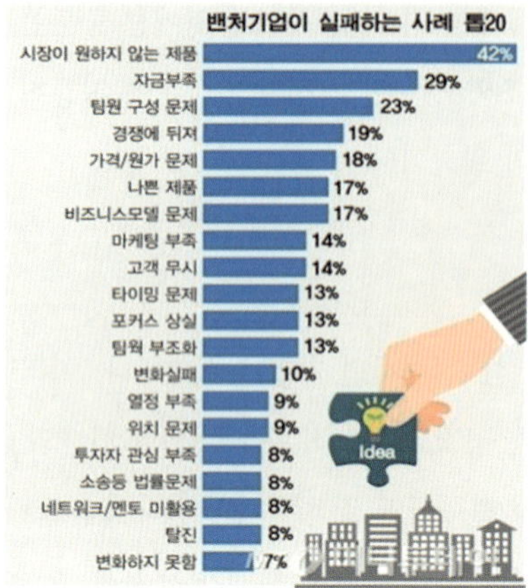

스타트업(초기기업)이 실패하는 이유는 무엇일까. 일반적으로 자금부족 요인을 1순위로 떠올리기 쉽지만 실제 실패한 스타트업을 분석한 결과 시장을 파악하지 못한 요인이 가장 큰 것으로 나타났다.

최근 '스타트업이 실패한 이유 20가지'에 대한 분석 보고서가 발표됐다. 미국 벤처캐피털 전문 조사기관인 CB insights는 올해 실패한 스타트업 101개사를 대상으로 설문조사를 실시해 스타트업 실패 원인 20가지를 가려냈다(표 참고).

스타트업이 실패하는 가장 큰 이유는 '시장이 원하지 않는 제품 · 서비스를 생산해서'인 것으로 파악됐다. 즉, 소비자에 대한 철저한 분석 없이 창업자 자신이 원하는 제품 · 서비스를 만든 경우다. 보고서에 따르면 조사대상 중 절반에 가까운 스타트업이 이 원인으로 실패했다.

이와 비슷하게 고객의 반응이나 요구를 무시하거나 제품 · 서비스의 질이 소비자의 눈높이에 미치지 못하는 이유(나쁜 제품) 때문에 스타트업이 많이 실패한 것으로 나타났다.

또한 소비자가 생각하는 적정가격과 달리 지나치게 높게 가격을 책정하는 경우(가격 · 원가 문제)도 높은 실패요인 중 하나로 꼽혔다.

스타트업이 실패하는 이유 20가지를 대부분의 요인은 결국 시장으로 수렴된다. 반대로 생각하면 스타트업의 성공 열쇠도 '시장'에서 찾을 수 있는 것이다.

출처 : 머니투데이 기사 (2014.09.30) http://mt.co.kr/renew/view.html?no=2014093016121729928&type=outlink

3) 소셜벤처의 위협 요인

소셜벤처 역시 일반 신생기업과 마찬가지로, 여러 가지 위협 요인에 노출되어 있으며, 설립 목적을 달성하지 못하고 문을 닫는 경우가 많이 있다. 소셜벤처를 위협하는 요인은 앞서 살펴본 신생기업의 실패 원인과 유사한데, 특별히 소셜벤처에서 찾아볼 수 있는 요인을 추려보면 다음과 같다.

(1) 대체제의 등장

일반 기업과 마찬가지로, 자사가 제공하는 제공물과 유사한 제공물을 보유한 소셜벤처 간의 경쟁에서 밀릴 경우, 소셜벤처는 활동을 멈출 수밖에 없다. 구호단체의 예를 보면, 대중적으로 알려진 단체는 예전에는 국제적십자사가 유일하였지만, 지금은 세이브더칠드런, 월드뱅크, 굿네이버스 등 많은 단체가 유사한 구호 활동을 전개하고 있다. 이 단체들은 조직의 목적을 달성하는데 필요한 자금을 조달하기 위해 자신들만의 장점과 활동 내용을 여러 가지 수단을 통해 홍보하고 기업들과의 연계를 통해 후원금과 기부금을 모집하지 않으면 안 되는 처지이다.

(2) 사회경제적 · 인구통계적인 큰 변화/ 공공 정책상의 변화

사회경제적, 인구통계적인 변화가 생기면 당연히 소셜벤처가 설립 초기 지향했던 목표가 달라지면서 방향을 잃을 수 있다. 가령, 농촌지역의 아이들이 대도시의 아이들에 비해 교육적으로 불리한 여건에 있음을 사회 문제로 여겨서 이를 해결하는 것을 사업의 목표로 삼은 소셜벤처는 국가적으로 출산율이 점차 낮아지고 특히, 농촌지역에는 아이들이 아예 없는 경우가 생겨서 미션을 수행할 대상이 사라지면서 설립 목표를 상실하게 된다. 또한 정책의 변화로 인해 정부의 지원이 감소하거나 끊길 수도 있고, 규제가 신설되는 등의 이유로 사업 환경이 악화될 수 있다.

(3) 소셜벤처의 목적 상실

위에 열거한 여러 가지 위협 요인들과 반대로, 소셜벤처가 추구하는 목적이 성공적으로 달성되면 존재 목적과 사회적 영향력이 감소하면서 조직이 방향을 상실하여 위기를 맞을 수 있다. 미국의 'March of Dimes'는 루즈벨트 대통령의 제창으로 소아마비 퇴치를 위해 1938년에 창립되었다. 정부기금과 기부금등을 백신 개발에 투자한 결과, Jonas Salk박사가 개발한 IPV백신 등의 도움으로 소아마비는 전 세계적으로 퇴치되었다. (2005년 세계보건기구선언) March of Dimes는 조직의 존재 목적이 사라져서 위기에 봉착했으나 사명을 March of Dimes Foundation으로 바꾸고, 기형아 출산, 조산 방지 등의 사회적 미션을 수행하는 것으로 방향을 전환하여 위기를 모면하였다.

(4) 비즈니스 모델의 오류

소셜벤처를 위협하는 가장 큰 요인 중 하나는 비즈니스 모델의 오류에서 기인한다. 소셜벤처는 비즈니스 모델을 수립할 때 사회적 미션의 수행이 자사의 영리 추구보다 중요하다는 스스로 세운 전제로 인해 가격정책을 원가보다 더 낮게 책정하고 정부 지원금이나 후원금 등으로 부족분을 메우려는 경향이 있다. 이는 단기적으로는 수혜자들에게 도움이 되겠지만, 결과적으로는 소셜벤처의 경제적 자립도를 악화시켜서 나중에는 아예 사회적 미션을 수행할 수 없는 결과를 초래할 수 있다.

읽어 보기

영국 소셜벤처의 실패 사례

사진 : Secure Healthcare의 대표인 Peter Mason, Wandsworth prison

영국의 Secure HealthCare는 정부 자금을 지원받아 정부의 교도소 의료 사업에 참여했던 촉망받던 사회적 기업이었다.

2006년 영국 정부의 Department Health Service로부터 50만 파운드(당시 환율 약 9.1억원)를 지원 받아 설립되었고 영국 National Health Service로부터 외주를 받아 런던의 Wandsworth 교도소 재소자들에게 의료서비스를 제공하는 사업을 수행하였다.

의사 등 전문 인력을 고용하여 진행한 교도소 재소자들에 대한 의료서비스는 대단히 만족도가 높았는데, 재소자 만족도가 서비스 시작 전인 2006년에는 19%였으나, 서비스가 제공되고 3년 후인 2009년에는 49%까지 증가하였다.

그러나, 2009년에 3년간의 계약 연장에 불구, 경영 부채를 감당하기 어렵다고 판단한 Secure HealthCare 경영진은 2009년 11월에 자발적인 폐업을 결정하였다.

외주 규모는 1년에 500만 파운드(당시 환율 약 91억원)였으나, 청산 당시 부채가 100만 파운드(당시 환율 약 18.2억원)였다.

Secure HealthCare가 청산에 이르게 된 가장 큰 이유는 정부로부터 받는 외주 계약금은 계약 기간 동안 재협상이 불가능하고 확정된 금액인 반면, Secure HealthCare가 부담하는 초과근무수당 등의 인건비등 비용은 서비스가 늘어날수록 상승했기 때문에 수익이 악화될 수밖에 없는 사업 구조 때문이었다.

이 사례는 사회적 기업에 대한 정부의 지원 여부보다는 사회적 기업이 수행하는 사업모델이 사회적 기업의 생존과 성장에 중요하다는 점을 시사한다.

출처 : 전용식, 주요국 사회적기업의 실패 사례, KERI (2015)
http://www.theguardian.com/society/2009/nov/18/prison-healthcare-nhs-social-enterprise

12.2 소셜벤처의 성공 전략

1) 소셜벤처의 성공

소셜벤처에게 있어서 성공이라는 것은 무엇을 의미하는가? 이는 매우 설명하기 어려운 내용이다. 일반 영리 기업에서는 단순하게 경제적으로 큰 부를 창출한 창업가가 많은 고용을 창출한 것 등을 성공으로 정의할 수 있는데, 소셜벤처에서는 설립 목적이 부의 창출이 아니라, 사회적 미션의 수행이기 때문에 성공을 정의하기 매우 어렵다.

한편, 사회적 미션의 수행이라는 목표만이 중요한 것인가, 아니면 이를 달성하기 위한 방법론이 더 중요한 것인가에 대한 의문도 있을 수 있다. 만약 고리의 대부업체의 전폭적인 지원을 받아 노숙인의 자립을 도와주는 사회적 미션을 성공적으로 수행한다면 이를 성공으로 볼 수 있는가? 이에 대한 정답은 없다. 다만, 창업가는 본격적으로 사업을 진행하기에 앞서 조직 구성원들과의 협의를 통해서 자사의 성공의 기준은 무엇이며, 이를 달성하기 위한 방법론적인 원칙을 정하는 것이 매우 중요하다.

2) 성공의 원동력

그림 12-2 성공의 핵심요소

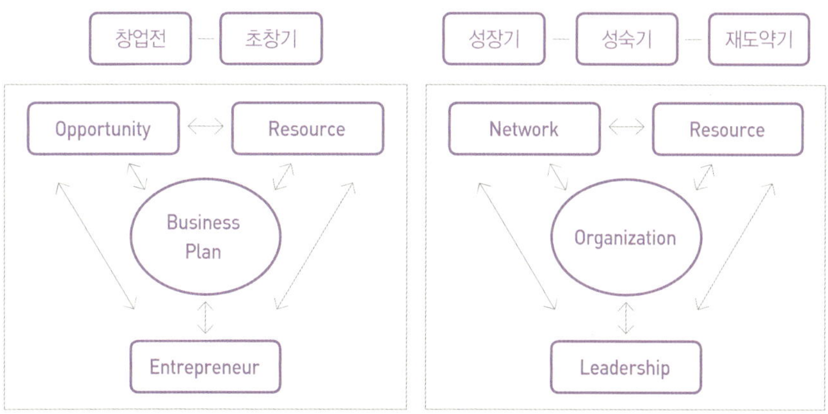

출처 : Timmons(1999)모델, Bygrave & Zacharakis(2014), 'The Portable MBA in Entrepreneurship' 재구성

[그림 12-2]에서 보듯, 창업기의 신생 소셜벤처의 성공은 Timmons 모형에 따르면 치밀한 사업 계획을 축으로 기회, 창업가, 자원이라는 핵심 3요소를 잘 조화시키는 능력에 달려있다. 그러나 회사가 초창기를 넘어가면 성공의 원동력은 달라지는데, 성장기부터는 조직을 바탕으로 리더십, 네트워크, 자원이 유기적으로 조화를 이루어야 한다.

창업가가 발견한 사업의 기회가 아무리 훌륭하다고 하더라도, 이를 실행에 옮겨줄 조직과 적절한 자원, 그리고 든든한 네트워크가 뒷받침되어 주지 못하면 그 아이디어와 팀은 아무 역할을 하지 못한다. 물론 이외에도 여러 가지 요인들이 필요하겠지만, 성공하는 소셜벤처를 만들기 위해 갖추어야 할 핵심 원동력을 조직, 리더십(창업가), 자원, 네트워크의 4요소로 규정하고, 각 요소를 자세히 살펴보기로 하자.

읽어 보기

안나 카레니나의 법칙
Anna Karenina principle

러시아의 대문호 톨스토이의 소설 '안나까레니나'의 첫 구절은 이렇다. "행복한 가정은 모두 엇비슷하고, 불행한 가정은 불행한 이유가 제각기 다르다." (Happy families are all alike, every unhappy families are unhappy in its ways)

행복한 가정의 조건은 간단하다. 가족 구성원들이 큰 병 없이 건강하고 우애가 있으며, 큰 부자는 아니더라도 금전적 고통 없이 가족 구성원 개개인이 자신의 삶을 행복하게 여긴다면 행복한 가정이라 말할 수 있다. 반면에 가족 구성원 중 한 사람이 도박에 빠져 가산을 탕진했다거나, 부부 간 신뢰가 깨졌다거나, 또 자녀가 성적 때문에 우울증에 빠졌다거나, 가족 중 누군가 아프다면 그 가정은 불행해질 수 있다.

《총, 균, 쇠》로 유명한 진화생물학자인 제레드 다이아몬드는 이와 관련하여, "흔히 성공의 이유를 한 가지 요소에서 찾으려 하지만 실제 어떤 일에서 성공을 거두려면 수많은 실패원인을 피할 수 있어야 한다"고 하였는데, 이것이 이른바 '안나 카레니나의 법칙'이다

창업하기는 쉬워도 기업을 지속적으로 유지, 성장시키기는 상당히 어렵다. 기업이 지속적으로 성공하려면 중간 중간에 매복돼 있는 실패의 늪에 빠지지 말아야 한다. 기업의 성공을 위해서는 적절한 사업 아이템, 기존고객 유지와 신규고객 유치, 탁월한 마케팅, 자금조달 능력, 원만한 조직문화 등 여러 요인들을 갖춰야 한다. 이 중 한 가지라도 어긋난다면 성공하기 힘들어진다. 안나 카레니나 법칙을 유념하여 조직을 실패로 이끌 수 있는 요인이 있는지 잘 점검해야 한다.

출처: 김민주(2011), 성공하는 경제법칙 101

12.3 소셜벤처의 성공 요인

1) 조직

조직은 개인이 완수할 수 없는 목적을 달성하기 위한 여러 사람들의 협동 · 수단 · 시스템(체계)을 말한다. 인간이 조직을 만드는 이유는 개인의 힘보다는 집단의 힘이, 집단의 힘보다는 조직의 힘이 더 크고 강하기 때문에 문제 해결 및 예방의 수단으로 조직을 결성하여 그 구성원이 되려는 것이다.

조직관리란 조직과 관련된 여러 가지 변수를 다루거나 이들을 잘 조합하여 조직의 목적을 달성할 수 있도록 하는 의도적인 행위의 결정이라고 할 수 있다. 새로운 기회를 찾고, 또 잡기 위해서는 그만한 조직적 역량이 뒷받침 되어야 한다. 조직 관리는 크게 인적자원의 관리, 조직문화 관리, 조직 진단으로 나누어질 수 있다.

(1) 인적자원 관리

소셜벤처에 있어서 사람에 대한 관리인 인적자원관리는 가장 중요한 경영 요소 중 하나이다. 특히, 사회적 취약 계층을 비롯한 복잡하고 다양한 배경의 구성원을 포함하거나 이들을 대상으로 사업을 진행하는 조직의 구조적 특성 때문에 인적자원들을 효과적으로 관리하는 것은 일반 기업의 경영보다 매우 어렵다.

따라서 '좋은 기업을 넘어 위대한 기업으로' 의 저자인 짐 콜린스가 강조했듯이, 처음부터 창업가와 같은 꿈을 꾸는 사람들을 모으는 것이 조직 관리에서 가장 중요한 요소이다. 조직은 성장기에 따라 필요한 인재상이 달라지는 데, 이를 정리한 것이 아래 [표 12-1]이다.

표 12-1 조직 성장기에 따른 필요한 인재상

구간	필요한 인재상	비고
초창기	팔방미인형 (제네럴리스트)	비정형화된 업무 형태에서 여러 가지 역할 수행 (정형화된 대기업 업무스타일은 부적합)
성장기	전문가형 (스페셜리스트)	매출증가와 사업의 복잡성으로 인해 마케팅, 재무, 물류, 생산 등 분야별 전문가의 필요성
성숙기	유연한 사고 보유자	자유로운 의사소통으로 조직의 획일화/관료화를 방지하고 유연한 전략 수립의 필요성

출처 : Bygrave & Zacharakis (2009) _ The Portable MBA in Entrepreneurship

좋은 직원을 선발했다면, 이들을 잘 유지하기 위해 다음의 세 가지 노력을 기울여야 한다.

첫째, 직원들에게 보상을 명확하게 제시해야 한다. 소셜벤처가 직원들에게 제공할 수 있는 경제적인 보상은 일반 영리 기업보다 부족한 게 사실이다. 따라서 더 높은 연봉과 복지를 자신이 꿈꾸는 세상을 만드는 일로 trade-off하는 것에 대해 감사하고, 본인들이 만든 사회적 영향력을 직접 체감하게 해주는 비경제적인 보상의 기회를 자주 제공하는 것이 중요하다. 가령, 빅이슈의 직원이라면 한 노숙인이 절망의 늪에 빠져 있다가 빅이슈를 통해 인생의 새로운 전기를 맞게 된 것을 직접 보고 느끼게 한다면 이는 그에게 어떤 경제적 보상보다 큰 보상이 될 것이다.

둘째, 직원들에게 충분한 교육과 네트워크의 기회를 제공해야 한다. 소셜벤처에서 일하다보면, 바깥세상은 매우 빠른 속도로 발전하고 있는데, 본인들이 하는 일은 업무 특성상 정체되어 있는 느낌을 받을 수 있다. 직원들을 사회적 경제, 기술 발전과 관련된 교육 과정에 적극적으로 참여시켜 필요한 분야에 대한 교육과 더불어 외부기관 및 인력들과의 네트워크를 지속적으로 확장할 수 있도록 지원해야 한다.

마지막으로, 사내 커뮤니케이션에 집중 투자해야 한다. 많은 소셜벤처들이 심각한 내부적 갈등을 경험하게 되는 이유는 기업 내/외부에 다양한 이해관계자가 존재하는 것도 있지만, 기업이 존재하는 이유와 이를 달성하는 방법론에 대한 내부적 공감대가 부족한 것이 주요 이유다. 사회적 미션의 기준은 개인차가 크기 때문에 지속적으로 내부 공감대가 형성될 수 있도록 조직 차원에서 의견을 공유하는 기회 - 워크숍 프로그램, 사내 토론회, 무기명 게시판 등 - 를 운영하여 효과적으로 갈등의 요인을 미리 제거하는 것이 중요하다.

(2) 조직문화

조직문화에 대한 구체적이고 분명한 정의를 내리기는 어렵다. 그러나 눈에 보이지 않더라도 구성원들이 공유하고 있고, 의식적이든 무의식적이든 구성원의 행동에 강력한 영향을 주는 기본적인 가정과 신념이 조직문화의 핵심이라는 점은 분명하다.

조직문화는 기업의 창업 초기부터 형성되기 시작하여 사업 전략은 물론 궁극적으로는 해당 기업의 성공 여부까지 결정하는 요소로 작용한다. 따라서 소셜벤처 창업가는 창업 당시부터 어떤 조직 문화를 추구할지를 심사숙고하여 이를 정착시키기 위한 계획을 세우고 지속적으로 실행해야 한다.

읽어 보기

소셜벤처의 조직문화

사회적 기업이 성장 전략을 추구하기 위해 무엇을 먼저 시작하고 집중해야 하는가? 소셜 미션을 실현하고, 사람을 중시하는 조직운영원리를 가진 사회적기업의 조직혁신 전략, 성장 전략은 조직문화 혁신에서 시작되어야 한다.

대표적인 사회적 기업을 살펴보면 기업별로 사회적 기업에 맞는 독특한 조직문화를 보유하고 있다. 취약계층 고용을 목적으로 하는 많은 사회적 기업들은 최고 경영자와 신입 직원의 보상 정책을 과거 몬드라곤 협동조합 초기처럼 3:1로 유지하고 있다. "문화로 놀이짱"은 '생활문화공동체'라는 키워드를 가지고, 개인의 자율성을 존중하고, 서로 삶의 토대를 만들어주는 문화를 만들기 위해 끝없는 노력을 기울이고 있다. 예를 들면 지각 문제를 해결하기 위해 9시 낭독, 아침체조를 했고, 최근에는 9시 영화관을 만들기도 했다. 토요일 오전에는 업무 대신 제작학교를 가기도 한다. "공공미술프리즘"은 〈알아서나누자〉라는 프로그램을 통해 한 주간 공유하고 싶은 이슈나 문화, 읽은 책들을 읽는다. 또 〈무빙프리즘〉이라는 프로그램에서는 구성원이 직접 제안하여 다양한 공연을 보거나, 타 회사를 방문하여 인터뷰하고, 한강에서 치맥을 먹으며 이야기를 나눈다. "시지온"은 분기별로 〈플레이샵〉에 모든 구성원이 함께 다녀온다. 기업의 비전이나 전략 등을 토론하기 보다는 놀고 이야기 나누기 좋은 분위기 속에서 구성원들이 스스로의 생각들을 정리하는 시간이다. 1년에 한번은 글로벌 워크샵도 다녀온다. "트리플래닛"은 〈스파키(SPARKY)〉라는 문화위원회를 다른 소셜벤처와 함께 운영해 매달 다양한 워크샵과 이벤트를 열어 구성원간의 동질감을 높이고, 상호 존중하는 행복한 조직을 만들기 위해 노력하고 있다.

출처: 정상훈(2014). "조직문화 혁신에서 시작하는 사회적기업의 지속가능성"

(3) 조직진단

소셜벤처의 리더는 기업 내부의 구성원 개개인과 부서의 역량이 얼마나 잘 발휘되고 있는지를 진단하여 조직의 역량을 최대한으로 끌어올려서 시장의 요구를 충족시키고, 조직의 성장을 이끌어 나가야 한다. 이를 위한 조직 역량 진단의 9개 기준을 정리하면 [표 12-2]와 같다.

표 12-2 조직 성장을 위한 9개 진단 요인

차원	설명
의미있는 업무	업무에서 각 개인이 조직과 고객에게 영향을 미치는 지에 대한 것
위험감수 문화	높은 수익을 이끌어내기 위해 어느 정도의 위험을 감수하는 것
고객지향성	잠재적 시장에서 니즈를 식별하며 이를 가치 있는 제공물로 전달
신속한 의사결정	아이디어와 분석에 대해 얼마나 빨리 조직이 결정을 내리는가?
비즈니스 능력	시장, 환경, 경쟁사등 전략적 문제를 이해하는 조직의 능력
의사소통 개방성	도전적인 일에 대해 이야기하고 변화를 지원
임파워먼트	직원들이 독립적으로 문제를 파악하고 고심하는 것(권한이양)
사업전략	사업 계획 시 정해진 기법이 있으며, 폭넓은 사람들이 참여
학습능력	구성원들이 회사 지원 하에 신지식, 신기술을 지속적으로 학습

출처: Lynda A.S.,Nina,G., David R. & James S.(2005)

2) 리더십

(1) 창업가의 성장

기업이 성장하는 것은 엄밀하게 얘기하자면, 리더인 창업가가 성장하는 것이다. 왜냐하면 막상 창업을 하게 되면 일의 범위가 복잡하게 넓어지기 때문에 리더는 여러 가지 일을 동시에 해결하는 능력을 키워 나가야하기 때문이다. 초기에는 아이디어를 사업 아이템화하여 시장에 가치 있는 제공물을 내놓는 것이 업무의 대부분이었지만, 시간이 지나 기업의 모양새를 갖추고 나면, 날마다 벌어지는 인사, 재무, 마케팅, 외부 네트워킹 등의 많은 업무들이 쌓이게 되면서 창업가 혼자 모두 감당할 수 없게 된다. 아래의 문제들이 하나둘씩 불거져 나오기 시작하면 창업가의 처리 능력을 벗어나고 있는 상황이다.

- ◆ 결정을 내려야하는 일이 기하급수적으로 증가하고, 창업가는 더 열심히 일하지만, 할 수 있는 일이 적어진다.
- ◆ 결정을 내리기가 점차 어려워진다. 사안들이 보다 복잡하고 전문적이다.
- ◆ 모든 구성원이 열심히 일을 하지만, 갈수록 중요한 사항이 누락되거나 실수가 발생한다.
- ◆ 창업가가 직접 관여하지 않으면 일의 진전이 없다.

따라서 기업의 지속적인 성장을 바라는 창업가는 창업 초기부터 본인이 아니면 일이 안될 것 같다는 불안감을 버리고, 적절한 업무의 위임을 염두에 두고 있어야 한다. 즉, 창업가는 관리자 역량을 가진 창업가적 리더로 자신을 전환해야 할 필요성이 있다.

그림 12-3 창업가 vs. 관리자 vs. 창업가적 리더

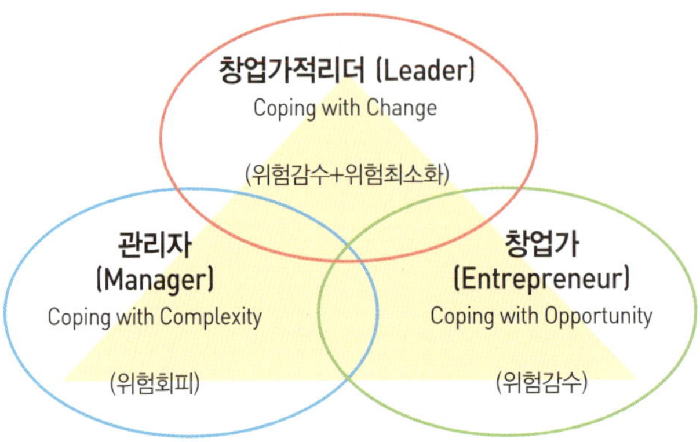

출처: Dover and Dierk (2010)

[그림 12-3]은 창업가와 관리자, 그리고 창업가적 리더 간의 주요 차이점과 특징을 요약하여 보여주고 있다. 창업가는 새로운 아이디어를 모색하며 기회를 찾아 위험을 감수하는 반면, 관

리자는 계획, 조직, 통제 활동을 통해서 위험을 회피하려고 한다. 한편 창업가적 리더는 조직을 성공적으로 성장시키기 위해 이 둘의 역할을 동시에 해야 한다.

여기에서 중요한 것은, 창업가적 리더는 조직의 안정적인 운영을 추구하면서도, 내/외부 환경의 변화에 적극적으로 대응하여 지속적으로 새로운 사업 기회를 창출하기 위해 노력해야 한다는 점이다. 또한, 회사의 지속가능한 성장을 위해 꼭 필요하다면 사업의 방향을 바꾸는 것도 주저하지 말아야 한다.

(2) 새로운 기회의 추구

성장하는 회사의 리더는 항상 자신이 이끌고 있는 조직이 내/외부적으로 변화하는 환경 속에서 잘 대응하고 있는지를 확인해야 한다. 이 때, 전략적 사고가 필요하다. 하버드 비즈니스 스쿨의 마이클포터에 의하면, 전략이란 '독창적' 이고 '가치 있는' 위치를 선택하는 것이다. 고객의 니즈를 충족시키되 남들이 모방하기 힘든 사업 기회를 끊임없이 추구하는 것이 전략의 핵심이라고 할 수 있다.

만약 전략적 필요에 따라 새로운 기회를 추구해야 한다면, 자사의 차별적인 영역을 정립한 후 이를 중심에 두고 환경의 변화에 대응하면서 새로운 기회를 만들어 나간다. 기회의 확장은 [그림 12-4]와 같이 BCG 매트릭스를 활용해서 진행할 수 있다.

그림 12-4 BCG 매트릭스

(이미지 출처: 위키백과)

BCG 매트릭스(BCG Matrix)는 미국의 보스턴 컨설팅 그룹(BCG)가 개발한 사업 기회에 대한 전략적 분석을 위한 수단으로, 지금 진행하고 있는 사업 분야를 평가하고 기업 전체의 자원배분 기준과 각 사업부의 전략 방향을 제시해준다.

BCG 매트릭스는 전략을 결정할 때 '시장점유율'(Market Share)과 '사업성장률'(Growth)을 고려한다. 시장점유율은 시장에서 해당 사업 분야의 경쟁지위를, 사업성장률은 해당 사업 분야의 향후 전망을 의미한다. 시장점유율과 사업성장률은 기업의 재무 자원의 효율적 활용에도 중요한 시사점을 가지는데, 사업 성장률이 높은 사업의 경우, 사업을 확장하기 위해 지속적인 투자를 해야 한다. 즉, 많은 자금이 필요하다. 한편, 시장점유율이 높은 사업은 점유율이 높을수록 잉여현금이 창출될 가능성이 높다. BCG 매트릭스는 이 두 가지 요소를 기준으로 사업 영역을 '스타(Star)사업', '현금젖소(Cash Cow) 사업', '물음표(Question Marks) 사업', '개(Dog) 사업'으로 나누어 분석하는데 가장 바람직한 사업방향은 현금젖소 영역에서 벌어들인 현금으로 물음표 영역의 새로운 기회를 추구(투자)하는 것이다.

한편, 새로운 기회의 추구에는 사업 영역의 변경도 포함되는데, 이를 '피봇(pivot)'이라고 한다. 이는 '린 스타트업(Lean Startup)'이란 책을 통해 알려진 용어로, 창업 기업이 초창기에 세웠던 목표를 바꾸어야 할 때 사업 아이템이나 비즈니스 모델을 전환하는 것을 말한다.

읽어 보기

리얼씨리얼 **피봇(Pivot) 사례**

사회적 책임을 중시하는 소셜벤처인 '리얼씨리얼(RealseeReal)'은 '먹스타그램'이란 캠페인을 통해 고객들이 SNS 인스타그램에 리얼씨리얼 해시태그를 걸고 음식 사진을 올리면 리얼바 1g 씩 적립하여 결식아동들에게 전달한다.

그런데, 초창기에 리얼씨리얼은 시리얼을 판매할 계획이었으나 우유와 함께 섭취해야 하는 등 소비의 편리성이 부족했다. 이에, 사업영역을 시리얼에서 에너지바로 피봇(PIVOT)하여 '맛있고 건강한' 에너지바를 출시했는데, 21차 연속 온라인 예약 매진이라는 성공을 이어가고 있다.

견과류와 건과일 등 원재료 이외의 합성첨가물을 넣지 않은 제품 특성이 곧 심플하고 깔끔한 브랜드 이미지가 됐다. 리얼바는 반투명 포장지에 하나씩 개별 포장되는데 '과대 포장' 없이 꽉 들어찬다. 또 유통기한 표기 외엔 어떤 문구도 삽입하지 않아 깔끔하다. 개별 포장된 제품을 10개씩 담는 박스 포장은 흰색 바탕에 리얼씨리얼을 뜻하는 알파벳 대문자 'R'만 하나 노란색으로 써있다. 원재료 및 열량 등 정보는 옆면에 처리됐다. 또 뒷 면엔 '다 먹고 살자고 하는 거야', '고생했어요 토닥토닥', '늘 감사합니다' 라는 문구들을 넣어 재미를 줬다. 김 대표는 이를 "리얼씨리얼만이 제공할 수 있는 고객경험"이라고 강조했다.

대학에서 호텔경영학을 전공한 김 대표는 사람들이 먹고, 살고, 입는 것에 관심이 많다. 창업에 대한 꿈은 남들이 '세종대왕', '이순신 장군' 위인전을 읽을 때 중국 대상(大商) '호설암'을 다룬 책을 읽던 어린 시절부터 키워왔다. 대학 시절 디자인 티셔츠 회사로 첫 창업했고 이후 경험을 쌓고자 쇼핑몰 식품 MD와 대기업사회공헌재단에서 식품관련 프랜차이즈 교육 · 홍보직을 거쳤다.

김 대표는 "건강을 주제로 의 · 식 · 주를 모두 아우르는 기업을 설립하는 게 꿈"이라며 "리얼씨리얼이 첫 시작으로 앞으로 R&D(연구개발) 역량을 갖춘 푸드테크 기업이자 건강간식 회사로서 음식 산업에 혁신을 일으키겠다"고 포부를 밝혔다.

출처 : 머니투데이 기사 (2015.5.11) (http://www.mt.co.kr/view/mtview.php?type=1&no=2015051110181068882&outlink=1)

(3) 업무의 위임과 분권화 (임파워먼트)

창업 초기부터 창업가는 조직 내에서 일을 책임감 있게 수행하는 사람에게, 내부에 적임자가 없을 때에는 외부의 인사를 영입해서라도 업무와 책임을 위임해야 한다. 이렇게 구성원에게 업무의 권한과 책임을 위임하고 자주적이고 주체적인 체제 속에서 사람이나 조직의 의욕과 성과를 이끌어 내기 위한 '권한이양'을 임파워먼트(Empowerment)라고 한다. 모든 리더십의 문제는 최고 결정권자 한 명에게 결정권이 몰려 있다는 데서 비롯하기에, 창업가는 과감하게 특정 업무에 대해서는 본인보다 더 잘 할 수 있는 사람에게 권한을 이양해야 한다.

읽어 보기

푸른환경코리아의 **공동대표제**

푸른환경코리아는 건물종합관리, 노무도급, 인력파견 전문업체로 성장하고 있는 고용노동부 인증 사회적기업이다. 기업 운영 목표를 정직한 경영을 바탕으로 지역사회의 발전과 일자리 창출에 두고 이익의

사회 환원과 봉사를 실천하고 있다. 또 대학을 비롯한 △학교 건물 △병원 △리조트 △골프장 △대형공연장 △업무용 빌딩 △주상복합빌딩 등에 △시설관리 △방역 △건물관리컨설팅 △근로자파견 등의 서비스를 제공하고 있다.

푸른환경코리아는 2007년 말 사회적기업을 신청해 2008년 1월 사회적기업으로 인증을 받았다. 그리고, 사회적기업 인증을 위해 정부에서 정한 이익금의 30%를 사회에 환원하고 민주적인 소통시스템을 갖추고 있다.

정희석 대표는 "우리 회사는 자체정관으로 최저 임금을 받는 근로자와 최고 임금을 받는 근로자가 1/3이 넘지 않도록 했다"며 "각 정관이나 내부 규율 시스템을 만들어 정부 인증을 받았다"고 말했다.

푸른환경코리아는 종합건물관리 아웃소싱을 하고 있기 때문에 사무실 내근직원이 많지 않다. 정 대표는 '어떻게 하면 직원과의 소통을 잘 할 수 있을까' 라는 고민을 꾸준히 했다. 그가 사회적기업으로 거듭나면서 제일 중요시 생각한 부분 중 하나였다. 그는 "회사의 발전을 위해서는 민주적 의사소통이 잘 이뤄져야 한다"고 말하며 지난 2011년 12월 사회적기업 최초로 공동대표제를 도입했다.

공동대표제를 도입하며 지분을 직원들에게 분배하고, 공동대표인 공은미 대표에게는 자신보다 1%의 지분을 더 갖도록 했다. 정 대표는 "이 회사는 나의 것이 아닌 우리의 것"이라며 "지분을 내놓은 것은 회사를 함께 운영해 나가자는 뜻"이라고 밝혔다.

그는 회사에 공동대표제를 도입한 후 직원들의 생활이 달라졌다고 말한다. 먼저 직원들이 회사 결산표를 들여다보는 것이 신기하다고 했고, 자체적으로 경비를 절감하는 것이 눈에 띈다고 했다.

그는 "회사 차량을 운행하다 보면 범칙금이나 사고로 인한 경비가 많이 지출되는데 공동대표제 도입 이후 자동차 관련 범칙금이 3배 정도 감소했다"며 "공동대표제를 특별히 연구한 것은 아니지만 경비 절감의 뜻밖의 효과가 나올 줄 몰랐다"고 말했다.

출처: 프라임경제신문 기사 (2013.3.21) ,http://www.newsprime.co.kr/news/article.html?no=257149&sec_no=108

3) 네트워크 (파트너십)

(1) 네트워크의 필요성

아무리 큰 나무도 혼자서는 숲을 이룰 수 없듯이, 소셜벤처의 리더와 조직의 역량이 아무리 뛰어나고, 훌륭한 전략을 수립하였다고 하더라도 혼자만의 힘으로는 원하는 목적을 이루기가 어렵다.

앞의 11장 마케팅 부분에서 소셜벤처는 네트워크를 통해서 자사의 제공물을 구매하는 일반 소비자 고객 뿐 아니라, 전략적 측면에서 기부자, 투자자, 행정기관, 연구기관, 일반기업 등 다양한 외부 이해관계자 고객과도 효과적인 소통을 유지하는 것이 매우 중요하다고 하였다. 왜냐하면, 이들이 자사의 제공물을 구입할 뿐 아니라, 판로를 열어주거나 자금을 조달하는데 더 큰 도움을 줄 수 있기 때문이다.

소셜벤처는 [그림 12-5]에서 보는 바와 같이 매우 다양한 형태의 외부 기관들과 네트워크를 형성하고 이를 통해 지속적으로 성장해야 한다.

그림 12-5 소셜벤처 네트워크

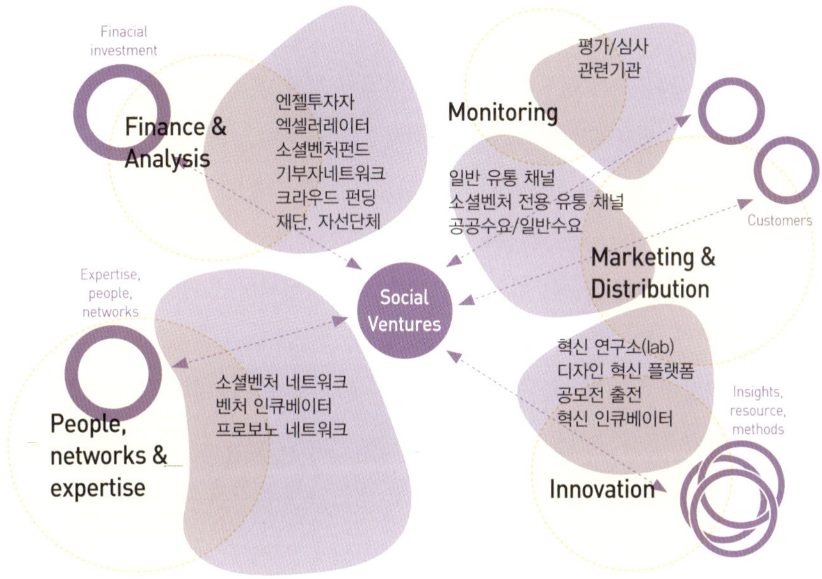

출처: Growing Social Ventures, The Young Foundation, Policy Paper 재구성

(2) 네트워크 전략

네트워크를 구축함에 있어서 다음의 두 가지를 반드시 염두에 두고 있어야 한다.

첫째, 네트워크는 인간적인 신뢰를 각 기관의 구성원들과 쌓는 것이다. 인간적인 신뢰는 단순히 식사를 같이 하거나, 회식을 했다고 생기는 것이 아니다. 진심이 서로 통해야 생기는 것이다. 조직 내부적으로도 구성원들끼리의 신뢰를 쌓기 위해서 각고의 노력을 기울여야 하는데, 서로 다른 목적을 가진 타 기관의 구성원들과 신뢰를 쌓는 것은 더욱 더 큰 노력을 기울여야 가능하다. 신뢰는 나의 이익이 중요한 만큼 상대방의 이익 역시 중요하다는 것을 내가 분명히 인식하고 있음을 상대방이 알아줄 때 생긴다. 이는 말로는 쉽게 표현되지만, 실천은 매우 어렵다.

둘째, '차계생단(借鷄生蛋, 닭을 빌려 알을 낳다)' 의 지혜가 필요하다. 애플은 최초의 스마트폰인 아이폰을 출시할 때, 미국의 이동 통신사 중에서 AT&T를 통해 출시했다. 이유는 컴퓨터 제작 업체였던 애플이 처음으로 생산한 이동전화기(Mobile Phone)인 아이폰의 불안한 초기 품질을 받아줄 수 있었던 곳은 역전의 기회만을 노리고 있던 2위 사업자인 AT&T밖에 없었기 때문이다. 1위 사업자는 기존에 누리고 있던 기득권에 아이폰이 오히려 해를 끼칠 수도 있다고 분석했기 때문에 아이폰을 굳이 선택할 필요가 없었다. 아이폰은 한국에서는 KT를 통해서, 일본에서는 소프트뱅크를 통해 처음으로 출시되었는데, 이들 또한 자국에서 2위 이동통신사라는 공통점이 있다. 애플은 2위 통신사를 '닭' 으로 빌려서 스마트폰이라는 '황금알' 을 낳으면서 세계 최고의 IT회사로 성장했다. Microsoft 또한 IBM이라는 닭을 빌려서 OS의 황금알을 낳아서 성장한 케이스다.

소셜벤처는 구성원들의 꿈이 아무리 크더라도 현재는 보잘 것 없는 작은 조직이라는 사실을 명심해야 한다. 따라서 자사의 설립 의도를 이해해주고 일정 수준의 자립 능력을 갖출 때까지 도와줄 수 있는 파트너를 찾아서 그들과의 좋은 관계를 통해 그들도 원하는 결과물을 함께 창출해야 한다. 그들을 이용하여 알을 낳아서 우리만 잘돼야겠다는 생각은 절대 금물이다. 그들도 바보가 아니다. 서로를 위한 공동의 이익을 추구해야하고, 철저히 우리의 자세를 낮춰야 한다. 이것이 바로 '차계생단' 의 지혜다.

현재 추구하는 사업이 원하는 결과를 창출해 내지 못하는 경우도 있다. 그러나 잘 구축된 인적 네트워크가 있다면 이번이 아니라 다음번에 더 좋은 기회를 만들 수 있다는 점을 기억해야한다. 기회는 조급하지 않게 기다릴 줄 아는 여유 있는 사람에게 몰리게 되어있다.

읽어 보기

소셜벤처 점프!
차계생단 사례

소셜벤처 '점프!' 는 다문화가정을 포함한 소외계층 청소년들, 대학생 선생님들(장학샘), 3040 전문직 멘토단의 삼각구조로 이루어져 있으며, 서로에게 도움을 주면서 나눔의 선순환을 통해 '포용력 있는 리더를 키우자' 라는 취지로 2011년에 만들어진 단체다. 처음에는 20여명의 대학생 선생님으로 시작한 소규모 단체였지만, 점차 사업 모델이 인정을 받기 시작하자 과감하게 새로운 파트너를 통한 기회의 확장을 시도하였다. 그 결과, 대한민국 최초로 교육 부분의 PPP(Public Private Partnership)모델을 제안하여 국내 유수 대기업인 현대자동차와 서울시 산하 서울장학재단이 참여한 'H-점프스쿨' 을 2013년에 새롭게 탄생시켰다. 현대자동차로부터 5년간 20억원, 서울장학재단으로부터 5년간 6억 원을 지원받아 탄생한 H-점프스쿨은 연간 100여명의 대학생 선생님들을 선발하여 매년 1,000여명의 소외계층 청소년에게 꿈과 희망을 주면서 지속적으로 성과를 만들어가고 있다. 모기업인 점프!는 2014년에 사단법인으로 등록하여 제2, 제3의 H점프를 통한 새로운 기회를 준비하고 있다.

출처 : 점프! 홈페이지 (www.jumpsp.org)

4) 자원

(1) 자원의 종류

회사의 자원은 크게 무형 자원과 유형 자원으로 나누어진다. 무형 자원은 인적 자원의 질, 충성도, 브랜드 등 눈에 보이지 않는 자원을, 유형 자원은 건물, 토지, 기계 장치와 같은 눈에 보이는 자산과 금융 자산 등을 포함하는 재무적 자원으로 나누어진다.

소셜벤처 창업가에게 사업초기의 자원이란, 무형 자원으로는 인적자원(사람), 유형 자원으로는 금융 자본(자금)이라 할 수 있다.

(2) 무형 자원의 관리

아무리 강조해도 지나치지 않은 경영상의 과제는 사람 관리다. 특히 창업 초기에는 주로 창업가를 포함한 창업팀이 인적 자원의 거의 전부이기 때문에 창업가는 앞서 조직 부분에서 살펴본 바와 같이 기업이 추구하는 전략적 목적에 부합하는 특별한 재능이나 역량을 가진 사람들을 고용하고 이들의 역량을 최대한 개발하고 발휘하도록 조직 문화를 관리하여야 한다. 이것이 바로 무형 자원 관리의 핵심이다.

(3) 유형 자원의 관리

훌륭한 아이디어와 팀이 있어도 이를 실현하고 운영할 수 있는 자본이 없다면 아무 소용이 없다. 성장에 필요한 자금의 흐름을 잘 파악하여 현금 수요를 미리 예측하고 대비하는 것은 실질적으로 기업의 성패를 가르는 매우 중요한 일이다. 따라서 소셜벤처 창업가는 창업 초기부터 자금조달과 현금흐름 관리에 각별한 관심을 갖고 적절한 운영 방침을 정해야 한다. 회사는 규모가 아무리 작아도 리스크 관리에 신경 써야 하는데, 현금흐름 관리는 리스크 관리의 제일 상위 범주에 속하는 것으로 순간의 방심으로 회사가 큰 위기에 빠질 수 있다는 경각심을 항상 가지고 있어야 한다.

① 자금의 조달

초기 창업단계를 무사히 지나 회사가 성장기에 들어서면, 미래 성장을 위해서 새로운 제품을 개발하거나 사업을 확대할 시점이 온다. 이 때, 장기적인 성장을 위해 높은 리스크를 감수해서라도 자금을 조달해서 투자를 해야 한다. 기업의 리더는 이 시기를 대비하여 지분 투자, 전략적 파트너의 유치, 정부자금의 유치 등의 외부 자금과 가치 사슬상의 사업을 통해 축적한 내부 자금을 적절하게 활용할 준비가 되어있어야 한다.

예를 들면, 사회적 약자를 위해 정부보조금 34만원으로도 구입할 수 있는 저렴한 보청기를 만들어서 판매한 소셜벤처 '딜라이트' 의 김정현 대표는 현금유출을 최소화하기 위해서 시장성이 확인되고 난 후에야 생산을 넓혀 나가는 과정을 밟아 나갔다. 그리고 그 과정에서 필요한 자본금 충당을 위해 외부 경연대회에 출전하여 수상한 상금 및 지원금으로 재무적 부담을 줄여 나가기도 했다.

② 현금흐름의 관리

수익(revenue)은 매출을 통해 발생시킨 화폐 가치이며, 여기서 비용(expense)을 제하면 이익(income)이 된다(수익−비용=이익). 현금흐름(cash flow)이란 기업 경영에 있어서 현금의 움직임을 말하는 것으로, 들어오는 자금을 '현금유입', 나가는 자금을 '현금유출' 이라 하며 일정 기간 동안의 현금유입과 현금유출의 차이가 '현금흐름' 이다.

중요한 것은 현금은 기업이 사업을 통해 이익을 내기 훨씬 전부터 소진된다는 사실이다. 회사를 설립하기 위해서는 등기소와 세무소에 가서 등록을 해야 하고, 그 전에 주소를 확정지어야 하므로 임대료(계약금포함)를 미리 지불하고 건물주와 임대계약서를 작성해야한다. 또한, 컴퓨터와 책상 등의 집기가 필요하며, 마케팅 활동을 위해 회사의 카탈로그를 만들어서 고객들과 투자자들에게 설명해주어야 하고, 시제품을 만들기 위해서는 재료도 구입해야 한다. 인터넷 홈페이지(모바일앱도 포함)도 만들어서 잠재적 고객들에게 어필해야 한다. 인건비는 서로 수익이 생길 때까지 보류한다고 하지만, 이 모든 현금지출이 막상 사업을 통해 이익이 생기기도 전에 발생한다.

따라서 현재의 현금 보유량과 언제 어느 만큼의 현금 유출과 유입이 발생하는지를 계산해 놓고 있는 것이 매우 중요한데, 현금흐름 관리와 관련해서 꼭 알아놓아야 하는 법칙은 다음과 같다.

첫째, 현금흐름은 이익에서 비롯되지만, 현금유출은 이익과 상관없이 발생한다.

둘째, 이익의 발생과 실제 현금이 유입되는 시점은 다를 수 있다. '흑자도산' 의 위험성을 인지하고 있어야한다.

셋째, 이익이란 수익에서 비용을 뺀 수치이다. 수익을 단시간에 늘리지 못할 것이라면, 비용을 최대한 줄여야 한다.

읽어 보기

시지온 소셜댓글 서비스
현금 흐름 관리

최근 페이스북과 같은 SNS(Social Network Service)가 대세가 되고 있는 가운데 댓글도 소셜댓글이란 이름으로 SNS에서 널리 공유되고 있다.
국내에서 소셜댓글을 서비스하는 대표적인 회사가 바로 시지온(Cizion)이다.

시지온이 출범한 것은 2007년 7월. 당시 대학 2학년(Y대 신문방송학과)을 마치고 휴학 중이던 김미균 시지온 공동대표(31)가 같은 동아리 멤버였던 김범진 공동대표(33) 등과 함께 창업했다. 이들이 22살의 젊은 나이에 학생창업을 하게 된 것은 당시 사회문제가 됐던 악성 댓글 때문이었다고 김미균 대표는 말한다.
하지만 처음에는 계속 시행착오만 반복했고 매출도 전혀 없었다.
시행착오를 6, 7번 하면서 계속 만들고 부수고를 반복했다. 캠페인도 벌여봤는데 효과가 없었다. 그러던 중 사회적으로 대세가 되고 있는 SNS와 연계된 기술 플랫폼을 만들어야겠다는 생각에 미치게 돼 소셜 댓글 플랫폼인 '라이브리'(LiveRe)'를 만들게 된 것이다."

2015년 말 현재 라이브리의 고객사는 주요언론사와 대기업, 관공서 등 1천29개사, 라이브리가 설치된 사이트는 2만 1천500개, 누적 사용자는 2천27만 명, 누적 댓글은 2천163만개에 이른다고 시지온측은 밝혔다.

사업은 2010년부터 해마다 크게 신장해 매출규모가 2014년도에 10억원을 넘겼고 새해인 2016년에는 20억에서 30억원을 기대하고 있다. 사업가능성도 인정받아 2014년 해외투자가와 엔젤투자가, 기관투자가 등 모두 3군데에서 10억원이 넘는 투자를 받았다.

그러나, 시지온에게 모든 것이 순조로웠던 것은 아니다.

"2013년도에 경영상의 어려움이 발생했다. 갑자기 고객사가 많이 늘어서 서비스가 크게 확대돼 댓글관리 서버를 대폭 늘릴 수밖에 없었다. 서버 비용이 갑자기 많이 들어가 적자를 기록했다. 때 마침 고객사가 줄 돈을 제 때 안줘서 2, 3개월 현금에 어려움을 겪었다. 하지만 부도 위기까지 가지는 않았다. 돈이 없다면 월급과 비용을 줄이는 방식으로 해결했고 직원들도 협조를 잘 해줬기 때문에 어려움을 슬기롭게 극복할 수 있었다."

시지온의 더불어 함께하는 문화가 시지온의 경쟁력이기도 하다.

"직원이 30명인데 다 같이 여행도 자주 가고 가족같이 지낸다. 업무성과가 안 나오는 직원이 있어도 계속 기회를 준다. 어떤 직원이 일을 못하거나 도움을 줘야 할 때면 다른 직원들이 막 붙어서 도와준다. 직원들끼리 서로 다독다독하면서 도와주기 때문에 닥터피쉬 같다는 느낌이 들 때도 있다. 직장 내부의 커뮤니케이션은 수평적이다. 처음에는 위에서 지시를 내리면 무조건 잘 따라야 회사가 잘 돌아가는 줄 알았는데 회사를 경영하면서 수평적인 커뮤니케이션이 동기를 부여하고 더 생산성이 높다는 것을 알게 됐다. 이것은 직원들을 통해 배웠다."

시지온은 소통을 통해 사람을 행복하게 하는 문명을 꿈꾼다.

출처: 노컷뉴스(2016.01.04)(http://www.nocutnews.co.kr/4526638)

③ 고객생애가치(LTV) vs. 고객획득비용(COCA)

MIT의 빌 올렛 교수는 '스타트업 바이블'에서 초기 기업이 꼭 알고 있어야 할 매우 중요한 두 가지 개념을 소개했는데, 하나는 '고객생애가치(customer lifetime value)'이고 다른 하나는 '고객획득비용(cost of customer acquisition)'이다. 고객생애가치는 고객이 평생 자사에게 매출을 창출시켜주는 가치이며, 고객획득비용은 한 명의 고객을 확보하기 위해 자사가 사용하는 지출의 총합이다.

[그림 12-6]에서 보듯, 사업 초기에는 당연히 고객획득비용이 고객생애가치보다 월등히 크기 때문에 고객획득비용을 최소화 시키는 것, 즉 비용을 절감하는 것이 지속가능경영의 초석이 된다.

그림 12-6 고객 획득 비용(COCA) vs. 고객 생애 가치(LTV)

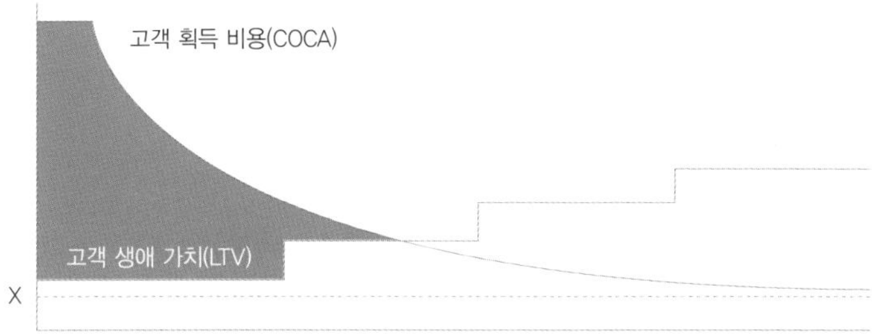

출처: 빌 올렛(2014), MIT스타트업 바이블

경쟁력을 갖춘 기업의 사업은 장기적으로 유지될 경우 고객획득비용이 결국 고객생애가치 아래로 떨어져서 더 이상 줄지 않고 정체되는 단계에 이르는데(X값) 고객생애가치보다 훨씬 낮은 수준이다. 색칠한 부분은 포지티브(+) 현금흐름에 도달하기 이전의 현금 소진(Cash Burn)을 의미한다.

고객획득비용을 절약하기 위해 빌 올렛 교수가 제안한 내용 중 소셜벤처와 관련된 가장 중요한 2가지를 정리하면 다음과 같다.

첫째, '직접 판매는 사업 초기에 매우 효과적이지만 비용을 고려해 적절한 대안을 현명하게 활용하라.' 직접 판매망을 만들려면 판매직원의 고용부터 물류센터와 운송장비까지 모두 다 비용이다. 판매를 판매전담 대행사에게 맡기고 이들에게는 판매가의 몇 %를 수익으로 보전해주면 초기에 비용이 나가지 않게 된다. '차계생단' 의 지혜가 필요한 부분이다.

둘째, '잠재고객 발굴 비용을 줄이고 입소문을 늘려라.' 소셜벤처는 막대한 예산을 투입하여 광고를 하기 어렵기 때문에 SNS등을 활용하여 입소문을 내는 게 중요하다. 게릴라 마케팅을 적극 활용하는 전략을 가져야 한다.

'시작이 반이다' 라는 말이 있다. 물론 대부분의 사람들은 시작도 제대로 못하기 때문에 일단 시작하면 반은 성공한 것이다. 그러나 나머지 반을 채우는 것은 어쩌면 시작하는 것보다 더 어려운 일이 될 수 있다.

하지만 페이스북 창업자겸 CEO인 마크 저커버그가 말했듯이 내일을 위한 교훈을 얻기 위해서 오늘 새로운 위험을 감수해야 한다. 소셜벤처 창업가는 성장단계별로 성장의 원동력인 조직의 역량, 리더십, 네트워크 구축, 자원의 효율적인 활용이 서로 유기적으로 조화를 이루며 작동하도록 조율하여 지속가능한 성장의 발판을 마련하여야 한다.

활동
하기

BCG 매트릭스

① 스타(Star) 사업

성장률과 시장점유율이 높아서 계속 투자를 하게 되는 유망한 사업이다.

② 현금젖소(Cash cow)

사업점유율이 높아서 이윤이나 현금흐름은 양호하지만 앞으로 성장하기 어려운 사업이다. 바람직한 사업 방향은 현금젖소에서 창출된 현금으로 물음표의 신규 유망 사업에 투자하는 것이다.

③ 물음표(Question Mark) 사업

신규사업. 상대적으로 낮은 시장점유율과 높은 성장률을 가진 사업으로 기업의 행동에 따라서는 차후 스타(star)사업이 되거나, 도그(dog)사업으로 전락할 수 있는 위치에 있다. 일단 투자하기로 결정한다면 상대적 시장점유율을 높이기 위해 많은 투자금액이 필요하다.

④ 개(dog) 사업

더 이상 성장하기 어렵고 이윤과 현금흐름이 좋지 못한 안 좋은 사업이다.

BCG 매트릭스는 한정된 자원을 가지고 있는 기업이 조직의 역량을 어떤 분야에 '선택과 집중' 해야 하는지를 판단하는데 도움을 주는 중요한 지표가 된다.

기업체 규모를 막론하고 현재의 사업(제공물)들을 BCG매트릭스로 분석해 보면 사업의 방향이 보일 것이다.

학습 정리

◆ 기업은 성장기와 변혁기의 순환을 통해 단계별로 성장한다. 기업은 성장기에 창의성, 명확한 업무지시, 시스템의 정교화, 협동 및 팀워크 등의 기능으로 성장하지만, 각 성장기마다 뒤따르는 변혁기에 나타나는 리더십, 관료주의 등 경영상의 문제점을 잘 해결하는 것이 중요하다.

◆ 소셜벤처의 성장을 위한 원동력으로 필요한 네 가지 요인은 리더십, 조직, 네트워크, 자원이 있다.

◆ 리더십의 유형으로 창업가와 관리자, 그리고 창업가적 리더 등이 있다. 창업가는 새로운 아이디어에서 기회를 찾아 비즈니스를 창출하는 비전을 제시하는 한편, 관리자는 계획, 조직, 통제 활동을 주로 한다. 창업가적 리더는 이 두가지를 모두 갖추어야 한다.

◆ 소셜벤처는 지속가능한 성장을 위해 환경변화에 효과적으로 대응하면서 새로운 기회를 항상 추구해야 한다. 이 때, 핵심사항은 자사의 전략적 집중성을 정확하게 파악하여야 한다는 것이다.

◆ 조직의 리더는 전략적 집중성에 부합하는 인재들을 채용하고, 이들이 조직 전체적으로 하나의 통합된 힘을 발휘될 수 있도록 바람직한 조직 문화를 만들어나가도록 해야 한다.

◆ 조직은 규모에 상관없이 협력자가 필요하며 소셜벤처도 예외가 아니다. 소셜벤처의 창업가는 네트워크 구축을 위해 신뢰를 쌓고 차계생단의 지혜를 갖추어야 한다.

◆ 소셜벤처에게 있어서 사람과 자본이 대표적인 자원이다. 창업가는 효과적인 기업문화를 통해 무형자원을 관리하며, 유형자원의 관리를 위해서는 회사의 실질적인 성패가 걸려있는 현금흐름 관리에 각별한 주의를 기울여야 한다.

참고문헌

◆ 금재현(2012). "디자이너 브랜딩을 이해하다". 웹스미디어.

◆ 김경태(2013.02.11). "[사회적기업 탐방 ⑦] 철거민과 함께 시작, 어느새…푸른환경코리아". 프라임경제신문.

◆ 김길해(2013). "기술 이전 실무 사례 소개". 한국기술교육대학교.

◆ 김민주(2011). "성공하는 경제법칙 101". 위즈덤하우스.

◆ 김성남(2014). "최고 직장' 구글이 부럽다고? CEO의 의사결정이 곧 조직문화다". DBR 165.

◆ 김진수 외(2015). "기술창업론". 탑북스.

◆ 이해진(2015.05.11). “[청년도전]⑩민진(2012). “조직관리론”. 대영문화사.
◆ 에릭 리스 지음, 이창수 옮김(2012). “린스타트업”. 인사이트
◆ 빌올렛(2014). “MIT 스타트업 바이블”. 비즈니스 북스.
◆ 유보라(2015). “사회적기업을 위한 브랜드 전략”. 사회적기업진흥원.
◆ 윤재풍(2014). “조직론”. 대영문화사.
◆ 임창희(2015). “조직론 이해”. 학현사.
◆ 정상훈(2014). “조직문화 혁신에서 시작하는 사회적기업의 지속가능성”. 희망제작소.
◆ 전용식(2015), 주요국 사회적기업의 실패 사례, KERI 11-15
◆ 통계청(2015.12.23).「2014년 기준 기업생멸 행정통계」결과
◆ Lynda A.S.,Nina,G., David R. & James S(2005). “Assessing your organization's potential for value innovation”. Research Technology Management.
◆ Philip Dover & Udo Dierk(2010). “Sustaining Innovation in the Global Corporation: The Role of Managers, Entrepreneurs and Leaders”. Bobson College working paper.
◆ William D. Bygrave, & Andrew Zacharakis(2010). “The Protable MBA in Entrepreneurship, Fourth Edition”. John Wiley & Sons, Inc.
◆ William D. Bygrave & Andrew Zacharakis(2014). “Entrepreneurship, third Edition”. John Wiley & Sons, Inc.
◆ D.Miller(1990). “The Icarus Paradox”. Harper Business.
◆ BCG매트릭스, 위키피디아(https://ko.wikipedia.org)
◆ 네이버 지식백과 임파워먼트 (http://terms.naver.com/entry.nhn?docId=2178625&cid=51072&categoryId=51072)
◆ 희망제작소, http://blog.makehope.org/smallbiz/1081?category=0
◆ http://blog.naver.com/PostView.nhn?blogId=se365company&logNo=220403385141
◆ https://hbr.org/1996/11/what-is-strategy
◆ Growing Social Ventures, The Young Foundation, Policy Paper

12장. 키워드 인덱스용

지속가능성장	성장의 원동력	BCG 매트릭스	리더십
네트워크	조직문화	유/무형자원	현금흐름

INDEX

ㅅ

ㅇ

ㅈ

ㅊ

ㅋ

ㅌ

ㅍ

ㅎ

저자약력

김진수

[경력 / 학력]

현) – 중앙대 경영경제대학 경영학부 교수 – 중앙대 창업학융합전공 주임교수 – 중앙대 창의인재교육센터장
– (사)한국창업교육협의회 회장 – 정부기관 창업정책 자문/평가위원 – (주)SK CSV사업 자문위원
– 사회복지법인 상영재단 사외이사

전) – 중앙대 창업대학원 사업단장/창업보육센터장 역임 – (사)한국창업보육협회 수석부회장 역임
– 한국데이타베이스학회장, 한국창업학회 부회장 역임 – 기획재정부 공기업 경영평가위원 역임

연세대 상경대학 졸 / 텍사스주립대학 경영학석사 / 루이지애나주립대학(LSU) 경영학박사

[주요저서]

기술창업론, 기업가정신과 창업론, 기술창업보육론, 창의적 디자인 사고와 비즈모델, (고교용) 진로와 기업가정신, 생활과 창의성, 비즈니스 모델과 사업계획서 외 다수

이창영

[경력 / 학력]

현) – 중앙대학교 LINC사업단 창의인재교육센터 산학협력중점교수
전) – (주)클린유 대표이사 – (사)한국창업경영연구원 팀장 – (주)올에듀 이사
– (주)이앤씨플랜 팀장 – (주)한국창업컨설팅연구원 팀장 – (주)E&B 컨설팅 선임연구원

중앙대학교 창업학박사

[주요저서]

기업가정신과 창업론, 창의적 디자인 사고와 비즈모델 (고교용) 진로와 기업가 정신 외 다수

김재호

[경력 / 학력]

현) – 청운대학교 인문사회과학대학 미래창업학과 교수 – 인천사회적경제지원센터 운영위원
– (사)한국사회적기업학회 부회장 – 전) 중앙대 산업창업경영대학원 겸임교수 – 부천대학교 경영과 겸임교수

중앙대학교 창업학 박사

[주요저서]

(고교용) 진로와 기업가정신, 사업계획서 작성 매뉴얼

서경준

[경력 / 학력]

현) – 사단법인 피피엘(People and Peace Link) 사무국장 – 소셜벤처 ㈜모어댄 이사

전) – 사회복지법인 열매나눔재단 사무국장 – 경기도광역자활센터 사회적기업지원팀

– 경기광명지역자활센터 자활근로사업팀장

중앙대학교 창업경영대학원 석사

박재홍

[경력 / 학력]

현) – 사단법인 점프! 설립자 겸 부대표 – 홍익대 경영대학 경영학부 겸임교수 – 한국벤처창업학회 이사

– 미국 공인회계사 (New Mexico 주) – 현대자동차 광주 창조경제혁신센터 창업전문위원

– 창업교육지도사 (1급)

전) – United Nations Volunteers – 삼일회계법인 Deal Services – 메리츠증권 IPO/M&A팀

– 농업회사법인 ㈜그린앤브라운 대표이사

고려대학교 영문과 졸 / 고려대학교 국제대학원 석사 / 하버드 케네디 스쿨 석사

저자와의
합의하에
인지생략

소셜벤처 창업하기

2016년 3월 10일 1판1쇄 인쇄
2016년 3월 15일 1판1쇄 발행

공저자 | 김진수 · 이창영 · 김재호 · 서경준 · 박재홍
발행인 | 이수영
발행처 | 도서출판 청람
서울시 마포구 독막로 288(대흥동, 세양상가 109호)
전 화 | 02)3272-2601~2
팩 스 | 02)3272-2603
이메일 | crbooks@hanmail.net
홈페이지 | www.crbooks.co.kr
등 록 | 2000.8.26 제6-0509호

ISBN 978-89-5972-524-3 93320 [정가 22,000원]

이 책은 SK청년비상 사업의 일환으로 제작되었습니다.